§ 358

Bei Handelsgeschäften kann die Leistung nur während der gewöhnlichen Geschäftszeit bewirkt und gefordert werden.

Die Bestimmung stellt eine **Konkretisierung von § 242 BGB** dar.[1] Denn schon aus § 242 BGB folgt, dass die Leistung nur zur üblichen Zeit erfolgen darf – und das ist bei Kaufleuten grundsätzlich die Geschäftszeit. Der materielle Gehalt der Vorschrift ist daher gering, sie ist nahezu überflüssig. Insbesondere kann aus ihr nicht das argumentum e contrario gezogen werden, dass bei anderen als Handelsgeschäften die Leistung grundsätzlich auch zu ungewöhnlichen Zeiten bewirkt und gefordert werden kann. Auch umgekehrt darf aus ihr trotz des strengen Wortlauts („kann nur") nicht gefolgt werden, dass eine Leistung außerhalb der gewöhnlichen Geschäftszeit ausnahmslos unzulässig ist. Es handelt sich vielmehr lediglich um eine **Auslegungsregel.** § 358 findet daher keine Anwendung, soweit § 157 oder § 242 BGB eine andere Auslegung gebieten.[2] **1**

Auch im **Verhältnis zu § 271 BGB** hat § 358 konkretisierende Funktion. Nach § 271 BGB ist dabei vor allem zu ermitteln, an welchem Tag zu leisten ist. § 358 regelt dann ergänzend, wann im Laufe dieses Tages die Leistung bewirkt und gefordert werden kann. **2**

Der Geltungsbereich der Vorschrift ist auf **Handelsgeschäfte** beschränkt, doch hat das kaum praktische Bedeutung, weil für andere Geschäfte gemäß § 242 BGB Entsprechendes gilt (vgl. oben Rdn. 1). Ob es sich um zweiseitige oder um einseitige Handelsgeschäfte handelt, ist gleichgültig. Das Handelsgeschäft muss auf Seiten des Empfängers der Leistung vorliegen.[3] **3**

Dem Gegenstande nach bezieht sich § 358 nur auf **Leistungen** und nicht auch auf die Abgabe von **Willenserklärungen,** für die allein die §§ 130 f BGB einschlägig sind.[4] Auch Mahnung, Klageerhebung und Zustellung eines gerichtlichen Mahnbescheides sind nicht als „Fordern" der Leistung i.S. von § 358 anzusehen,[5] weil es für ihren Zugang sinnvollerweise nicht auf die gewöhnliche Geschäftszeit ankommen kann. **4**

Die **gewöhnliche Geschäftszeit** richtet sich nach dem Ortsgebrauch und der Übung der betreffenden Geschäftszweige am Erfüllungsort. Banken schließen z.B. meist früher als Warenhäuser, Großhändler früher als Kleingewerbetreibende. Entscheidend ist die Üblichkeit innerhalb des Geschäftszweigs, nicht innerhalb des Unternehmens des betreffenden Schuldners oder Gläubigers.[6] Auch dieser Grundsatz steht jedoch unter dem Vorbehalt, dass sich nicht aus §§ 157, 242 BGB etwas anderes ergibt. **5**

Bei einem **Verstoß gegen § 358** ist nicht ordnungsgemäß geleistet. Der Gläubiger kann daher die Leistung grundsätzlich zurückweisen, ohne in Annahmeverzug zu **6**

---

[1] Ebenso MünchKomm.-*Welter* § 358 Rdn. 12; *Heymann/Horn* § 358 Rdn. 1; *Baumbach/Hopt* § 358 Rdn. 1; *Ebenroth/Boujong/Joost/Eckert* § 358 Rdn. 1.

[2] Vgl. auch RGZ 91, 67; *Schlegelberger/Hefermehl* § 358 Rdn. 4; MünchKomm.-*Welter* § 358 Rdn. 12.

[3] Vgl. *Düringer/Hachenburg/Breit* § 358 Anm. 17; *Schlegelberger/Hefermehl* § 358 Rdn. 3; *Heymann/Horn* § 358 Rdn. 6; *Baumbach/Hopt* § 358 Rdn. 3; *Ebenroth/Boujong/Joost/Eckert*

§ 358 Rdn. 5; zweifelnd MünchKomm.-*Welter* § 358 Rdn. 12.

[4] Vgl. RGZ 53, 61; *Düringer/Hachenburg/Breit* § 358 Anm. 18; *Schlegelberger/Hefermehl* § 358 Rdn. 3; Münch-Komm.-*Welter* § 358 Rdn. 13; *Heymann/Horn* § 358 Rdn. 6.

[5] Vgl. *Schlegelberger/Hefermehl* § 358 Rdn. 7; MünchKomm.-*Welter* § 358 Rdn. 14.

[6] Vgl. *Schlegelberger/Hefermehl* § 358 Rdn. 5; MünchKomm.-*Welter* § 358 Rdn. 15; *Heymann/Horn* § 358 Rdn. 7; *Baumbach/Hopt* § 358 Rdn. 3.

Claus-Wilhelm Canaris

geraten;[7] der Schuldner kommt dann in Schuldnerverzug. Nimmt der Gläubiger die Leistung trotz der Unüblichkeit der Zeit an, so kann er sich nicht auf § 358 berufen, es ist dann Erfüllung eingetreten; anders ist allerdings zu entscheiden, wenn der Schuldner sich schon im Verzug befand und der Gläubiger die Leistung lediglich unter Vorbehalt seiner Rechte angenommen hat.[8] Auch bei einer Leistung zur Unzeit kann eine Zurückweisung unter besonderen Umständen gegen § 242 BGB verstoßen.[9]

§ 359

(1) Ist als Zeit der Leistung das Frühjahr oder der Herbst oder ein in ähnlicher Weise bestimmter Zeitpunkt vereinbart, so entscheidet im Zweifel der Handelsgebrauch des Ortes der Leistung.

(2) Ist eine Frist von acht Tagen vereinbart, so sind hierunter im Zweifel volle acht Tage zu verstehen.

1   Über die Bedeutung der Bezeichnung das Frühjahr, der Herbst oder ähnliche Zeitbestimmungen (Messezeit, Wiedereröffnung der Schifffahrt, Eisfreiheit, Schluss der Ernte usw.) entscheidet der Handelsbrauch, und zwar der **Handelsbrauch am Erfüllungsort**, worauf das Schwergewicht dieser Vorschrift ruht. Ist am Erfüllungsort ein Handelsbrauch nicht vorhanden, so entscheiden die **kalendermäßigen Fristen**. Alsdann soll die Verabredung „im Frühjahr zu liefern" im Zweifel bedeuten, dass die Lieferung vor dem 21. Juni zu geschehen hat, die Verabredung „Abladung per Sommer", dass die Abladung am 22. September beendet sein muss; „Erfüllung im Herbst" soll Beendigung der Erfüllung spätestens am 21. Dezember bedeuten. Bei Vereinbarung von „Aprilverladung" ist die Leistung noch vertragsmäßig, wenn die Verladung aus triftigen Gründen schon am 31. März erfolgte.[1] Bei „Lieferzeit Oktober bis Mai" oder „Oktober/Mai" gehört der Monat Mai noch in die Lieferfrist.[2] Ist „sukzessive im November" zu liefern, so darf nicht erst Ende November mit der Lieferung begonnen werden.[3] Freilich stellt die Vorschrift nur eine **Auslegungsregel** dar. Daher kann nicht nur eine ausdrücklich abweichende Vereinbarung vorliegen, sondern sich eine andere Auslegung auch aus dem Zweck des Vertrags ergeben. Soll z. B. Saatfrucht oder ein Düngemittel an einen Landwirt geliefert werden, so ist innerhalb der Frist so zu liefern, dass eine Bestellung des Landes noch möglich ist.[4]

2   Die Vorschrift gilt für **alle Handelsgeschäfte**, auch für einseitige (§ 345 HGB), gleichviel wer – der Gläubiger oder der Schuldner – Kaufmann ist.[5] Darüber hinaus ist der Vorschrift – ebenso wie der eng verwandten Bestimmung des § 361 HGB – ein allgemeiner Rechtsgedanke zu entnehmen, so dass auch im Rahmen des **Bürgerlichen Rechts** im Zweifel die Verkehrssitte am Leistungsort ausschlaggebend ist, was sich unschwer in § 157 BGB integrieren lässt.

[7] Ebenso MünchKomm.-*Welter* § 358 Rdn. 16; *Ebenroth/Boujong/Joost/Eckert* § 358 Rdn. 8.
[8] Vgl. *Schlegelberger/Hefermehl* § 358 Rdn. 6; MünchKomm.-*Welter* § 358 Rdn. 16.
[9] Vgl. RGZ 92, 211.

[1] RG Recht 1922 Nr. 802.
[2] RGZ 95, 22.
[3] Hamburg HansRGZ 1928 B 507.

[4] JW 1920, 47[9].
[5] Ebenso *Schlegelberger/Hefermehl* § 359 Rdn. 1; MünchKomm.-*Welter* § 359 Rdn. 1; *Ebenroth/Boujong/Joost/Eckert* § 359 Rdn. 6; **a. A.** *Düringer/Hachenburg/Breit* § 359 Anm. 6, wonach es auf die Kaufmannseigenschaft auf Seiten des Schuldners ankommen soll.

Nach Abs. 2 soll unter einer **Frist von acht Tagen** im Zweifel eine Frist von vollen **3** acht Tagen, also entgegen dem üblichen Sprachgebrauch nicht nur von einer Woche zu verstehen sein. Auch diese Vorschrift gilt für alle Handelsgeschäfte, also nicht nur für einseitige,[6] und stellt ebenfalls eine **Auslegungsregel** dar.[7]

Für die Auslegung einer **Frist von vierzehn Tagen** enthält das Gesetz keine Rege- **4** lung. Man wird darunter im kaufmännischen Verkehr im Zweifel volle vierzehn Tage zu verstehen haben.[8] Der Tag der Vereinbarung ist dabei grundsätzlich nicht mitzu- rechnen, so dass z. B. bei der Bestimmung „heute in vierzehn Tagen" die Frist erst am nächsten Tag zu laufen beginnt.

§ 360

Wird eine nur der Gattung nach bestimmte Ware geschuldet, so ist Handelsgut mittlerer Art und Güte zu leisten.

Die Vorschrift stellt eine **Ausprägung von §§ 157, 242 BGB** und eine leichte **Modi- 1 fizierung** von § 243 I BGB dar. Nach § 243 I BGB ist bei einer Gattungsschuld eine „Sache mittlerer Art und Güte" zu leisten. § 360 engt das dahin ein, dass **Handelsgut** geschuldet wird. Das kann sowohl zu einer Erhöhung als auch zu einer Minderung der Qualitätsanforderungen führen, da der Handel einerseits z. T. höhere Ansprüche als der Privatverkehr stellt, andererseits aber u. U. auch für schlechtere Qualitäten noch Verwendungsmöglichkeiten besitzt.[1] Ob Handelsgut mittlerer Art und Güte vorliegt, bestimmt sich nach der Verkehrsanschauung am Erfüllungsort.[2] Ware, die nicht umsatzfähig ist, stellt kein Handelsgut dar; das Gleiche gilt für Waren, die zwingenden gesetzlichen Vorschriften nicht genügen.

§ 360 setzt grundsätzlich das Vorliegen einer **Gattungsschuld** voraus. Eine solche **2** ist dann gegeben, wenn der Leistungsgegenstand nicht individuell, sondern nur nach Merkmalen bestimmt ist, die er mit einer Vielheit von Sachen gemein hat, und durch welche sich diese Vielheit von anderen Sachen unterscheidet und als Gattung gekenn- zeichnet wird. Dass eine vertretbare Sache geschuldet wird, bedeutet nicht, dass eine nur der Gattung nach bestimmte Sache geschuldet wird; denn auch eine individuell bestimmte Sache kann vertretbar sein. Über die Frage, ob Gattungs- oder Spezies- schuld vorliegt, entscheidet demgemäß nicht die Vertretbarkeit, sondern das Krite- rium, ob die Schuld sich auf eine bestimmte einzelne Sache bezieht oder ob der Schuldner die Sache, welche er leisten wird, erst aus einer Gattung auswählen soll.

Auf **Stückschulden** kann § 360 u. U. analog angewandt werden. Das kommt z. B. **3** in Betracht, wenn eine Besichtigung der Ware überhaupt nicht oder nur in ganz ober- flächlicher Weise stattgefunden hat.[3]

---

[6] Ebenso *Schlegelberger/Hefermehl* § 359 Rdn. 3; **a. A.** *Düringer/Hachenburg/Breit* § 359 Anm. 6.
[7] Ebenso MünchKomm.-*Welter* § 359 Rdn. 6; *Ebenroth/Boujong/Joost/Eckert* § 359 Rdn. 1; **a. A.** *Heymann/Horn* § 359 Rdn. 3.
[8] H. L., vgl. z. B. *Düringer/Hachenburg/Breit* § 359 Anm. 6; *Schlegelberger/Hefermehl* § 359 Rdn. 3.

[1] Ähnlich MünchKomm.-*Welter* § 360 Rdn. 23; *Baumbach/Hopt* § 360 Rdn. 3; *Ebenroth/Boujong/Joost/Eckert* § 360 Rdn. 7; *Röhricht/Graf von Westphalen/Wagner* § 360 Rdn. 4.
[2] Vgl. *Düringer/Hachenburg/Breit* § 360 Anm. 18; *Schlegelberger/Hefermehl* § 360 Rdn. 9; Münch-Komm.-*Welter* § 360 Rdn. 23.
[3] Vgl. ROHG 4, 36; 25, 235.

Claus-Wilhelm Canaris

4   § 360 gilt seinem Wortlaut nach nur für **Waren.** Auch wenn man darunter nur bewegliche Sachen versteht, wie das in § 1 Abs. 2 Ziff. 1 a.F. HGB ausdrücklich bestimmt war, sind doch **Wertpapiere** jedenfalls – zumindest im Wege der Analogie – gleichzustellen,[4] wie sich auch aus dem Rechtsgedanken von § 381 Abs. 1 HGB ergibt. Auf **Dienstleistungen** oder **Raumüberlassungen** wird man § 360 entsprechend anwenden können, soweit es sich um Gattungsschulden handelt; denn § 360 stellt nur eine Ausprägung von §§ 157, 242 BGB dar (vgl. oben Rdn. 1). Auf **Frachtverträge** passt § 360 dagegen nicht.[5]

5   Gemäß § 345 HGB gilt § 360 nicht nur bei beiderseitigen, sondern auch bei **einseitigen Handelsgeschäften.**[6] Ist freilich der *Schuldner* kein Kaufmann, so ist besonders zu prüfen, ob wirklich Handelsgut geschuldet ist oder ob sich nicht aus §§ 157, 242 BGB etwas anderes ergibt.[7]

6   § 360 ist dispositives Recht. Abbedungen wird er z.B. durch die **Klausel tel quel,**[8] die vornehmlich im Überseehandel üblich ist. Der Grund für diese Freizeichnungsvereinbarung liegt in erster Linie darin, dass der Verkäufer die im Herkunftsland befindliche Ware selbst noch nicht gesehen hat, die nicht immer zuverlässigen Angaben der überseeischen Verlader über die Eigenschaft der abgeladenen Ware nicht nachprüfen kann und sich daher gegen alle damit zusammenhängenden Mängel sichern will.[9] Man wird daher für den Überseehandel davon auszugehen haben, dass die Klausel nur solche Mängel deckt, die dem Herkunftsland eigentümlich sind, z.B. Abladung zu feuchter, nicht gehörig sortierter, unreifer, schlecht behandelter oder schlecht verpackter Ware.[10] In diesen Grenzen deckt die Klausel nicht nur einigen Verderb und geringere Beschädigungen,[11] sondern auch erheblichen Verderb und erhebliche Beschädigungen; nur darf die Ware nicht gänzlich unbrauchbar und verdorben sein, sondern muss noch als Handelsgut nach den in dem Handelszweig herrschenden Anschauungen gelten können.[12] Die Klausel deckt weder arglistige Täuschung noch das Fehlen zugesicherter Eigenschaften;[13] es muss sogar der Verkäufer ihm bekannte erhebliche Umstände hinsichtlich der Eigenschaften der Ware mitteilen, z.B. hinsichtlich der vor der Abladung eingetretenen Landbeschädigung.[14] Ist „laut Muster tel quel" verkauft, ist eine dem Muster entsprechende Gattung zu liefern, aber auch die geringwertigste Qualität der bedungenen noch vertragsmäßig.[15] Konnte der Käufer mit den vorhandenen Mängeln nicht rechnen, wie z.B. bei Seebeschädigung oder Rattenfraß, die nicht auf dem Landtransport im Erzeugnisland entstanden sind, so schützt die Klausel nicht.

7   Im Binnenverkehr ist die Klausel tel quel völlig gleichbedeutend mit der **Klausel „Die Ware, wie sie fällt"** oder **„Die Ware, wie sie steht und liegt".**[16] Der Käufer muss sich selbst schlechteste Beschaffenheit gefallen lassen;[17] nur muss die Ware immer noch als Handelsgut angesehen werden können[18] und der Gattung nach der vertragsmäßi-

---

[4] Vgl. RGZ 43, 356; *Schlegelberger/Hefermehl* § 360 Rdn. 7; MünchKomm.-*Welter* § 360 Rdn. 22.

[5] Vgl. OLG Hamburg NJW 1961, 1537, 1539.

[6] Vgl. *Schlegelberger/Hefermehl* § 360 Rdn. 6; *Heymann/Horn* § 360 Rdn. 12.

[7] Noch weitergehend *Baumbach/Hopt* § 360 Rdn. 3 und *Ebenroth/Boujong/Joost/Eckert* § 360 Rdn. 9, wonach § 360 in einem solchen Fall überhaupt nicht anwendbar sein soll.

[8] Vgl. zu dieser auch *Koller* unten Vor § 373 Rdn. 290.

[9] Vgl. RG JW 1902, 398[33].

[10] Vgl. *Schlodtmann* ZHR 38, 353; *Boden* ZHR 51, 366.

[11] So RGZ 19, 31.

[12] Vgl. OLG Hamburg HansGZ. 1894 Nr. 92; 1895, Nr. 96; *Zander* GruchBeitr. 49, 580.

[13] BGH LM Nr. 5 zu § 346.

[14] Vgl. RG JW 1895, 16[41].

[15] BGH aaO.

[16] Vgl. RGZ 44, 237.

[17] Vgl. RG WarnRspr. 1926 Nr. 44; SeuffA 87, 70.

[18] Vgl. RG JW 1895, 16; 1938, 2411[22]; LG Düsseldorf DRZRspr. 1935 Nr. 446.

gen Bezeichnung entsprechen. Gewöhnlich bedient sich der Klausel ein Fabrikant, der das Ergebnis seiner Jahreserzeugung an Abfällen im voraus verkauft; hier übernimmt der Fabrikant nur die Verpflichtung, die Abfälle in der gleichen Weise wie zur Zeit des Abschlusses herzustellen und zu behandeln; Fabrikationsänderungen, durch welche die Abfälle betroffen werden, muss sich der Käufer gefallen lassen, wenn ihm nicht Mustermäßigkeit gewährleistet wurde. Ist verkauft „**ohne Nachlieferung**", so kann darin ein völliger Verzicht auf jeden Anspruch wegen mangelhafter Lieferung liegen.

Die **Klausel „wie zu besehen"** oder „wie besehen" schließt die Haftung nur für **8** solche Mängel aus, die bei ordnungsmäßiger Besichtigung erkannt werden konnten, gleichviel ob der Käufer die Ware wirklich gesehen hat oder nicht; heimliche Mängel werden durch die Klausel nicht gedeckt[19]; sie schützt also nicht gegen verborgene Fehler, wenn diese unverzüglich nach der Entdeckung angezeigt wurden; auch haftet der Verkäufer für Arglist, wenn er darauf rechnet, dass der Käufer den Fehler nicht entdecken werde, oder gar ihn von sorgfältiger Untersuchung abhält.[20] Die Auslegung kann ergeben, dass die Haftung für gewisse Mängel doch besteht[21] oder sich auf besondere Punkte nicht erstrecken soll. Die Klausel kann aber auch besagen, dass darüber, ob die zugesicherten Eigenschaften vorhanden sind, die Besichtigung entscheiden soll, und somit wegen erkennbaren Fehlens zugesicherter Eigenschaften nicht gehaftet wird.[22] Umgekehrt kann die Vereinbarung „schöne, reine, trockene Ware, wie besehen" trotz Besichtigung gerade eine Zusicherung bedeuten.[23] Beim Verkauf „wie besehen" ist es Sache des Käufers, sobald ihm die Bereitschaft angezeigt ist, sich bei dem Verkäufer zu vergewissern, wo die Ware bereit liegt; erst dann kann der Verkäufer die erforderlichen Anstalten treffen. Lässt es der Käufer darauf ankommen, ob ihm der Verkäufer Ort und Zeit der möglichen Besichtigung anzeigt, so kann im Ablauf längerer Zeit der Verzicht auf Beanstandung der Ware gefunden werden. Diese Klauseln haben also, sprachlich richtig ausgedrückt, den Sinn eines Kaufs „nach Besichtigung" im Gegensatz zum Kauf auf Besichtigung oder auf Probe, der in § 454 BGB behandelt ist; denn hier liegt ein unbedingt, also endgültig abgeschlossener Kauf über eine dem Käufer vor Kaufabschluss zugängliche Ware vor.

§ 361

Maß, Gewicht, Währung, Zeitrechnung und Entfernungen, die an dem Orte gelten, wo der Vertrag erfüllt werden soll, sind im Zweifel als die vertragsmäßigen zu betrachten.

Übersicht

---

[19] Vgl. RG WarnRspr. 1919 Nr. 114; JW 1906, 549; LZ 1913, 858; 1920, 400 und 652.
[20] Vgl. RGZ 31, 162; *Schultz* GruchBeitr. 40, 245.
[21] RG LZ 1913, 858.
[22] RGZ 9, 111.
[23] ROHG 11, 283.

Claus-Wilhelm Canaris

I. Vorbemerkung

1 Die gesetzliche Grundlage für die Ermittlung von Maß, Gewicht, Zeitrechnung und Entfernungen stellt in der Bundesrepublik Deutschland das **Gesetz über Einheiten im Messwesen** dar (vom 22.2.1985, BGBl. I 408, zuletzt geändert durch Art. 140 der Verordnung vom 29.10.2001, BGBl. I 2785). Für Messgeräte, die im geschäftlichen Verkehr verwendet oder so bereit gehalten werden, dass sie ohne besondere Vorbereitung in Gebrauch genommen werden können, besteht Eichpflicht nach dem **Gesetz über das Mess- und Eichwesen** – Eichgesetz – vom 11.7.1969 (BGBl. I 759) in der Fassung vom 23.3.1992 (BGBl. I 711), zuletzt geändert durch Art. 7 des Gesetzes vom 13.12.2001 (BGBl. I 3586).

2 Die Grundlagen des **Währungsrechts** finden sich seit der Einführung des Euro v.a. in der Verordnung der EG Nr. 974/98 über die Einführung des Euro vom 3.5.1998 (ABl.EG Nr. L 139, S. 1), erlassen auf Grund des Art. 109 EGV, und in der Verordnung der EG Nr. 1103/97 über bestimmte Vorschriften im Zusammenhang mit der Einführung des Euro (ABl.EG Nr. L 162, S. 1); aus dem deutschen Recht vgl. die zwölf (!) Euro-Einführungsgesetze, insbesondere das dritte Euro-Einführungsgesetz vom 21.12.1999 (BGBl. I 2402), durch das die DM ihre Eigenschaft als gesetzliches Zahlungsmittel verloren hat, sowie die §§ 244f BGB. Das Währungsrecht stellt eine eigenständige Materie dar und ist nicht Gegenstand dieser Kommentierung.

II. Dogmatische Einordnung und Geltungsbereich

3 Die Bedeutung von § 361 besteht darin, dass in Form einer **Auslegungsregel** die am **Erfüllungsort** geltenden Bestimmungen über Maß, Gewicht, Währung, Zeitrechnung und Entfernungen als maßgeblich erklärt werden. § 361 hat somit **keine international-privatrechtliche Wirkung,** sondern setzt voraus, dass das Recht der Bundesrepublik Deutschland anwendbar ist.

4 Hat der Erklärende den Vertrag anders gemeint als er gemäß § 361 zu verstehen ist, hat er das Recht zur **Anfechtung** wegen eines Inhaltsirrtums i.S. von § 119 BGB.[1] Denn bei Auslegungsregeln ist anders als bei Vorschriften des dispositiven Rechts § 119 BGB grundsätzlich anwendbar.[2] Das entspricht auch der Interessenlage, da es keinen Unterschied machen kann, ob der Inhalt des Vertrages nach §§ 133, 157 BGB im Wege einer objektiven Auslegung oder nach § 361 mit Hilfe einer Auslegungsregel ermittelt wird.

5 Als bloße Auslegungsregel tritt § 361 hinter einer abweichenden vertraglichen Bestimmung zurück – sei es, dass eine solche ausdrücklich getroffen ist, oder sei es, dass sie sich im Wege der Vertragsauslegung gemäß §§ 133,157 BGB ermitteln lässt. Eine Abweichung von § 361 kann sich demgemäß auch aus den Regeln über die **ergänzende Vertragsauslegung** gemäß §§ 157, 242 BGB ergeben. So ist z.B. bei einer Kommission zum Verkauf von Wertpapieren an einer ausländischen Börse im Zweifel anzunehmen, dass die Forderung auf den Erlös in der dort maßgeblichen Währung entsteht – und zwar auch dann, wenn der Kommissionär das Geschäft durch Selbsteintritt ausführt.[3] Das Gleiche gilt grundsätzlich, wenn ausländische Wechsel

---

[1] Zustimmend *Grothe* Fremdwährungsverbindlichkeiten, 1999, S. 239, 241f; *Ebenroth/Boujong/Joost/Eckert* § 361 Rdn. 10.

[2] So mit Recht *Larenz/Wolf* Allg. Teil des Bürg. Rechts, 8. Aufl. 1997, § 28 Rn. 105.

[3] Vgl. RGZ 108, 193.

oder Schecks einer Bank zum Einzug gegeben werden.[4] Ein Darlehen ist im Zweifel in der gleichen Währung zurückzuzahlen, in der es hingegeben worden ist.[5] Sind alle vertraglichen Zahlungen in einer anderen Währung als der vereinbarten verlangt und bewirkt worden, so kann darin eine konkludente Abänderung der vertraglichen Währungsregelung liegen;[6] meist werden die Parteien in einem solchen Falle jedoch nur gemäß § 242 BGB, insbesondere nach den Regeln über die Verwirkung, gehindert sein, bezüglich der bereits erbrachten Leistungen irgendwelche Konsequenzen aus der Abweichung von der Währungsvereinbarung zu ziehen, wohingegen sie bezüglich etwa noch ausstehender Leistungen nach wie vor Zahlung in der vertraglich vereinbarten Währung verlangen können.

Nach seiner systematischen Stellung bezieht sich § 361 nur auf **Handelsgeschäfte**, **6** wobei die Voraussetzungen eines solchen nach § 345 HGB nur auf einer Seite vorzuliegen brauchen. Darüber hinaus ist § 361 als Ausdruck eines allgemeinen Rechtsgedankens anzusehen, der grundsätzlich auch im Rahmen des **Bürgerlichen Rechts** gilt, so dass auch insoweit hinsichtlich der in § 361 genannten Vertragsbestandteile auf den Erfüllungsort abzustellen ist; denn irgendwelche spezifisch handelsrechtlichen Charakteristika weist der Regelungsgehalt von § 361 nicht auf.

III. Die Bedeutung des Unterschiedes zwischen primären und sekundären Leistungspflichten im Rahmen von § 361

Den Anwendungsbereich von § 361 bilden in erster Linie die primären Leistungs- **7** pflichten der Parteien, also z.B. die Pflicht zur **Lieferung von Waren eines bestimmten Gewichts** oder zur **Zahlung des Preises in einer bestimmten Währung**. Dabei ist es gleichgültig, ob eine vertragliche Regelung deshalb fehlt, weil die betreffende Frage im Vertrag überhaupt nicht angesprochen ist, oder deshalb, weil die einschlägige Bestimmung mehrdeutig ist.[7]

Darüber hinaus gilt § 361 im Wege einer extensiven Auslegung grundsätzlich auch **8** für die sekundären Leistungspflichten, also z.B. für Ansprüche auf **Schadensersatz statt der Leistung, wegen Verzugs** und **anderen Pflichtverletzungen (§ 280 BGB)** und für mit dem Vertrag zusammenhängende **Bereicherungsansprüche**.[8] Denn was das Gesetz für die Primäransprüche als sachgerecht ansieht, muss folgerichtig grundsätzlich auch für die zugehörigen Sekundäransprüche gelten, da diese sich insoweit nicht wesentlich von den Primäransprüchen unterscheiden. Allerdings hat die Vorschrift in dieser Hinsicht anders als hinsichtlich der Primäransprüche nicht lediglich die Funktion einer Auslegungsregel, sondern einer **Norm des ergänzenden Gesetzesrechts**,[9] da es grundsätzlich nicht Aufgabe der Parteien, sondern des objektiven Rechts ist, Gegenstand und Inhalt der sekundären Leistungspflichten zu bestimmen. Dementsprechend entfällt hier anders als hinsichtlich der primären Leistungs-

---

[4] Vgl. RGZ 110, 48.

[5] Vgl. RGZ 105, 407; vgl. aber auch RG LZ 1907, 221 Nr. 5; 1923, 646 Nr. 5.

[6] Vgl. RG WarnRspr. 1922 Nr. 34; 1923/24 Nr. 43; LZ 1924, 458.

[7] Vgl. RGZ 120, 81; *Schlegelberger/Hefermehl* § 361 Rdn. 5; *Baumbach/Hopt* § 361 Rdn. 1.

[8] Vgl. *Schlegelberger/Hefermehl* § 361 Rdn. 5; *Röh-*

richt/Graf von Westphalen/Wagner § 361 Rdn. 3; *Ebenroth/Boujong/Joost/Eckert* § 361 Rdn. 11; *Koller/Roth/Morck* § 361 Rdn. 3; *Staudinger/Karsten Schmidt*, 13. Bearbeitung 1997, § 244 Rdn. 17; ablehnend *Remien* RabelsZ 53 (1989) 281; *Grothe* aaO S. 327; MünchKomm.-*Welter* § 361 Rdn. 39.

[9] Kritisch *Grothe* aaO S. 326 f.

Claus-Wilhelm Canaris

pflichten die Möglichkeit einer **Anfechtung** wegen Inhaltsirrtums, sofern der Irrtum sich auf den Inhalt der sekundären Leistungspflicht beschränkt und nicht auch den Inhalt der entsprechenden primären Leistungspflicht mitumfasst; das ist konsequent, weil hier das Element der *heteronomen* Bestimmung der Rechtsfolgen dominiert, während es bei den primären Leistungspflichten trotz einer Auslegung mit Hilfe von § 361 im Kern noch um eine *autonome* Setzung der Rechtsfolgen geht – nicht anders als in den übrigen Fällen einer objektiven Vertragsauslegung.

9   Wo der **Erfüllungsort für die sekundäre Leistungspflicht** liegt, ist gesondert nach den Regeln über den Erfüllungsort festzustellen. Dieser ist gegenüber dem Erfüllungsort der primären Leistungspflicht grundsätzlich selbständig;[10] eine Vereinbarung über den Erfüllungsort der primären Leistungspflicht wird jedoch häufig gemäß § 157 BGB auf die zugehörigen sekundären Leistungspflichten zu erstrecken sein. Im Zweifel ist gemäß § 269 BGB der Wohnsitz des betreffenden Schuldners maßgeblich.

10   Liegt der Erfüllungsort in Deutschland, so richtet sich ein **Schadensersatzanspruch** folgerichtig grundsätzlich auf Zahlung in deutscher Währung – also heute in Euro –, auch wenn die Gegenleistung für die primäre Leistung, also z.B. der Kaufpreis, in einer fremden Währung zu erbringen war.[11] Ist der Schaden freilich von vornherein in einer fremden Währung entstanden wie z.B., wenn dem Gläubiger ein Gewinn in einer solchen Währung entgangen ist oder sein Schaden in einer Ersatzpflicht in fremder Währung gegenüber einem Dritten – etwa einem Abkäufer – besteht, so haftet der Schuldner nach dem Grundsatz der Naturalrestitution gemäß § 249 S. 1 BGB auf Zahlung in der betreffenden fremden Währung.[12] Das Gleiche gilt bei anderen Ansprüchen, die ihrem Inhalt nach von vornherein auf fremde Währung gerichtet sind wie z.B. ein Anspruch auf Ersatz von in einer solchen gemachten Aufwendungen.[13]

11   Auch bei **Bereicherungsschulden** hat ein in Deutschland wohnender Schuldner grundsätzlich in deutscher Währung zu leisten.[14] Besteht die Bereicherung freilich in einer Summe fremden Geldes und befindet sich dieses noch in der Verfügungsmacht des Schuldners, so hat dieser das fremde Geld zurückzuzahlen, da er gemäß § 812 BGB auf Herausgabe des „Erlangten" haftet. Ist der Bereicherungsschuldner dagegen zur Herausgabe des erlangten Gegenstandes, also des in fremder Währung erlangten Geldes nicht mehr in der Lage und hat er demgemäß nach § 818 Abs. 2 BGB den „Wert" zu ersetzen, so schuldet er grundsätzlich deutsches Geld, wobei die erlangte Summe fremden Geldes lediglich die Bedeutung eines Rechnungsfaktors für die Ermittlung der Höhe des Wertersatzes hat.[15]

---

[10] Vgl. RGZ 102, 61; *Schlegelberger/Hefermehl* § 361 Rdn. 5.

[11] Vgl. RGZ 96, 121; 102, 62; RG JW 1923, 498; 1924, 672; WarnRspr. 1922 Nr. 4; 1923/24 Nr. 148; *Schlegelberger/Hefermehl* aaO.

[12] Vgl. auch RG JW 1925, 1477; *Schlegelberger/*

Hefermehl aaO; vgl. aber auch BGHZ 14, 212, 217 und BGH WM 1977, 478, 479 unter V 3 a.

[13] Vgl. RGZ 109, 88; *Schlegelberger/Hefermehl* aaO.

[14] Vgl. RGZ 120, 81; *Schlegelberger/Hefermehl* aaO.

[15] Vgl. RGZ 120, 81; *Schlegelberger/Hefermehl* aaO.

§ 362

(1) ¹Geht einem Kaufmanne, dessen Gewerbebetrieb die Besorgung von Geschäften für andere mit sich bringt, ein Antrag über die Besorgung solcher Geschäfte von jemand zu, mit dem er in Geschäftsverbindung steht, so ist er verpflichtet, unverzüglich zu antworten; sein Schweigen gilt als Annahme des Antrags. ²Das Gleiche gilt, wenn einem Kaufmann ein Antrag über die Besorgung von Geschäften von jemand zugeht, dem gegenüber er sich zur Besorgung solcher Geschäfte erboten hat.

(2) Auch wenn der Kaufmann den Antrag ablehnt, hat er die mitgesendeten Waren auf Kosten des Antragstellers, soweit er für diese Kosten gedeckt ist und soweit es ohne Nachteil für ihn geschehen kann, einstweilen vor Schaden zu bewahren.

Übersicht

Schrifttum

Bickel Rechtsgeschäftliche Erklärungen durch Schweigen?, NJW 1972, 607 ff; *Brodmann* Ehrenbergs Handbuch IV 2, 1918, S. 33 ff; *Canaris* Die Vertrauenshaftung im deutschen Privatrecht, 1971, S. 197 ff und S. 217 ff (zit. *Canaris*); *ders.* Schweigen im Rechtsverkehr als Verpflichtungsgrund, Festschr. für Wilburg, 1975, S. 77 ff; *ders.* Handelsrecht, 23. Aufl. 2000, § 25 I; *von Craushaar* Der Einfluß des Vertrauens auf die Privatrechtsbildung, 1969, S. 99 ff; *Fabricius* Stillschweigen als Willenserklärung, JuS 1966, 1 ff und 50 ff; *Flume* Allgemeiner Teil des Bürgerlichen Rechts Bd. II, 3. Aufl. 1979, § 5, 2 und § 10, 2; *Frotz* Verkehrsschutz im Vertretungsrecht, 1972, S. 375 ff, 391 ff; *Götz* Zum Schweigen im Rechtsverkehr, 1968; *Hanau* Objektive Elemente im Tatbestand der Willenserklärung, AcP 165, 220 ff; *Krause* Schweigen im Rechtsverkehr, 1933; *Litterer* Vertragsfolgen ohne Vertrag, 1979, S. 49 ff; *Müller-Graff* Rechtliche Auswirkungen einer laufenden Geschäftsverbindung im amerikanischen und deutschen Recht, 1974, S. 195 ff; *Philipowski* Schweigen als Genehmigung, BB 1964, 1069 ff; *Raisch* Geschichtliche Voraussetzungen, dogmatische Grundlagen und Sinnwandlung des Handelsrechts, 1965, S. 249 ff; *Karsten Schmidt* Handelsrecht, 5. Aufl. 1999, § 19 II; *Sonnenberger* Verkehrssitten im Schuldvertrag, 1970, S. 205 ff.

Claus-Wilhelm Canaris

I. Gesetzeswerk und dogmatische Einordnung

1   Da Schweigen grundsätzlich nicht die Bedeutung der Zustimmung hat (vgl. näher unten Anhang nach § 362 Rdn. 2 ff), stellt § 362 eine Ausnahmevorschrift dar.[1] Demgemäß bedarf es einer Erklärung dafür, dass das Gesetz hier entgegen den allgemeinen Grundsätzen das Schweigen als Zustimmung wertet. **Rechtsgeschäftliche Erklärungsversuche** haben sich mit Recht nicht durchgesetzt. Sie scheitern daran, dass das Schweigen unabhängig davon als Annahme gewertet wird, ob der Schweigende ein entsprechendes Bewusstsein hatte, ja ob er überhaupt Kenntnis von dem Zugang des Antrags erhalten hat (vgl. unten Rdn. 17 f), und dass ihm bei einem Irrtum über die Bedeutung seines Schweigens die Irrtumsanfechtung nach § 119 Abs. 1 BGB versagt wird (vgl. unten Rdn. 21). Wenn man in solchen Fällen nicht die Regeln über das Fehlen des Erklärungsbewusstseins anwendet – also entweder Unwirksamkeit annimmt oder doch wenigstens die Anfechtung wegen Inhaltsirrtums nach § 119 BGB zulässt –, liegt nicht einmal ein rudimentärer Rest von privatautonomer Selbstbestimmung vor, so dass von einem Vertrauensschutz *innerhalb* der Rechtsgeschäftslehre nicht mehr sinnvoll gesprochen werden kann.[2,3] Daran lässt sich auch dadurch nichts ändern, dass man hier von der **Fiktion** einer Willenserklärung spricht,[4] da diese Kategorie bar jeglichen dogmatischen Erklärungswerts und daher völlig unfruchtbar ist.

2   Unbefriedigend ist auch die Einordnung von § 362 in die Lehre von der „typisierten Erklärung mit normierter Wirkung".[5] Diese Lehre ist nämlich mit Begriff und Funktion des Rechtsgeschäfts unvereinbar, weil sie dieses nicht auf die Akte der finalen In-Geltung-Setzung von Rechtsfolgen beschränkt, sondern durch den widersinnigen Begriff der „fahrlässigen Willenserklärung" denaturiert.[6]

3   Es führt auch nicht weiter, den Gesichtspunkt der Fahrlässigkeit zu verselbständigen und § 362 als Folge einer **Pflichtverletzung des Schweigenden** zu erklären.[7] Denn die fahrlässige Verletzung einer Pflicht zieht nach geltendem Recht grundsätzlich lediglich eine Schadensersatzhaftung und nicht eine Erfüllungspflicht nach sich (vgl. auch unten Anhang nach § 362 Rdn. 11 ff). Diesen Einwand kann man nicht dadurch ausräumen, dass man statt einer Pflichtverletzung eine **Obliegenheitsverletzung** annimmt und § 362 auf diese zurückführt.[8] Es ist nämlich nicht verständlich, warum an eine Obliegenheitsverletzung, also an die Verletzung einer Pflicht minderer Inten-

---

[1] Ebenso z.B. *Fabricius* JuS 1966, 52; *Schlegelberger/Hefermehl* § 362 Rdn. 8; *Heymann/Horn* § 362 Rdn. 4; **a.A.** *Hanau* AcP 165, 244.

[2] Übereinstimmend *Larenz/Wolf* Allg. Teil[8] § 28 Rdn. 59 und § 30 Rdn. 50; unklar *Karsten Schmidt* § 19 II 2 c a.E., der „den Tatbestand des § 362 I HGB als Teil der Rechtsgeschäftslehre, das Schweigen, das hier als Annahme gilt, aber nicht als Willenserklärung" deutet und damit zu einer dogmatischen Zwitterfigur gelangt, durch welche die entscheidende Frage – nämlich auf welche Weise dieselben Rechtsfolgen wie aus einem Rechtsgeschäft ohne (!) dessen Vorliegen zustande kommen und warum man dann bei einem Irrtum über die Bedeutung des Schweigens nicht nach § 119 Abs. 1 BGB angefochten werden kann – gerade offen bleibt.

[3] Zur dogmatischen Vertiefung vgl. eingehend *Canaris* 50 Jahre Bundesgerichtshof, 2000, Bd. I S. 139–143.

[4] So aber *Flume* § 10, 2; MünchKomm.-*Welter* § 362 Rdn. 15; *Koller/Roth/Morck* § 362 Rdn. 4.

[5] So vor allem *Manigk* Das rechtswirksame Verhalten, 1939, S. 279 f, 283 f, 287 und öfter; zustimmend *Krause* Schweigen im Rechtsverkehr S. 127 f; ähnlich, wenngleich ohne ausdrückliche Bezugnahme auf *Manigk*, sondern unter (unzutreffender) Berufung auf *Karsten Schmidt* MünchKomm.-*Welter* § 362 Rdn. 15 a.E., der von einer „gesetzlich typisierten Erklärung" spricht – ein Begriff, dessen dogmatische Inhaltslosigkeit auf der Hand liegt.

[6] Vgl. näher *Flume* Festschr. zum hundertjährigen Bestehen des Deutschen Juristentags, 1960, Bd. I S. 171 ff; kritisch ferner z.B. *Bydlinski* Privatautonomie und objektive Grundlagen des verpflichtenden Rechtsgeschäfts, 1967, S. 70 ff m.w. Nachw.

[7] So vor allem *Fabricius* JuS 1966, 51 ff.

[8] So aber *Reimer Schmidt* Die Obliegenheiten, 1953, S. 122 f; *Hanau* AcP 165, 236 ff.

sität oder minderer Wirkung[9] eine Erfüllungshaftung geknüpft werden soll, während bei einer echten Pflichtverletzung nur die den Schuldner i.d.R. weniger belastende Haftung auf das negative Interesse Platz greift. Außerdem verschiebt die Annahme einer Obliegenheitsverletzung das Problem nur; denn es stellt sich dann sofort die weitere Frage, warum der Gesetzgeber gerade bei § 362 HGB, nicht aber z.B. auch im eng verwandten Fall von § 663 BGB eine Obliegenheit statuiert hat – und darauf bleibt die Lehre von der Obliegenheitsverletzung die Antwort schuldig. Auch diese Theorie ist daher ohne dogmatischen Erklärungswert, weil sie weder die Besonderheit der Rechtsfolge, d.h. das Entstehen einer Erfüllungspflicht, noch den sachlichen Grund für das Bestehen der behaupteten Obliegenheit angeben kann.

Den richtigen Ausgangspunkt für die Erklärung von § 362 bildet die Bemerkung in **4** den Materialien, dem Schweigen werde unter den in § 362 genannten Voraussetzungen im kaufmännischen Verkehr allgemein die Bedeutung einer Annahmeerklärung beigelegt.[10] Das Schweigen wird also grundsätzlich als Willenserklärung durch schlüssiges Verhalten gewertet.[11] Trifft das im Einzelfall nicht zu, so liegt lediglich der *Schein* einer Annahme des Antrags vor, das Schweigen ist also nur *schein*konkludent. Indem das Gesetz es dennoch als Annahme wertet, stellt es den Schein der Wirklichkeit gleich. § 362 bildet daher nach zutreffender und heute vorherrschender Ansicht einen Tatbestand der **Rechtsscheinhaftung**.[12] Das gilt nicht nur dann, wenn man bei Fehlen des Erklärungsbewusstseins in der Person des Schweigenden das Vorliegen eines Rechtsgeschäfts oder dessen Wirksamkeit verneint, sondern auch dann, wenn man in einem solchen Fall – mit der neueren Rechtsprechung des BGH – den objektiven Tatbestand eines Rechtsgeschäfts bejaht und lediglich ein Anfechtungsrecht nach § 119 Abs. 1 BGB annimmt; denn nicht einmal ein solches hat der Schweigende im Falle des § 362 (vgl. dazu unten Rdn. 21), und daher ist hier die Grenzlinie von der Bindung kraft Rechtsgeschäfts zur Haftung kraft Rechtsscheins überschritten.[13]

Dass das Gesetz eine Rechtsscheinhaftung gerade unter den Voraussetzungen von § 362 – und nicht z.B. auch in Fällen wie dem des § 663 BGB – anordnet, hat seinen tieferen Grund zum einen in dem gesteigerten **Verkehrsschutzbedürfnis des Handelsverkehrs** und zum anderen im Vorliegen einer entsprechenden **Verkehrssitte**, die dem Schweigen typischerweise die Bedeutung der Zustimmung zumisst und die daher zu einer Verstärkung des Vertrauenstatbestandes gegenüber sonstigen Fällen konkludenten Verhaltens führt.[14] § 362 stellt somit einen Unterfall einer „Rechtsscheinhaftung kraft verkehrsmäßig typisierter Erklärungsbedeutung" dar, in die auch noch andere verwandte Erscheinungen wie vor allem die Lehre vom kaufmännischen Bestätigungsschreiben einzuordnen sind.[15]

---

[9] Vgl. *Reimer Schmidt* aaO S. 315.

[10] Vgl. Materialien zum Handelsgesetzbuche für das Deutsche Reich, 1897, S. 97.

[11] Vgl. auch *Krause* aaO S. 127 ff; **a. A.** *Flume* § 10, 2 = S. 120.

[12] Vgl. näher *Canaris* aaO S. 200 ff; zustimmend z.B. *Larenz/Wolf* aaO § 30 Rdn. 50; *Schlegelberger/Hefermehl* § 362 Rdn. 16 a. E.; *Röhricht/ Graf von Westphalen/Wagner* § 362 Rdn. 3; *Ebenroth/Boujong/Joost/Eckert* § 362 Rdn. 2; ähnlich auch *Hopt* AcP 183 (1983) 686, dessen pointierte Betonung des berufsrechtlichen Aspektes in solchem Maße auf die Hinzunahme spezifisch vertrauensrechtlicher Elemente angewiesen ist, dass sie keinen wirklichen Gegensatz zur hier vertretenen Ansicht darstellt; kritisch *Karsten Schmidt* § 19 II 2 c, der lediglich den allgemeinen Gedanken des Verkehrsschutzes heranziehen will.

[13] Vgl. dazu eingehend *Canaris* aaO (wie Fn. 3).

[14] Vgl. *Canaris* S. 218 ff.

[15] Vgl. näher *Canaris* S. 206 ff, 218 ff sowie Handelsrecht § 25 Rdn. 9 mit umf. Nachw.; für Einordnung in die Lehre von der Vertrauenshaftung ferner *Koller* oben § 346 Rdn. 62.

Claus-Wilhelm Canaris

5　　Dagegen geht es zu weit, in § 362 geradezu einen Fall **absoluten Verkehrs-schutzes**[16] zu sehen und daher bei der Interpretation der Vorschrift jeden Rückgriff auf den Gedanken des Vertrauensschutzes auszuschließen.[17] Denn zum einen könnte das nur durch ein besonders intensives Bedürfnis nach Rechtssicherheit legitimiert werden, für das hier kein Anhaltspunkt besteht, und zum anderen geriete man dadurch in einen Widerspruch zu anerkannten Grundsätzen über die Handhabung der Regeln über das kaufmännischen Bestätigungsschreiben, obgleich diese in Wahrheit folgerichtig auch im Rahmen von § 362 heranzuziehen sind.

II. Die tatbestandlichen Voraussetzungen der Antwortpflicht

1. Das Erfordernis der Kaufmannseigenschaft

6　　§ 362 knüpft grundsätzlich an die **Kaufmannseigenschaft** des Antragsempfängers an. Ob diese auf §§ 1, 2, 3 Abs. 2 und 3 oder auf § 6 HGB beruht, ist gleichgültig. Der Fiktivkaufmann gemäß § 5 HGB steht gleich. Da Scheinkaufleute sich zugunsten gutgläubiger Dritter grundsätzlich wie Kaufleute behandeln lassen müssen, haften sie gegenüber diesen ebenfalls gemäß § 362. Ob der Antragende Kaufmann ist, spielt keine Rolle.

7　　Der maßgebliche **Zeitpunkt für das Vorliegen der Kaufmannseigenschaft** ist der Augenblick des Zugangs des Antrags.[18] Ein nachträglicher Verlust der Kaufmanns-eigenschaft beseitigt daher die Antwortpflicht ebenso wenig wie umgekehrt der nach-trägliche Erwerb sie begründet; im letzteren Fall sind freilich § 663 BGB sowie die allgemeinen Regeln über das Schweigen im Rechts- und Handelsverkehr (vgl. unten Anhang nach § 362) zu beachten.

8　　Ist der Schweigende **Nichtkaufmann**, nimmt er aber ähnlich wie ein Kaufmann am Rechts- und Handelsverkehr teil, findet § 362 HGB entgegen einer starken Minder-meinung[19] entsprechende Anwendung.[20] Das folgt sowohl aus einer Weiterbildung der zum kaufmännischen Bestätigungsschreiben anerkannten Grundsätze[21] als auch aus den Regeln über die Erstreckung des Anwendungsbereichs von Handelsbräuchen auf kaufmannsähnliche Personen[22]. Denn angesichts des engen Bezugs von § 362 HGB auf die typisierende Kraft der Verkehrssitten kann hier nicht anders entschieden werden als dort.

2. Das Merkmal der Geschäftsbesorgung

9　　Der Antrag muss auf den Abschluss eines Vertrages gerichtet sein, der eine **Geschäftsbesorgung** zum Gegenstand hat. Eine solche liegt vor, wenn jemand „außer-halb eines dauernden Dienstverhältnisses eine an sich dem anderen zukommende Tätigkeit diesem abnimmt, mag diese Tätigkeit rechtsgeschäftlicher oder rein tatsäch-

---

[16]　Vgl. zu diesem Begriff *Canaris* S. 1 f.
[17]　In dieser Richtung aber *Karsten Schmidt* § 19 II 2 c; MünchKomm.-*Welter* § 362 Rdn. 15; *Koller/Roth/Morck* § 362 Rdn. 4.
[18]　Vgl. z. B. *Schlegelberger/Hefermehl* § 362 Rdn. 8; MünchKomm.-*Welter* § 362 Rdn. 18.
[19]　Vgl. z. B. *Schlegelberger/Hefermehl* § 362 Rdn. 8; *Heymann/Horn* § 362 Rdn. 5; *Ebenroth/Bou-jong/Joost/Eckert* § 362 Rdn. 9 f.
[20]　Ebenso i. E. *Karsten Schmidt* § 19 II 2 d aa;

Neuner ZHR 157 (1992) 284; *Röhricht/Graf von Westphalen//Wagner* § 362 Rdn. 6; *Koller/Roth/Morck* § 362 Rdn. 5; MünchKomm.-*Welter* § 362 Rdn. 17; ähnlich auch *Hopt* AcP 183 (1983) 686 f auf Grund seines berufsrechtlichen An-satzes.
[21]　Vgl. zu diesen oben *Koller* § 346 Rdn. 25 ff; *Canaris* Handelsrecht § 25 Rdn. 45 f.
[22]　Vgl. dazu *Canaris* Handelsrecht § 24 Rdn. 46 f.

licher Art sein".[23] § 362 gilt daher z. B. für einen Kommissionär, einen Spediteur, einen Lagerhalter,[24] einen Frachtführer oder einen Treuhänder. Besondere Bedeutung hat die Vorschrift im Bankrecht, da die meisten **Bankgeschäfte** als Geschäftsbesorgungen zu qualifizieren sind.

Dagegen fallen reine **Kauf- und Verkaufsangebote** oder reine **Darlehensangebote** **10** nicht unter § 362.[25] Auch eine analoge Anwendung der Vorschrift kommt insoweit nicht in Betracht, da es bei anderen als Geschäftsbesorgungsverträgen grundsätzlich nicht im selben Maß wahrscheinlich ist, dass der Empfänger des Antrags zum Vertragsschluss bereit ist und dass sein Schweigen daher Zustimmung bedeutet. Es bleibt dann nur der Rückgriff auf die allgemeinen Grundsätze über das Schweigen im Rechts- und Handelsverkehr, die freilich im Einzelfall zum selben Ergebnis wie § 362 führen können (vgl. dazu unten Anhang nach § 362).

3. Die besonderen Voraussetzungen von § 362 Abs. 1 Satz 1

Die Erfordernisse der Kaufmannseigenschaft und der Geschäftsbesorgung sind **11** beiden Alternativen von § 362 gemeinsam. Im Übrigen bauen diese dagegen auf unterschiedlichen Voraussetzungen auf. Die erste Alternative knüpft an das **Bestehen einer Geschäftsverbindung** an. Eine solche liegt vor, wenn die Beziehung der Parteien auf eine gewisse Dauer angelegt ist und den wiederholten Abschluss von Geschäften erwarten lässt.[26] Entscheidend ist also, ob nach dem in Erscheinung getretenen Parteiwillen in Zukunft mit der Vornahme von Geschäften zu rechnen ist. Dass solche in der Vergangenheit abgeschlossen worden sind, ist weder erforderlich noch ausreichend. Die Geschäftsverbindung muss zur Zeit des Antrags noch fortdauern. Ob sie beendigt ist, bestimmt sich grundsätzlich nicht nach der Zahl der Geschäftsvorfälle, sondern nach der Absicht der Parteien, in Zukunft noch weitere Geschäfte vorzunehmen;[27] ein längeres Ausbleiben von Geschäftsabschlüssen kann jedoch ein Indiz für den Willen der Parteien sein, die Geschäftsbeziehung zu beenden. Die Schließung eines Betriebes von hoher Hand führt regelmäßig zur Beendigung der Geschäftsverbindung, der Tod einer Partei nur dann, wenn die Beziehung nicht mit dem Erben fortgesetzt wird.[28]

Weiterhin setzt die erste Alternative von § 362 einen **Zusammenhang zwischen** **12** **der Geschäftsbesorgung und dem Gewerbebetrieb des Antragsempfängers** voraus. Denn § 362 fordert, dass der Gewerbebetrieb des Kaufmanns „die Besorgung von Geschäften für andere mit sich bringt" und dass sich der Antrag auf „die Besorgung solcher Geschäfte" bezieht. Entscheidend ist dabei nicht, ob speziell der Betrieb des *Antragsempfängers* auf die Besorgung des betreffenden Geschäfts gerichtet ist, sondern vielmehr, ob man allgemein bei Betrieben *dieser Art* mit der Durchführung derartiger Geschäfte rechnen darf. § 362 gilt daher zwar z. B. nicht, wenn einem Spediteur ein Maklerauftrag oder ein Lagerauftrag zugeht, wohl aber z. B., wenn ein Möbelspediteur einen Antrag über eine Warenspedition erhält oder wenn einer auf Wertpapiergeschäfte spezialisierten Bank ein Giroüberweisungsauftrag erteilt wird.[29]

---

[23] So BGHZ 46, 43, 47; ebenso oder ähnlich z. B. *Schlegelberger/Hefermehl* § 362 Rdn. 9; Münch-Komm.-*Welter* § 362 Rdn. 19; *Ebenroth/Boujong/Joost/Eckert* § 362 Rdn. 12.

[24] Vgl. BGHZ 46, 43, 47.

[25] Vgl. auch *Schlegelberger/Hefermehl* § 362 Rdn. 10; *Heymann/Horn* § 362 Rdn. 7; Münch-Komm.-*Welter* § 362 Rdn. 19 a. E.; *Ebenroth/Boujong/Joost/Eckert* § 362 Rdn. 13.

[26] Vgl. oben § 355 Rdn. 35; ähnlich *Schlegelberger/Hefermehl* § 362 Rdn. 13; *Ebenroth/Boujong/Joost/Eckert* § 362 Rdn. 14; MünchKomm.-*Welter* § 362 Rdn. 22.

[27] Vgl. oben § 355 Rdn. 234.

[28] Vgl. oben § 355 Rdn. 236.

[29] Vgl. *Düringer/Hachenburg/Breit* § 362 Anm. 14; *Schlegelberger/Hefermehl* § 362 Rdn. 12.

Claus-Wilhelm Canaris

Freilich ist zu beachten, dass § 362 nicht gilt, wenn nach dem Inhalt des Antrags im Verkehr nicht mit seiner Annahme zu rechnen ist oder dem Antragsteller Bösgläubigkeit zur Last fällt (vgl. unten Rdn. 26); die Vorschrift greift daher insbesondere dann nicht ein, wenn der Antragende wusste oder es für ihn evident war, dass der Antragsempfänger seinen Betrieb spezialisiert hatte – z.B. auf Wertpapiergeschäfte – und daher den fraglichen Auftrag nach seinen Geschäftsgepflogenheiten voraussichtlich nicht übernehmen würde.

4. Die besonderen Voraussetzungen von § 362 Abs. 1 Satz 2

13   Statt einer Geschäftsverbindung genügt gemäß Abs. 1 S. 2 auch ein **Erbieten zur Besorgung** von Geschäften. Das Erbieten stellt eine Bereitschaftserklärung dar. Diese erzeugt noch keine rechtsgeschäftliche Bindung, sondern hat lediglich den Charakter einer invitatio ad offerendum; der Vertragsschluss erfolgt erst durch den Antrag und das Schweigen. Das Erbieten muss gegenüber dem Antragenden erklärt worden sein, wie sich aus dem Wortlaut von Abs. 1 S. 2 klar ergibt. Ein Erbieten gegenüber der Öffentlichkeit wie z.B. auf Firmenschildern oder Annoncen genügt also anders als im Falle von § 663 BGB nicht.[30] Dagegen steht es der Anwendung von § 362 nicht entgegen, wenn das Erbieten auch noch gegenüber einer Vielzahl von anderen Personen erfolgt ist wie z.B. bei einem Rundschreiben. Entscheidend ist, ob der Kreis, an den das Erbieten gerichtet ist, bestimmt ist oder nicht. Daher genügt z.B. ein Erbieten durch massenweise verschickte Drucksachen in aller Regel den Voraussetzungen von § 362, während ein Erbieten durch Postwurfsendung, bei der der Empfängerkreis nicht von dem Erbietenden abschließend festgelegt ist, sondern z.T. dem Zufall bzw. dem Ermessen des Verteilers überlassen bleibt, nicht unter § 362, sondern nur unter § 663 BGB fällt.

14   Hinzukommen muss ein **Zusammenhang zwischen dem Erbieten und der Geschäftsbesorgung**: Der Antragsempfänger muss sich zur Besorgung „solcher Geschäfte" erboten haben. Dieses Merkmal tritt hier an die Stelle des Zusammenhangs mit dem Gewerbebetrieb, auf den das Gesetz beim Bestehen einer Geschäftsverbindung gemäß Abs. 1 S. 1 abhebt. Es kommt hier somit nicht darauf an, ob der Gewerbebetrieb des Antragsempfängers überhaupt „die Besorgung von Geschäften für andere mit sich bringt" und ob das Geschäft in den Rahmen des Gewerbebetriebs fällt. Denn durch sein Erbieten hat der Antragsempfänger den Kreis der Geschäfte, die er zu übernehmen bereit ist, hinreichend abgegrenzt. Ob das betreffende Geschäft durch das Erbieten gedeckt wird, ist eine Frage der Auslegung gemäß §§ 133, 157 BGB, 346 HGB.

III. Die Erfüllungspflicht und ihre Grenzen

1. Die Zurechnung des Schweigens

15   **a) Das Erfordernis einer unverzüglichen Ablehnung.** Die Wertung des Schweigens als Annahme wird grundsätzlich nur durch eine unverzügliche Ablehnung ausgeschlossen. Diese braucht nicht ausdrücklich zu erfolgen, sondern kann auch in einem konkludenten Verhalten liegen, durch das der Adressat des Angebots zu erkennen gibt, dass er dieses nicht annimmt.[31] **Unverzüglich** bedeutet nach der Legal-

---

30 Vgl. *Düringer/Hachenburg/Breit* § 362 Anm. 15; *Schlegelberger/Hefermehl* § 362 Rdn. 14; *Ebenroth/Boujong/Joost/Eckert* § 362 Rdn. 16.

31 Vgl. als Beispiel BGH WM 1988, 1134, 1135.

definition von § 121 BGB „ohne schuldhaftes Zögern". I.d.R. ist dem Antragsempfänger eine gewisse **Überlegungsfrist** zuzubilligen; wie lang diese ist, richtet sich nach den Umständen des Falles und der Verkehrssitte, wobei der Art und der Eilbedürftigkeit des Geschäfts maßgebliche Bedeutung zukommt. Nur die Absendung der Ablehnung muss unverzüglich sein; ob und wann diese dem Antragenden zugeht, ist für § 362 unerheblich.[32]

Hat der Antragsempfänger **bereits einmal abgelehnt**, so braucht er einen neuen **16** Antrag des gleichen Inhalts nicht noch einmal abzulehnen, es sei denn, der zweite Antrag wird unter wesentlich anderen Umständen gemacht wie z.B., wenn der erste Antrag wegen fehlender Deckung abgelehnt wurde und dem zweiten Antrag nunmehr Deckung durch einen Scheck beigefügt wird.[33] Bloße **Bestätigung des Eingangs des Antrags** beseitigt die Folgen von § 362 nicht, sofern der Antragsempfänger sich nicht eine spätere Stellungnahme in dem Bestätigungsschreiben vorbehalten hat;[34] denn die Bestätigungserklärung ist nicht geeignet, in dem Antragenden das Vertrauen zu zerstören, dass der Antragsempfänger den Antrag annimmt. Dagegen kann eine unklare Antwort dem Schweigen grundsätzlich nicht gleich gestellt werden, da der Antragende angesichts der Unklarheit nicht mehr ohne weiteres die Annahme seines Antrags erwarten darf.[35]

b) **Die Unkenntnis des Antrags.** Die Unkenntnis des Antrags schließt die Wer **17** tung des Schweigens als Zustimmung grundsätzlich nicht aus. Nach einer weit verbreiteten Ansicht soll das allerdings nur dann gelten, wenn die Unkenntnis auf **Verschulden** beruht.[36] Das wird damit begründet, dass der Widerspruch „unverzüglich", also ohne schuldhaftes Zögern erfolgen muss. Dieses Argument überzeugt indessen schon deshalb nicht, weil sich das Erfordernis der Unverzüglichkeit lediglich auf die Länge der Antwortsfrist bezieht und sich diese in der Tat nicht anders bestimmen lässt als durch die – von Fall zu Fall flexiblen – Kriterien der verkehrserforderlichen Sorgfalt und der Zumutbarkeit, wohingegen es hier um das ganz anders strukturierte Problem geht, ob und wie ein Kaufmann Kenntnis von den in seinem Betrieb eingegangenen Schreiben erlangt.

Insoweit ist das **Risikoprinzip** wesentlich sachgerechter als das Verschuldens **18** prinzip und verdient daher den Vorzug.[37] Denn dieses ist zum einen verkehrsfreundlicher als das Verschuldensprinzip und entspricht daher dem von § 362 intendierten Verkehrsschutz besser, und es trägt zum anderen dem Gedanken Rechnung, dass die Frage der betrieblichen Organisation nicht in erster Linie durch Rechtspflichten gegenüber dem Antragenden, sondern durch Gesichtspunkte der betriebsinternen Zweckmäßigkeit bestimmt wird. In die gleiche Richtung weist auch die Rechtsprechung zum kaufmännischen Bestätigungsschreiben, die bei diesem nicht auf die Schuldhaftigkeit der Unkenntnis abstellt, sondern (insoweit freilich etwas zu weit

---

[32] Vgl. RG BankArch. 1925, 27; *Schlegelberger/ Hefermehl* § 362 Rdn. 18; *Ebenroth/Boujong/ Joost/Eckert* § 362 Rdn. 21; MünchKomm.-*Welter* § 362 Rdn. 33.

[33] Vgl. RG BankArch. 1925, 27.

[34] Vgl. auch *Schlegelberger/Hefermehl* § 362 Rdn. 17 a.E.

[35] Vgl. auch *Ebenroth/Boujong/Joost/Eckert* § 362 Rdn. 24; MünchKomm.-*Welter* § 362 Rdn. 31; **a.A.** *Düringer/Hachenburg/Breit* § 362 Anm. 17.

[36] Vgl. z.B. *Krause* S. 131 ff; *Flume* § 10, 2 = S. 119; *Schlegelberger/Hefermehl* § 362 Rdn. 20; *Heymann/Horn* § 362 Rdn. 11; *Ebenroth/Boujong/ Joost/Eckert* § 362 Rdn. 23; MünchKomm.-*Welter* § 362 Rdn. 30 mit der seltsamen Konstruktion eines „Verschuldens des Unternehmens".

[37] Vgl. näher *Canaris* S. 203 ff; zustimmend *Karsten Schmidt* § 19 II 2 d ff; *Litterer* S. 112; *Hopt* AcP 183 (1983) 688.

Claus-Wilhelm Canaris

gehend) den Zugang genügen lässt.[38] Außerdem ist die Verbindung von Rechtsscheinhaftung und Verschuldensprinzip de lege lata systemwidrig, wie sich z.B. aus den
§§ 170 ff BGB und § 935 Abs. 1 BGB ergibt.

19   Der Schweigende haftet somit gemäß § 362 schon dann und nur dann, wenn seine
Unkenntnis vom Zugang des Schreibens in innerem **Zusammenhang mit einem in
seinem Geschäftskreis liegenden Risiko** steht. § 362 ist folglich grundsätzlich
anwendbar, wenn der Antragsempfänger z.B. durch eine plötzliche unaufschiebbare
Geschäftsreise, durch längere Krankheit oder durch Urlaub gehindert wird, die
laufenden Angelegenheiten in seinem Betrieb wahrzunehmen und Kenntnis von dem
Eingang des Antrags zu nehmen; denn ob und wie er für einen solchen Fall Vorsorge
getroffen hat, ist seine Sache und gehört zu seinen spezifischen Betriebsrisiken. Auch
wenn der Antragsempfänger von dem Schreiben deshalb keine Kenntnis erlangt hat,
weil es einer seiner Angestellten unterschlagen oder durch eine sonstige Straftat beseitigt hat, greift § 362 grundsätzlich ein, da es auch dabei um die spezifischen Risiken
eines kaufmännischen Betriebes geht; das entspricht auch der h.L. bezüglich des
parallelen Problems beim kaufmännischen Bestätigungsschreiben.[39] Wird dagegen der
Antrag bei einem Einbruch gestohlen oder bei einem Brand vernichtet und erlangt der
Empfänger aus diesem Grund keine Kenntnis mehr von ihm, so ist § 362 grundsätzlich
unanwendbar, weil es sich dann nicht um ein spezifisches kaufmännisches Organisa-
tions- und Betriebsrisiko, sondern lediglich um die Verwirklichung eines allgemeinen
Lebensrisikos handelt.

20   Demgemäß ist als Zurechnungsmaßstab **die „ideale" und nicht lediglich die
„ordentliche" Organisation des Betriebs** anzusehen. Denn durch diese beiden Kriterien wird der Unterschied zwischen Verschuldens- und Risikohaftung markiert.[40]

21   c) **Die Behandlung von Willensmängeln.** Ein **Irrtum über die Bedeutung des
Schweigens** stellt zwar einen Fall fehlenden Erklärungsbewusstseins dar, doch führt er
anerkanntermaßen gleichwohl weder zur Unwirksamkeit noch zur Anfechtbarkeit
des Geschäftsbesorgungsvertrags.[41] Die Gegenansicht wäre mit dem Zweck von
§ 362 unvereinbar und würde die Vorschrift ihres wesentlichen Anwendungsbereichs
berauben; denn dieser liegt gerade in den Fällen, in denen der Schweigende durch sein
Schweigen nicht ohnehin zustimmen wollte, und daher darf man diesem nicht gestat-
ten, sich von der Erfüllungspflicht zu lösen und diese auf eine bloße Haftung auf das
negative Interesse gemäß oder analog § 122 BGB zu reduzieren.

22   Die **Berücksichtigung von sonstigen Willensmängeln i.S. der § 116 ff BGB**
wurde früher im Schrifttum z.T. mit der Begründung abgelehnt, dass die Erfüllungspflicht bei § 362 nicht auf einer Willenserklärung beruht, sondern ex lege eintritt.[42] Das
steht indessen einer analogen Anwendung der §§ 116 ff BGB nicht entgegen. Diese ist
in der Tat grundsätzlich zu bejahen, weil sich anderenfalls untragbare Wertungswidersprüche ergäben; denn es ist nicht zu rechtfertigen, dass der Antragsempfänger zwar
eine ausdrückliche Annahmeerklärung anfechten konnte, nicht aber ein zu derselben
Rechtsfolge führendes Schweigen. Willensmängel sind daher beachtlich, sofern sie es

---

[38] Vgl. dazu *Koller* oben § 346 Rdn. 74, 87 und 122
mit umf. Nachw.
[39] Vgl. dazu näher *Canaris* Handelsrecht § 25 Rdn.
36 f; *Koller* oben § 346 Rdn. 109 mit Nachw.
[40] Vgl. *Larenz/Canaris* Schuldrecht II/2[13] § 84 I 3 b.
[41] Vgl. z.B. *Krause* S. 135; *Flume* § 10, 2 = S. 119;
Hanau AcP 165, 250; *Canaris* S. 202; *Dürin-*

ger/Hachenburg/Breit § 362 Anm. 18; *Schlegel-
berger/Hefermehl* § 362 Rdn. 19; *Röhricht/
Graf von Westphalen/Wagner* § 362 Rdn. 19;
Ebenroth/Boujong/Joost/Eckert § 362 Rdn. 32;
MünchKomm.-*Welter* § 362 Rdn. 42.
[42] Vgl. z.B. *Fabricius* JuS 1966, 51 ff; *von Godin*
2. Aufl. Anm. 15.

auch bei einer ausdrücklichen Annahmeerklärung wären.[43] Der Antragsempfänger kann daher z. B. anfechten, wenn sein Schweigen durch eine arglistige Täuschung oder eine widerrechtliche Drohung i. S. von § 123 BGB veranlasst worden ist oder wenn er den Antrag inhaltlich missverstanden und sich daher bei dessen Annahme durch Schweigen in einem Inhaltsirrtum befunden hat.

Ob den Schweigenden ein **Verschulden hinsichtlich des Willensmangels** trifft **23** oder nicht, spielt keine Rolle.[44] Denn der Zweck von § 362 fordert die Unbeachtlichkeit verschuldeter Willensmängel keineswegs, da die Problematik insoweit im Falle von § 362 nicht anders liegt als sonst im Handelsrecht; diesem aber ist eine Beschränkung der Beachtlichkeit von Willensmängeln auf den Fall fehlenden Verschuldens grundsätzlich ebenso fremd wie dem BGB.[45]

Erforderlich ist dagegen, dass der Willensmangel kausal für das Schweigen war. **24** Eine Irrtumsanfechtung setzt daher grundsätzlich voraus, dass der Schweigende überhaupt **Kenntnis von dem Antrag** hatte; denn anderenfalls kann er sich nicht in einem Irrtum über diesen befunden haben. Wurde freilich gerade die Kenntnisnahme durch arglistige Täuschung oder widerrechtliche Drohung verhindert, so gilt § 123 BGB analog.

2. Umfang und Reichweite der Erfüllungshaftung in gegenständlicher und persönlicher Hinsicht

Gegenstand und Inhalt des gemäß § 362 zustandegekommenen Geschäfts- **25** **besorgungsvertrags** richten sich grundsätzlich nach dem Antrag, da dieser durch das Schweigen unmodifiziert angenommen wird. Das gilt grundsätzlich auch dann, wenn der Auftrag in **Widerspruch zu den Allgemeinen Geschäftsbedingungen des Antragsempfängers** steht.[46] Denn der Antragende braucht nicht von vornherein davon auszugehen, dass der Antragsempfänger sich auf eine Änderung seiner Geschäftsbedingungen keinesfalls einlassen würde. Freilich ist eine Abweichung von den Geschäftsbedingungen durch bloßes Schweigen ungewöhnlich. Es ist daher hier besonders zu prüfen, ob der Antragende das Schweigen wirklich als Annahme auffassen durfte oder ob es für ihn nicht vielmehr evident war, dass mit einer Annahme seines Antrags nicht zu rechnen war (vgl. dazu allgemein die folgende Randnummer).

In persönlicher Hinsicht ist die Wirkung von § 362 auf **Gutgläubige** zu be- **26** schränken.[47] Das ergibt sich auch unabhängig von der Einordnung der Vorschrift in die Rechtsscheinhaftung (vgl. oben Rdn. 4) schon aus dem Zweck von § 362. Denn dieser dient dem Ziel des Verkehrsschutzes und stellt lediglich eine Konkretisierung von §§ 157 BGB, 346 HGB dar, und damit wäre es unvereinbar, auch Bösgläubige

---

[43] Vgl. näher *Canaris* S. 205 f; ebenso z. B. *Larenz/ Wolf* aaO § 30 Rdn. 49; *Karsten Schmidt* § 19 II 2 e bb; *Baumbach/Hopt* § 362 Rdn. 6; *Heymann/Horn* § 362 Rdn. 12; *Röhricht/Graf von Westphalen/Wagner* § 362 Rdn. 17 ff; *Ebenroth/Boujong/Joost/Eckert* § 362 Rdn. 33; MünchKomm.-*Welter* § 362 Rdn. 42.

[44] Ebenso z. B. *Koller* oben § 346 Rdn. 121 für das Parallelproblem beim kaufmännischen Bestätigungsschreiben; a. A. *Flume* § 21, 9 c; *Medicus* Bürgerliches Recht[19] Rdn. 58.

[45] Vgl. näher *Canaris* Handelsrecht § 24 Rdn. 32 f; ebenso insoweit z. B. *Medicus* aaO Rdn. 57; a. A. *Flume* § 21, 9 c, dessen Berufung auf § 346 HGB

jedoch nicht überzeugt, weil ein Handelsbrauch, nach dem die Berufung auf verschuldete Irrtümer ausgeschlossen ist, bisher in keiner Weise rechtstatsächlich belegt ist; *Flume* folgend jedoch z. B. MünchKomm.-*Kramer*[4] § 119 Rdn. 70.

[46] Vgl. RG BankArch. 1925, 262; *Düringer/ Hachenburg/Breit* § 362 Anm. 18; *Schlegelberger/Hefermehl* § 362 Rdn. 19.

[47] Vgl. *Canaris* S. 201; ebenso z. B. *Baumbach/Hopt* § 362 Rdn. 5; *Ebenroth/Boujong/Joost/Eckert* § 362 Rdn. 35 f; MünchKomm.-*Welter* § 362 Rdn. 38; ähnlich schon *Düringer/Hachenburg/ Breit* § 362 Anm. 19.

Claus-Wilhelm Canaris

zu schützen. Dafür spricht außerdem das Verbot des Rechtsmissbrauchs sowie die Parallele zum kaufmännischen Bestätigungsschreiben, wo der Bestätigende anerkanntermaßen nicht geschützt wird, wenn er – in einem freilich näher zu konkretisierenden Sinne – bösgläubig war.[48] § 362 greift somit jedenfalls dann nicht ein, wenn der Antragende wusste, dass der Schweigende den Antrag nicht annehmen wollte. Der positiven Kenntnis gleichzustellen ist der Fall, dass das Fehlen eines Annahmewillens für den Antragenden evident war. Denn auch dann ist dieser nicht schutzwürdig, und außerdem lassen sich mit Hilfe dieses Kriteriums die Beweisprobleme entschärfen, die unvermeidlich und oft kaum überwindbar sind, wenn man allein auf positive Kenntnis abstellt;[49] demgemäß hat sich die Gleichstellung von Evidenz und positiver Kenntnis auch in anderen verwandten Zusammenhängen – wie z.B. beim „Missbrauch" der Vertretungsmacht – bewährt. Der Antragende wird daher z.B. nicht geschützt, wenn er wusste oder es für ihn evident war, dass der Antragsempfänger ein an sich zu seinem Gewerbe gehörendes Geschäft grundsätzlich nicht übernimmt (vgl. auch oben Rdn. 12) oder dass das Antragsschreiben von einem nicht vertretungsberechtigten Angestellten unterschlagen worden ist. Bloße Fahrlässigkeit schadet dem Antragenden dagegen nicht, weil dadurch Streit vorprogrammiert wäre und der von § 362 intendierte Vertrauensschutz in erheblichem Maße seiner Effizienz beraubt würde.

27   Darüber hinaus dürfte schon der objektive Tatbestand des § 362 im Wege einer einschränkenden Auslegung oder teleologischen Reduktion der Vorschrift bei **Fehlen eines annahmefähigen Inhalts des Antrags** zu verneinen sein, d.h. wenn der Antrag einen solchen Inhalt hat, dass im Verkehr verständigerweise nicht mit seiner Annahme gerechnet werden darf, wie z.B. bei im Verkehr bekannten Spezialisierungen des Antragsadressaten.[50] Auch das folgt sowohl aus dem immanenten Zweck von § 362 als auch aus der Parallele zu den anerkannten Regeln über das kaufmännische Bestätigungsschreiben. In dogmatischer Hinsicht ist dieses Kriterium von dem der Bösgläubigkeit zu unterscheiden, weil es die objektiven Voraussetzungen des Vertrauensschutzes und nicht lediglich einen subjektiven Mangel in der Person des Antragenden betrifft. In praktischer Hinsicht werden beide Kriterien sich freilich meist decken. Gleichwohl können sie auch insoweit einen unterschiedlichen Anwendungsbereich haben – so z.B. wenn der Antragende Kenntnisse über die Intentionen des Schweigenden oder über die Vorgänge in seinem Betrieb (wie z.B. die Verheimlichung des Antrags durch einen Angestellten) hat, die dem Verkehr nicht zugänglich sind.

28   Nach h.L. tritt die Wirkung von § 362 auch **zugunsten des Schweigenden** ein.[51] Die Gegenansicht stützt sich vor allem darauf, dass § 362 eine Schutzvorschrift zugunsten des Antragenden ist.[52] Wesentliche praktische Bedeutung hat die Streitfrage nicht. Denn wenn der Schweigende Kenntnis von dem Antrag erhalten oder wenn er gar die Geschäftsbesorgung unverzüglich durchgeführt hat, kann er ohne weiteres geltend machen, er habe mit Erklärungsbewusstsein geschwiegen und sein Schweigen stelle daher auch unabhängig von der Regelung des § 362 eine Annahme gemäß § 151

---

[48] Vgl. *Koller* oben § 346 Rdn. 80 ff, 98 ff, 112 ff mit umf. Nachw.; MünchKomm.-*Karsten Schmidt* § 346 Rdn. 162; *Canaris* Handelsrecht § 25 Rdn. 40 ff.

[49] So aber *Baumbach/Hopt* § 362 Rdn. 5; Münch-Komm.-*Welter* § 362 Rdn. 38.

[50] Vgl. *Hopt* AcP 183 (1983) 689; *Baumbach/Hopt* § 362 Rdn. 5 a.E.; *Ebenroth/Boujong/Joost/Eckert* § 362 Rdn. 35 f, der diese Problematik

freilich mit derjenigen der Bösgläubigkeit gleichsetzt; unentschieden MünchKomm.-*Welter* § 362 Rdn. 22 a.E.

[51] Vgl. *Krause* aaO S. 128; *Düringer/Hachenburg/Breit* § 362 Anm. 18; *Schlegelberger/Hefermehl* § 362 Rdn. 19; MünchKomm.-*Welter* § 362 Rdn. 36.

[52] Vgl. *Brodmann* Ehrenbergs Handbuch IV 2, 1918, S. 37; *Raisch* S. 250.

BGB dar. In den verbleibenden Fällen, in denen es wirklich auf die Anwendbarkeit von § 362 ankommt, dürften die besseren Gründe für die h.L. sprechen. Denn wenn der Antragsempfänger den Antrag verspätet findet, hat er wegen seiner Einstandspflicht gemäß § 362 ein erhebliches Interesse daran, die Geschäftsbesorgung auch jetzt noch so schnell wie möglich durchführen zu können und nicht gewärtigen zu müssen, dass der Antragende nun nicht mehr zu dem Antrag steht. Besteht irgendein Anhaltspunkt für die Vermutung, dass die Durchführung der Geschäftsbesorgung jetzt nicht mehr dem Willen oder dem Interesse des Antragenden entspricht, muss der Antragsempfänger auf Grund der einem Geschäftsbesorgungsvertrag immanenten Interessenwahrungspflicht grundsätzlich ohnehin rückfragen und dem Antragenden gegebenenfalls Gelegenheit zu einem Widerruf geben. Dadurch ist dieser hinreichend geschützt.

IV. Die Rechtslage bei Ablehnung des Antrags gemäß Abs. 2

Lehnt der Antragsempfänger den Antrag ab, so trifft ihn gemäß Absatz 2 grundsätzlich die **Verpflichtung, mitgesandte Waren vor Schaden zu bewahren.** Es handelt sich dabei lediglich um eine Konkretisierung der allgemeinen Schutzpflichten aus § 241 Abs. 2 BGB, wie sie insbesondere bei der culpa in contrahendo anerkannt sind (vgl. § 311 Abs. 2 BGB). Über den Wortlaut des Gesetzes hinaus besteht die Pflicht zur Schadensverhütung daher auch dann, wenn die Waren nicht mitgesandt wurden, sondern auf andere Weise im Zusammenhang mit dem Antrag in den Besitz des Antragsempfängers gelangt sind oder sich bereits in dessen Besitz befunden hatten.[53] Drohen die Waren zu verderben, so ist der Antragsempfänger nach den Regeln über die Geschäftsführung ohne Auftrag i.d.R. zu einem **Notverkauf** berechtigt;[54] auch eine entsprechende Pflicht wird man gemäß § 241 Abs. 2 BGB grundsätzlich zu bejahen haben.[55] Verletzt der Antragsempfänger schuldhaft eine Schutzpflicht, hat er dem Antragenden gemäß § 249 BGB den daraus entstehenden Schaden zu ersetzen, was anders als im Falle des Abs. 1 nicht zu einem Anspruch auf Erfüllung führt, sondern dem **negativen Interesse** entspricht.

Die **Kosten der Schadensverhütung oder des Notverkaufs** gehen zu Lasten des Antragenden. Zusätzlich kann der Antragsempfänger gemäß § 354 HGB grundsätzlich Provision und Lagergeld verlangen. Besteht keine Deckung für die Kosten, entfällt nach der ausdrücklichen Bestimmung von Abs. 2 die Schadensverhütungspflicht und entsprechend dem darin zum Ausdruck kommenden Rechtsgedanken grundsätzlich auch eine sonstige Schutzpflicht. In aller Regel wird der Antragsempfänger freilich durch den Wert der Waren selbst gedeckt sein. Auch soweit das nicht der Fall ist, entfallen seine Schutzpflichten entgegen dem zu starren Wortlaut von Abs. 2 nicht ausnahmslos, sondern nur in den Grenzen von § 242 BGB. Der Antragsempfänger hat daher u.U. auch ohne Kostendeckung Schadensverhütungsmaßnahmen vorzunehmen, sofern Zahlungsfähigkeit und -bereitschaft des Antragenden außer Zweifel stehen; allerdings hat er besonders sorgfältig zu prüfen, ob solche Maßnahmen dem Interesse und dem mutmaßlichen Willen des Antragenden entsprechen, wenn der Wert der Ware die Kosten nicht deckt.

29

30

---

[53] Vgl. *Schlegelberger/Hefermehl* § 362 Rdn. 24; MünchKomm.-*Welter* § 362 Rdn. 45.

[54] Vgl. RGZ 66, 197; RG SeuffArch. 77 Nr. 131; *Schlegelberger/Hefermehl* § 362 Rdn. 24; *Ebenroth/Boujong/Joost/Eckert* § 362 Rdn. 39; MünchKomm.-*Welter* § 362 Rdn. 46.

[55] **A.A.** *Schlegelberger/Hefermehl* aaO; *Ebenroth/Boujong/Joost/Eckert* aaO; MünchKomm.-*Welter* aaO.

Anhang nach § 362
Schweigen im Rechts- und Handelsverkehr als Verpflichtungsgrund

Übersicht

Schrifttum: wie zu § 362

1　Die Regelung des § 362 HGB stellt nur einen kleinen Ausschnitt aus der allgemeinen Problematik des „Schweigens im Rechts- und Handelsverkehr" dar. Diese lässt sich nicht mit **Einheitsformeln** wie dem Satz „qui tacet consentire videtur ubi loqui potuit ac debuit" oder „qui tacet consentire non videtur" bewältigen.[1] Erforderlich ist vielmehr der **differenzierte Einsatz des gesamten dogmatischen Instrumentariums,** das Rechtsprechung und Lehre für die Bestimmung der Rechtsfolgen menschlichen Verhaltens entwickelt haben. Dieses reicht von der Rechtsgeschäftslehre über die Schadensersatzhaftung bis zur Einstandspflicht kraft Rechtsscheins und zur Erfüllungshaftung nach § 242 BGB.[2]

I. Schweigen und Rechtsgeschäftslehre

1. Schweigen als Willenserklärung

2　Schweigen ist grundsätzlich überhaupt keine Willenserklärung.[3] Es gilt also in der Regel nicht nur nicht als Zustimmung, sondern auch nicht als Ablehnung.[4]

3　In besonders gelagerten Fällen kann das Schweigen jedoch ausnahmsweise eine Willenserklärung durch **konkludentes Verhalten** darstellen.[5] Das gilt etwa dann, wenn die Parteien vereinbart haben, Schweigen solle Zeichen der Zustimmung sein,

---

[1] Vgl. aber z.B. *Hanau*, AcP 165, 223 m. Nachw. in Fn. 8; *Palandt-Heinrichs*[60] Einf. vor § 116 Rdn. 8.

[2] Vgl. zum Folgenden schon *Canaris* Festschr. für Wilburg S. 77 ff.

[3] Vgl. z.B. *Flume* [8] § 5, 2b; *Medicus* Allg. Teil des BGB[8] Rdn. 345; *Bork* Allg. Teil des Bürgerlichen Gesetzbuchs, 2001, Rdn. 574; MünchKomm.-*Kramer*[4] Vor § 116 Rdn. 24; MünchKomm.-*Karsten Schmidt* § 346 Rdn. 130.

[4] Anders z.B. BGH MDR 1970, 136; *Enneccerus/ Nipperdey* Allg. Teil des Bürgerlichen Rechts, Bd. II, 15. Aufl. 1960, § 153 III.

[5] Vgl. *Flume* § 5, 2; *Larenz/Wolf* Allg. Teil des Bürg. Rechts[8] § 28 Rdn. 48; MünchKomm.-*Kramer*[4] § 151 Rdn. 4 ff.

oder wenn das Schweigen durch die bisherigen Gepflogenheiten der Partner im Rahmen einer Geschäftsverbindung in diesem Sinne geprägt worden ist. Ein häufig genanntes Beispiel ist auch der Fall, dass bei einer Abstimmung nur nach den Nein-stimmen und den Enthaltungen gefragt wird; das Schweigen ist hier zumindest dann als Zustimmung anzusehen, wenn dieser Modus der Abstimmung in dem betreffenden Gremium üblich oder nach den Umständen des Falles besonders nahe liegend ist, und das Schweigen daher vernünftigerweise nicht als Verweigerung jeder Stellungnahme, sondern nur als Zeichen des Einverständnisses gedeutet werden kann. Auch wenn die betreffende Regelung dem Schweigenden lediglich einen Vorteil bringt, wird das Schweigen in aller Regel die Bedeutung der Zustimmung haben – ein Rechtsgedanke, der auch § 516 Abs. 2 Satz 2 BGB zugrunde liegen dürfte.[6]

Die im Schrifttum verbreitete **Kritik an der Konstruktion des Schweigens als** **4** **Willenserklärung** vermag nicht zu überzeugen. Dass das Schweigen „kein klarer Aus-druck eines rechtsgeschäftlichen Willens sein kann, wie es die ausdrückliche Willens-erklärung in der Regel ist", sondern „immer auf Nachlässigkeit und dem gegenteiligen Willen beruhen kann",[7] ist schon deshalb kein schlüssiger Einwand, weil diese Über-legung genauso auf alle übrigen konkludenten Willenserklärungen zutrifft und doch niemand die Folgerung zieht, die Möglichkeit von Willenserklärungen durch konklu-dentes Verhalten überhapt abzulehnen. Zwar ist die Willens- und Sinnermittlung beim Schweigen häufig schwieriger als sonst, doch liegt darin allenfalls ein quanti-tativer und kein qualitativer Unterschied gegenüber anderen Formen der Willens-erklärung.

Unrichtig ist auch der Einwand, dem Schweigen komme „rechtliche Erheblichkeit nur dann zu, wenn eine Verpflichtung zum Handeln besteht", und daher sei „der Bereich der Privatautonomie ... bereits verlassen".[8] Zwar ist das Schweigen in der Tat grundsätzlich nur dann als Willenserklärung anzusehen, wenn der Schweigende einen abweichenden Willen hätte äußern müssen, doch bedeutet das lediglich, dass sich die *Konkludenz* des Schweigens aus der berechtigten Erwartung eines Widerspruchs ergibt, nicht aber auch, dass die Rechtsfolge ihren Grund notwendigerweise in einer *Pflichtverletzung* haben muss. Darüber hinaus kann das Schweigen ausnahmsweise sogar dann eine Willenserklärung sein, wenn eine Pflicht oder Obliegenheit zum Reden überhaupt nicht bestand. Das ist z. B. anzunehmen, wenn das Schweigen zwar objektiv betrachtet nicht konkludent war, der Schweigende aber gleichwohl dadurch seine Zustimmung zum Ausdruck bringen wollte und der andere Teil dessen Verhalten auch in diesem Sinne aufgefasst hat; denn da die Parteien sich hier richtig verstanden haben, besteht kein Anlass, dem von ihnen Gemeinten die rechtliche Anerkennung zu versagen – ein Grundsatz, der z. B. auch in der Regel „falsa demonstratio non nocet" zum Ausdruck kommt.

Schon aus diesem Grunde ist auch der Einwand unzutreffend, eine Willens-erklärung setze stets die „Bezeichnung" einer Rechtsfolge voraus, und ein solches „Bezeichnen" sei immer nur durch eine Handlung möglich, nicht aber durch ein Unterlassen, als welches das Schweigen zu qualifizieren sei.[9] Dabei ist nämlich die Möglichkeit eines nach außen nicht in Erscheinung getretenen Einverständnisses übersehen. Außerdem und vor allem ist es aber auch unrichtig, dass durch Schweigen nichts „bezeichnet" werden kann. Schon für den natürlichen Sprachgebrauch ist es

---

[6] Vgl. auch BGH NJW 2000, 276, 277 m. w. N.
[7] So *Hanau* AcP 165, 241 f.
[8] So *Fabricius* JuS 1966, 58.

[9] So *Bickel* NJW 1972, 608; der Sache nach ähnlich *Sonnenberger* Verkehrssitten im Schuldvertrag, 1970, S. 213 ff.

Claus-Wilhelm Canaris

vielmehr eine Selbstverständlichkeit, dass ein Schweigen unter Umständen „beredt" sein kann. Im Übrigen ist der Begriff der Willenserklärung ein Rechtsbegriff, und es steht der Rechtsordnung daher frei, diesen so zu bestimmen, dass auch das Schweigen darunter fallen kann. Das aber ist sinnvoll, weil (und soweit) das Schweigen ebenso wie ein anderes konkludentes Verhalten Ausdruck eines privatautonomen Willensentschlusses sein kann.

5   Auch hinsichtlich der subjektiven Tatbestandsvoraussetzungen gelten für das Schweigen als Willenserklärung grundsätzlich keine Besonderheiten. Insbesondere finden die Regeln über das **Erklärungsbewusstsein** uneingeschränkt Anwendung.[10] Zu weit geht daher die Behauptung, dass dem Schweigenden „nicht nur der Erklärungswille oder das Erklärungsbewusstsein, sondern auch der Handlungswille fehlt, wenn er sich der Bedeutung seines Schweigens als Erklärung nicht bewusst ist"[11]. Richtig ist demgegenüber, dass das Schweigen auch in einem solchen Fall für den anderen Teil die Bedeutung einer konkludenten Zustimmung haben kann. Der objektive Tatbestand einer Willenserklärung ist dann erfüllt – nicht anders als bei einem sonstigen konkludenten Verhalten ohne Erklärungsbewusstsein. Die Gegenansicht privilegiert das Schweigen ohne zureichenden Grund gegenüber anderen Fällen des konkludenten Verhaltens und verkennt überdies die spezifische Struktur des Unterlassens, bei dem grundsätzlich – d.h. abgesehen von Extremfällen wie dem der Bewusstlosigkeit – durchaus ein Handlungsbewusstsein gegeben ist, da der Unterlassende ein solches hinsichtlich seines Tuns sehr wohl hat und es hier so wenig wie in sonstigen Irrtumsfällen darauf ankommen kann, ob dieses Bewusstsein auch den Sinn des Verhaltens als Rechtsgeschäft umschließt. Daher trifft es nicht zu und ist überdies geradezu in sich selbst widersprüchlich, dass „das Schweigen nur kraft schlüssigen Handelns – also ohne dass es als Erklärungszeichen vereinbart ist – als ein bloßes konkludentes Verhalten nicht in den rechtlichen Bereich der Willenserklärung gehört, wenn der Schweigende sich der Bedeutung des Schweigens nicht bewusst ist und somit ein schlüssiges ‚Handeln' gar nicht vorliegt".[12]

Demgemäß ist das Schweigen ohne Erklärungsbewusstsein wie ein sonstiger Fall konkludenten Verhaltens und nicht wie ein solcher fehlenden Handlungswillens zu qualifizieren. Das hat nicht nur theoretische, sondern auch praktische Bedeutung. Denn daraus folgt zum einen, dass auch hier die Regeln über das Fehlen des Erklärungsbewusstseins gelten mit der wichtigen Konsequenz einer eventuellen Haftung des Schweigenden auf das negative Interesse nach § 122 BGB, und zum anderen, dass das Schweigen ohne Erklärungsbewusstsein die Grundlage einer Rechtsscheinhaftung sein kann (vgl. dazu näher unten Rdn. 18 ff).

6   Auch hinsichtlich der **Beweislast** gelten für das Schweigen als Willenserklärung grundsätzlich die allgemeinen Regeln. Diese werden vor allem dann praktisch, wenn der Schweigende nachträglich behauptet, er habe die Bedeutung seines Schweigens nicht erkannt. Da er sich damit auf das Fehlen des Erklärungsbewusstseins beruft, liegt die Beweislast bei ihm. Das ist eine Selbstverständlichkeit, wenn man den Mangel des Erklärungsbewusstseins mit dem BGH und der h. L. nur als einen Anfechtungsgrund ansieht, doch sollte das Gleiche auch dann gelten, wenn man mit der Gegenmeinung davon ausgeht, dass überhaupt kein wirksames Rechtsgeschäft vorliegt; denn diese Theorie findet bekanntlich ihre Hauptstütze in § 118 BGB, und da nach der unmissverständlichen Fassung dieser Vorschrift die Beweislast für das Vorliegen des

---

[10] Zutreffend daher z.B. *Larenz/Wolf* aaO § 28 Rdn. 53.

[11] So *Flume* § 5, 2 e = S. 68.

[12] So *Flume* aaO.

Willensmangels den Erklärenden trifft, muss dasselbe folgerichtig auch für die übrigen Fälle des fehlenden Erklärungsbewusstseins gelten.

Den ihm somit obliegenden Beweis, dass er die Bedeutung seines Schweigens nicht erkannt habe, wird der Schweigende meist nicht erbringen können, wenn das Schweigen wirklich konkludent war.[13] Darüber hinaus ist ihm analog § 116 S. 1 BGB die Geltendmachung eines Schlüssigkeitsirrtums sogar gänzlich zu versagen, wenn er vor der Bedeutung seines Verhaltens geradezu „die Augen verschlossen" hat.[14] Denn ein solcher Fall steht der Mentalreservation wesentlich näher als dem Normalfall des fehlenden Erklärungsbewusstseins oder des Inhaltsirrtums.

2. Schweigen als Element der Auslegung

Außer als selbständige Grundlage einer Willenserklärung kann Schweigen im 7 Rahmen der Rechtsgeschäftslehre auch als Element der Auslegung von Bedeutung sein. Zu denken ist vor allem an Fälle, in denen der eine Teil mit einer Erklärung erkennbar einen bestimmten Sinn verbunden und der andere sich dagegen nicht „verwahrt" hat, obwohl das von ihm nach Treu und Glauben zu erwarten gewesen wäre. Dann muss letzterer sich wegen seines Schweigens die Erklärung so zurechnen lassen, wie ersterer sie verstanden hat. Dogmatisch geht es dabei um ein **Problem der objektiven oder normativen Auslegung**, d. h. um die Frage, wie der eine Teil die Erklärung verstehen musste bzw. wie der andere Teil sie verstehen durfte. Man mag in diesem Zusammenhang auch sagen, der Schweigende habe eine „Obliegenheit" zum Widerspruch gehabt, sofern er mit dem erkennbaren Erklärungsverständnis des anderen Teils nicht einverstanden war,[15] doch muss man sich dann darüber im klaren sein, dass die Obliegenheitsverletzung nicht etwa einen selbständigen Rechtsgrund für die rechtliche Sanktionierung des Schweigens darstellt, sondern hier wie auch sonst nur ein Hilfsmittel zur Feststellung der objektiven Erklärungsbedeutung darstellt.[16]

Ein Musterbeispiel für diese Auslegungsproblematik ist das **Schweigen gegenüber** 8 **Allgemeinen Geschäftsbedingungen im unternehmerischen Verkehr**, also außerhalb des Anwendungsbereichs von § 305 Abs. 2, 3 BGB. Legt z.B. der Anbietende seiner Offerte seine AGB bei und nimmt der andere Teil das Angebot an, ohne der Geltung der AGB zu widersprechen, so kann seine Erklärung bei objektiver Auslegung i.d.R. nur dahin verstanden werden, dass er mit der Einbeziehung der AGB einverstanden ist.[17] Das Gleiche gilt gegenüber einem Unternehmer grundsätzlich auch dann, wenn der Abschluss auf der Grundlage der AGB verkehrsüblich ist – wie vor allem bei den AGB der Banken und den ADSp – und der andere Teil das wissen musste. Denn da die Verkehrssitte nach §§ 157 BGB, 346 HGB ein wesentliches Element der Auslegung ist, kann die objektive Bedeutung der Parteierklärung in derartigen Fällen nur dahin verstanden werden, dass der Vertragsschluss unter Zugrundelegung der AGB erfolgen soll.[18]

Dogmatisch handelt es sich dabei entgegen einem verbreiteten Missverständnis um ein reines Auslegungsproblem.[19] Es geht nämlich nicht etwa um die Frage, ob in dem Schweigen des Kunden ein *selbständiges* Rechtsgeschäft mit dem Inhalt einer Ein-

---

[13] Vgl. auch *Flume* § 5, 2 e = S. 69.

[14] Ähnlich i. E. *Flume* § 5, 2 e a. E.

[15] So *Lüderitz* Auslegung von Rechtsgeschäften, 1966, S. 281 f.

[16] Zutreffend *Lüderitz* aaO S. 286.

[17] Vgl. nur *Ulmer/Brandner/Hensen* AGB-Gesetz⁹ § 2 Rdn. 80 mit umf. Nachw.

[18] Vgl. nur *Ulmer/Brandner/Hensen* aaO § 2 Rdn. 83 ff mit umf. Nachw.

[19] Vgl. näher *Canaris* S. 214 ff; ähnlich schon *Raiser* Das Recht der Allgemeinen Geschäftsbedingungen, 1935, S. 151 f, 163 ff, 168 f.

beziehungserklärung zu sehen ist, sondern allein darum, ob der betreffende Bankvertrag, Speditionsvertrag usw. als *Neben*bedingung eine (konkludente) Vereinbarung über die Einbeziehung der AGB enthält oder nicht. Folglich kann z.B. die Problematik des fehlenden Erklärungsbewusstseins hier gar nicht relevant werden, sondern allenfalls die eines Inhaltsirrtums.[20] Unzutreffend ist es dementsprechend, die Geltung der AGB hier auf eine Pflicht- oder Obliegenheitsverletzung als einen eigenen Rechtsgrund zurückzuführen.[21] Denn das Erfordernis, dass der Kunde von der Verkehrsüblichkeit des Abschlusses auf der Grundlage der AGB „wissen musste", hat nichts mit einer – hier in der Tat irrelevanten – Verschuldenshaftung zu tun, sondern stellt nur eine abkürzende Formulierung für den allgemeinen Grundsatz der objektiven Auslegung dar, dass die Bedeutung einer Erklärung nur insoweit zurechenbar ist, als ein durchschnittlicher Teilnehmer des entsprechenden Verkehrskreises ihren Sinn erkennen konnte. Gegenüber nichtunternehmerischen Kunden gelten allerdings gemäß § 305 Abs. 2, 3 BGB verschärfte Anforderungen für die Einbeziehung von AGB, so dass insoweit die bloße Verkehrsüblichkeit ihrer Zugrundelegung nicht genügt. Gegenüber Unternehmern, auf die § 305 Abs. 2, 3 BGB gemäß § 310 I BGB keine Anwendung findet, ist dagegen an den Grundsätzen über die Einbeziehung kraft Verkehrssitte festzuhalten.[22]

II. Schweigen und Widerspruchspflicht

9   Der Satz „**qui tacet consentire videtur ubi loqui potuit ac debuit**" mag einen gewissen heuristischen Wert haben, solange man ihn lediglich als eine Art **Faustregel innerhalb der Rechtsgeschäftslehre** verwendet; er besagt dann nicht mehr, als dass das Schweigen angesichts des Ausbleibens eines zu erwartenden Widerspruchs den Rückschluss auf das Einverständnis des Schweigenden erlaubt, d.h., dass das Schweigen konkludent ist bzw. ein relevantes Element im Rahmen der objektiven Auslegung darstellt. In Rechtsprechung und Literatur wird der Satz jedoch nicht selten von diesen seinen Funktionen innerhalb der Rechtsgeschäftslehre gelöst. Das findet seinen Ausdruck in **verallgemeinernden und verabsolutierenden Sätzen** wie der Behauptung, dass „die Erklärungswirkung des Schweigens sich aus § 242 BGB ergeben kann, wenn der Schweigende nach Treu und Glauben verpflichtet gewesen wäre, seinen abweichenden Willen zu äußern"[23] oder dass Schweigen als Zustimmung gilt, wo nach Lage des Einzelfalls entsprechend der Übung ordentlicher Kaufleute bei Ablehnung ausdrücklicher Widerspruch zu erwarten ist.[24]

10   Derartige Sätze halten der **Kritik** nicht stand.[25] Mit den Mitteln der Rechtsgeschäftslehre lassen sie sich nicht rechtfertigen; denn es soll ersichtlich nicht darauf

[20] Vgl. *Hanau* AcP 165, 227; *Canaris* S. 216.
[21] So aber z.B. *Meeske* BB 1959, 857ff, 863 bzw. *Krause* BB 1955, 265 ff, 267.
[22] So schon die amtliche Begründung BT-Drucksache 7/3919 S. 43; vgl. ferner z.B. *Palandt/Heinrichs*62 § 305 Rdn. 57; *Ulmer/Brandner/Hensen* aaO § 2 Rdn. 83; wohl auch *Staudinger/Schlosser*, 13. Bearb. 1998, § 2 AGBG Rdn. 61; zu Unrecht einschränkend *Löwe/Trinkner/von Westphalen* aaO § 2 Rdn. 31.
[23] So *Palandt/Heinrichs*62 Einf. vor § 116 Rdn. 10.
[24] Grundlegend BGHZ 1, 353, 355; ebenso oder ähnlich. RGZ 102, 217, 229 f; 103, 401, 405; 115, 266, 268; RG LZ 1920, 176, 177; GruchBeitr. 65

Nr. 39 S. 339 f; JW 1928, 638, 639; 1931, 1522, 1524; HRR 1933 Nr. 1564; OGHZ 3, 226, 237; BGH LM Nr. 4 zu § 157 BGB Gb; Nr. 1 zu Art. 7 WG Bl. 2 Vorders.; Nr. 7 b zu § 346 HGB D; BB 1953, 957; 1955, 463; 1962, 1056; JR 1956, 59; WM 1955, 765, 767; 1955, 1285, 1286; 1962, 301, 302; 1991, 554, 557 mit weiteren Nachw.
[25] Zustimmend *Schlegelberger/Hefermehl* § 346 Rdn. 100; kritisch ferner z.B. MünchKomm.-*Karsten Schmidt* § 346 Rdn. 130; *Baumbach/Hopt* § 346 Rdn. 32; vorsichtig nach Fallgruppen differenzierend *Ebenroth/Boujong/Joost/Kort* § 346 Rdn. 35 ff.

ankommen, ob das Schweigen bei Berücksichtigung aller Umstände im Einzelfall wirklich konkludent war und ob der Schweigende ein entsprechendes Erklärungsbewusstsein hatte, sondern die Wertung des Schweigens knüpft ausschließlich an das Bestehen einer Widerspruchspflicht und deren Verletzung an. Auch außerhalb der Rechtsgeschäftslehre finden die behaupteten Rechtssätze keine Grundlage. Sie sind vielmehr dogmatisch unhaltbar und werden darüber hinaus wegen ihrer Undifferenziertheit auch der Interessenlage nicht gerecht, wie im folgenden näher dargetan wird.

1. Die Unzulässigkeit der Ableitung von Erfüllungsansprüchen aus der Verletzung einer Widerspruchspflicht

Wird das Schweigen als Zustimmung gewertet, so besteht die Rechtsfolge grund- **11** sätzlich darin, dass der betreffende Vertrag als zustande gekommen anzusehen ist und der Schweigende dementsprechend auf Erfüllung haftet. Das steht in Widerspruch zu den Grundsätzen über die Rechtsfolgen einer Pflichtverletzung. Denn eine solche führt nach geltendem Recht grundsätzlich lediglich zu einer **Schadensersatzpflicht,** und das bedeutet, dass der Schweigende den anderen Teil so zu stellen hat, als hätte er unverzüglich widersprochen; dann aber wäre gerade kein Vertrag zustande gekommen, und daher kann aus der Verletzung der Widerspruchspflicht allenfalls **eine Einstandspflicht für das negative Interesse, nicht aber eine Erfüllungspflicht** folgen. Auch wenn man statt einer echten Rechtspflicht eine bloße „Obliegenheit" zum Widerspruch annimmt,[26] ist eine Erfüllungshaftung nicht zu begründen (vgl. näher § 362 Rdn. 3).

Die Ableitung von Erfüllungsansprüchen aus der Verletzung einer Widerspruchs- **12** pflicht führt außerdem zu einem untragbaren **Wertungswiderspruch gegenüber dem Recht der Willensmängel.** Bei einer ausdrücklichen Erklärung und bei einem konkludenten Verhalten durch positives Tun hat nämlich das Fehlen des Erklärungsbewusstseins i.E. grundsätzlich allenfalls eine Schadensersatzhaftung nach § 122 BGB zur Folge – sei es nach vorheriger Anfechtung, sei es ohne eine solche. Beim Schweigen von dieser Regel zugunsten einer Erfüllungshaftung abzuweichen, ist nicht zu rechtfertigen. Denn das Schweigen stellt im Vergleich zur ausdrücklichen Willenserklärung eine weitaus schwächere Vertrauensgrundlage dar, so dass der andere Teil eher einen geringeren, gewiss aber keinen stärkeren Schutz verdient. Es trifft daher nicht zu, dass „die Eigenart des Schweigens es nicht zulässt, nur den beschränkten Schutz des § 122 BGB zu gewähren".[27] Dass die Erklärungswirkung „nicht den Willen des Schweigenden zu verwirklichen, sondern sein Fehlen zu ersetzen sucht",[28] ist eine reine petitio principii. Dass ein Irrtum über die Erklärungsbedeutung des Schweigens „recht häufig vorkommen und in aller Regel darauf beruhen wird, dass der Schweigende die Augen vor seiner Verantwortung im Rechtsverkehr verschließt",[29] ist schon in sich selbst widersprüchlich; denn gerade wenn und weil ein solcher Irrtum „recht häufig" ist, wird er eben nicht „in aller Regel darauf beruhen, dass der Schweigende die Augen vor seiner Verantwortung im Rechtsverkehr verschließt". Richtig ist allerdings, dass der Schweigende sich auf den Mangel des Erklärungsbewusstseins analog § 116 S. 1 BGB nicht berufen kann, wenn er wirklich seine Augen vor der Bedeutung des Schweigens verschlossen hat (vgl. oben Rdn. 6 a.E.). Es besteht aber nicht der geringste Anlass, diesen Satz über seinen tatbestandlichen Anwendungsbereich hinaus zu verallgemei-

---

26 So vor allem *Hanau* AcP 165, 236 ff, 239 ff.
27 So *Hanau* AcP 165, 251.

28 So *Hanau* aaO.
29 So *Hanau* aaO.

nern und gewissermaßen eine unwiderlegliche Vermutung aufzustellen, dass der Schweigende seine Augen verschlossen hat.

13   Auch wenn man zusätzliche Tatbestandselemente heranzieht wie z.B. das Erfordernis eines **rechtsgeschäftlichen Kontakts** oder einer **Geschäftsverbindung**, lässt sich aus der Verletzung einer Widerspruchspflicht keine Erfüllungshaftung ableiten. Zwar besteht in derartigen Fällen in der Tat eine gesteigerte rechtliche Verantwortung gegenüber dem anderen Teil, doch führt das auch hier grundsätzlich nicht zu einer Erfüllungs-, sondern lediglich zu einer Schadensersatzhaftung. Der Hinweis auf das Institut der culpa in contrahendo, die geradezu das Musterbeispiel für die Steigerung der Verantwortung innerhalb einer Sonderbeziehung darstellt, beweist das schlagend. Entgegen einer in der Rechtsprechung verbreiteten Tendenz[30] kann daher auch bei Bestehen einer Geschäftsverbindung aus der Verletzung einer Widerspruchspflicht nicht hergeleitet werden, dass das Schweigen als Zustimmung zu werten ist.

14   Die gleichen Einwände gelten auch gegenüber der Lehre vom **privaten Sozialrecht**[31] und gegenüber der verwandten Theorie von der **Haftungssteigerung auf Grund sozialer Verantwortung**[32]. Denn dass ein rechtsgeschäftlicher Kontakt zu einer Verstärkung der Verantwortung führt, ist ja unbestritten, nur fragt sich eben, warum daraus entgegen § 122 BGB und entgegen den Regeln über die culpa in contrahendo nicht lediglich eine Schadensersatzhaftung, sondern eine Erfüllungspflicht folgen soll – und dazu tragen diese Lehren und insbesondere der Hinweis auf den „sozialen" Charakter der Verantwortung nichts bei. Außerdem müsste folgerichtig der Mangel des Erklärungsbewusstseins nicht nur in den Fällen des Schweigens, sondern auch bei allen übrigen Willenserklärungen immer schon dann unerheblich sein, wenn bereits ein rechtsgeschäftlicher Kontakt besteht.[33] Da nun aber in der großen Masse der Fälle schon vor der Abgabe der Willenserklärung ein rechtsgeschäftlicher Kontakt besteht, müsste die Unbeachtlichkeit des mangelnden Erklärungsbewusstseins im praktischen Ergebnis zur Regel und die Beachtlichkeit – sei es in Form der Anfechtbarkeit, sei es in Form der Unwirksamkeit der Erklärung – zur Ausnahme werden. Das aber würde einen schwer wiegenden Eingriff in das Recht der Willensmängel darstellen und müsste überdies zu erheblichen Wertungswidersprüchen führen. Denn ein Inhaltsirrtum i.S. von § 119 Abs. 1 BGB muss auch nach Aufnahme des rechtsgeschäftlichen Kontakts relevant bleiben, wenn man der Vorschrift nicht in gesetzeswidriger Weise ihren wesentlichen Anwendungsbereich nehmen will. Dann kann man aber für das Fehlen des Erklärungsbewusstseins grundsätzlich nicht anders entscheiden.

2. Schweigen als Grundlage einer Schadensersatzhaftung wegen Verletzung einer Widerspruchspflicht

15   Dass die Verletzung der Widerspruchspflicht grundsätzlich nur zu einer Schadensersatzhaftung führen kann, ist nicht nur dogmatisch folgerichtig, sondern entspricht im Regelfall auch der **Interessenlage**. Diese Rechtsfolge ist nämlich wesentlich flexibler als eine Erfüllungspflicht, weil sie nur die Pflicht zum Ersatz des konkret entstandenen Schadens zur Folge hat. Der Schweigende wird daher nur insoweit belastet, als es zum Schutz des anderen Teils unerlässlich ist, wohingegen er bei Statuierung

[30] Vgl. z.B. RGZ 76, 81, 85; BGHZ 1, 353, 355.
[31] Vgl. *Fabricius* JuS 1966, 58 ff.
[32] Vgl. *Frotz* Verkehrsschutz im Vertretungsrecht, 1972, S. 483 ff in Verbindung mit S. 376 ff.
[33] So in der Tat *Frotz* aaO S. 486.

einer Erfüllungspflicht unabhängig davon einstehen muss, ob und in welchem Umfang sein Partner überhaupt im Vertrauen auf das Schweigen Aufwendungen gemacht oder Schäden erlitten hat. Außerdem ermöglicht die Schadensersatzhaftung durch die Anwendbarkeit des § 254 BGB eine differenzierte Abstufung der Rechtsfolge und eine Berücksichtigung der Zurechnungselemente auch auf Seiten des anderen Teils, während bei einer Erfüllungshaftung grundsätzlich das starre Alles-oder-Nichts-Prinzip eingreift.

Die Vorteile der Schadensersatzhaftung gegenüber der Erfüllungshaftung werden **16** besonders gut deutlich an dem **Urteil des BGH im Absetzgleisfall,** das geradezu den Charakter einer Leitentscheidung für die Behandlung des „Schweigens im Rechtsverkehr" erlangt hat.[34] In dem zugrunde liegenden Fall hatte die Klägerin sich auf Grund einer bestimmten Vertragsklausel nach der vom BGH als bindend erachteten Auslegung des Berufungsgerichts von ihrer Verpflichtung zur Lieferung eines Absetzgleises losgesagt und der Beklagten ein neues Angebot unterbreitet, in dem sie als Preis DM 6845,– statt ursprünglich RM 4850,– forderte. Die Beklagte hatte darauf sowie auch auf eine weitere Anfrage der Klägerin geschwiegen. Der BGH hat dieses Schweigen als Zustimmung gewertet, weil „nach Treu und Glauben ein Widerspruch des Angebotsempfängers erforderlich gewesen wäre." Es ist nun gewiss richtig, dass die Beklagte hier die Klägerin hätte benachrichtigen müssen, wenn sie das Gleis nicht zu dem neuen Preis abnehmen wollte; denn es bestand nach den Umständen des Falles eine nicht unerhebliche Wahrscheinlichkeit dafür, dass die Klägerin wegen des Schweigens der Beklagten Maßnahmen treffen und z.B. das Gleis anschaffen bzw. mit seiner Anfertigung beginnen würde oder dgl., und es war daher auf Grund des bestehenden rechtsgeschäftlichen Kontakts gemäß § 242 BGB die Pflicht der Beklagten, die Klägerin vor verfrühten Dispositionen zu bewahren und ein etwaiges Missverständnis von vornherein zu verhindern. Es ist jedoch nicht einzusehen, warum dazu nicht die – vom BGH mit keinem Wort erwähnte – Möglichkeit eines Schadensersatzanspruchs wegen einer Schutzpflichtverletzung genügen soll. Die Klägerin hätte dazu freilich nachweisen müssen, dass sie durch das Schweigen wirklich Schaden erlitten hatte. Das wäre z.B. nicht der Fall, wenn sie das Gleis schon vor der Änderung ihres Angebots angeschafft bzw. angefertigt hätte, doch wäre bei einer solchen Sachlage ihre Schutzwürdigkeit mehr als zweifelhaft. Es ist deshalb unter Gerechtigkeitsaspekten eine wesentliche Schwäche der Lösung des BGH, dass er folgerichtig der Klage auch dann hätte stattgeben müssen, wenn die Klägerin das Gleis im Zeitpunkt ihres Änderungsangebots bereits gekauft oder hergestellt hatte und nun lediglich einen höheren Preis „herausschlagen" wollte. Auch bietet die vom BGH gewählte Konstruktion einer Annahme durch Schweigen im Gegensatz zu einer Schadensersatzlösung keinen Ansatzpunkt dazu, das leichtfertige Verhalten der Klägerin als Mitverschulden anspruchsmindernd zu berücksichtigen. Diese einseitige Bevorzugung der Klägerin ist umso weniger vertretbar, als das Schweigen hier für einen objektiven Beobachter keineswegs der konkludente Ausdruck der Zustimmung sein musste. Denn angesichts der erheblichen Preisdifferenz – es wurde jetzt ein DM-Betrag statt des ursprünglichen RM-Betrags gefordert, und außerdem lag der neue Preis auch zahlenmäßig um etwa ein Drittel über dem alten! – war durchaus nicht ohne weiteres mit einem Ein-

---

[34] Vgl. BGHZ 1, 353; zustimmend z.B. *Kuhn* WM 1955, 959 f; *Hanau* AcP 165, 248; *von Craushaar* Der Einfluß des Vertrauens auf die Privatrechtsbildung, 1969, S. 105; *Staudinger/Coing* Vor § 116 Rdn. 5; *Palandt/Heinrichs* Einf. vor § 116 Rdn. 8; *Baumbach/Hopt* § 346 Rdn. 32; ablehnend *Flume* AcP 161, 67 ff und aaO § 35 II 4.

Claus-Wilhelm Canaris

verständnis zu rechnen, und das Schweigen war daher zumindest mehrdeutig; im Übrigen hatte ja offenbar sogar die Klägerin selbst Zweifel, wie ihre zweite „Anfrage" bei der Beklagten beweist. Es fehlte somit schon am objektiven Tatbestand einer Zustimmung durch Schweigen, so dass es auf die Frage des Erklärungsbewusstseins nicht einmal mehr ankam.

Das Urteil des BGH im Absetzgleisfall bildet somit **keine geeignete Leitentscheidung für die Behandlung des Schweigens im Rechts- oder im Handelsverkehr**, weil darin die Alternative einer schadensersatzrechtlichen Lösung sowie alle damit zusammenhängenden Fragen überhaupt nicht erörtert werden und die Problematik somit nicht umfassend genug diskutiert wird. Bei näherer Analyse erweist sich der Fall vielmehr im Gegenteil als ein Musterbeispiel dafür, dass die Schadensersatzlösung häufig der Interessenlage wesentlich besser entspricht als die Wertung des Schweigens als Zustimmung.

17   Das Schweigen als Pflichtverletzung, die eine Schadensersatzhaftung auslöst, ist allerdings mitunter nicht leicht abzugrenzen von einer Willenserklärung durch konkludentes Verhalten. Das gilt insbesondere für die **Entgegennahme einer Leistung ohne einen Vorbehalt**, sofern ein solcher von dem Empfänger redlicherweise hätte gemacht werden müssen. Auch dabei geht es um die Folgen eines unterbliebenen Widerspruchs, doch hat dieser hier eine andere Funktion: Er wäre nötig gewesen, um einem bestimmten positiven Tun – der Entgegennahme der Leistung – die Konkludenz zu nehmen, so dass sein Ausbleiben hier in der Tat zu einer rechtsgeschäftlichen Bindung und nicht lediglich zu einer Schadensersatzhaftung führt.

Ein gutes Beispiel hierfür bildet der „**Teilverzichtsfall**" BGH NJW 1995, 1281. Dort hatte ein in finanzielle Schwierigkeiten geratener Kreditnehmer mit einer seiner Gläubigerbanken am 16. 12. abgesprochen, dass diese auf einen bestimmten Teilbetrag ihrer Forderungen gegen ihn verzichten würde, falls er den Restbetrag bis zum Jahresende bezahle. Die Verhandlungsführer der Bank hatten den Verzicht jedoch davon abhängig gemacht, dass das bankintern zuständige Gremium seine Zustimmung erteile. Am 22. 12. informierte der Kreditnehmer die Bank, dass er seine Schulden unter Abzug des Verzichtsbetrags bis zum 31. 12. ablösen werde, und überwies ihr am 29. 12. einen entsprechenden Betrag. Diesen schrieb ihm die Bank unter Anrechnung auf die Kreditschuld gut, doch verweigerte das Gremium anschließend die Zustimmung zu dem Teilverzicht. Der BGH hat die Klage der Bank auf den Restbetrag mit Recht abgewiesen. Zur Begründung hat er ausgeführt: „Durch die widerspruchslose Verbuchung des Überweisungsbetrags auf dem Konto der Beklagten hat die Klägerin dieses Angebot (sc.: zu einem Teilverzicht gegen umgehende Zahlung des Restbetrages) angenommen."[35] Das trifft zu, weil die Überweisung erkennbar nur unter der Voraussetzung des Teilverzichts erfolgt war und die Bank sie deshalb sowie im Hinblick auf die übrigen Umstände des Falles, zu denen vor allem die Einigung über alle Einzelheiten des Teilverzichts (vorbehaltlich der Gremiumszustimmung) gehörte, redlicherweise nur entgegennehmen durfte, wenn sie entweder mit diesem einverstanden war oder das Geld bis zur Entscheidung des Gremiums zur Rücküberweisung bereithielt und gegenüber dem Kreditnehmer einen entsprechenden Vorbehalt machte. Dann aber ist es zumindest irreführend und liegt neben der Sache, dass der BGH anschließend den (angeblichen) Rechtssatz heranzieht, im Handelsverkehr müsse Schweigen „als Zustimmung angesehen werden, wenn nach Treu und Glauben ein

---

[35] Vgl. aaO S. 1281; ähnlich BGH WM 1986, 322, 324.

Widerspruch des Angebotsempfängers erforderlich gewesen wäre." Denn es geht um eine Vertragsannahme durch *positives Tun* – nämlich die vorbehaltlose Verbuchung des nur unter der Voraussetzung des Teilverzichts überwiesenen Betrags – und nicht um die Folgen eines bloßen *Schweigens*, also eines reinen *Unterlassens*. Demgemäß bildet auch diese Entscheidung **kein geeignetes Präjudiz für den angeblichen Rechtssatz über die Wertung des Schweigens als Zustimmung im Handelsverkehr bei Bestehen einer Widerspruchspflicht**. Vielmehr ging es lediglich darum, dass die Bank es versäumt hatte, ihrem Handeln die Konkludenz durch einen Vorbehalt zu nehmen. Dogmatisch liegt darin ein allgemeines Problem der Rechtsgeschäftslehre, das nichts mit irgendwelchen Besonderheiten des Handelsverkehrs zu tun hat. Dass im vorliegenden Fall ein Verzicht durch konkludentes Handeln zu bejahen ist, hat dabei durchaus Ausnahmecharakter, da insoweit grundsätzlich strenge Anforderungen an die Konkludenz zu stellen sind.[36]

III. Schweigen und Rechtsscheinhaftung

So überlegen die Schadensersatzhaftung unter Gerechtigkeitsgesichtspunkten der **18** Erfüllungshaftung meist (vgl. aber auch unten Rdn. 28 ff) ist, so unterlegen ist sie ihr im Hinblick auf **Rechtssicherheit** und **Praktikabilität**. Denn die Notwendigkeit, einen Schaden und dessen Höhe nachzuweisen, kann erhebliche Beweisschwierigkeiten mit sich bringen und u. U. entsprechende Organisationsprobleme nach sich ziehen. Man denke nur daran, dass jemand im Vertrauen auf das Schweigen seines Geschäftspartners einen anderen günstigen Vertragsschluss unterlassen hat und dies nun als Grundlage seines „negativen Interesses" nachweisen muss. Soll man etwa über abgelehnte Angebote Buch führen und vorsorglich Beweismaterial sammeln? Oder soll man stets das zweite Geschäft dem Vertrag mit dem Schweigenden vorziehen, obwohl u. U. Anlass zu der Annahme bestand, das Schweigen könne nur Zustimmung bedeuten, und eine schwere Trübung der Geschäftsbeziehung zu dem Schweigenden zu befürchten ist, wenn man den Vertragsschluss mit diesem wegen des Schweigens einfach als gescheitert ansieht? Zwar werden hier nicht selten Rückfragen einen Ausweg bieten, doch sind sie teils untunlich und teils auch angesichts der Geschwindigkeit des modernen Geschäftsverkehrs zu zeitraubend. Zumindest im kaufmännischen Bereich, wo § 362 HGB einen wichtigen positiv-rechtlichen Ansatzpunkt für die Wertung des Schweigens als Zustimmung bietet, spricht daher viel dafür, unter bestimmten Voraussetzungen die bloße Schadensersatzhaftung durch eine Erfüllungspflicht zu ersetzen. Die dogmatische Grundlage hierzu bietet in erster Linie die Rechtsscheinhaftung, in die auch § 362 HGB einzuordnen ist (vgl. dazu oben § 362 Rdn. 4). Dabei sind verschiedene Spielarten der Rechtsscheinhaftung zu unterscheiden.

1. Schweigen als Grundlage einer Rechtsscheinhaftung kraft wissentlicher Schaffung eines Rechtsscheins

Den Minimaltatbestand der Rechtsscheinhaftung bildet die Einstandspflicht für die **19** *wissentliche* Schaffung eines Scheintatbestandes.[37] Das wichtigste Beispiel des Schweigens, das in diesen Zusammenhang gehört, ist die Lehre von der **Duldungsvollmacht**. Von einer solchen spricht man bekanntlich dann, „wenn der Vertretene das ihm

---

[36] Vgl. z. B. BGH WM 1995, 1677, 1678 f; vgl. ferner BGHZ 111, 97, 101 f und dazu *Medicus* (Fn. 3) Rdn. 393a.

[37] Vgl. eingehend *Canaris* S. 28 ff und S. 106 f; zustimmend z. B. BGHZ 102, 60, 64; BGH NJW 1997, 312, 314.

Claus-Wilhelm Canaris

bekannte Verhalten des Vertreters duldet und diese Duldung vom Geschäftsgegner nach Treu und Glauben und mit Rücksicht auf die Verkehrssitte dahin gedeutet werden darf, dass der Vertreter vom Vertretenen Vollmacht, für ihn zu handeln, erhalten hat".[38] Zwar hat der BGH die Duldungsvollmacht anfangs mit einer stillschweigend erteilten Vollmacht gleich gesetzt[39] und also wohl als echte, d.h. rechtsgeschäftlich erteilte Vollmacht angesehen, doch ist er alsbald dazu übergegangen, sie als Scheinvollmacht zu qualifizieren[40] und hat sogar ausdrücklich ausgesprochen, dass für eine Duldungsvollmacht „eine Willenserklärung des Vertretenen oder eine ihr gleichzusetzende Willensbetätigung nicht erforderlich ist".[41] Auch die h.L. ordnet die Duldungsvollmacht in die Lehre von der Rechtsscheinhaftung ein.[42]

Mit den Mitteln der Rechtsgeschäftslehre lässt sich hier die Bindung des Schweigenden in der Tat nicht erklären. In den typischen Fällen liegt nämlich weder eine Innen- noch eine Außenvollmacht, sondern ein Verhalten des Vertretenen vor, aus dem der Dritte auf das Bestehen einer *irgendwann einmal erteilten, in Wahrheit aber nicht vorhandenen Innenvollmacht* schließen kann.[43] Dieses Spezifikum der Sachverhaltsgestaltung klingt schon in der soeben bei Fn. 38 zitierten Formulierung des BGH unüberhörbar an, wenn dieser dort darauf abstellt, ob die Duldung „vom Geschäftsgegner ... dahin gedeutet werden darf, dass der Vertreter vom Vertretenen Vollmacht erhalten *hat*". Typisch sind Fälle, in denen dem Vertreter das Fehlen seiner Vertretungsmacht durchaus klar ist, und der Vertretene das vom Vertreter ohne Vollmacht geschlossene Geschäft intern (konkludent) genehmigt oder zumindest anstandslos durchgeführt hat, wodurch nach außen der Eindruck entstanden ist, dieser habe in der Tat die von ihm behauptete Vollmacht. Hier scheidet die Annahme einer konkludent erteilten Innenvollmacht von vornherein aus, weil Erklärungsadressat insoweit der Vertreter wäre und dieser um das Fehlen einer Vollmacht weiß, und auch die Annahme einer konkludent erteilten Außenvollmacht kommt nicht in Betracht, weil der Dritte nicht annehmen kann, gerade ihm gegenüber werde eine Vollmacht in Geltung gesetzt, sondern vielmehr davon ausgehen muss, dies sei gegenüber dem Vertreter bereits geschehen. Demgemäß beruht es auf einer Verkennung der typischen Sachverhaltslage oder auf einer dogmatischen Fehlverortung, wenn die Duldungsvollmacht auch heute noch mitunter als Rechtsgeschäft qualifiziert wird, weil „das Fehlen des Bevollmächtigungswillens – ähnlich wie das Fehlen des Erklärungsbewusstseins – der Wertung als schlüssige Willenserklärung nicht entgegensteht."[44] Richtig ist demgegenüber, dass es hier gar nicht um den Mangel irgendeines *Willens* des Geschäftsherrn, sondern allein um den *objektiven* Sinngehalt seines Verhaltens geht und dass dieses in den typischen Fällen lediglich *deklaratorischen* Charakter hat. Daher fehlt es am *objektiven* Tatbestand eines Rechtsgeschäfts, da dieses auf die *Ingeltungsetzung* von Rechtsfolgen gerichtet ist und in diesem Sinne einen *konstitutiven* oder *performativen* Akt darstellt.[45] Wohl aber schafft der Schweigende hier wissentlich den Anschein, dass er den Stellvertreter bevollmächtigt hat, und daher handelt es sich in der

---

[38] BGH LM Nr. 4 zu § 167 BGB, 2. Ls.
[39] Vgl. BGH LM Nr. 4 zu § 164 BGB.
[40] Vgl. BGH LM Nr. 13 zu § 167 BGB unter II 3a; Nr. 15 zu § 167 BGB unter II 3 vor a; NJW-RR 1990, 404; NJW 1997, 312, 314.
[41] So BGH NJW 1997, 312, 314.
[42] Vgl. eingehend *Canaris* S. 40 ff; ebenso ferner z.B. *Larenz/Wolf* A.T.[8] § 48 Rdn. 23; *Köhler*, BGB Allg. Teil[24] § 18 Rdn. 43; *Soergel/Leptien*[12] § 167 Rdn. 20; MünchKomm.-BGB-*Schramm*[4]

§ 167 Rdn. 49; MünchKomm.-HGB-*Lieb/Krebs* Vor § 48 Rdn. 49 f.
[43] Vgl. eingehend *Canaris* S. 40 f; ebenso z.B. *Medicus* (Fn. 3) Rdn. 930; *Köhler* (Fn. 42) § 18 Rdn. 43.
[44] So *Palandt/Heinrichs*[62] § 173 Rdn. 11; ähnlich *Flume* § 49, 3; *Pawlowski* Allg. Teil des BGB[5] Rdn. 716a; *Staudinger/Schilken*, 13. Bearbeitung 1995, § 167 Rdn. 29a.
[45] Vgl. dazu näher *Canaris* 50 Jahre Bundesgerichtshof, 2000, S. 136 ff.

Tat geradezu um ein Musterbeispiel des Prinzips der Einstandspflicht für die wissentliche Schaffung eines Rechtsscheins.

Die wissentliche Schaffung eines Rechtsscheins liegt häufig auch in einem **Schweigen auf eine Anfrage.** Das wichtigste Beispiel bildet das Schweigen auf die Anfrage über die **Echtheit eines Wechsels,** dessen Fälschung der Schweigende erkannt hat. Darin eine rechtsgeschäftliche Genehmigung zu sehen, geht nicht an. Denn eine solche würde begriffsnotwendig voraussetzen, dass zwischen dem Anfragenden und dem Schweigenden Klarheit über die Genehmigungs*bedürftigkeit* bestand, und das wiederum wäre nur möglich, wenn sie von der Fälschung ausgingen. Dann aber hätte der Anfragende in aller Regel keinen Anlass, mit einer Genehmigung zu rechnen. Das Schweigen kann daher nicht den Sinn gehabt haben, die Fälschung zu genehmigen, sondern allenfalls die Bedeutung, dass der Wechsel echt – also einer Genehmigung weder bedürftig noch fähig! – ist. Nur diese Interpretation entspricht auch der Motivationslage des Schweigenden, da dieser durch sein Schweigen zumeist den Fälscher decken und also den Eindruck erwecken will, der Wechsel sei gar nicht gefälscht. Dadurch aber setzt er ganz ähnlich wie bei der Duldungsvollmacht *wissentlich* einen Scheintatbestand – nämlich den der Echtheit des Wechsels – und haftet daher auf Grund des Prinzips der Einstandspflicht für die wissentliche Schaffung eines Rechtsscheins auf Erfüllung.[46]

Die h. L. gibt dagegen grundsätzlich allenfalls einen Anspruch auf Schadensersatz und gewährt einen Erfüllungsanspruch lediglich in extremen Ausnahmefällen, wobei sie sich zur Begründung auf den Einwand des Rechtsmissbrauchs stützt.[47] Dass den Schweigenden keine Rechtpflicht zur Antwort trifft, wie nicht selten vorgebracht wird, ist kein überzeugendes Argument gegen die Annahme einer Rechtsscheinhaftung. Denn wenn jemand z. B. die Beseitigung einer ihn betreffenden unrichtigen Eintragung im Handelsregister unterlässt, so haftet er anerkanntermaßen gutgläubigen Dritten grundsätzlich auch dann nach Rechtsscheinregeln, wenn die Eintragung völlig ohne sein Zutun erfolgt ist.[48] Warum dann ausgerechnet in dem besonders verkehrsfreundlichen Wechselrecht weniger scharf gehaftet werden und es erforderlich sein soll, Zuflucht bei gekünstelten rechtsgeschäftlichen Hilfskonstruktionen zu suchen, ist nicht einzusehen.

2. Schweigen als Grundlage einer Rechtsscheinhaftung kraft verkehrsmäßig typisierten Verhaltens

Mit der Einstandspflicht für die *wissentliche* Schaffung eines Rechtsscheins allein lassen sich nicht alle Fälle des Schweigens mit Erfüllungswirkung erklären. Das beweist vor allem § 362 HGB, da hier auch ein unbewusstes Schweigen zur Erfüllungshaftung führt (vgl. oben § 362 Rdn. 17 und 21). Der Grund hierfür liegt darin, dass das Schweigen im Falle von § 362 HGB nach der Verkehrssitte typischerweise die Bedeutung des Einverständnisses hat und dass daher hier ein stärkerer Vertrauenstatbestand als in anderen Fällen konkludenten Verhaltens vorliegt (vgl. oben § 362 Rdn. 4). Da dieser Rechtsgedanke auch in anderen Fällen des Schweigens passt, ist die **Verallgemeinerungsfähigkeit der Wertung von § 362 HGB** grundsätzlich zu

---

[46] Vgl. näher *Canaris* S. 243 ff, 245 f m. Nachw.

[47] Vgl. z.B. BGHZ 47, 110, 113; BGH LM Nr. 1–3 zu Art. 7 WG; *Liesecke* WM 1972, 1207; *Baumbach/Hefermehl*, 22. Aufl. 2000, Art. 7 WG Rdn. 8 u. 9 mit Nachw.

[48] Vgl. nur *Canaris* Handelsrecht § 6 Rdn. 2 ff mit Nachw.

bejahen.[49] Daraus ergibt sich das Prinzip der Rechtsscheinhaftung kraft *verkehrsmäßig typisierten* Verhaltens. Dieses findet außer in § 362 HGB eine positivrechtliche Grundlage auch in den gewohnheitsrechtlich anerkannten Regeln über das **Schweigen auf ein Bestätigungsschreiben**, die ebenfalls als Ausprägung des Rechtsscheingedankens anzusehen sind.[50]

22 Weitere Beispiele, in denen das Schweigen kraft typisierender Verkehrssitte als Zustimmung anzusehen ist, sind verhältnismäßig häufig.[51] Zu nennen ist etwa das Schweigen auf die **Schlussnote eines Handelsmaklers**, das grundsätzlich einen Vertragsschluss mit dem Inhalt der Schlussnote zur Folge hat.[52] Weiterhin gehört in diesen Zusammenhang das **Schweigen auf die Annahme eines freibleibend gemachten Angebots**, durch welches ebenfalls eine Erfüllungshaftung begründet wird.[53] Das Gleiche dürfte ferner für das **Schweigen auf die verspätete Annahme eines Angebots** gelten, sofern keine Umstände eingetreten sind, von denen eine Änderung des Entschlusses des Anbietenden zu erwarten ist und nicht schon die Länge der verflossenen Zeit die Möglichkeit einer Sinnesänderung nahe legt.[54]

23 Für das **Schweigen auf eine Auftragsbestätigung** hat es der BGH dagegen trotz der engen Verwandtschaft zwischen Auftragsbestätigung und Bestätigungsschreiben abgelehnt, das Schweigen grundsätzlich als Zeichen des Einverständnisses anzusehen – und zwar in der Tat unter Hinweis auf das Fehlen einer entsprechenden Verkehrssitte.[55] Der Unterschied zwischen Auftragsbestätigung und Bestätigungsschreiben liegt dabei darin, dass erstere entweder nicht auf einen *bereits erfolgten* Vertragsschluss Bezug nimmt, sondern *selbst* eine (modifizierte) Annahmeerklärung darstellt,[56] oder dass sie zwar einen schon bindenden „Auftrag" bestätigt, aber nicht zur Wiedergabe des *wesentlichen Vertragsinhalts*, sondern nur von *Teilen* wie Preis oder Kaufgegenstand bestimmt ist. In beiden Fällen ist das Bedürfnis nach einem Vertrauensschutz ungleich geringer als bei einem (echten) Bestätigungsschreiben, worin neben dem Fehlen einer bedeutungsprägenden Verkehrssitte der zweite Sachgrund für die vom BGH vorgenommene Differenzierung zu sehen ist. Andererseits ist zu beachten, dass der Verkehr oft nicht genau zwischen den Ausdrücken Bestätigungsschreiben und Auftragsbestätigung unterscheidet. Mit Recht stellt der BGH daher nicht entscheidend auf die von den Parteien verwendeten Begriffe ab, sondern unterwirft auch als

---

[49] Vgl. näher *Canaris* S. 218 ff.

[50] Vgl. dazu *Koller* oben § 346 Rdn. 62 („Vertrauenshaftung"); vgl. im Übrigen eingehend *Canaris* Handelsrecht § 25 Rdn. 9 mit umf. Nachw.

[51] Vgl. auch *Schlegelberger/Hefermehl* § 346 Rdn. 137 ff; *Heymann/Horn* § 346 Rdn. 39 ff; *Ebenroth/Boujong/Joost/Kort* § 346 Rdn. 36 ff.

[52] RGZ 58, 366, 367; 59, 350, 351; 90, 166,168; 105, 205, 206; 123, 97, 99; RG JW 1909, 57; BGH LM Nr. 6 zu § 346 (D) HGB; Hamm OLGE 32, 154; OLG Hamburg BB 1955, 847.

[53] Vgl. RGZ 102, 227, 229 f; 103, 312, 313; RG JW 1921, 393; 1923, 118; GruchBeitr. 66 Nr. 32; WarnRspr. 1925 Nr. 14; OLG Hamburg LZ 1916, Sp. 1329; München OLGE 38, 200.

[54] Vgl. RG HRR 1929, Nr. 1559; BGH NJW 1951, 313; LM Nr. 2 zu § 151 BGB; BB 1953, 957; kritisch, wenngleich i.E. z.T. übereinstimmend *Flume* aaO § 35 II 2; vgl. im Übrigen aber auch unten Rdn. 30.

[55] Vgl. BGHZ 18, 212, 215 f; 61, 282, 285; BGH LM Nr. 2 zu § 150 BGB; BGH WM 1977, 451, 452; vgl. aber auch BGH WM 1969, 1452, 1453, wo ohne Auseinandersetzung mit der entgegenstehenden früheren Rechtsprechung Auftragsbestätigung und Bestätigungsschreiben identifiziert und die Grundsätze über das letztere angewandt werden, obwohl der Sache nach nur eine Auftragsbestätigung vorgelegen haben dürfte; vgl. im übrigen auch MünchKomm.-*Karsten Schmidt* § 346 Rdn. 137.

[56] Vgl. vor allem BGHZ 61, 282, 285 f; das zweite im Text angegebene (alternative) Abgrenzungskriterium fehlt allerdings bisher in der Rechtsprechung des BGH.

„Auftragsbestätigung" bezeichnete Schreiben den Regeln über das Bestätigungs-schreiben, sofern sie der Sache nach ein solches darstellen.[57] Außerdem kann das Schweigen auf eine Auftragsbestätigung eine Vertrauenshaftung kraft widersprüch-lichen Verhaltens auslösen.[58]

Auch das **Schweigen auf die Mitteilung eines Vertragsschlusses durch einen** **24** **Stellvertreter** kann grundsätzlich, d.h. von Sonderfällen wie den §§ 75h, 91a HGB abgesehen, nicht als konkludente Zustimmung des Vertretenen gewertet werden, da sich angesichts der Vielschichtigkeit dieser Problematik eine entsprechende Verkehrs-sitte bisher offenkundig nicht gebildet hat und auch schwerlich bilden kann. Die Rechtsprechung hat hier zwar verschiedentlich die Möglichkeit, dass das Schweigen als Zustimmung zu werten ist, im Prinzip bejaht, im praktischen Ergebnis das Vor-liegen einer Genehmigung durch Schweigen jedoch meist verneint.[59]

Insgesamt empfiehlt sich **Zurückhaltung bei einer Ausdehnung der Grundsätze** **25** **über die Wertung des Schweigens als Zeichen des Einverständnisses.** Denn anderen-falls droht die Gefahr, dass das Verhältnis von Regel und Ausnahme in sein Gegenteil verkehrt und das Schweigen grundsätzlich als Zustimmung statt als Unterbleiben einer Erklärung angesehen wird. Ist das Schweigen nach den Umständen des Einzelfalles wirklich konkludent, liegt aber eine entsprechende Typisierung durch Verkehrssitte nicht oder noch nicht vor, so wird in aller Regel schon mit den Grundsätzen über die Beweisführung hinsichtlich des Erklärungsbewusstseins (vgl. oben Rdn. 6) zu einem sachgerechten Ergebnis zu kommen sein. Im Übrigen ist auch zu beachten, dass selbst bei Bestehen einer Verkehrssitte die Umstände des Einzelfalles ausnahmsweise dem Schweigen seine Konkludenz nehmen, also gewissermaßen die durch die Verkehrs-sitte entstandene Vermutung hinsichtlich der Bedeutung des Schweigens widerlegen können.

3. Schweigen als Grundlage einer Rechtsscheinhaftung kraft kaufmännischen Betriebsrisikos

Der Hinweis auf die typisierende Wirkung von Verkehrssitten kann nur erklären, **26** warum dem Schweigenden die Berufung auf einen **Irrtum über die Bedeutung seines** **Schweigens** versagt wird. Sehr häufig wird das Schweigen jedoch nicht hierauf be-ruhen, sondern vielmehr auf **Unkenntnis der zugrunde liegenden Tatsachen**, also vor allem darauf, dass der Schweigende gar keine Kenntnis von der Willenserklärung des anderen Teils erlangt hat. Für § 362 und für das kaufmännische Bestätigungs-schreiben ist anerkannt, dass das Schweigen grundsätzlich auch in einem solchen Falle als Zustimmung zu werten ist (vgl. oben § 362 Rdn. 17 m. Nachw.). Auch dieser Grundsatz ist verallgemeinerungsfähig.[60] Dabei sollte man entgegen der h.L. freilich nicht das Verschuldensprinzip heranziehen, sondern vielmehr darauf abstellen, ob der Grund für das Schweigen innerhalb des kaufmännischen Betriebsrisikos liegt oder nicht (vgl. oben § 362 Rdn. 18).

Diese Lösung bewährt sich insbesondere in einem weiteren wichtigen Fall des **27** Schweigens im Rechtsverkehr: der **Anscheinsvollmacht**.[61] Deren tatbestandliche

---

[57] Vgl. BGHZ 54, 236, 239 m. ablehnender Anm. von *Lieb* JZ 1971, 136; BGHZ 93, 338, 341; BGH WM 1968, 400, 401; 1969, 1452, 1453; NJW 1974, 991, 992.

[58] So i.E. BGH WM 1986, 527; vgl. dazu unten Rdn. 32.

[59] Vgl. RGZ 103, 95, 98; RG JW 1928, 638; 1931, 522, 524; BGH LM Nr. 4 zu § 177 BGB; vgl. im übrigen auch *Philipowski* BB 1964, 1069 ff m.w. Nachw.

[60] Vgl. näher *Canaris* S. 228 ff.

[61] Vgl. näher *Canaris* S. 192 ff.

Claus-Wilhelm Canaris

Voraussetzungen sind in objektiver Hinsicht bekanntlich dieselben wie bei der Duldungsvollmacht. Der Dritte muss also aus dem Verhalten des Geschäftsherrn – d. h. aus der Tatsache, dass der falsus procurator unbeanstandet wie ein Bevollmächtigter agieren kann – schließen dürfen, dass dieser Vollmacht hat; dafür ist i.d.R. erforderlich, dass er bereits mehrfach Geschäfte abgeschlossen und der Geschäftsherr deren Wirksamkeit nicht nach außen beanstandet hat. Die Zurechenbarkeit des Rechtsscheins machen Rspr. und h.L. – ähnlich wie im Rahmen von § 362 HGB – davon abhängig, ob der Geschäftsherr das Handeln des falsus procurator kennen und verhindern konnte.[62] Statt dieses Rückgriffs auf das Verschuldensprinzip sollte man auf die verschuldensunabhängige Zurechnung des Betriebsrisikos abstellen.[63] Unterschlägt z.B. der falsus procurator die Kopien von Schreiben an Dritte und ermöglicht oder vertuscht er wiederholt Zahlungen an diese durch Fälschungen, Tricks und dgl., so dass dem Dritten gegenüber der Anschein einer Vollmacht entsteht, so kann das dem Geschäftsherrn trotz fehlenden Verschuldens durchaus zuzurechnen sein, weil (und sofern) der Vorgang sich in den Grenzen des – abstrakt beherrschbaren – Betriebsrisikos hält. Ausschlaggebend ist dabei nicht, ob das Handeln des falsus procurator bei „ordentlicher", sondern ob es bei „idealer" Organisation des Betriebs hätte erkannt und verhindert werden können; denn durch diese beiden Kriterien wird der Unterschied zwischen Verschuldens- und Risikohaftung markiert.[64]

Allerdings sollte das Institut der Anscheinsvollmacht nur zu Lasten von Kaufleuten und diesen gleichzustellenden Personen angewendet werden.[65] Dogmatisch spricht dafür vor allem, dass man anderenfalls den Widerspruch zu den Regeln über das Erklärungsbewusstsein nicht konsistent beheben bzw. legitimieren kann, und auch praktisch erscheint diese Lösung als vorzugswürdig; denn wenn etwa ein Familienangehöriger wiederholt Verträge im Namen eines anderen Familienangehörigen abgeschlossen und dieser das nicht bemerkt hat, fehlt ein hinreichender Legitimationsgrund für eine – durch eine Anfechtung nach § 119 BGB nicht zu beseitigende! – Erfüllungshaftung, weil man sich hier außerhalb des unternehmerischen Bereichs, ja außerhalb der beruflichen Späre befindet und insoweit ein relevanter Unterschied gegenüber anderen Fällen fehlenden Erklärungsbewusstseins nicht besteht.

IV. Schweigen und Erfüllungshaftung nach § 242 BGB

28   Es ist charakteristisch für die Problematik des Schweigens im Rechtsverkehr, dass das Schweigen häufig nicht für sich allein, sondern lediglich in Verbindung mit der **späteren Entwicklung** wie z.B. der Länge der seither verflossenen Zeit relevant erscheint. Typisch hierfür ist insbesondere das Institut der **Verwirkung**. Mit den Mitteln der Rechtsgeschäftslehre ist ein solcher Sachverhalt nicht zu bewältigen. Denn für das Vorliegen einer Willenserklärung kommt es nur auf den Augenblick ihrer Abgabe, also hier auf den Augenblick des Schweigens an; dass das Schweigen erst durch den weiteren Gang der Dinge oder durch Zeitablauf nachträglich zu einer Willenserklärung wird, ist dogmatisch unmöglich.[66] Auch mit der Rechtsscheinhaftung ist hier aber in aller Regel nicht zum Ziel zu kommen. Auch sie knüpft nämlich an die Bedeutung des Schweigens in einem ganz bestimmten Augenblick an und hängt

---

[62] Vgl. statt aller MünchKomm.-*Schramm*[4] § 167 Rdn. 59 ff.

[63] Zustimmend z.B. *Hopt* AcP 183 (1983) 697; *Pawlowski* (Fn. 44) Rdn. 728 f und JZ 1996, 128 f; *Bork* (Fn. 3) Rdn. 1564.

[64] Vgl. *Larenz/Canaris* SchuldR II/2[13] § 84 I 3 b.

[65] Vgl. dazu und zum Folgenden näher *Canaris* Handelsrecht § 16 Rdn. 16 ff mit umf. Nachw.

[66] Vgl. z.B. *Flume* § 5, 2 d a.E.

grundsätzlich nicht von der weiteren Entwicklung und der Länge der verflossenen Zeit ab, wie die Beispiele des Schweigens auf einen Antrag gemäß § 362 HGB und auf ein Bestätigungsschreiben oder der Duldungs- und Anscheinsvollmacht sofort deutlich machen.

In Anlehnung an das Institut der Verwirkung bietet sich jedoch der **unmittelbare** **29** **Rückgriff auf § 242 BGB** und die hierzu entwickelten Rechtsprinzipien an. Dass es bei der Verwirkung um den *Verlust* eines Rechts, hier dagegen um die *Begründung* von Ansprüchen geht, steht nicht entgegen. Denn die Rechtsprechung hat seit langem aus § 242 BGB der Sache nach auch Erfüllungsansprüche hergeleitet, wobei sie sich meist der so genannten **Arglisteinrede** oder des **Einwands des Rechtsmissbrauchs** bedient hat.[67] Dieser Ansatzpunkt ist ausbaufähig.[68] Für die Behandlung des „Schweigens im Rechtsverkehr" liegt darin eine weitere Grundlage, um in bestimmten Fällen einen Erfüllungsanspruch zu bejahen. Die maßgeblichen Wertungskriterien sind dabei vor allem im Verbot widersprüchlichen Verhaltens und im Gedanken der Erwirkung zu sehen.

1. Schweigen als Grundlage einer Vertrauenshaftung kraft widersprüchlichen Verhaltens

Repräsentativ für die Möglichkeit, mit Hilfe des Verbots widersprüchlichen Ver- **30** haltens Erfüllungsansprüche aus einem Schweigen herzuleiten, ist der **Unfallversicherungsfall** BGH NJW 1951, 313. Hier hatte der Ehemann der Klägerin einen Antrag auf Abschluss einer Unfallversicherung bei der Beklagten gestellt, den diese 4 Tage nach Ablauf der sechswöchigen Annahmefrist angenommen hatte. Die erste Prämie hatte der Ehemann bei der Antragstellung bezahlt, weitere Prämien hatte die Beklagte eingefordert und angemahnt. Als der Ehemann tödlich verunglückte, verweigerte die Beklagte die Zahlung der Versicherungssumme unter Hinweis auf die Überschreitung der Annahmefrist. Der BGH gab der Klage statt mit der Begründung, dass das in der verspäteten Annahme liegende neue Angebot (§ 150 Abs. 1 BGB) vom Ehemann der Klägerin durch Schweigen angenommen worden sei. Die Wertung des Schweigens als Annahme ist indessen „eine bare Fiktion".[69] Denn entweder hatte die Beklagte die Fristüberschreitung erkannt – dann hatte sie keinen Anlass, mit einer Billigung durch Schweigen zu rechnen, da die Annahmefristen bei Versicherungsverträgen, wie der BGH selbst in der vorliegenden Entscheidung nachdrücklich unterstrichen hat, strikt eingehalten werden müssen; oder die Beklagte hatte die Fristüberschreitung gar nicht bemerkt – dann ging sie davon aus, dass der Vertrag schon durch ihre Annahmeerklärung zustandegekommen war und konnte folglich in dem Schweigen überhaupt keine Willenserklärung mehr sehen, weil für eine solche dann weder Bedürfnis noch Raum bestand.

Trotzdem ist der Entscheidung im Ergebnis zu folgen. Die Beklagte setzt sich nämlich mit ihrem eigenen Vorverhalten krass in Widerspruch, wenn sie zunächst den Vertrag als wirksam behandelt und z.B. die Prämien anmahnt, sich dann aber, wenn es um ihre eigene Leistungspflicht geht, auf die – überdies von ihr selbst verschuldete – Fristüberschreitung beruft. Zugleich liegen die allgemeinen Merkmale der Vertrauens-

---

[67] Vgl. die umfassenden Nachweise bei *Canaris* S. 267 Fn. 6 und in 50 Jahre Bundesgerichtshof, 2000, S. 165–168; *Singer* Das Verbot widersprüchlichen Verhaltens, 1993, S. 86 ff, 148 ff.

[68] Vgl. eingehend *Canaris* S. 266 ff, 287 ff, 528 ff und

aaO (Fn. 67) S. 133 ff, 143 ff; *Singer* (Fn. 67) S. 148 ff; eine bemerkenswerte Bestätigung aus rechtsvergleichender Sicht enthält die Untersuchung von *Kühne* RabelsZ 36 (1972), 261 ff, 267 ff.

[69] Vgl. *Flume* § 35 II 2 a. E.

haftung vor. Denn die Beklagte hatte durch ihr Verhalten, insbesondere durch die Anmahnung der Folgeprämien, in dem Ehemann der Klägerin das Vertrauen auf die Gültigkeit des Vertragsschlusses erweckt; dies war schuldhaft, zumindest aber objektiv zurechenbar im Sinne des Veranlassungs- oder Risikoprinzips geschehen; dadurch war der Ehemann mit großer Wahrscheinlichkeit zu einem für die Existenzsicherung seiner Ehefrau wichtigen Unterlassen, nämlich zum Unterlassen der Heilung des Mangels durch Zustimmung bzw. des Abschlusses eines anderen Versicherungsvertrags, veranlasst worden; und diese Maßnahme ließ sich nunmehr angesichts des Todes des Ehemanns nicht mehr nachholen, so dass die Lage „irreversibel" geworden war. Es waren mithin ein Vertrauenstatbestand, dessen Zurechenbarkeit, Gutgläubigkeit des anderen Teils und eine Disposition bzw. die hohe Wahrscheinlichkeit einer solchen gegeben.

31   Mit dem Verbot widersprüchlichen Verhaltens lassen sich auch viele Fälle des **Schweigens auf eine falsche Interpretation** eines Vertrages lösen.[70] Die Leitentscheidung hierfür ist der **Witwengeldfall** BGH WM 1962, 301. Hier hatte der inzwischen verstorbene Ehemann der Klägerin nach dem Abschluss einer Pensionsvereinbarung mit der Beklagten, seiner früheren Arbeitgeberin, an diese geschrieben: „In der Annahme, dass bei meinem Ableben die üblichen 60 Prozent zur Auszahlung an meine Ehefrau kommen werden, gehe ich wohl nicht fehl". Die Beklagte hatte darauf nicht geantwortet. Der BGH wertete dieses Schweigen als Zustimmung. Zur Begründung berief er sich auf die Grundsätze über das kaufmännische Bestätigungsschreiben, die jedoch unstreitig im nicht-kaufmännischen Verkehr, um den es hier ging, keine Anwendung finden. Auch der Hinweis des BGH auf die Widerspruchspflicht der Beklagten vermag nach dem oben Rdn. 11 ff Gesagten die Entscheidung nicht zu tragen. Das gilt um so mehr, als der Ehemann nicht den geringsten Anlass hatte, mit dem nachträglichen (!) Abschluss einer Witwengeldvereinbarung nach Beendigung seiner Vertragsverhandlungen zu rechnen, so dass das Schweigen schon objektiv gesehen keinesfalls eine konkludente Annahmeerklärung war. Wohl aber durfte der Ehemann das Schweigen als Bestätigung der Richtigkeit seiner Interpretation (die nach den Umständen des Falles keineswegs abwegig war, sich letztlich aber doch als unzutreffend erwies) ansehen. Die Beklagte hatte daher das berechtigte Vertrauen des Ehemanns in das Bestehen einer Witwengeldzusage erweckt; das war ihr zurechenbar, da sie wesentlich „näher daran" war als der Ehemann, durch eine Überprüfung der im Einzelnen offenbar recht undurchsichtigen Pensionsrichtlinien das Missverständnis aufzuklären; der Ehemann hatte sich darauf in seinem Verhalten eingestellt, da er, wie der BGH ausdrücklich feststellte, „offensichtlich von weiteren Bemühungen, eine seiner früheren Tätigkeit entsprechende Stellung wiederzuerlangen, abgesehen hat, als er die erstrebte Versorgung für sich und die Klägerin als sichergestellt betrachtete". Da es jetzt nach dem Tode des Ehemanns unmöglich geworden ist, anderweitig Vorsorge zu treffen, dürfte bei einer Gesamtwürdigung der Umstände des Falles, insbesondere im Hinblick auf die „existenzielle" Bedeutung einer Witwengeldzusage, auch hier eine Bindung der Beklagten auf Grund einer Vertrauenshaftung kraft widersprüchlichen Verhaltens zu bejahen sein.

32   Das Gleiche kommt z.B. in Betracht, wenn ein verklagtes Unternehmen jahrelang das **Fehlen der Passivlegitimation** im Prozess nicht geltend gemacht hat[71] und der Kläger diesen nun von Anfang an gegen den wahren Schuldner neu führen müsste mit

---

[70] Vgl. dazu vertiefend *Singer* (Fn. 67) S. 182 ff.
[71] Vgl. zu diesen Fällen auch *Singer* (Fn. 67) S. 169 f,

der hier eine Rechtsscheinhaftung annimmt; *Canaris* (Fn. 67) S. 168.

entsprechendem Zeitverlust, u.U. zusätzlichen Beweisproblemen usw.[72], oder wenn das verklagte Unternehmen Zahlungen des Klägers entgegengenommen hat, Mängelrügen nachgekommen ist und dgl.[73] Ausschlaggebend kann auch sein, dass der Kläger aus Beweisnot „zwischen die Stühle zu fallen" droht wie z.B., wenn ein unter ähnlicher Firma auftretendes Schwesterunternehmen auf eine Auftragsbestätigung schweigt und dann später seine mangelnde Passivlegitimation einwendet;[74] hätte es das alsbald nach Zugang der Auftragsbestätigung getan, hätte der Kläger die wahre Lage rechtzeitig aufklären können, während es dafür nach Beginn der Auftragsdurchführung u.U. zu spät ist und der Kläger nunmehr möglicherweise auch die Passivlegitimation des anderen Unternehmens nicht zu beweisen vermag.

Eine solche Vertrauenshaftung kraft widersprüchlichen Verhaltens weist wichtige **33** **Unterschiede gegenüber einem echten Vertragsschluss durch Schweigen** auf. So ist der Vertrag nur zugunsten des anderen Teils, nicht aber auch zugunsten des Schweigenden als wirksam zu behandeln;[75] beispielsweise wäre im Unfallversicherungsfall eine Klage der Gesellschaft auf Zahlung der Versicherungsprämie unbegründet gewesen.[76] Außerdem hat es bei der Unwirksamkeit des Vertrages sein Bewenden, wenn die wahre Rechtslage rechtzeitig, d.h. vor Eintritt einer irreversiblen Situation aufgedeckt wird. Im Unfallversicherungsfall hätte sich daher auch der Versicherungsnehmer nicht auf den Vertrag berufen können, wenn dessen Unwirksamkeit ihm vor seinem Tode bekannt geworden wäre, und ebenso wäre im Witwengeldfall zu entscheiden gewesen, wenn die falsche Interpretation zu einer Zeit aufgedeckt worden wäre, zu der die Möglichkeiten des Pensionärs, eine anderweitige Versorgungsgrundlage für seine Frau zu finden, noch nicht wesentlich schlechter als unmittelbar nach Abschluss seiner Pensionsvereinbarung war. Das Zeitmoment und der weitere Verlauf des Geschehens nach dem Zeitpunkt, in dem der andere Teil geschwiegen hat, spielen also in der Tat eine konstitutive Rolle.

2. Schweigen als Grundlage einer Erwirkung

Wenn es eine Vertrauenshaftung kraft widersprüchlichen Verhaltens gibt, muss es **34** folgerichtig auch eine Erwirkung geben, die dann das **Gegenstück zur Verwirkung** darstellt.[77] Von einer rechtsgeschäftlichen Bindung unterscheidet diese sich einerseits dadurch, dass das fragliche Verhalten, hier also das Schweigen, weder den objektiven noch den subjektiven Tatbestand einer Willenserklärung zu erfüllen braucht, und andererseits dadurch, dass es entscheidend auf die Länge der seit dem Schweigen verflossenen Zeit sowie auf das Vorliegen oder die Wahrscheinlichkeit einer Disposition des Vertrauenden, also auf das auch aus dem Recht der Verwirkung bekannte „Sich-Einrichten" ankommt.

Mit Hilfe der Kategorie der Verwirkung lässt sich z.B. die Rechtsprechung des **35** BGH zur **Genehmigung fehlerhafter Vereinsbeschlüsse durch Schweigen** sachgerecht erfassen. Es ging dabei jeweils darum, dass ein für einen bestimmten Beschluss

---

[72] Vgl. BGH LM Nr. 33 zu § 164 BGB.

[73] Vgl. BGH WM 1987, 110, 111 unter besonders scharfer Betonung des Vertrauensaspektes; ähnlich BGH WM 1990, 852, 853.

[74] Vgl. BGH WM 1986, 527, 528, wenngleich nicht ausdrücklich mit der im obigen Text gegebenen Begründung.

[75] Vgl. näher *Canaris* (Fn. 67) S. 134; ebenso i.E.

Flume § 15 III 4 c cc a.E.; *Medicus* (Fn. 3) Rdn. 631.

[76] Vgl. auch *Flume* § 35 II 2 a.E.

[77] Vgl. eingehend *Canaris* S. 372 ff; ebenso *Singer* (Fn.67) S. 223ff; MünchKomm.-*Roth*[4] § 242 Rdn. 354; *Staudinger/J. Schmidt*, 13. Bearbeitung 1995, § 242 Rdn. 581 ff.

Claus-Wilhelm Canaris

bestehendes Einstimmigkeitserfordernis verletzt worden war und dieser Mangel von den übergangenen Mitgliedern jahrelang nicht gerügt wurde. Sofern dieses Schweigen zurechenbar war, hat der BGH darin eine konkludente Genehmigung gesehen bzw. eine Derogierung des Einstimmigkeitserfordernisses durch eine konkludente Satzungsänderung.[78]

In Wahrheit war den Beteiligten aber das Einstimmigkeitserfordernis offenbar nicht bewusst, und sie hatten daher zu einer Genehmigung bzw. zu einer Satzungsänderung überhaupt keinen Anlass, so dass es schon am objektiven Tatbestand einer Willenserklärung durch Schweigen fehlte. Auch führt die Konstruktion des BGH zu höchst unbilligen Ergebnissen. Anders als nach der Lehre von der Erwirkung kommt es nämlich bei der vom BGH gewählten rechtsgeschäftlichen Lösung nicht darauf an, ob der Beschluss überhaupt durchgeführt worden ist und das weitere Vereinsleben bestimmt hat. So hat der BGH in einem Fall, in dem der fragliche Beschluss noch gar nicht „praktiziert" worden war, gleichwohl eine Satzungsänderung durch Schweigen angenommen mit dem Inhalt, dass für Verfügungen über das Vereinsvermögen nicht mehr das in der Satzung vorgesehene (und für die betreffende Vereinsgestaltung sehr sinnvolle) Einstimmigkeitserfordernis, sondern das Mehrheitsprinzip gelten sollte.[79] Welch unerhörte Konsequenzen diese fiktive rechtsgeschäftliche Lösung hat, wird dabei erst voll deutlich, wenn man sich bewusst macht, dass die angebliche Satzungsänderung nicht nur für das eine Veräußerungsgeschäft von Bedeutung ist, bei dem das Einstimmigkeitserfordernis missachtet worden war, sondern folgerichtig auch für alle zukünftigen Verfügungen über das Vereinsvermögen gilt.

Wesentlich sachgerechter ist es demgegenüber, hier mit dem Gedanken der Erwirkung zu arbeiten.[80] Anders als bei einer rechtsgeschäftlichen Lösung kommt es dann darauf an, ob die unwirksame Satzungsänderung bereits „praktiziert" worden ist und das Vereinsleben in nicht wieder rückgängig zu machender Weise bestimmt hat; und anders als nach der rechtsgeschäftlichen Lösung bleibt das Einstimmigkeitserfordernis als solches grundsätzlich unberührt, so dass es bei allen zukünftigen Beschlüssen wieder zu beachten ist und nur bezüglich solcher Rechtsvorgänge, die im Vertrauen auf den an sich unwirksamen Beschluss erfolgt sind, keine Wirkung entfaltet.

V. Zusammenfassung

36   Ein Überblick über die verschiedenen dargestellten Lösungsmöglichkeiten zeigt, dass es **keine eigenständige Lehre vom Schweigen im Rechtsverkehr** und auch **keine einheitliche Problematik des Schweigens** gibt. Das Schweigen ist vielmehr eine menschliche Verhaltensweise wie andere auch, und daher können die unterschiedlichsten rechtlichen Kategorien Anwendung finden.

37   Für die Begründung von Rechtspflichten aufgrund eines Schweigens kommen im Wesentlichen **vier dogmatische Möglichkeiten** in Betracht:

1. Das Schweigen kann **konkludentes Zeichen einer Willenserklärung** sein (vgl. oben Rdn. 2ff). Das Schweigen führt dann grundsätzlich zu einer Vertragsbindung.

---

[78] Vgl. BGHZ 16, 143; 19, 51, 64; 23, 122, 131; 25, 311, 316; vgl. auch schon RG JW 1925, 237, 238 Sp. 1.
[79] Vgl. BGHZ 25, 311, 317.
[80] Vgl. auch *Flume* aaO § 10, 3d, insbesondere

Fn. 30, der freilich in dogmatisch unsauberer Weise von einer „Verwirkung der Möglichkeit, sich auf die Unwirksamkeit des Beschlusses zu berufen" spricht.

Fehlt dem Schweigenden das Erklärungsbewusstsein, so kann und muss er nach der vom BGH und der h.L. zu diesem vertretenen Lösung nach § 119 BGB anfechten, während nach der Gegenmeinung keine wirksame Willenserklärung vorliegt; nach beiden Lösungen ist grundsätzlich eine Schadensersatzhaftung nach § 122 BGB gegeben. Fehlt es darüber hinaus an der Konkludenz des Schweigens, also auch am objektiven Tatbestand einer Willenserklärung, so greift nicht einmal § 122 BGB ein; ein Schadensersatzanspruch ist hier vielmehr nach den Regeln über die culpa in contrahendo nur dann gegeben, wenn der Schweigende schuldhaft eine Aufklärungs- oder sonstige Schutzpflicht verletzt hat.

2. Aus der bloßen **Verletzung einer Pflicht zum Widerspruch** kann eine Erfüllungshaftung grundsätzlich nicht hergeleitet werden (vgl. oben Rdn. 9ff). Das gilt auch dann, wenn zwischen den Parteien ein rechtsgeschäftlicher Kontakt oder eine Geschäftsverbindung bestand. In derartigen Fällen kommt lediglich eine **Schadensersatzhaftung wegen Schutzpflichtverletzung** in Betracht.

3. Stellt das Schweigen keine Willenserklärung dar, setzt der Schweigende jedoch den Schein des Bestehens einer bestimmten Rechtslage, so kann er daran nach den Grundsätzen der **Rechtsscheinhaftung** gebunden sein mit der Folge, dass er auf Erfüllung haftet (vgl. oben Rdn. 18ff). Eine solche Haftung ist jedenfalls dann zu bejahen, wenn der Schweigende den Rechtsschein wissentlich geschaffen hat. Für die unwissentliche Erzeugung eines Scheintatbestandes braucht er dagegen nach Rechtsscheinregeln nur dann einzustehen, wenn entweder die Bedeutung des Schweigens als Zustimmung durch die Verkehrssitte typisiert ist oder die Unkenntnis des Schweigenden ihren Grund in den spezifischen Organisationsrisiken eines kaufmännischen Betriebes hatte.

4. In seltenen Ausnahmefällen kann das Schweigen auch dann Grundlage einer Erfüllungshaftung sein, wenn weder die Voraussetzungen einer rechtsgeschäftlichen Bindung noch die Merkmale der Rechtsscheinhaftung gegeben sind (vgl. oben Rdn. 28ff). Hierbei kommt es entscheidend auf die Entwicklung der Sachlage nach dem Schweigen, insbesondere auf die Länge der seither verstrichenen Zeit an. Wesentlich sind außerdem die Zurechenbarkeit des Schweigens zum einen sowie ein berechtigtes Vertrauen auf das Schweigen und eine dadurch veranlasste irreversible Disposition bzw. deren Wahrscheinlichkeit zum anderen. Dogmatisch handelt es sich insoweit um Unterfälle einer **Vertrauenshaftung kraft widersprüchlichen Verhaltens** bzw. einer **Erwirkung.**

§ 363

(1) ¹Anweisungen, die auf einen Kaufmann über die Leistung von Geld, Wertpapieren oder anderen vertretbaren Sachen ausgestellt sind, ohne dass darin die Leistung von einer Gegenleistung abhängig gemacht ist, können durch Indossament übertragen werden, wenn sie an Order lauten. ²Dasselbe gilt von Verpflichtungsscheinen, die von einem Kaufmann über Gegenstände der bezeichneten Art an Order ausgestellt sind, ohne dass darin die Leistung von einer Gegenleistung abhängig gemacht ist.

(2) Ferner können Konnossemente der Verfrachter, Ladescheine der Frachtführer, Lagerscheine sowie Transportversicherungspolicen durch Indossament übertragen werden, wenn sie an Order lauten.

Claus-Wilhelm Canaris

Übersicht

Stand: 2.10.2003

Schrifttum

Abraham Der Lagerschein, 1933; *Baumbach/Hefermehl* Komm. zum Wechselgesetz und Scheckgesetz, 22. Aufl. 2000; *Brodmann* Zur Rechtslehre vom Konnossement, ZHR 70, 1 ff; *Bülow* Heidelberger Kommentar zum Wechselgesetz/Scheckgesetz und zu den Allgemeinen Geschäftsbedingungen, 3. Aufl. 2000; *Deloukas* Die Haftung des Verfrachters aus schuldhafter Unrichtigkeit des Konnossements nach deutschem, englischem und amerikanischem Recht, 1940; *Denninger* Die Traditionsfunktion des Seekonnossements im internationalen Privatrecht, 1959; *Dumke* Das Konnossement als Wertpapier, Diss. Hamburg 1970; *Gruns* Orderpapiere im Dokumentenverkehr, 1960; *Gursky* Wertpapierrecht, 2. Aufl. 1997; *J. Hager* Lagerschein und gutgläubiger Erwerb, WM 1980, 666 ff; *ders.* Verkehrsschutz durch redlichen Erwerb, 1990, S. 252 ff und S. 370 ff; *Heini* Das Durchkonnossement, 1957; *Hellwig* Die Verträge auf Leistung an Dritte, 1899; *Helm* Das Dokument des kombinierten Transports; ein neues Wertpapier, Festschr. für Hefermehl, 1976, S. 57 ff; *Herber* Konnossement und Frachtvertrag; Bemerkungen zu wertpapierrechtlichen Entwicklungen auf einem Sonderrechtsgebiet, Festschrift für Raisch, 1995, S. 67 ff; *ders.* Seehandelsrecht, 1999; *Hertin* Haftungsprobleme bei Nichteinlösung durchgehandelter Lieferscheine, MDR 1970, 881 ff; *Heymann* Die dingliche Wirkung der handelsrechtlichen Traditionspapiere, Festschr. für Felix Dahn, 1905, Bd. III S. 135 ff; *Heynen* Die Klausel „Kasse gegen Lieferschein", 1955; *Hueck/Canaris* Recht der Wertpapiere, 12. Aufl. 1986; *Jacobi* Die Wertpapiere, Ehrenbergs Handbuch des gesamten Handelsrechts IV 1, 1917, S. 125 ff; *ders.* Wechsel- und Scheckrecht, 1955; *Kisch* Der Versicherungsschein, 1952; *Kühlberg* Der Verkehrsschutz bei den Traditionspapieren, Diss. Hamburg 1970; *Koller* Transportrecht, 4. Aufl. 2000; *Langenberg* Die Versicherungspolice, 1972; *Neumann* Zum Recht der Orderschuldverschreibungen, BB 1957, 445 ff; *Norf* Das Konnossement im gemischten Waren-Verkehr, insbes. am Beispiel des Containerverkehrs, 1976; *Quassowski-Albrecht* Komm. zum WG, 1934; *Rabe* Seehandelsrecht, 4. Aufl. 2000; *Raiser* Das Rektapapier, ZHR 101, 13 ff; *D. Reinicke* Guter Glaube und Orderlagerschein, BB 1960, 1368 ff; *Richardi* Wertpapierrecht, 1987; *Schaps/Abraham* Seerecht, 4. Aufl. 1978; *Scheer* Die Haftung des Beförderers im gemischten Überseeverkehr, 1969; *Schlenzka* Die sachenrechtlichen Streitfragen des Konnossementsrechts, 1934; *Serick* Zur Rechtsnatur des Orderlagerscheins, Festschr. für Walter Schmidt, 1959, S. 315 ff; *Siebert* Die besitzrechtliche Grundlage der dinglichen Wirkung der Traditionspapiere, ZHR 93, 1 ff; *Sieg* Der Versicherungsschein in wertpapierrechtlicher Sicht und seine Bedeutung bei der Veräußerung der versicherten Sache, VersR 1977, 213 ff; *ders.* Der Kassalieferschein, ein Wertpapier mit Bedingungsklausel, BB 1992, 299; *Schmidt, Karsten* Handelsrecht, 5. Aufl. 1999, § 24; *Schnauder* Sachenrechtliche und wertpapierrechtliche Wirkungen der kaufmännischen Traditionspapiere, NJW 1991, 1642; *Staub-Stranz* Komm. zum WG, 13. Aufl. 1934; *Stengel* Die Traditionsfunktion des Orderkonnossements, 1975; *Stranz* Komm. zum WG, 14. Aufl. 1952; *Thietz-Bartram* Der Übergang von Schadensersatzansprüchen bei unrichtiger Konnossementsausstellung mittels Indossament, WM 1988, 177 ff; *Tiedtke* Die Übereignung eingelagerter Ware bei Ausstellung eines

Lagerscheins, WM 1979, 1142 ff; *Tsirintanis* Die Order-Polize, 1930; *Ulmer* Das Recht der Wert-papiere, 1938; *Weimar* Der Orderlagerschein und das Frachtbriefduplikat, MDR 1971, 550 ff; *Wiedemann* Der Lagerschein als Inhaber- und Legitimationspapier, DB 1960, 943 ff; *Wüsten-dörfer* Neuzeitliches Seehandelsrecht, 2. Aufl. 1950; *Zöllner* Wertpapierrecht, 14. Aufl. 1987.

I. Die dogmatische Bedeutung von § 363 HGB

1   Die Bedeutung von § 363 HGB liegt darin, dass die Vorschrift die **privatautonome Schaffung von Orderpapieren** ermöglicht. Ohne eine derartige gesetzliche Zulassung könnten die spezifischen Wirkungen eines Orderpapiers nicht ohne weiteres durch Parteivereinbarung herbeigeführt werden (vgl. aber auch unten Rdn. 87 ff). Denn die Schaffung eines Orderpapiers ist nicht ins Belieben der Privatrechtssubjekte gestellt, sondern dem Gesetzgeber vorbehalten.[1] Der Grund hierfür liegt in erster Linie darin, dass die Orderpapiere weitgehend ähnlichen Regeln folgen wie Sachen und dem-entsprechend an dem sachenrechtlichen Typenzwang teilhaben; insbesondere kann es dem Rechtsverkehr nicht freigestellt sein, nach Belieben gesetzlich nicht vorgesehene Rechte zu begründen, die dem sachenrechtlichen Gutglaubensschutz unterliegen. Es kommt hinzu, dass die Schaffung eines Orderpapiers für den Verpflichteten wegen des damit gemäß § 364 HGB verbundenen Einwendungsausschlusses sehr gefährlich ist. Es ist daher sinnvoll, dass der Gesetzgeber die Schaffung der wichtigsten Order-papiere wie Wechsel und Scheck an strenge Formvorschriften mit Warnfunktion ge-bunden und sie im Übrigen gemäß § 363 HGB den Kaufleuten vorbehalten hat.

2   Ebenso wie im Sachenrecht besteht somit auch im Recht der Orderpapiere ein **numerus clausus** der zulässigen Gestaltungsformen. Demgemäß liegt die Bedeutung von § 363 HGB nicht allein in der *Zulassung* „gekorener" Orderpapiere, sondern zugleich auch in der *Begrenzung* dieser Möglichkeit. Denn sofern die tatbestandlichen Voraussetzungen von § 363 HGB nicht erfüllt sind, hat eine Orderklausel grund-sätzlich nicht die Wirkung, das Papier zum Orderpapier zu machen (vgl. näher unten Rdn. 77 ff, 87 ff). So ist z. B. ein an Order gestellter Verpflichtungsschein eines Nicht-kaufmanns kein Orderpapier, was u. a. zur Folge hat, dass der Einwendungsausschluss nach § 364 II HGB und die Möglichkeit gutgläubigen Erwerbs nach § 365 HGB i. V. m. Art. 16 II WG entfallen.

Darin liegt ein bemerkenswerter Unterschied zum Recht der Inhaberschuldver-schreibungen, deren Schaffung nach § 793 BGB nicht den Kaufleuten vorbehalten ist und auch sonst nicht an die in § 363 HGB enthaltenen Voraussetzungen gebunden ist. Der Gegensatz mag rechtspolitisch fragwürdig sein, ändert jedoch nichts daran, dass die Schaffung eines Orderpapiers de lege lata nun einmal von den besonderen Tat-bestandsvoraussetzungen des § 363 HGB abhängt. Im Übrigen ist der Unterschied auch nicht so sachwidrig, wie es auf den ersten Blick vielleicht scheinen könnte. Die Ausstellung eines Papiers auf den Inhaber hat nämlich eine wesentlich stärkere Warn-funktion als eine Orderklausel; denn ein Nichtkaufmann wird deren weitreichende Bedeutung und außerordentliche Gefährlichkeit häufig nicht erkennen, sondern ihre Hinzufügung angesichts der ausdrücklichen Benennung des Berechtigten oft geradezu für eine bedeutungslose Floskel halten, wohingegen bei einem Inhaberpapier der Umlaufzweck und der gesteigerte Schutz des Berechtigten bereits durch die besondere Ausgestaltung des Versprechens, d. h. durch dessen Abgabe an den Inhaber als

---

[1] Vgl. z. B. RGZ 71, 30, 33; 101, 297, 299 f; BGHZ   Komm.-*Hefermehl* § 363 Rdn. 67; *Ulmer* S. 27 f;
68, 18, 22; BGH WM 1977, 171, 172; Münch-   *Zöllner* § 9 V 1; *Hueck/Canaris* § 2 III 2 c.

solchen, nahe gelegt werden. Die Beschränkung auf Kaufleute ist daher sachlich begründet. Dagegen sind die beiden anderen Voraussetzungen von § 363 Abs. 1 HGB, nämlich das Erfordernis der Vertretbarkeit des Leistungsgegenstandes und die Notwendigkeit der Unabhängigkeit von einer Gegenleistung rechtspolitisch verfehlt (vgl. auch unten Rdn. 13 und 17).

Der numerus clausus der Orderpapiere schließt eine **analoge Anwendung von** **3** **§ 363 HGB auf andere als die dort genannten Papiere** nicht ohne weiteres aus.[2] Denn der Typenzwang bedeutet lediglich, dass die Parteien nicht einfach durch privatautonomen Akt die spezifischen Wirkungen eines Orderpapiers begründen können, nicht aber auch, dass die Wertung des Gesetzes nicht auch über dessen Wortlaut hinaus fruchtbar gemacht werden dürfte. Der Typenzwang darf daher nicht mit einem Analogieverbot verwechselt werden. Das hat z.B. auch die Diskussion um das dingliche Anwartschaftsrecht gezeigt, dessen Anerkennung als eigenständiges Sachenrecht jedenfalls nicht am sachenrechtlichen numerus clausus scheitert.[3] Allerdings darf § 363 HGB selbstverständlich im Wege der Analogie nicht so stark ausgeweitet werden, dass seine tatbestandlichen Grenzen weitgehend gegenstandslos werden und die Vorschrift in eine generalklauselartige Zulassung beliebiger Orderpapiere verkehrt wird. In Betracht kommen kann vielmehr allenfalls die Gleichstellung einzelner, fest umrissener und mit den in § 363 HGB genannten Papieren besonders eng verwandter Gestaltungsformen (vgl. die Beispiele unten Rdn. 83 ff).

Vom Charakter eines Papiers als Orderpapier ist seine Eigenschaft als **Traditions-** **4** **papier** i.S. von §§ 448, 475g, 650 HGB grundsätzlich zu unterscheiden. Ein mittelbarer Zusammenhang besteht jedoch insofern, als die so genannte Traditionswirkung sich im Wesentlichen aus der Verbriefung des betreffenden Rechts erklärt und insbesondere auf der dadurch gesteigerten Möglichkeit gutgläubigen Erwerbs vom Nichtberechtigten und gutgläubigen einwendungs- und lastenfreien Erwerbs beruht (vgl. unten Rdn. 155). Da diese ihrerseits vom Charakter des Papiers als Orderpapier abhängt, ist § 363 HGB mittelbar auch für die Traditionswirkung von Bedeutung.

II. Die kaufmännische Anweisung und der kaufmännische Verpflichtungsschein

1. Die tatbestandlichen Voraussetzungen

a) **Das Erfordernis der Kaufmannseigenschaft.** Bei der Anweisung muss die **5** **Kaufmannseigenschaft in der Person des Bezogenen und damit des potentiellen** **Akzeptanten,** beim Verpflichtungsschein **in der Person des Ausstellers** vorliegen. Ob die Kaufmannseigenschaft auf §§ 1, 2, 3 Abs. 2, 5 oder 6 HGB beruht, ist gleichgültig. Die Kaufmannseigenschaft als solche genügt. Daher spielt es keine Rolle, ob es sich um ein Handelsgeschäft i.S. von § 343 HGB handelt.[4] § 363 HGB greift somit auch dann ein, wenn aus der Urkunde selbst hervorgeht, dass sie entgegen der Vermutung von § 344 II HGB nicht im Betrieb des Handelsgewerbes ausgestellt worden ist.[5]

[2] Zustimmend z.B. *Zöllner* § 25 II; *Karsten Schmidt* § 24 II 1 b; *Heymann/Horn* § 363 Rdn. 6 a.E. und 39; **a.A.** *Ebenroth/Boujong/Joost/Hakenberg* § 363 Rdn. 17; *Röhricht/Graf von Westphalen/ Wagner* § 363 Rdn. 11.

[3] Vgl. nur *Raiser* Dingliche Anwartschaften, 1961, S. 55 f.

[4] Ebenso MünchKomm.-*Hefermehl* § 363 Rdn. 8 a.E.; *Heymann/Horn* § 363 Rdn. 9; *Baumbach/ Hopt* § 363 Rdn. 3; **a.A.** *Ebenroth/Boujong/Joost/ Hakenberg* § 363 Rdn. 8.

[5] Vgl. *Düringer/Hachenburg/Breit* § 363 Anm. 20; MünchKomm.-*Hefermehl* § 363 Rdn. 32; **a.A.** *von Godin* 2. Aufl. § 363 Anm. 22.

Claus-Wilhelm Canaris

6 Die **Kaufmannseigenschaft der übrigen Beteiligten** ist unerheblich. Insbesondere kommt es bei der Anweisung nicht darauf an, ob der Anweisende Kaufmann ist; denn nicht dieser, sondern allenfalls der Angewiesene in seiner Eigenschaft als potentieller Akzeptant wird aus der Anweisung verpflichtet, und daher besteht zu dem Schutz, den der Gesetzgeber mit dem Erfordernis der Kaufmannseigenschaft bezweckt, nur bezüglich des Angewiesenen und nicht auch bezüglich des Anweisenden ein Anlass.[6]

7 Auf **Nichtkaufleute** kann § 363 HGB nicht analog angewendet werden. Das gilt auch dann, wenn diese **Unternehmensträger** sind, also insbesondere für nichtkaufmännische Kleingewerbetreibende und Angehörige der freien Berufe;[7] denn das HGB knüpft nun einmal nicht an die Eigenschaft als Unternehmensträger, sondern an diejenige als Kaufmann an, und das lässt sich im Wege der Analogie nur für eng umgrenzte Sondertatbestände überwinden, zu denen Vorschriften mit zwingendem Schutzcharakter wie § 363 HGB nicht gehören.[8]

8 Auch auf bloße **Scheinkaufleute** findet § 363 HGB keine Anwendung.[9] Anderenfalls könnte nämlich das zum Schutze des Verpflichteten aufgestellte Erfordernis der Kaufmannseigenschaft durch die bloße Erklärung des Angewiesenen, er sei Kaufmann, außer Kraft gesetzt werden, und das wäre mit dem zwingenden Charakter dieser Tatbestandsvoraussetzung unvereinbar. Wohl aber kann jemand, der sich als Kaufmann ausgegeben hat, wertpapierrechtlich haften, wenn zusätzlich die Voraussetzungen des Rechtsmissbrauchseinwandes gegeben sind; denn dieser kann, wie sogar für den Fall der Formnichtigkeit heute i. E. anerkannt ist, auch zwingende Schutzvorschriften überwinden.

9 Der **maßgebliche Zeitpunkt für das Vorliegen der Kaufmannseigenschaft** ist grundsätzlich der Augenblick der Begebung des Papiers.[10] Das folgt für den Verpflichtungsschein ohne weiteres daraus, dass in diesem Augenblick der Grund für die Verpflichtung des Ausstellers gelegt wird und daher der Anlass für den vom Gesetz mit dem Erfordernis der Kaufmannseigenschaft bezweckten Schutz gegeben ist. Für die Anweisung passt dieser Gedanke freilich nicht, weil die Verpflichtung des Angewiesenen erst durch die Annahme entsteht. Gleichwohl sollte man auch hier im Ausgangspunkt auf den Augenblick der (ersten) Begebung der Anweisung abstellen. Denn dies ist der Zeitpunkt, in dem die Urkunde ihren Charakter als Wertpapier erhält und als solches in Umlauf gesetzt wird; es wäre daher weder dogmatisch folgerichtig noch praktisch zweckmäßig, wenn die Eigenschaft der Urkunde als Orderpapier jetzt noch ungewiss wäre und von der – aus dem Papier nicht erkennbaren – weiteren Entwicklung hinsichtlich der Kaufmannseigenschaft des Bezogenen abhinge.

10 Eine andere Frage ist, ob den Angewiesenen die *strenge Haftung aus einem Orderpapier*, also insbesondere der Einwendungsausschluss nach § 364 Abs. 2 HGB, auch bei einem **nachträglichen Verlust der Kaufmannseigenschaft** des Angewiesenen zwischen (erster) Begebung der Anweisung und Abgabe der Annahmeerklärung trifft.

---

[6] Vgl. Denkschrift zu dem Entwurf eines Handelsgesetzbuchs S. 204 f.

[7] **A.A.**, von seiner Grundkonzeption aus folgerichtig, *Karsten Schmidt* § 24 II 3.

[8] Vgl. *Canaris* Handelsrecht[23] § 1 Rdn. 24 f und § 32 Rdn. 6 ff.

[9] Vgl. *A. Hueck* ArchBürgR 43, 451 f; *Canaris* Die Vertrauenshaftung im Deutschen Privatrecht, 1971, S. 181 und S. 252; MünchKomm.-*Hefermehl*

§ 363 Rdn. 7; *Heymann/Horn* § 363 Rdn. 9; *Baumbach/Hopt* § 363 Rdn. 3; *Röhricht/Graf von Westphalen/Wagner* § 363 Rdn. 15; a. A. *Ebenroth/Boujong/Joost/Hakenberg* § 363 Rdn. 8; *Koller/Roth/Morck* §§ 363–365 Rdn. 3.

[10] Vgl. MünchKomm.-*Hefermehl* § 363 Rdn. 8; *Heymann/Horn* § 363 Rdn. 9; *Ebenroth/Boujong/Joost/Hakenberg* § 363 Rdn. 8; *Röhricht/Graf von Westphalen/Wagner* § 363 Rdn. 15.

Das dürfte auf Grund des Schutzzweckes von § 363 HGB zu verneinen sein;[11] denn anderenfalls würde jemand, der kein Kaufmann mehr ist und auch nicht mehr wie ein solcher zu behandeln ist (z.B. nach § 15 HGB), doch noch mit einer Haftung belastet, die das Gesetz auf Kaufleute beschränkt wissen will. Die *übrigen Wirkungen eines Orderpapiers*, insbesondere die Möglichkeit gutgläubigen Erwerbs gemäß § 365 HGB i.V.m. Art 16 Abs. 2 WG, bleiben dagegen unberührt. Das gilt auch dann, wenn der Inhaber des Papiers vom Verlust der Kaufmannseigenschaft wusste; denn das Papier verliert dadurch eben nicht den Charakter als Orderpapier, so dass die Kenntnis vom Ende der Kaufmannseigenschaft keine Rolle spielen kann und es ebenso wie sonst allein auf die Kenntnis bzw. grob fahrlässige Unkenntnis von dem betreffenden Mangel ankommt.

Erfolgt umgekehrt ein **nachträglicher Erwerb der Kaufmannseigenschaft** durch den Angewiesenen zwischen Begebung und Annahme des Papiers, so sind vom Schutzzweck des Gesetzes aus keine Bedenken dagegen gegeben, das Papier nunmehr als Orderpapier zu behandeln. Für die Zukunft sind daher jedenfalls die §§ 364 f HGB anwendbar, da jetzt alle Voraussetzungen eines Orderpapiers erfüllt sind. Für die Vergangenheit wird man es dagegen dabei bewenden lassen müssen, dass ein Orderpapier nicht vorlag, doch ist insoweit die Möglichkeit eines Schutzes des guten Glaubens an die Orderpapiereigenschaft zu beachten (vgl. dazu sogleich Rdn. 12).

Die **Folge des Fehlens der Kaufmannseigenschaft** ist nicht etwa die Nichtigkeit **11** der Anweisung bzw. des Verpflichtungsscheins. Vielmehr liegt eine bürgerlichrechtliche Anweisung i.S. von §§ 783 ff BGB bzw. ein Schuldversprechen i.S. von § 780 BGB vor, da diese auch von einem Nichtkaufmann abgegeben werden können. Der nichtkaufmännischen Anweisung und dem nichtkaufmännischen Verpflichtungsschein fehlt auch nicht etwa die Wertpapiereigenschaft, sondern nur die Orderpapiereigenschaft. Sie stellen also **Rektapapiere** dar. Das ist insofern von erheblicher praktischer Bedeutung, als ihnen demzufolge immerhin die allgemeinen wertpapierrechtlichen Wirkungen zukommen. Das bedeutet vor allem, dass der Schuldner entgegen § 407 BGB nicht ohne weiteres an den früheren Gläubiger leisten kann, sondern nur durch eine Leistung an den legitimierten Inhaber des Papiers befreit wird (vgl. unten Rdn. 26). Zu prüfen ist dabei freilich stets, ob wirklich die Schaffung eines Wertpapiers gewollt war; aus der Orderklausel allein kann das nicht ohne weiteres gefolgert werden, doch stellt diese insoweit immerhin ein äußerst wichtiges Indiz dar (vgl. unten Rdn. 23). Die *spezifischen* Wirkungen eines Orderpapiers treten dagegen grundsätzlich nicht ein.

Anders kann freilich zu entscheiden sein, sofern und soweit es einen **Schutz des** **12** **guten Glaubens an die Orderpapiereigenschaft** gibt. Bei der Lösung dieser Problematik dürfte zu differenzieren sein zwischen der Verpflichtung des Nichtkaufmanns einerseits und den übrigen Rechtswirkungen eines Orderpapiers andererseits. Was die *Verpflichtung des Nichtkaufmanns aus dem Papier* angeht, so können insoweit die spezifischen Orderpapierwirkungen, insbesondere der Einwendungsausschluss gemäß § 364 Abs. 2 HGB, auch dann nicht eingreifen, wenn das Fehlen der Kaufmannseigenschaft unerkennbar war. Denn anderenfalls verstieße man gegen den zwingenden Schutzcharakter des Erfordernisses der Kaufmannseigenschaft; daher liegt insoweit eine „Zurechenbarkeitseinwendung" vor, die auch gegenüber dem gutgläubigen Erwerber des Papiers durchschlägt (vgl. unten § 364 Rdn. 49). Allerdings werden

---

[11] **A.A.** *Düringer/Hachenburg/Breit* § 363 Anm. 11; MünchKomm.-*Hefermehl* § 363 Rdn. 8 (wenngleich ohne Erörterung der im Text vor- genommenen Differenzierung und daher nicht ganz eindeutig).

Einwendungen, von denen der Nichtkaufmann bei der Begebung des Papiers positive Kenntnis hatte, in Analogie zu § 405 BGB und auf Grund des allgemeinen Prinzips der Einstandspflicht für die wissentliche Schaffung eines Rechtsscheins präkludiert.[12] Darüber hinaus kann u. U. auch ein rechtsgeschäftlicher Einwendungsverzicht vorliegen,[13] doch kommt dieser nur in seltenen Ausnahmefällen in Betracht und darf insbesondere keinesfalls schon allein aus der Orderklausel gefolgert werden, weil anderenfalls der mit dem Kaufmannserfordernis angestrebte Schutzzweck unterlaufen würde.

Hinsichtlich der *sonstigen Wirkungen eines Orderpapiers* wird man dagegen die Möglichkeit eines Schutzes des guten Glaubens an die Orderpapiereigenschaft grundsätzlich bejahen können, sofern das Papier den äußeren Anschein eines kaufmännischen Orderpapiers erweckt.[14] Daher ist z. B. ein gutgläubiger Erwerb des Papiers und der in ihm verbrieften Forderung nach § 365 HGB i. V. m. Art. 16 Abs. 2 WG möglich. Auch die Legitimationsfunktion nach § 365 HGB i. V. m. Art. 16 Abs. 1 WG kommt dem Inhaber des Papiers zugute, sofern er es im guten Glauben an die Orderpapiereigenschaft erworben hat. Folgerichtig greift bei einer Leistung des Verpflichteten an den Papierinhaber die Liberationswirkung gemäß § 365 HGB i. V. m. Art. 40 Abs. 3 WG ein, weil und sofern er den Papierinhaber als Berechtigten ansehen durfte und weil anderenfalls das zum Schutze des Verpflichteten aufgestellte Erfordernis der Kaufmannseigenschaft insoweit zu seinem Nachteil ausschlagen würde; zum gleichen Ergebnis müsste im Übrigen auch eine Analogie zu § 808 BGB führen (vgl. unten Rdn. 93 a. E.). Die uneingeschränkte Ablehnung der spezifischen Wirkungen eines Orderpapiers, wie sie demgegenüber von der h. L. vertreten wird, wird vom Zweck des Erfordernisses der Kaufmannseigenschaft, das lediglich einen nichtkaufmännischen Verpflichteten vor den besonderen Gefahren eines Orderpapiers schützen soll, in keiner Weise gedeckt. Auch dogmatisch sind keine durchschlagenden Bedenken dagegen ersichtlich, dass kraft guten Glaubens ein Orderpapier entsteht. Denn das ist nicht erstaunlicher als z. B. die allgemein anerkannte Möglichkeit, dass sich ein formnichtiger Wechsel durch gutgläubigen Erwerb in einen wirksamen Blankowechsel verwandeln kann.

13   **b) Der Gegenstand der Anweisung und des Verpflichtungsscheins.** Als Gegenstand der Anweisung und des Verpflichtungsscheins lässt § 363 I HGB nur **Geld, Wertpapiere und andere vertretbare Sachen** zu. In dem Erfordernis der Vertretbarkeit, das sich nach Wortlaut und Zusammenhang auch auf die Wertpapiere bezieht, liegt eine nicht unerhebliche inhaltliche Begrenzung der Möglichkeit zur Schaffung von Orderpapieren. Sie dürfte sich daraus erklären, dass der Gesetzgeber nur insoweit ein wirtschaftliches Bedürfnis für eine Erleichterung des „Umlaufs" sah.[15]

14   Eine verbreitete, früher vorherrschende Ansicht geht darüber noch hinaus und fordert für § 363 I HGB – und übrigens auch für § 783 BGB –, dass es sich um eine **Gattungsschuld** handeln müsse.[16] Das RG hat im Ergebnis ebenso entschieden und

---

[12] Vgl. *Canaris* Die Vertrauenshaftung S. 99 f gegen RGZ 71, 30, 31.

[13] Vgl. auch RGZ aaO S. 32 sowie unten Rdn. 90.

[14] **A. A.** *Düringer/Hachenburg/Breit* § 363 Anm. 11 a. E.

[15] Vgl. Prot. zum ADHGB, 1858, S. 1326 und S. 4568.

[16] Vgl. *Düringer/Hachenburg/Breit* Vorbem. vor § 363 Anm. 22 und 24; *von Godin* 2. Aufl. Anm. 1 b; *Ulmer* Wertpapierrecht S. 25 Fn. 20 und S. 130 Fn. 2; *Heck* Schuldrecht S. 393; Münch-Komm.-*Hefermehl* § 363 Rdn. 10.

dabei sogar die unrichtige Behauptung aufgestellt, eine Anweisung auf eine „besondere" bzw. eine „bestimmte" Ware könne keine Anweisung auf „vertretbare" Sachen darstellen.[17]

Dem ist nicht zu folgen.[18] Die Gegenansicht steht schon mit dem Wortlaut des Gesetzes in Widerspruch, weil Vertretbarkeit und Gattungsschuld bekanntlich nicht identisch sind (vgl. auch § 360 Rdn. 2). Auch die Entstehungsgeschichte spricht gegen diese Ansicht; denn in Art. 301 des ADHGB, der den Vorgänger von § 363 HGB darstellt, kam das Erfordernis einer Gattungsschuld noch durch die Wendung „eine Quantität vertretbarer Sachen" deutlich zum Ausdruck, und gerade in diesem Punkt ist die Formulierung des Gesetzes geändert worden. Schließlich und vor allem ist die Gegenansicht auch unter objektiv-teleologischen Gesichtspunkten unhaltbar. Es ist nämlich kein Grund dafür ersichtlich, nicht auch **Orderpapiere über Speziesschulden** zuzulassen. Denn für diese besteht durchaus ein ähnliches Bedürfnis nach der Möglichkeit einer Verbriefung des Anspruchs wie für Gattungsschulden. Das zeigt sich nicht zuletzt an der höchst unerfreulichen Konsequenz der Gegenansicht, dass der Käufer einer der Gattung nach bestimmten Ware über diese keine Anweisung und keinen kaufmännischen Verpflichtungsschein mehr ausstellen kann, sobald die Konkretisierung stattgefunden hat oder die Ware gar an ihn übereignet worden ist. Wie wenig sachgerecht die Gegenansicht ist, wird im Übrigen auch daran deutlich, dass sie mit allerlei dogmatischen Verrenkungen wie z. B. der Konstruktion eines Vertrages zugunsten Dritter oder eines rechtsgeschäftlichen Einwendungsverzichts zugunsten Dritter doch noch zu ähnlichen Ergebnissen zu kommen sucht wie mit Hilfe eines echten Orderpapiers (vgl. näher unten Rdn. 89 ff).

Insgesamt ist somit nicht ersichtlich, inwiefern sich aus dem „Sinn" des Gesetzes, auf den die Gegenansicht sich in völlig unsubstantiierter Weise beruft,[19] eine Einschränkung auf Gattungsschulden ergibt. Man sollte es daher beim Wortlaut des Gesetzes bewenden lassen und auch bei Speziesschulden Orderpapiere anerkennen, sofern es sich um vertretbare Sachen handelt. Das gilt um so mehr, als die inhaltliche Beschränkung der Möglichkeit zur Schaffung von Orderpapieren und der darin liegende Typenzwang rechtspolitisch ohnehin fragwürdig sind; die Engherzigkeit, die das Gesetz in dieser Hinsicht zeigt und die in einem unerfreulichen Gegensatz zur generalklauselartigen Weite der entsprechenden Regelung für Inhaberpapiere in § 793 BGB steht, sollte man nicht noch durch eine einschränkende, vom Wortlaut nicht gedeckte Auslegung verschärfen.

Beim **Fehlen der Vertretbarkeit** kommt ein Schutz des guten Glaubens an das **15** Vorliegen eines Orderpapiers, wie er oben Rdn. 12 für das Fehlen der Kaufmannseigenschaft unter bestimmten Voraussetzungen befürwortet wird, nicht in Betracht, da sich der Mangel hier zwangsläufig aus der Urkunde ergibt und also eine nichtausschlussfähige Einwendung gegeben ist. Auch eine bürgerlichrechtliche Anweisung i. S. der §§ 783 ff BGB liegt nicht vor, da das Gesetz auch für diese Vertretbarkeit fordert. Jedoch kommt in weitem Umfang eine **Analogie zu den §§ 783 ff BGB** in Betracht. Diese Vorschriften stellen nämlich im Wesentlichen nur eine gesetzliche Konkretisierung des mutmaßlichen Parteiwillens dar und passen daher grundsätzlich auch für andere Fälle von Anweisungen.[20] Insbesondere ist die Regelung von § 784

[17] Vgl. RGZ 101, 297, 299; RG JW 1923, 500, 501; 1931, 3079, 3080.

[18] Zustimmend *Heymann/Horn* § 363 Rdn. 8; für § 783 BGB auch *Staudinger/Marburger,* 13. Be-

arbeitung 1997, § 783 Rdn. 9; MünchKomm.-*Hüffer*[3] § 783 Rdn. 22.

[19] Vgl. *Heck, Ulmer* und *Hefermehl* aaO.

[20] Vgl. grundlegend *Ulmer* AcP 126, 130 ff.

Claus-Wilhelm Canaris

Abs. 1 BGB über die Verpflichtungswirkung der Annahme entgegen der wohl noch immer vorherrschenden Ansicht[21] entsprechend anzuwenden.[22] Denn § 784 Abs. 1 BGB enthält nicht einen spezifisch wertpapierrechtlichen Einwendungsausschluss, sondern spricht lediglich die blanke Selbstverständlichkeit aus, dass man eine Verpflichtung gegenüber seinem Vertragspartner grundsätzlich nicht durch eine Einwendung aus einem Rechtsverhältnis mit einem Dritten zu Fall bringen kann.[23] Auch wurde das Erfordernis der Vertretbarkeit in § 783 BGB nur deshalb aufgenommen, weil man die mit einer abstrakten Verpflichtung verbundenen Gefahren für die „geschäftsunge-wandten Volkskreise" möglichst gering halten und die Zulässigkeit der Anweisung daher von einem „unabweisbaren Bedürfnis" abhängig machen wollte;[24] dieser Schutzzweck passt aber hier, wo es um die Verpflichtung von Kaufleuten geht, gerade nicht. Demgegenüber dürfte das Schriftformerfordernis von § 784 Abs. 2 und § 792 Abs. 1 BGB in der Tat unanwendbar sein, da es sich nur aus einem etwaigen Umlauf-zweck erklären lässt und dieser bei nicht-vertretbaren Sachen nach der in §§ 783 BGB, 363 Abs. 1 HGB zum Ausdruck kommenden Wertung entfällt. Annahme und Über-tragung der Anweisung bedürfen daher hier nicht der Schriftform.[25]

Bei einem kaufmännischen **Verpflichtungsschein über nicht-vertretbare Sachen** wird man in aller Regel ein abstraktes Schuldversprechen i.S. von § 780 BGB an-nehmen können, da das BGB insoweit keine Begrenzung auf die Leistung vertretbarer Sachen enthält.

16   Eine Anweisung oder einen Verpflichtungsschein über nicht-vertretbare Sachen als **Rektapapier** zu qualifizieren, ist grundsätzlich ohne weiteres möglich, da insoweit ein numerus clausus nicht besteht. Das hat vor allem zur Folge, dass der Schuldner ent-gegen § 407 BGB nur an den legitimierten Inhaber des Papiers mit befreiender Wir-kung leisten kann (vgl. unten Rdn. 26). Freilich ist hier besonders sorgfältig zu prüfen, ob wirklich ein echtes Wertpapier oder nicht vielmehr nur ein Bestätigungsschreiben, eine Quittung oder dgl. vorliegt (vgl. unten Rdn. 23).

17   c) **Die Unabhängigkeit von einer Gegenleistung.** § 363 Abs. 1 HGB fordert weiterhin die Unabhängigkeit der Leistung von einer Gegenleistung. Das steht im Gegensatz sowohl zu §§ 780, 783 BGB als auch zu § 793 BGB, mit denen derartige Einschränkungen der Leistungspflicht ohne weiteres vereinbar sind. Der **Sinn dieser Einschränkung** für die Zulassung von Orderpapieren ist einigermaßen dunkel. Offenbar spielten der Gedanke an die Nähe zum Wechsel, die Vorstellung der Abstraktheit des Orderpapiers und die Sorge vor praktischen Schwierigkeiten eine Rolle.[26] Sachlich berechtigt erscheint diese Voraussetzung nicht. Insbesondere ist es praktisch unerfreulich, dass der Verkäufer einer unbezahlten Ware vor der Alternative steht, entweder seine Leistungspflicht nicht in einem Orderpapier verbriefen zu können oder das Risiko einer Leistung ohne Erhalt der Gegenleistung eingehen zu müssen. Dass der Verpflichtete die Einrede des nichterfüllten Vertrages erheben könnte und diese als inhaltliche typusbezogene Einwendung wohl auch gegenüber Dritten durchschlüge (vgl. dazu allgemein unten § 364 Rdn. 43), stellt keine hinreichende

---

[21] Vgl. RG JW 1923, 500, 501; *Düringer/Hachen-burg/Breit* Vorbem. vor § 363 Anm. 24; *Heynen* S. 57 f; MünchKomm.-*Hefermehl* § 363 Rdn. 10; MünchKomm.-*Hüffer*³ § 783 Rdn. 23.

[22] Zustimmend *Staudinger/Marburger* 13. Bearbei-tung 1997, § 783 Rdn. 9.

[23] Vgl. näher *Hueck/Canaris* § 4 V 2 a.E.

[24] Vgl. Prot. II S. 381.

[25] Ebenso z.B. RG JW 1923, 500, 501; Münch-Komm.-*Hefermehl* § 363 Rdn. 10; **a.A.** *Heynen* S. 63.

[26] Vgl. Prot. zum ADHGB, 1857, S. 560 f zum ent-sprechenden Erfordernis in Art. 301 ADHGB.

Legitimation dafür dar, einer solchen Urkunde generell den Charakter als Orderpapier vorzuenthalten;[27] zwar handelt es sich dabei um einen außerhalb der Urkunde liegenden Umstand, der deren Verkehrsfähigkeit beeinträchtigen kann, doch weiß der Erwerber um dieses Risiko, und außerdem hat der Gesetzgeber es auch für Umstände anderer Art in Kauf genommen, da die kaufmännischen Orderpapiere – anders als Wechsel und Scheck – nicht bedingungsfeindlich sind. Diese Kritik ändert freilich nichts daran, dass die Regelung de lege lata als verbindlich hinzunehmen ist.

Allerdings erscheint insoweit eine möglichst **restriktive Auslegung** der Vorschrift **18** geboten – entsprechend der gesunden methodologischen Maxime, dass die Reichweite rechtspolitisch verfehlter oder uneinsichtiger Regelungen tunlichst in Grenzen zu halten ist. Nur die Abhängigkeit von einer echten Gegenleistung im Sinne eines Äquivalents ist daher unzulässig. Dagegen schadet die **Abhängigkeit von anderen Leistungen** wie z.B. der Vorlegung von Dokumenten, dem Ersatz von Aufwendungen oder der Zahlung von Lagergeld nicht.[28] Eine Gegenleistung liegt auch nicht vor, wenn die Auszahlung der Darlehensvaluta von der Aushändigung des Hypothekenbriefs abhängig gemacht wird;[29] denn diese hat nicht den Charakter eines Äquivalents.

Auch **sonstige Bedingungen** sind zulässig, sofern sie nur nicht gerade in der **19** Erbringung der Gegenleistung bestehen.[30] Insbesondere ist auch eine **Verknüpfung mit dem Kausalverhältnis** nicht verboten. Die kaufmännische Anweisung und der kaufmännische Verpflichtungsschein sind daher zwar grundsätzlich abstrakt, doch gilt diese Abstraktheit – anders als bei Wechsel und Scheck – nicht zwingend. Ob eine Abhängigkeit vom Kausalverhältnis vorliegt oder nicht, ist eine Frage der Auslegung. Der bloße Zusatz, dass die im Papier versprochene Leistung aus einem bestimmten Vertrag geschuldet werde, wird für sich allein i.d.R. noch nicht ohne weiteres zu einer Durchbrechung der Abstraktheit führen.[31] Ist die Abstraktheit durchbrochen, so kommt insoweit der Einwendungsausschluss gemäß § 364 Abs. 2 HGB nicht zum Zuge, da dann eine inhaltliche Einwendung vorliegt (vgl. unten § 364 Rdn. 44); an der Anwendbarkeit der sonstigen in §§ 364 f HGB enthaltenen Bestimmungen und am Orderpapiercharakter der Urkunde ändert sich dagegen nichts (vgl. näher unten Rdn. 46 Abs. 2 und 74 Abs. 2).

Ein **Verstoß gegen das Unabhängigkeitserfordernis** macht die Anweisung und **20** den Verpflichtungsschein nicht nichtig, doch liegt dann **kein Orderpapier** vor, so dass dessen spezifische Wirkungen grundsätzlich nicht eintreten (vgl. aber auch unten Rdn. 87 ff). Ein Schutz des guten Glaubens an die Orderpapiereigenschaft kommt nicht in Betracht, weil der Mangel aus dem Papier ersichtlich ist und also eine nichtausschlussfähige inhaltliche Einwendung gegeben ist. Vielmehr ist in derartigen Fällen regelmäßig eine bürgerlichrechtliche Anweisung i.S. von §§ 783 ff BGB bzw. ein Schuldversprechen i.S. von § 780 BGB anzunehmen, weil diese die Abhängigkeit des Leistungsversprechens von der Erbringung einer Gegenleistung nicht verbieten. Für die Frage, ob ein Rektapapier gegeben ist und ob demgemäß wenigstens die allgemeinen wertpapierrechtlichen Wirkungen eintreten, gelten die Ausführungen oben Rdn. 16 entsprechend.

---

[27] So aber *Röhricht/Graf von Westphalen/Wagner* § 363 Rdn. 14 a.E.

[28] Das ist ganz h.L., vgl. z.B. MünchKomm.-*Hefermehl* § 363 Rdn. 11; *Ebenroth/Boujong/Joost/Hakenberg* § 363 Rdn. 8.

[29] A. A. RGZ 119, 119, 122.

[30] Vgl. auch Prot. zum ADHGB S. 561, wo sogar eine solche Bedingung für möglich gehalten wird.

[31] Vgl. auch *Düringer/Hachenburg/Breit* § 363 Anm. 17.

Claus-Wilhelm Canaris

21   **d) Die allgemeinen wertpapierrechtlichen Voraussetzungen.** Zu den besonderen Erfordernissen von § 363 Abs. 1 HGB müssen die allgemeinen Voraussetzungen hinzukommen, von denen generell die Entstehung eines Wertpapiers abhängt. Daher ist für die Schaffung der Anweisung und des Verpflichtungsscheins **Schriftform** erforderlich. Denn alle Wertpapiere und zumal alle Orderpapiere bedürfen der Schriftform. Auch im Wortlaut von § 363 Abs. 1 HGB klingt dieses Erfordernis an, indem das Gesetz von der „Ausstellung" des Papiers spricht. Darüber hinaus bedarf auch die Annahme der Anweisung der Schriftform, wie sich aus § 784 Abs. 2 BGB ergibt; eine mündliche Annahme kann allerdings gemäß §§ 780 BGB, 350 HGB gleichwohl eine wirksame Verpflichtung begründen, doch entfallen dann gegenüber dem Annehmer die spezifischen Wirkungen eines Orderpapiers wie vor allem der Einwendungsausschluss gemäß § 364 Abs. 2 HGB. Ob das Schriftformerfordernis gewahrt ist, bestimmt sich grundsätzlich nach § 126 BGB. Danach genügt ein Faksimile als Unterschrift nicht;[32] § 793 Abs. 2 Satz 2 BGB ist jedoch analog anwendbar, soweit die Papiere zur massenhaften Emission bestimmt sind, wie das früher vor allem bei Industrieobligationen in Form von Orderschuldverschreibungen der Fall war.[33]

22   Zu einem Orderpapier werden die kaufmännische Anweisung und der kaufmännische Verpflichtungsschein erst durch die **Orderklausel.** Anders als bei den „geborenen" Orderpapieren wie Wechsel und Scheck hat diese hier also konstitutive Bedeutung, weshalb man auch von „gekorenen" Orderpapieren spricht. Ohne die Orderklausel ist das Papier ein bloßes Rektapapier, so dass nur die §§ 783 ff BGB bzw. § 780 BGB und die ergänzenden allgemeinen wertpapierrechtlichen und bürgerlichrechtlichen Grundsätze Anwendung finden (vgl. zu diesen unten Rdn. 25 ff und 87 ff). Die Worte „an Order" brauchen jedoch nicht ausdrücklich verwendet zu werden. Es genügt vielmehr jede Formulierung, aus der erkennbar ist, dass die Leistung an jeden durch Indossament ausgewiesenen Inhaber erfolgen soll.[34] Auch die Stellung an die eigene Order ist analog Art. 3 Abs. 1 WG möglich.[35]

23   Die Orderklausel genügt für sich allein nicht ohne weiteres zur Schaffung eines Orderpapiers. Denn sie kann ihre spezifische Wirkung nur entfalten, sofern überhaupt die **Wertpapiereigenschaft** gegeben ist – und das ist eine logisch vorrangige Frage. Hinzukommen muss daher der erkennbare **Wille zur Verbriefung des Rechts.** Die Geltendmachung des Rechts muss also von der Innehabung der Urkunde abhängig gemacht werden, da das Begriff und Wesen des Wertpapiers ausmacht.[36] Die Funktion des Papiers muss folglich darin liegen, dass die Leistung nur an dessen legitimierten Inhaber mit befreiender Wirkung erbracht werden können soll. Das aber kann man aus der bloßen Orderklausel allein nicht immer ohne weiteres schließen. Denn diese wird im Geschäftsleben nicht selten nur dazu verwendet, um die Möglichkeit einer Abtretung zum Ausdruck zu bringen; sie kann sogar zu einer bedeutungslosen Floskel herabsinken.[37] Das gilt auch dann, wenn die sonstigen Voraussetzungen von § 363 Abs. 1 HGB ausnahmslos erfüllt sind.

Anders als bei streng formalisierten Papieren wie Wechsel und Scheck ist daher stets im Wege der **Auslegung** zu ermitteln, ob wirklich eine Verbriefung i.S. des Wert-

---

[32] Vgl. RGZ 74, 339, 340 f.

[33] Vgl. auch *Düringer/Hachenburg/Breit* Anm. 23; MünchKomm.-*Hefermehl* Rdn. 30; zweifelnd *Neumann* BB 1957, 445.

[34] Vgl. *Ulmer* S. 24 f; MünchKomm.-*Hefermehl* § 363 Rdn. 12.

[35] Vgl. RG SeuffArch. 84 Nr. 30; JW 1930, 1376; MünchKomm.-*Hefermehl* § 363 Rdn. 12; *Heymann/Horn* § 363 Rdn. 9; *Ebenroth/Boujong/Joost/Hakenberg* § 363 Rdn. 8.

[36] Vgl. nur *Hueck/Canaris* § 1 I.

[37] Vgl. z.B. RGZ 119, 119, 124.

papierrechts gewollt ist. So kann z.B. trotz Vorliegens einer Orderklausel lediglich ein Bestätigungsschreiben gegeben sein.[38] Ebenso wenig schließt die Orderklausel aus, dass in Wahrheit nur eine Quittung oder eine sonstige bloße Beweisurkunde gewollt ist wie z.B. bei einem Depotschein.[39] Fehlt es gar an der Orderklausel und enthält das Papier statt dessen lediglich einen Übertragungsvermerk des namentlich benannten Gläubigers, in dem der Name des Erwerbers offen gelassen ist, so liegt in aller Regel kein Orderpapier vor.[40]

Andererseits darf man aber auch nicht so weit gehen, stets etwa einen ausdrücklichen Vermerk des Inhalts zu fordern, dass der Schuldner „nur gegen Aushändigung der Urkunde" leisten werde.[41] Vielmehr sind alle relevanten **Umstände des Falles** für die Auslegung heranzuziehen. Dabei bilden die Orderklausel und die Erfüllung der übrigen Tatbestandsvoraussetzungen von § 363 HGB selbstverständlich wesentliche Indizien für die Bejahung des Wertpapiercharakters der Urkunde. Daneben wird regelmäßig von erheblicher, oft sogar ausschlaggebender Bedeutung sein, ob das Papier erkennbar zum Umlauf geschaffen wurde oder nicht.[42]

2. Die Wirkungen von Orderanweisung und Orderverpflichtungsschein

Hinsichtlich der Wirkung von Orderanweisung und Orderverpflichtungsschein ist **24** zu unterscheiden zwischen solchen Rechtsfolgen, die schon allein auf Grund des Wertpapiercharakters der Urkunde eintreten, und solchen Rechtsfolgen, die eine spezifische Konsequenz gerade der Orderklausel sind. Diese Unterscheidung ist deswegen von großer praktischer Bedeutung, weil nur die letztgenannten Wirkungen vom Vorliegen der besonderen Voraussetzungen des § 363 Abs. 1 HGB abhängen, während erstere von den Parteien grundsätzlich frei vereinbart werden können. Denn sie kommen auch einem bloßen Rektapapier zu – und für Rektapapiere schuldrechtlichen Inhalts gilt anerkanntermaßen nicht das numerus-clausus-Prinzip. Fehlt also eine der besonderen Tatbestandsvoraussetzungen von § 363 Abs. 1 HGB, so liegt zwar kein technisches Orderpapier, aber grundsätzlich doch immerhin noch ein Rektapapier vor, da dieses insoweit ein bloßes minus darstellt; allerdings ist dann besonders sorgfältig zu prüfen, ob wirklich ein echtes Wertpapier gewollt war – und das kann beim Fehlen einer der Voraussetzungen von § 363 HGB eher zu verneinen sein als bei deren Vorliegen (vgl. soeben Rdn. 23).

Hinzu kommen **bürgerlichrechtliche Wirkungen**, da das Regelungsprogramm der §§ 363–365 HGB keineswegs vollständig ist, sondern in erheblichem Maße der Ergänzung durch den Rückgriff auf allgemeine Vorschriften bedarf. So verweist § 365 Abs. 1 HGB z.B. nicht auf die Artt. 21ff WG, so dass sich die **Verpflichtungswirkung der Annahme einer kaufmännischen Anweisung** nicht aus Art. 28 WG, sondern aus § 784 BGB ergibt. Ähnlich stützt sich der **Anspruch gegen den Aussteller eines kaufmännischen Verpflichtungsscheins** nicht auf die §§ 363–365 HGB oder auf Art. 78 WG, sondern auf § 780 BGB.

a) Die allgemein-wertpapierrechtlichen Wirkungen. Konstitutives Merkmal **25** eines Wertpapiers ist, dass zur Geltendmachung des Rechts die Innehabung der Urkunde erforderlich ist.[43] Daher ist der Schuldner bei allen Wertpapieren nur gegen

---

[38] Vgl. RGZ 119, 119, 121, wo diese Annahme freilich i.E. wenig überzeugt.
[39] Vgl. RGZ 118, 34, 38, wo allerdings die Bezeichnung des Papiers als „Sperrschein" für die Bejahung seines Wertpapiercharakters sprach.
[40] Vgl. RGZ 117, 143, 146.
[41] Vgl. auch RGZ 78, 149, 152f; zu rigoros RGZ 119, 119, 124.
[42] Vgl. auch RGZ 78, 152 f; 119, 125.
[43] Vgl. nur *Hueck/Canaris* § 1 I.

Claus-Wilhelm Canaris

Vorlage und Aushändigung der Urkunde zur Leistung verpflichtet. Denn wenn überhaupt die Schaffung eines Wertpapiers gewollt war, so ist das Aushändigungs-erfordernis als Mindestinhalt zwangsläufig vereinbart. Auch eine **Quittung** kann der Schuldner stets verlangen. Beides ergibt sich im Übrigen auch schon aus einem argumentum a fortiori aus § 371 S. 1 BGB. § 364 Abs. 3 HGB hat daher entgegen manchem Missverständnis nichts mit den Besonderheiten eines Orderpapiers zu tun (vgl. auch unten § 364 Rdn. 63).

26   Eine allgemein-wertpapierrechtliche Wirkung ist weiterhin die **Ausschaltung von § 407 BGB**.[44] Der Schuldner wird daher nicht durch eine Leistung an den früheren Gläubiger frei, es sei denn, dieser ist (wieder) formell legitimierter Inhaber des Papiers. Das gilt für jedes Wertpapier, also auch für ein bloßes Rektapapier.[45] Folglich tritt diese Wirkung grundsätzlich auch beim Fehlen der Voraussetzungen von § 363 HGB ein, sofern nur überhaupt ein Wertpapier gewollt war. Irgendwelcher besonderer Hilfs-konstruktionen wie eines vertraglichen Ausschlusses von § 407 BGB bedarf es dazu nicht.[46] Vielmehr folgt die Unanwendbarkeit von § 407 BGB schon aus dem Wert-papiercharakter als solchem.

27   Zweifelhaft ist, ob auch die Möglichkeit und **Notwendigkeit eines Aufgebots-verfahrens** eine allgemein-wertpapierrechtliche Wirkung darstellt oder den echten Orderpapieren und den Inhaberpapieren vorbehalten ist. Für die letztere Lösung spricht die systematische Stellung von § 365 Abs. 2 HGB, der ersichtlich nur für Orderpapiere gedacht ist. Indessen war bei der Schaffung der Vorschrift die Lehre vom Wertpapier noch nicht so weit durchgearbeitet, dass man zwischen allgemein wertpapierrechtlichen und spezifisch orderpapierrechtlichen Wirkungen klar unter-scheiden konnte – wie ja auch § 364 Abs. 3 HGB keineswegs nur für echte Order-papiere gilt. Außerdem zeigt § 808 Abs. 2 Satz 2 BGB, dass das Gesetz auch bei Rek-tapapieren ein Aufgebotsverfahren kennt. Seine Zulassung im Wege der Analogie erscheint daher entgegen der früher vorherrschenden Ansicht[47] grundsätzlich mög-lich.[48]

In der Tat besteht hierfür ein dringendes sachliches Bedürfnis. Denn ohne die Mög-lichkeit eines Aufgebots stünde man vor nahezu unlösbaren Problemen, wenn der frühere Inhaber das Recht ohne Vorlegung des Papiers geltend macht und dabei dessen Verlust oder Vernichtung behauptet: Entweder müsste man ihm auf Dauer die Durch-setzung seines Rechts versagen; oder man müsste den Schuldner der Gefahr einer Doppelzahlung aussetzen, weil die Behauptung des Gläubigers unrichtig sein kann und er vielleicht in Wahrheit das Recht auf einen anderen übertragen und diesem die Urkunde ausgehändigt hat; oder man müsste insoweit die Ausschaltung von § 407 BGB rückgängig machen und damit dem Erwerber des Papiers den Schutz, den dieses ihm bietet, nehmen (wodurch das Papier auf die Stufe eines bloßen Schuldscheins herabsänke). Aus diesem Trilemma bietet nur die Zulassung eines Aufgebots einen angemessenen Ausweg. Ein öffentlich beglaubigtes Anerkenntnis über das Erlöschen der Schuld, wie es in § 371 S. 2 BGB vorgesehen ist, wäre unzureichend, weil es den

---

[44] Vgl. z.B. *Raiser* ZHR 101, 36 f; *Hueck/Canaris* § 1 II 2 b bb und 3 b; *Zöllner* § 3 IV 2; einschrän-kend *Ulmer* S. 100 f.

[45] Vgl. die Nachw. in der vorigen Fn.

[46] Vgl. aber RGZ 78, 149, 153 f; 119, 119, 123 f.

[47] Vgl. *Jacobi* Ehrenbergs Handbuch IV 1 S. 437 f; *Raiser* ZHR 101, 47 f; *Abraham* Der Lagerschein S. 119; *von Godin* 2. Aufl. § 365 Anm. 13 a.E.

[48] Zustimmend *Zöllner* § 7 II 1 vor a; *Baumbach/Hefermehl* WPR Rdn. 12; *Koller* unten § 424 Rdn. 2 und Transportrecht § 448 Rdn. 3; *Kümpel* WM 1981 Sonderbeilage Nr. 1 S. 9 f; wie hier i.E. ferner schon *Ulmer* S. 100.

Schuldner nicht vor der Gefahr einer erneuten Inanspruchnahme durch einen etwaigen wahren Berechtigten schützt; und eine Sicherheitsleistung, wie sie z. B. von § 654 Abs. 4 Satz 2 HGB für das Rektakonnossement angeordnet wird, könnte allenfalls eine zeitweilige Lösung darstellen und wäre außerdem bei reinen Geldforderungen in aller Regel wirtschaftlich gesehen für den Gläubiger ziemlich sinnlos.[49] § 365 Abs. 2 HGB ist daher analog anzuwenden – und zwar sowohl dann, wenn wegen Fehlens einer Voraussetzung von § 363 HGB ein echtes Orderpapier nicht entstehen konnte, als auch dann, wenn ein solches von vornherein nicht gewollt war wie z. B. beim Rektalagerschein, Rektaladeschein und Rektakonnossement.

b) Die spezifisch orderpapierrechtlichen Wirkungen. Zu den spezifisch order- **28** papierrechtlichen Wirkungen gehört zunächst die **Legitimationsfunktion des Indossaments** zugunsten des Gläubigers gemäß § 365 HGB i.V. m. Art. 16 Abs. 1 WG. Diese entfällt beim Fehlen der Voraussetzungen von § 363 HGB. Denn sie kommt einem bloßen Rektapapier nicht zu, da bei diesem nicht das Recht aus dem Papier dem Recht am Papier, sondern gemäß § 952 BGB genau umgekehrt das Recht am Papier dem Recht aus dem Papier folgt. Daher greift auch nicht etwa die – mit der Legitimationsfunktion eng verwandte – Vermutungswirkung des § 1006 BGB ein.[50]

Spezifisch orderpapierrechtlich sind weiterhin die **Möglichkeit gutgläubigen** **29** **Erwerbs** gemäß § 365 HGB i.V. m. Art. 16 Abs. 2 WG sowie der **Einwendungsausschluss** gemäß § 364 Abs. 2 HGB; letzterer lässt sich allerdings teilweise auch mit Hilfe einer Analogie zu § 405 BGB sowie in seltenen Ausnahmefällen durch einen rechtsgeschäftlichen Einwendungsverzicht erreichen (vgl. unten Rdn. 89 f). Mit § 364 Abs. 2 und § 365 HGB steht in engem Zusammenhang die so genannte **Traditionswirkung** gemäß §§ 448, 475g, 650 HGB (vgl. oben Rdn. 4 und unten Rdn. 158). Auch die **Befreiungswirkung** gemäß § 365 HGB i.V. m. Art. 40 Abs. 3 WG stellt ein Spezifikum der Orderpapiereigenschaft dar, da bei einem Rektapapier der Schuldner bei Zahlung an einen Nichtberechtigten grundsätzlich – d. h. abgesehen von der Sonderregelung des § 808 BGB – nicht geschützt wird.

Teilweise lassen sich allerdings dieselben Wirkungen wie durch ein echtes Orderpapier auch mit Hilfe allgemein wertpapierrechtlicher oder gar rein bürgerlichrechtlicher Mittel erreichen, vgl. näher unten Rdn. 87 ff.

3. Die wichtigsten praktischen Anwendungsfälle von § 363 Abs. 1 HGB

a) Auf die Zahlung von Geld gerichtete kaufmännische Orderpapiere. Auf **30** die Zahlung von Geld gerichtete kaufmännische Orderanweisungen spielen keine nennenswerte praktische Rolle. Auf die Zahlung von Geld gerichtete kaufmännische Orderverpflichtungsscheine wurden früher häufig für die **Emission von Schuldverschreibungen der Industrie** gewählt, weil derartige Orderschuldverschreibungen im Gegensatz zu Inhaberschuldverschreibungen nicht dem Genehmigungserfordernis von § 795 a. F. BGB unterlagen. Dabei wurden die Schuldverschreibungen an die Order der emittierenden Bank gestellt, die sie ihrerseits mit einem Blankoindossament versah und so praktisch einem Inhaberpapier nahezu völlig annäherte. Schon seit durch die Einführung von § 808a a. F. BGB das Genehmigungserfordernis auf Orderschuldverschreibungen ausgedehnt worden war, hat deren praktische Bedeutung stark abgenommen. Diese ist vollends geschwunden, seit durch das Gesetz zur Verein-

---

[49] Vgl. auch *Raiser* ZHR 101, 49 f gegen *Jacobi* aaO S. 438 f. [50] Vgl. z. B. BGH WM 1972, 701 für das Sparbuch.

fachung der Ausgabe von Schuldverschreibungen vom 17.12.1990 (BGBl. I S. 2839) das Genehmigungserfordernis der §§ 795, 808a a.F. BGB aufgehoben worden ist.

31   **Orderschuldverschreibungen eines Nichtkaufmanns** lässt das Gesetz nicht zu. Werden sie gleichwohl ausgestellt, so haben sie grundsätzlich nicht die spezifischen Wirkungen eines Orderpapiers, sondern sind i.d.R. als **Rektapapiere in der Form abstrakter Schuldversprechen gemäß § 780 BGB** zu qualifizieren (vgl. näher oben Rdn. 11). Der Grund für diese Beschränkung der Orderpapiere auf kaufmännische Aussteller liegt in ihrer besonderen Gefährlichkeit. Bei Wechsel und Scheck ist diese weithin bekannt und außerdem durch die strengen Formvorschriften gemildert. Über die weittragende Bedeutung der auf ein anderes Papier gesetzten Orderklausel kann sich ein Nichtkaufmann viel eher täuschen. Auch eine Inhaberschuldverschreibung, deren Ausgabe nicht den Kaufleuten vorbehalten ist, hat eine stärkere Warnfunktion als die Orderklausel (vgl. oben Rdn. 2).

32   **b) Die Umdeutung formnichtiger Wechsel und Schecks.** Praktische Bedeutung kommt den §§ 363 ff HGB für Wertpapiere, die auf die Zahlung von Geld gerichtet sind, vor allem durch die Möglichkeit zu, einen formnichtigen Wechsel oder Scheck in eine kaufmännische Anweisung oder einen kaufmännischen Verpflichtungsschein umzudeuten. Prinzipielle Bedenken hiergegen könnten sich allenfalls daraus ergeben, dass diese lediglich gekorene Orderpapiere darstellen und daher einer **Orderklausel** bedürfen. Indessen wird diese, sofern sie nicht im Einzelfall ohnehin vorliegt, grundsätzlich durch die Wechsel- bzw. Scheckklausel ersetzt. Teleologisch ist das deshalb gerechtfertigt, weil die Warnfunktion einer solchen Klausel mindestens ebenso stark und von der gleichen Art ist wie die Warnfunktion einer Orderklausel; dogmatisch legitimiert sich diese Sichtweise aus § 140 BGB, indem die Wechsel- bzw. Scheckklausel in eine Orderklausel umgedeutet und so die Grundlage dafür geschaffen wird, anschließend den gesamten – nichtigen – Wechsel oder Scheck in ein kaufmännisches Orderpapier umzudeuten.

Beruht die Nichtigkeit allerdings gerade darauf, dass die Wechsel- oder Scheckklausel fehlt und enthält das Papier auch keine Orderklausel, scheidet folgerichtig eine Umdeutung in ein kaufmännisches Orderpapier aus. Beschränkt sich der Fehler freilich darauf, dass sich die Wechsel- oder Scheckklausel nicht im Text, sondern lediglich in der Überschrift befindet – was den Wechsel bzw. Scheck formnichtig macht –, so dürfte das einer Umdeutung nicht entgegenstehen;[51] denn dann ist immerhin eine Klausel vorhanden, die der Orderklausel äquivalent ist, und eine Bestimmung, wonach diese im Text der Urkunde stehen muss, enthält § 363 Abs. 1 HGB nicht, mag eine solche Stellung auch in aller Regel eine praktische Selbstverständlichkeit sein. Dabei handelt es sich indessen um ein Randproblem, das nichts daran ändert, dass grundsätzlich der Weg für die Umdeutung eines formnichtigen Wechsels oder Schecks in ein kaufmännisches Orderpapier offen steht.

33   Allerdings hat das RG für den **gezogenen Wechsel** die Umdeutung in eine kaufmännische Anweisung grundsätzlich abgelehnt.[52] Dem ist jedoch mit der h.L. zu widersprechen.[53] Dass die Anweisung ungebräuchlich ist oder dass die Umdeutung

---

[51] **A. A.** insoweit beiläufig noch *Hueck/Canaris* § 6 V 4 a.

[52] Vgl. RG JW 1930, 1376; 1935, 1778.

[53] Vgl. z.B. *Reinicke* DB 1960, 1028; *Liesecke* WM 1971, 297; *Krampe* Die Konversion des Rechts-geschäfts, 1980, S. 273 f; *Hueck/Canaris* § 6 V 4 a; *Zöllner* § 12 VI; *Baumbach/Hefermehl* Art. 2 WG Rdn. 9; MünchKomm.-*Hefermehl* § 363 Rdn. 17; *Heymann/Horn* § 363 Rdn. 10; *Ebenroth/Boujong/Joost/Hakenberg* § 363 Rdn. 9.

der Verkehrsanschauung widerspreche,[54] ist kein Einwand, weil es im Rahmen von § 140 BGB lediglich auf den hypothetischen Parteiwillen ankommt und sich eine Verkehrsanschauung hierzu in Wahrheit nicht gebildet hat. Die Umdeutung wird daher in der Regel, d. h. vorbehaltlich besonderer Umstände des Einzelfalles, zu bejahen sein. Selbstverständliche Voraussetzung ist dabei freilich, dass die objektiven Tatbestandsmerkmale einer Anweisung erfüllt sind. Daher ist insbesondere erforderlich, dass der Bezogene Kaufmann ist. Trifft das zu, so ist der Umdeutung in eine kaufmännische Anweisung grundsätzlich der Vorzug gegenüber einer Umdeutung in eine bürgerlich-rechtliche Anweisung zu geben. Denn die kaufmännische Anweisung steht dem Wechsel weit näher. Vor allem hat sie weitgehend dieselben Rechtsfolgen wie dieser, da sie gemäß §§ 364 f HGB durch Indossament übertragbar ist, gutgläubig erworben werden kann und dem spezifisch wertpapierrechtlichen Einwendungsausschluss unterliegt. Darüber hinaus bietet die Umdeutung in eine kaufmännische Anweisung auch hinsichtlich der Tatbestandsvoraussetzungen Vorteile; so kann z.B. ein an eigene Order gestellter Wechsel nicht in eine bürgerlich-rechtliche Anweisung umgedeutet werden, weil es an der Benennung eines Anweisungsempfängers fehlt,[55] wohl aber in eine kaufmännische Anweisung, weil diese als Orderpapier auch an die eigene Order des Anweisenden lauten kann (vgl. oben Rdn. 22 a.E.).

Auch die Umdeutung in eine kaufmännische Anweisung begründet allerdings für sich allein **keine Haftung des Ausstellers und der Indossanten,** da die §§ 363–365 HGB keine – der Regelung von Art. 9 WG, 12 ScheckG entsprechende – Vorschrift über die Haftung des Ausstellers enthalten und § 365 Abs. 1 HGB nicht auf Art.15 WG verweist, so dass das Indossament hier anders als bei Wechsel und Scheck keine Garantiefunktion hat. Auch andere Umdeutungsmöglichkeiten versagen insoweit nahezu völlig.[56] Dagegen bereitet die **Haftung des Akzeptanten** meist keine Schwierigkeiten. Gelingt die Umdeutung in eine Anweisung, haftet der Akzeptant nach den Regeln über die Annahme der Anweisung. Ist eine Umdeutung in eine Anweisung nicht möglich, kommt entgegen der Rechtsprechung[57] die Umdeutung des Akzepts für sich allein in ein Schuldversprechen nach § 780 BGB oder in einen kaufmännischen Verpflichtungsschein nach § 363 Abs. 1 HGB in Betracht;[58] denn die Haftung des Akzeptanten beruht – anders als die des Ausstellers und der Indossanten – nicht auf Gesetz,[59] sondern auf einer rechtsgeschäftlichen Verpflichtungserklärung des Akzeptanten und kann daher grundsätzlich in eine rechtsgeschäftliche Verpflichtung eines anderen Vertragstypus umgedeutet werden.

Ein formnichtiger **Eigenwechsel** kann in ein abstraktes Schuldversprechen gemäß **34** § 780 BGB oder, sofern der Aussteller Kaufmann ist, in einen kaufmännischen Verpflichtungsschein gemäß § 363 Abs. 1 S. 2 HGB umgedeutet werden. Das wird trotz ihrer sonstigen Zurückhaltung gegenüber der Umdeutung von Wechseln auch von der Rechtsprechung anerkannt.[60]

Ein formnichtiger **Scheck** kann in eine kaufmännische Anweisung umgedeutet **35** werden.[61] Die Kaufmannseigenschaft des Bezogenen ist hier stets gegeben, weil der Scheck gemäß Art. 3 ScheckG nur auf einen Bankier gezogen werden darf. Eine Haf-

[54] So das RG aaO.
[55] Vgl. auch RGZ 136, 210.
[56] Vgl. näher *Hueck/Canaris* § 6 V 4 a.
[57] Vgl. RGZ 136, 210; BGH WM 1955, 1324.
[58] Vgl. *Liesecke* WM 1971, 297; *Baumbach/Hefermehl* (Fn. 53) Art. 2 WG Rdn. 11.
[59] So aber offenbar RGZ aaO unter Hinweis auf Art. 25 WG.
[60] Vgl. z.B. RGZ 48, 223; 136, 210.
[61] Vgl. nur *Baumbach/Hefermehl* Art. 2 ScheckG Rdn. 5.

Claus-Wilhelm Canaris

tung des Ausstellers lässt sich allerdings ebenso wenig erreichen wie beim Wechsel, weil § 365 HGB eine derartige Regresshaftung nicht vorsieht.

36　　c) **Auf die Leistung von Wertpapieren gerichtete kaufmännische Orderpapiere.** Kaufmännische Orderpapiere, die auf die Leistung von Wertpapieren gerichtet sind, kommen in der Praxis ähnlich selten vor wie solche, die auf die Zahlung von Geld gerichtet sind. Insbesondere gehört der **Wertpapier- oder Effektenscheck** nicht hierher,[62] da er weder eine Anweisung i.e.S. noch ein echtes Wertpapier darstellt.[63]

37　　d) **Der kaufmännische Lieferschein.** Anders als Geld und Wertpapiere spielen Waren als Gegenstand eines kaufmännischen Orderpapiers in der Praxis eine erhebliche Rolle. Das gilt vor allem für den Lieferschein. Durch einen solchen weist dessen Aussteller einen Dritten an, Waren an den legitimierten Inhaber des Papiers auszuliefern. Seiner **wirtschaftlichen Funktion** nach steht der Lieferschein dem Lagerschein nahe. Er verdankt seine Entwicklung daher z.T. dem Umstand, dass Lagerscheine bis zum Inkrafttreten des Transportrechtsreformgesetzes vom 25.6.1998 (BGBl. I 1588) nach § 363 Abs. 2 a.F. HGB nur von einem staatlich ermächtigten Lagerhalter als echte Orderpapiere ausgestaltet werden konnten. Darin erschöpft sich jedoch die Bedeutung des Lieferscheins nicht annähernd.[64] Das zeigt sich u.a. daran, dass in der Praxis keineswegs der Orderlieferschein dominiert, sondern die Ausstellung von Rektapapieren – für die ein Lagerhalter natürlich niemals eine staatliche Ermächtigung brauchte – eine wesentlich größere Rolle spielt.[65]

Der wichtigste Unterschied gegenüber dem Lagerschein besteht darin, dass der Lieferschein nicht von dem Lagerhalter, sondern von dem Einlagerer ausgestellt wird; erst durch die Annahme der Anweisung wird eine mit dem Lagerschein vergleichbare Rechtslage geschaffen. Der Angewiesene braucht auch keineswegs ein Lagerhalter zu sein, sondern kann z.B. auch ein Lieferant des Anweisenden sein. Der Anweisende selbst stellt den Lieferschein meist deshalb aus, weil er die Ware an den Nehmer des Papiers verkauft hat. Dieser kann sie dann seinerseits mit Hilfe des Lieferscheins weiterverkaufen. Auf diese Weise kann ein „Durchhandeln" der Ware über mehrere Stationen erfolgen, ohne dass diese bewegt wird. Der Lieferschein dient daher in erster Linie zur **Vereinfachung und Verbilligung des Warenumsatzes.** Dabei können durch Ausstellung mehrerer Lieferscheine auch Teilmengen an verschiedene Personen verkauft werden. Daneben kann der Lieferschein auch für **Kreditzwecke** nutzbar gemacht werden und insbesondere die Verpfändung der Güter erleichtern.[66]

38　　Was die tatbestandlichen Voraussetzungen für die Schaffung eines Orderlieferscheins angeht, so ist außer der Kaufmannseigenschaft des Angewiesenen nach § 363 Abs. 1 HGB erforderlich, dass der Lieferschein sich auf die **Leistung vertretbarer Sachen** richtet. Ob diese nur der Gattung nach bestimmt sind oder ob es sich um eine Speziesschuld handelt, ist unerheblich.[67] Ein Lieferschein über nicht-vertretbare Sachen ist kein Orderpapier und auch keine bürgerlichrechtliche Anweisung i.e.S., doch können die §§ 783 ff BGB weitgehend analog angewandt werden.[68]

---

[62] **A.A.** *Ebenroth/Boujong/Joost/Hakenberg* § 363 Rdn. 9 und offenbar auch MünchKomm.-*Hefermehl* § 363 Rdn. 25.

[63] Vgl. *Canaris* Bankvertragsrecht² Rdn. 2013.

[64] Vgl. auch *Heynen* S. 42 ff; zu eng demgegenüber MünchKomm.-*Hefermehl* § 363 Rdn. 19.

[65] Vgl. *Heynen* S. 51.

[66] Vgl. im Übrigen näher *Heynen* S. 28 ff.

[67] Vgl. oben Rdn. 14; ebenso. i.E. *Heynen* S. 50 f; **a.A.** MünchKomm.-*Hefermehl* § 363 Rdn. 20 und 23.

[68] Vgl. oben Rdn. 15; ähnlich i.E. *Heynen* S. 51 und 57 f; MünchKomm.-*Hefermehl* § 363 Rdn. 21.

Voraussetzung für die Schaffung eines Orderlieferscheins ist nach § 363 Abs. 1 **39**
HGB weiterhin die **Unabhängigkeit der Leistungspflicht von einer Gegenleistung**.
Der **Kassalieferschein**, bei dem die Auslieferung der Ware nur gegen Zahlung des
Kaufpreises erfolgen darf, kann daher kein echtes Orderpapier sein;[69] er stellt vielmehr
eine bürgerlichrechtliche Anweisung oder, sofern eine der Voraussetzungen von § 783
BGB nicht erfüllt ist, eine Anweisung i.w.S. dar.[70] Von Leistungen, die nicht den
Charakter eines Äquivalents für die Waren haben wie z.B. die Zahlung von Lager-
kosten und ähnlichen Spesen, kann die Auslieferung dagegen abhängig gemacht
werden, ohne dass dadurch die Orderpapiereigenschaft verloren geht.[71]

Hinzukommen muss schließlich die **Orderklausel** und der erkennbare **Wille zur** **40**
Verbriefung (vgl. oben Rdn. 22f). Die Bezeichnung des Papiers ist dabei nicht allein
ausschlaggebend. Insbesondere braucht das Wort Lieferschein natürlich nicht vorzukommen. Gebräuchlich sind z.B. auch die Ausdrücke Freistellungsschein und
delivery order.[72] Auch unter der Bezeichnung „Verfügungsschein" verbirgt sich i.d.R.
nichts anderes als ein Lieferschein.[73] Wesentlich ist lediglich, dass die Verbriefung der
Anweisung zur Auslieferung der Waren aus dem Papier hervorgeht. Eine Urkunde
über eine erfolgte Warenlieferung stellt daher selbstverständlich kein Wertpapier dar.
Der Lieferschein kann auch an die eigene Order des Ausstellers lauten (vgl. oben
Rdn. 22 a.E.).

Auch ein **Inhaberlieferschein** ist zulässig.[74] Allerdings kennt das Gesetz keine aus- **41**
drückliche Regelung der Inhaberanweisung. Deren Zulässigkeit ist jedoch in Analogie
zu § 793 BGB zu bejahen; denn wenn der Aussteller eine Verpflichtung zur Leistung
in einem Inhaberpapier verbriefen darf, dann muss es ihm auch und erst recht erlaubt
sein, eine Anweisung zur Leistung in einem Inhaberpapier zu verbriefen.[75] Die
Inhaberanweisung ist auch annahmefähig;[76] es handelt sich dann insoweit um eine
Inhaberschuldverschreibung.[77] Rechtlich sind Inhaberlieferscheine in erster Linie in
Analogie zu §§ 793 ff BGB und nur ergänzend nach §§ 783 ff BGB zu behandeln.

Ein Lieferschein mit **alternativer Inhaberklausel** ist grundsätzlich nicht als bloßes
Legitimationspapier i.S. von § 808 BGB, sondern in Analogie zu Art. 5 Abs. 2
ScheckG als echtes Inhaberpapier anzusehen.[78]

Durch die **Annahme des Lieferscheins** erlangt dessen Inhaber grundsätzlich einen **42**
unmittelbaren **Anspruch auf Lieferung gegen den Angewiesenen** aus § 784 BGB.
Der Inhalt des Anspruchs hängt von der Annahmeerklärung und den sonstigen
Umständen des Falles ab. In aller Regel ist der Anspruch auf Herausgabe der Ware
gerichtet, doch kann er zusätzlich auch auf deren Übereignung gehen. Bezieht sich die
Annahme auf eine nur der Gattung nach bestimmte Sache, so schuldet der Angewiesene
gemäß § 360 HGB Handelsgut mittlerer Art und Güte, wobei allerdings die Möglichkeit einer beschränkten Gattungsschuld oder Vorratsschuld zu berücksichtigen ist. Bei
einer Speziesschuld braucht er zwar nicht für Sachmängel einzustehen, da er keine
Verpflichtung aus einem Kaufvertrag, sondern eine abstrakte, d.h. nicht von einem
bestimmten Vertragstypus geprägte Schuld eingeht, doch haftet er für schuldhafte

---

[69] Vgl. auch *Heynen* S. 52; MünchKomm.-*Hefer-mehl* § 363 Rdn. 21; zu allgemein OLG Hamburg MDR 1969, 764, 765.
[70] Vgl. BGHZ 6, 378, 383; *Sieg* BB 1992, 301.
[71] Vgl. oben Rdn. 18; a.A. *Heynen* S. 52 f.
[72] Vgl. *Heynen* S. 47 f.
[73] Vgl. z.B. RGZ 49, 97.

[74] Vgl. auch *Heynen* S. 51.
[75] Vgl. *Ulmer* S. 131; *Düringer/Hachenburg/Breit* Vorbem. vor § 363 Anm. 28.
[76] A.A. *Düringer/Hachenburg/Breit* aaO.
[77] Vgl. *Ulmer* aaO.
[78] Vgl. *Heynen* S. 51 f.

Beschädigungen der Sache nach § 280 Abs. 1 BGB, da er diese dann nicht mehr so, wie sie nach dem Sinn seiner Annahmeerklärung beschaffen zu sein hat, herausgeben kann.[79] Macht der Angewiesene sich die Herausgabe der Sache schuldhaft unmöglich – sei es durch deren Zerstörung oder sei es durch Herausgabe an einen Dritten –, haftet er gemäß § 283 BGB auf Schadensersatz statt der Leistung.

43   **Einwendungen aus dem Deckungsverhältnis** mit dem Anweisenden kann der Angewiesene nach der Annahme gemäß § 784 Abs. 1 BGB gegenüber dem Inhaber des Lieferscheins grundsätzlich nicht vorbringen. Allerdings ist weder die Anweisung noch die Annahme zwingend abstrakt (vgl. oben Rdn. 19), und daher können durch eine Bezugnahme auf das Deckungsverhältnis Einwendungen aus diesem für die Verpflichtung aus der Annahme relevant gemacht werden.[80] In welchem Umfang das zutrifft, ist eine Frage der Auslegung. Die Ausführungen unten Rdn. 68 gelten hier entsprechend.

44   Eine nachträgliche **Änderung oder Aufhebung der Annahme** durch Vereinbarung zwischen dem Annehmenden und dem Empfänger der Annahmeerklärung braucht ein gutgläubiger Erwerber des Lieferscheins nur gegen sich gelten zu lassen, wenn sie im Papier vermerkt ist.[81] Das folgt für den Order- und den Inhaberlieferschein schon aus § 364 Abs. 2 HGB bzw. § 796 BGB, gilt aber grundsätzlich auch für den Rektalieferschein (vgl. unten Rdn. 92 a.E.).

45   Bei **Abweichungen zwischen dem Inhalt der Annahmeerklärung und der Beschaffenheit der zu liefernden Güter** ergibt sich die aus dem Fracht- und Lagerrecht bekannte Streitfrage, ob sich die Verpflichtung nach der Annahmeerklärung richtet („**Skripturhaftung**") oder durch die Beschaffenheit der geschuldeten Güter und die Einstandspflicht für deren etwaige, vom Akzeptanten zu vertretende Verschlechterung begrenzt ist („**Rezeptumshaftung**"). Diese Problematik war bis zum Inkrafttreten des Transportrechtsreformgesetzes vom 25.6.1998 (BGBl. I 1588) für Ladeschein, Lagerschein und Konnossement jeweils unterschiedlich geregelt,[82] doch ist die Rechtslage durch dieses vereinheitlicht worden, so dass die einschlägigen Regelungen der §§ 444 Abs. 3, 475d Abs. 2, 656 Abs. 2 HGB heute im Wesentlichen übereinstimmen. Daher kann man davon ausgehen, dass diese Vorschriften – die dogmatisch als wertpapierrechtlicher Einwendungsausschluss in Parallele zu § 364 Abs. 2 HGB einzuordnen sind (vgl. § 364 Rdn. 60) – einen allgemeinen Rechtsgedanken des geltenden Handelsrechts enthalten. Demgemäß bietet sich eine **analoge Anwendung der §§ 444 Abs. 3, 475d Abs. 2, 656 Abs. 2 HGB auf den kaufmännischen Lieferschein** an, zumal dieser eine enge funktionelle Verwandtschaft mit dem Orderlagerschein aufweist (vgl. oben Rdn. 37). Diese Analogie führt dazu, dass im Verhältnis zwischen dem Akzeptanten und dem ersten Nehmer eine widerlegliche Vermutung für die Übereinstimmung der Beschaffenheit der Güter mit den Angaben im Lieferschein besteht, und im Verhältnis zu einem gutgläubigen Erwerber des Papiers eine entsprechende unwiderlegliche Vermutung. Allerdings besteht zwischen einem angenommenen Lieferschein und einem Lade- oder Lagerschein insofern ein Unterschied, als bei letzteren der Aussteller und damit derjenige, von dem die Angaben über das Gut in dem Papier stammen, zugleich der Haftende ist, wohingegen der Akzeptant eines Lieferscheins diese Angaben i.d.R. nicht selbst gemacht hat. Da er jedoch als Bezogener über das zu leistende Gut verfügt (oder verfügen soll) und daher die Rich-

---

[79] A.A. *Heynen* S. 56.
[80] Vgl. auch *Heynen* S. 57.
[81] A.A. *Heynen* S. 56 f.

[82] Vgl. dazu eingehend *Canaris* in der 3. Aufl. dieses Kommentars § 363 Anm. 54–61.

tigkeit der Angaben über dieses in dem – von ihm akzeptierten! – Papier grundsätzlich ohne weiteres kontrollieren kann, ändert dieser Unterschied an der Ähnlichkeit der Interessenlage mit derjenigen bei der Ausstellung eines Lade- oder Lagerscheins nichts und steht daher einer Analogie zu den §§ 444 Abs. 3, 475d Abs. 2, 656 Abs. 2 HGB nicht entgegen; zwar stammt hier nicht das Papier, statt dessen aber das in diesem beschriebene Gut vom Akzeptanten. Dieser letztere Gesichtspunkt dürfte zugleich dazu führen, dass im Rahmen der Analogie die Einschränkung, wonach es teilweise auf eine Überprüfung der Güter durch den Frachtführer bzw. Lagerhalter und die Eintragung ihres Ergebnisses in das Papier ankommt, grundsätzlich nicht mitzuüber-nehmen und die Haftung insoweit folglich sogar noch zu verschärfen ist.

Lautet also der Lieferschein z.B. auf zehn bestimmte Kisten mit je zwölf Flaschen Wein und befinden sich in diesen nur je zehn Flaschen oder zwölf Flaschen eines anderen Weins, so haftet der Akzeptant eines Order- oder Inhaberlieferscheins einem gutgläubigen Erwerber analog §§ 444 Abs. 3, 475d Abs. 2, 656 Abs. 2 HGB nach Maß-gabe des Papierinhalts und hat also grundsätzlich Schadensersatz statt der Leistung gemäß § 311a Abs. 2 BGB für die fehlenden Flaschen bzw. für das Fehlen des im Papier angegebenen Weins zu leisten; ob ihn hinsichtlich seiner Unkenntnis von der Fehlerhaftigkeit der Angaben im Papier ein Verschulden trifft, ist grundsätzlich un-erheblich, weil im Sinne von § 276 Abs. 1 Satz 1 BGB „aus dem Inhalt des Schuldver-hältnisses" – nämlich daraus, dass dieses ein Umlaufpapier zum Gegenstand hat – zu entnehmen ist, dass der Akzeptant das Risiko eines derartigen Irrtums übernommen und dieses also zu vertreten hat. Dass es sich in diesem Beispiel um eine Speziesschuld handelt, steht der Qualifikation des Lieferscheins als kaufmännischer Anweisung im Sinne von § 363 HGB nicht entgegen (vgl. oben Rdn. 38). Außerdem kann die Proble-matik auch bei einer Gattungsschuld auftreten wie etwa dann, wenn man das Beispiel dahingehend modifiziert, dass bei einem Gattungskauf alle Kisten dieser Gattung nur zehn statt der im Papier angegebenen zwölf Flaschen enthalten.

Für einen Rektalieferschein kommt eine Analogie zu den §§ 444 Abs. 3 Satz 3, 475d Abs. 2 Satz 3, 656 Abs. 2 Satz 2 HGB nicht in Betracht, da diese Vorschriften für Rektapapiere nicht gelten (vgl. unten § 364 Rdn. 62).

Die Problematik einer Abweichung zwischen dem Zustand der zu liefernden Güter und den Angaben über diese im Lieferschein darf nicht verwechselt werden mit derjenigen einer **Abweichung zwischen dem Inhalt der Verpflichtung des An-gewiesenen aus seinem Kausalverhältnis zum Anweisenden und dem Inhalt der Annahmeerklärung.** Insoweit gelten die allgemeinen Regeln über den Bereicherungs-ausgleich bei einer angenommenen Anweisung mit der Folge, dass der Angewiesene sich grundsätzlich an den Anweisenden halten muss und keinen Bereicherungs-anspruch gegen den Inhaber der Anweisung hat – und zwar auch dann nicht, wenn dieser der erste Nehmer des Papiers ist.[83]

46 Wegen der mit der Annahmeerklärung verbundenen Rechtsnachteile für den An-nehmenden bedarf es stets sorgfältiger Prüfung, ob wirklich die **rechtsgeschäftlichen Voraussetzungen einer Annahmeerklärung** i.S. von § 784 BGB gegeben sind. Das Wort „Annahme" ist dazu allerdings nicht erforderlich, andererseits aber auch nicht für sich allein immer ohne weiteres genügend. Auch Ausdrücke wie „Bestätigung" oder „Gegenzeichnung" des Lieferscheins können die Bedeutung einer echten An-nahmeerklärung haben,[84] doch kann mit ihnen z.B. auch lediglich gemeint sein, dass

---

[83] Vgl. *Larenz/Canaris* Schuldrecht II/2[13] § 70 IV 4   [84] Vgl. auch *Heynen* S. 59.
c = S. 234 f mit Nachw.

der Angewiesene das Vorhandensein der Ware bestätigt. Auch wenn keine Annahme i.S. von § 784 BGB vorliegt, sondern nur eine deklaratorische Erklärung, verliert der Angewiesene durch diese doch zumindest alle diejenigen Einwendungen, von denen er im Augenblick seiner Erklärung positive Kenntnis hatte.[85]

47　　Die Annahmeerklärung bedarf gemäß § 784 Abs. 2 BGB der **Schriftform**. Die bloße Unterstempelung reicht daher gemäß § 126 BGB nicht aus. Auch eine mündliche Annahmeerklärung kann aber gemäß § 350 HGB eine wirksame Verpflichtung begründen, doch handelt es sich dann nicht um eine spezifisch orderpapierrechtliche Verpflichtung, so dass spätere Erwerber des Papiers nicht in den Genuss des Schutzes von §§ 364 Abs. 2, 365 HGB i.V. m. Art. 16 WG kommen. Ist die Schriftform nicht erfüllt, so wird es häufig freilich darüber hinaus am Tatbestand einer Annahmeerklärung überhaupt fehlen, da die Schriftlichkeit ein wichtiges Indiz für den bindenden und abstrakten Charakter der Annahmeerklärung darstellt. Keinesfalls geht es daher z.B. an, jeder Unterstempelung ohne weiteres die Wirkungen einer mündlichen Annahmeerklärung zuzuerkennen.[86]

48　　Eine **Annahmeerklärung über nicht-vertretbare Sachen** führt analog § 784 Abs. 1 BGB ebenfalls zu einem Einwendungsausschluss.[87] Die spezifischen Wirkungen eines Orderpapiers können dann jedoch nicht eintreten (vgl. oben Rdn. 15 f).

49　　Bei **Fehlen oder Unwirksamkeit der Annahme** hat der Inhaber des Lieferscheins grundsätzlich keinen Anspruch aus eigenem Recht gegen den Angewiesenen. Insbesondere kann der Vertrag zwischen dem Anweisenden und dem Angewiesenen i.d.R. nicht als berechtigender Vertrag zugunsten des Anweisungsempfängers i.S. von § 328 BGB interpretiert werden.[88] Wohl aber ist es denkbar, dass der Anweisende dem Anweisungsempfänger seinen Anspruch gegen den Angewiesenen abtritt.[89] Eine solche Abtretung kann auch konkludent erfolgen und je nach den Umständen des Falles schon in der Übergabe des Lieferscheins zu erblicken sein (vgl. auch die folgende Rdn.); die abweichenden Grundsätze, die insoweit für die Abtretung der einem Wechsel oder Scheck zugrunde liegenden Kausalforderung gelten,[90] lassen sich auf den Lieferschein nicht übertragen, da dieser eine wesentlich andere Funktion hat.

50　　Die **Übereignung der Ware** ist mit der Übertragung des Lieferscheins nach st. Rspr. und h.L. grundsätzlich nicht verbunden.[91] Etwas anderes soll nur dann gelten, wenn besondere Umstände hinzutreten, die für einen Übereignungswillen sprechen. Nicht genügen soll hierfür, dass der Käufer den Kaufpreis gegen Übertragung des Lieferscheins entrichtet wie vor allem bei der Klausel „Kasse gegen Lieferschein".[92]

Diese Ansicht wird indessen der Interessenlage und dem typischen Parteiwillen nicht gerecht. Denn **nach der Bezahlung des Kaufpreises** hat der Verkäufer grundsätzlich kein schutzwürdiges Interesse mehr an der Fortdauer seines Eigentums, während andererseits der Käufer dringend schutzbedürftig ist, da er sonst eine ungesicherte Vorleistung machen würde. Ein Wille zur Vorleistung wäre aber angesichts des allgemeinen Strebens nach dinglicher Sicherung etwas schlechterdings Außer-

---

[85] Vgl. näher *Canaris* Die Vertrauenshaftung im deutschen Privatrecht S. 102 ff.

[86] Vgl. auch *Heynen* S. 59 f.

[87] Vgl. oben Rdn. 15; ebenso im Ergebnis, wenngleich nicht in der Begründung *Heynen* S. 57 f; *Schlegelberger/Hefermehl* Rdn. 20.

[88] Vgl. *Heynen* S. 53 f.

[89] Vgl. auch BGHZ 46, 43, 52.

[90] Vgl. nur *Hueck/Canaris* § 17 I 2.

[91] Vgl. RGZ 103, 151, 153; RG GruchBeitr. 66, 227, 228 ff; SeuffArch. 73 Nr. 90 S. 146; JW 1931, 3079, 3080; BGH WM 1971, 742, 743; *Heynen* S. 134 ff; *Hertin* MDR 1970, 883; MünchKomm.-*Hefermehl* § 363 Rdn. 24; **a.A.** *Düringer/Hachenburg/Breit* Anm. 29 a.E.

[92] Vgl. RGZ 103, 152 f; *von Godin* 2. Aufl. Anm. 18a = S. 421; *Heynen* S. 135 ff m. w. Nachw.; *Hertin* MDR 1970, 883.

gewöhnliches. Aus der Verwendung eines Lieferscheins kann er um so weniger entnommen werden, als dieser lediglich ein rasches und auf einer Legitimationsgrundlage beruhendes „Durchhandeln" ohne Bewegung der Ware ermöglichen, nicht aber auch die – kosten- und mühelose – Übereignung der Ware überflüssig machen soll.[93] Auch das **Widerrufsrecht des Anweisenden** gemäß § 790 BGB, auf das sich die Gegenansicht maßgeblich stützt,[94] steht der Bejahung des Eigentumsübergangs nicht entgegen. Denn abgesehen davon, dass dieses Recht ohnehin nur beim nicht-angenommenen Lieferschein in Betracht kommt, würde seine Ausübung allenfalls die Leistungsermächtigung beseitigen, nicht aber die Abtretung des Herausgabeanspruchs und die Übereignung unwirksam machen. Demgemäß kann der Inhaber des Lieferscheins die Übergabe der Ware erzwingen – und der Anweisende müsste diese auch in seinem Verhältnis zum Angewiesenen gegen sich gelten lassen, weil er selbst diesen dem Herausgabeanspruch des Lieferscheininhabers ausgesetzt hat. Logisch vorrangig ist also die Frage nach der Abtretung des Herausgabeanspruchs – das Schicksal des Widerrufsrechts richtet sich dann im praktischen Ergebnis nach ihrer Lösung. Vollends verfehlt ist die Berufung auf § 788 BGB.[95] Denn diese Vorschrift besagt über die dingliche Seite der Rechtsvorgänge überhaupt nichts, sondern betrifft lediglich die schuldrechtliche Seite und den **Eintritt der Erfüllungswirkung** – und an dieser fehlt es in der Tat bis zur Herausgabe des Gutes an den Inhaber des Lieferscheins, weil der Verkäufer nach § 433 Abs. 1 BGB nicht nur Übereignung, sondern auch Übergabe schuldet und daher grundsätzlich nicht allein durch die Übereignung und die Abtretung des Herausgabeanspruchs erfüllen kann. Im Übrigen ist die Heranziehung von § 788 BGB auch deswegen verfehlt, weil die Vorschrift unzweifelhaft zum Vorteile des Anweisungsempfängers geschaffen worden ist und daher nicht als Argument für eine ihm zum Nachteil gereichende Rechtsfolge verwendet werden darf.

Erfolgt dagegen die Übertragung des Lieferscheins **ohne gleichzeitige Bezahlung des Kaufpreises**, so entspricht ein sofortiger Eigentumsübergang in aller Regel nicht der Interessenlage und dem mutmaßlichen Parteiwillen, weil dem Verkäufer grundsätzlich ebenso wenig ein Wille zur Vorleistung unterstellt werden kann wie dem Käufer. Häufig wird man hier jedoch in der Übertragung des Lieferscheins eine durch die Kaufpreiszahlung aufschiebend bedingte Einigung und Abtretung des Herausgabeanspruchs sehen können. Dadurch sind beide Parteien angemessen geschützt: der Verkäufer, weil er das Eigentum bis zur Zahlung des Kaufpreises behält, und der Käufer, weil er ein dingliches **Anwartschaftsrecht** erwirbt. Ob freilich wirklich ein entsprechender Parteiwille erkennbar geworden ist, bleibt insoweit – anders als bei sofortiger Zahlung des Kaufpreises – letztlich eine Frage des Einzelfalles; denn die in Betracht kommenden Fallgestaltungen sind zu vielfältig, als dass man allgemeine Aussagen über die Interessenlage und den typischen Parteiwillen machen könnte.

Lagern die zu übereignenden Güter unausgesondert zusammen mit anderen Gütern oder soll nur ein nicht individualisierter Teil der Güter übereignet werden, so ist auf Grund des sachenrechtlichen Spezialitätsprinzips die Übereignung bestimmter einzelner Güter nicht möglich, doch kommt dann die Übertragung oder Begründung von **Miteigentum** in Betracht.

---

[93] **A.A.** ohne jede Begründung BGH WM 1971, 743 unter 3b, wonach „nach Möglichkeit ... Eigentumsveränderungen während des Durchhandelns zu vermeiden" sein sollen.

[94] Vgl. z.B. BGH WM 1971, 743, *Heynen* S. 140.
[95] Vgl. aber *Heynen* S. 134; *Hertin* MDR 1970, 883.

Claus-Wilhelm Canaris

51　　Nichts mit der Problematik der Übereignung zu tun hat entgegen einer verbreiteten Vorstellung die Frage, ob der Lieferschein ein **Traditionspapier** ist oder nicht. Denn die Traditionswirkung besteht nach dem klaren Wortlaut der §§ 448, 475g, 650 HGB lediglich im Ersatz der *Übergabe* der Güter durch die Übergabe des Papiers. Die Schwierigkeiten liegen aber entgegen manchen Missverständnissen in der Rechtsprechung[96] gar nicht in der *besitzrechtlichen* Problematik, sondern in der Frage des Willens zur *Übereignung* und seiner Manifestation – und insoweit hilft die Annahme eines Traditionspapiers überhaupt nicht weiter (vgl. unten Rdn. 105). Die Bejahung der Traditionspapiereigenschaft führt daher keineswegs zur Bejahung der Frage, ob mit der Übertragung des Papiers grundsätzlich die Übereignung der Güter verbunden ist. Umgekehrt führt auch die Verneinung der Traditionspapiereigenschaft nicht zur Verneinung des Eigentumsübergangs, weil dieser sich schon allein mit Hilfe von § 931 BGB befriedigend konstruieren lässt. Im Übrigen ist aber auch hinsichtlich der Traditionswirkung selbst der h. L. zu widersprechen: der angenommene Order- oder Inhaberlieferschein ist als Traditionspapier anzuerkennen (vgl. unten Rdn. 153).

III. Die Wertpapiere des Fracht- und Lagerrechts gemäß § 363 Abs. 2 HGB (Güterpapiere)

52　　Nach § 363 Abs. 2 HGB können auch **Konnossemente** der Verfrachter, **Ladescheine** der Frachtführer, **Lagerscheine** sowie **Transportversicherungspolicen** durch eine entsprechende Klausel zu echten Orderpapieren gemacht werden. Früher galt dies auch noch für den **Bodmereibrief**, doch ist dieses Rechtsinstitut durch das Seerechtsänderungsgesetz vom 21.6.1972 (BGBl. I S. 966) abgeschafft worden. Die in § 363 Abs. 2 a. F. HGB enthaltene Einschränkung, dass nur Lagerscheinen der staatlich zur Ausstellung solcher Urkunden ermächtigen Anstalten die Rechtsnatur von Orderpapieren zukam, ist durch das Transportrechtsreformgesetz vom 25.6.1998 (BGBl. I S. 1588) aufgehoben worden.

1. Die ratio legis von Absatz 2 und dessen Verhältnis zu Absatz 1

53　　Die **Gemeinsamkeit zwischen Absatz 1 und Absatz 2** liegt in dem Erfordernis der Kaufmannseigenschaft. Diese Begrenzung ist darauf zurückzuführen, dass der Gesetzgeber den nicht-kaufmännischen Verkehr vor den besonderen Gefahren der Orderpapiere schützen wollte, zumal insoweit die praktischen Bedürfnisse schon durch Wechsel und Scheck im Wesentlichen abgedeckt sind (vgl. auch oben Rdn. 1).

54　　Der wesentliche **Unterschied von Absatz 2 gegenüber Absatz 1** besteht demgegenüber darin, dass die beiden anderen Einschränkungen von Absatz 1 hier nicht gelten: das Papier kann sich auch auf die Leistung nicht-vertretbarer Sachen beziehen, und die Leistung darf von einer Gegenleistung abhängig gemacht werden. Absatz 2 geht mithin insoweit über Absatz 1 hinaus und hat folglich eigenständige materielle Bedeutung für die Möglichkeit zur Schaffung von Orderpapieren.

55　　Der **Grund für diese Privilegierung** ist darin zu sehen, dass bei auf dem Transport befindlichen und bei eingelagerten Gütern ein besonders starkes Bedürfnis nach einer „Mobilisierung" des Herausgabeanspruchs mit Hilfe eines Umlaufpapiers besteht; denn Verfügungen über die Güter können hier i. d. R. nur durch Verfügungen über den

---

[96] Vgl. z. B. RGZ 103, 153; BGH WM 1971, 743 unter 3a.

Herausgabeanspruch vorgenommen werden, und daher liegt es nahe, dessen Verkehrs-fähigkeit durch eine Verbriefung zu steigern – zumal der Transport und die Einlage-rung häufig lange dauern und auch in dieser Zeit Verfügungen über die Güter un-beschränkt möglich bleiben sollen.

Damit steht auch die Aufnahme der Transportversicherungspolice in den Katalog des § 364 Abs. 2 HGB in engstem Zusammenhang. Diese stellt nämlich ersichtlich lediglich eine Folge der Möglichkeit dar, Konnossement und Ladeschein als Order-papier auszugestalten: mit dem Anspruch auf die transportierte Ware selbst soll auch die Forderung auf die gegebenenfalls an ihre Stelle tretende Versicherungssumme umlauffähig gemacht werden, damit der Erwerber von Konnossement und Ladeschein insoweit die gleiche Sicherheit erlangt und nicht befürchten muss, trotz Erwerbs von Konnossement und Ladeschein im Versicherungsfall u. U. leer auszugehen. Der Aus-druck Transportversicherungspolice ist dabei nicht im engen Sinne von § 129 VVG zu verstehen, der sich nur auf Beförderungen zu Lande und auf Binnengewässern bezieht, sondern umfasst auf Grund einer extensiven Auslegung auch die Police über eine Seeversicherung i.S. von §§ 778ff HGB;[97] denn es ist schlechterdings kein Grund dafür zu erkennen, dass der Gesetzgeber die Seeversicherung bzw. das Konnossement durch das Verbot einer Ordersversicherungspolice diskriminieren wollte.

Ist Absatz 2 somit in bestimmter Hinsicht weiter als Absatz 1, so ist er andererseits **56** insofern enger als dieser, als er nur Papiere ganz bestimmter Vertragstypen erfasst. Man kann daher das **Verhältnis von Absatz 1 und Absatz 2** dahin umschreiben, dass Absatz 1 eine („kleine") Generalklausel für die Schaffung typologisch nicht festgeleg-ter Orderpapiere enthält, dabei aber die zwingenden Einschränkungen der Vertret-barkeit und der Unabhängigkeit von einer Gegenleistung aufstellt, während Absatz 2 auf bestimmte Vertragstypen beschränkt ist, jedoch auf sonstige Begrenzungen der Privat-autonomie verzichtet.

2. Die Entstehung des verbrieften Rechts und der Begebungsvertrag

a) Die Konstruktion des Begebungsvertrags. Das **verbriefte Recht** entspricht bei **57** den kaufmännischen Güterpapieren inhaltlich grundsätzlich der Forderung aus dem betreffenden Vertrag einschließlich etwaiger Folgeansprüche wie des Anspruchs auf Schadensersatz nach §§ 280 ff BGB bzw. §§ 425 ff HGB oder auf das Surrogat nach § 285 BGB (vgl. näher § 364 Rdn. 5). Auch wenn man annehmen würde, dass der Anspruch aus § 985 BGB und ein etwaiger Anspruch aus § 812 BGB mitverbrieft sind (vgl. dazu § 364 Rdn. 5), können diese doch nicht den alleinigen Inhalt der Verbriefung bilden;[98] denn deren Sinn besteht gerade darin, dem Inhaber des Papiers inhaltlich im Wesentlichen eine solche Rechtsstellung einzuräumen, wie er sie bei Bestehen des betreffenden Vertrages hätte, und ihm also spezifisch vertraglich und nicht lediglich vindikations- und/oder bereicherungsrechtlich ausgestaltete Ansprüche zu verschaf-fen. Da der Fracht- oder Lagervertrag nun aber an Mängeln leiden kann – sei es, dass er unwirksam ist, oder sei es, dass er atypische Einschränkungen enthält, die im Papier nicht zum Ausdruck kommen –, bedarf es somit einer rechtlichen **Verselbständigung des Rechts aus dem Papier gegenüber dem zugrunde liegenden Vertrag**, auch wenn der Zusammenhang zwischen jenem und diesem hier nicht so weitgehend gelöst wird

---

[97] Das ist i.E. h.L., vgl. *Kisch* Der Versicherungs-schein S. 32; *Düringer/Hachenburg/Breit* § 363 Anm. 27; MünchKomm.-*Hefermehl* § 363 Rdn. 69; *Zöllner* § 25 I 6; *Ritter/Abraham* Das Recht

der Seeversicherung, 2. Aufl. 1967 Bd. I § 14 Anm. 28 = S. 288; *Sieg* VersR 1977, 214.
[98] Unzutreffend daher *Schnauder* NJW 1991, 1642 f.

Claus-Wilhelm Canaris

wie bei den meisten anderen Wertpapieren (vgl. dazu unten Rdn. 63 ff). Nach den allgemeinen Regeln des Wertpapierrechts erfolgt diese Verselbständigung durch den so genannten **Begebungsvertrag** (vgl. die Nachweise § 364 Rdn. 51 Abs. 2).

58　　Die **Konstruktion des Begebungsvertrags** bereitet allerdings bei den frachtrechtlichen Papieren gewisse Schwierigkeiten. Adressat des verbrieften Herausgabeversprechens ist hier nämlich der Empfänger der Güter, sofern das Papier an seine Order gestellt ist,[99] während die Aushändigung des Papiers grundsätzlich an den Absender bzw. Ablader erfolgt. Die h. L. nimmt daher an, dass der Begebungsvertrag mit dem Ablader bzw. Absender geschlossen wird und einen **berechtigenden Vertrag zugunsten des Empfängers** i. S. von § 328 BGB darstellt.[100]

Diese Konstruktion erscheint nicht sachgerecht. Gegen sie spricht zunächst schon, dass der Begebungsvertrag nicht nur auf die Begründung des verbrieften Rechts, sondern auch auf die Übereignung der Urkunde gerichtet ist und die Rechtsprechung dingliche Verträge zugunsten Dritter bekanntlich ablehnt (wenngleich zu Unrecht). Unbefriedigend ist weiterhin, dass die h. L. folgerichtig dem Empfänger den wertpapierrechtlichen Anspruch bereits mit der Aushändigung des Papiers an den Ablader bzw. Absender und nicht erst mit der Aushändigung an ihn selbst zuerkennen muss. Das ist zwar nicht denkunmöglich, würde aber bei einem Wertpapier eine ganz ungewöhnliche, um nicht zu sagen wesensfremde Konstellation darstellen und entspricht vor allem nicht der Interessenlage und dem mutmaßlichen Parteiwillen; oder soll der Empfänger wirklich nur deshalb, weil er in der Urkunde benannt ist, diese ohne weiteres gemäß §§ 985, 952 BGB von dem Ablader bzw. Absender herausverlangen können? Gegen die h. L. spricht schließlich, dass für die Bestimmung des Vertragsinhalts sowie für die Berücksichtigung von Willensmängeln folgerichtig grundsätzlich die Person des Abladers bzw. Absenders maßgeblich sein müsste, weil dieser dann ja Partei des Begebungsvertrags ist und der Dritte das Recht im Falle von § 328 BGB nur so erwirbt, wie es der Versprechende und der Versprechensempfänger begründet haben. Daher wäre z. B. für die Auslegung der Erklärung vom Verständnishorizont des Abladers bzw. Absenders und von den ihm bekannten Umständen auszugehen, aus seiner Person würde sich das Vorliegen eines Scheingeschäfts gemäß § 117 BGB bestimmen, auf ihn wäre für die Erwartung, der Mangel der Ernstlichkeit werde nicht verkannt werden, gemäß § 118 BGB abzustellen, bei einer arglistigen Täuschung durch ihn wäre § 123 I BGB und nicht § 123 II 1 BGB anzuwenden usw. Das könnte die Rechtsstellung des Empfängers empfindlich beeinträchtigen und wäre nicht sachgerecht, weil dieser keinen Einblick in die Beziehungen zwischen dem Ablader bzw. Absender und dem Verfrachter hat, sondern sich auf die Urkunde verlassen können muss.[101]

59　　Vorzugswürdig ist daher, den Ablader bzw. Absender als **Boten** des Ausstellers anzusehen.[102] Bei dieser Konstruktion kommt der Begebungsvertrag erst zustande,

---

[99] Anderenfalls ist es nach §§ 444 Abs. 2 Satz 2, 647 Abs. 1 Satz 2 HGB als an die eigene Order des Absenders bzw. Abladers gestellt anzusehen.

[100] Vgl. BGHZ 33, 364, 367; 98, 284, 286; *Brodmann* ZHR 70, 9; *Wüstendörfer* S. 316; *Herber* § 30 II 3 b; *Schlegelberger/Liesecke* § 648 Rdn. 2; *Rabe* § 648 Rdn. 10.

[101] Zustimmend BGHZ 98, 284, 287, wo jedoch gleichwohl an der Konstruktion eines Vertrags zugunsten Dritter festgehalten und diese lediglich durch eine Ausschaltung von § 334 BGB

„mit Rücksicht auf Sinn und Zweck des Konnossements und dessen Wertpapiercharakter" korrigiert wird – was indessen dogmatisch nicht überzeugungskräftig ist; vgl. zu der Entscheidung auch *Thietz-Bartram* WM 1988, 177 ff.

[102] Zustimmend *Koller* § 444 HGB Rdn. 7 mit eingehender Ausdifferenzierung der verschiedenen Fallkonstellationen; vgl. ferner schon *Jacobi* Ehrenbergs Handbuch IV 1 S. 337 f, wenngleich ohne klaren Konstruktionsvorschlag.

wenn das Papier dem Empfänger ausgehändigt wird oder wenn dieser mit dem Ablader bzw. Absender ein Besitzmittlungsverhältnis vereinbart. Die Annahme erfolgt konkludent, wobei es gemäß § 151 BGB eines Zugangs nicht bedarf. Für die Auslegung und für das Vorliegen bzw. die Berücksichtigung von Willensmängeln ist auf die Person des Empfängers abzustellen, weil der Begebungsvertrag mit diesem abgeschlossen wird.

Nach einer dritten Ansicht soll ein **mehraktiger Erwerbstatbestand** anzunehmen **60** sein.[103] Danach folgt auf einen ersten Begebungsvertrag zugunsten des Empfängers, der ein echter Vertrag zugunsten Dritter sein soll, bei Inhaber- und Orderpapieren noch ein weiterer, dinglicher Begebungsvertrag zwischen dem Ablader bzw. Absender und dem Empfänger, durch den das Papier an diesen übertragen und (!) die Wertpapierforderung zur Entstehung gebracht wird, während bei Rektapapieren diese Wirkung allein auf der Übergabe beruhen soll. Diese Konstruktion ist indessen allzu gekünstelt und stellt in dogmatischer Hinsicht geradezu eine hybride Mischfigur dar, weil sie Elemente des Vertrags zugunsten Dritter, also eines originären Primärerwerbs, in undurchsichtiger Weise mit Elementen der Rechtsübertragung, also eines derivativen Sekundärerwerbs, kombiniert. Außerdem erscheint es als geradezu widersinnig, dass die Forderung aus dem Papier nicht durch dessen Aussteller und damit durch den Verpflichteten, sondern durch den Übertragenden bzw. Übergebenden und also einen Dritten zur Entstehung gebracht wird. Eine solche Rechtsfigur passt nicht in das System des geltenden Wertpapierrechts, ja nicht einmal in dasjenige des allgemeinen Vertragsrechts.

b) Fehlen und Nichtigkeit des Begebungsvertrags. Auch mit der Botentheorie **61** lassen sich freilich nicht die Schwierigkeiten lösen, die sich bei Fehlen oder Nichtigkeit des Begebungsvertrages ergeben. Denn auch wenn man den Ablader bzw. den Absender als Boten ansieht, schlagen das **Abhandenkommen der Urkunde** und **Willensmängel auf Seiten des Ausstellers** grundsätzlich ohne weiteres gegenüber dem Empfänger durch – ähnlich wie bei Annahme eines Vertrags zugunsten Dritter, wo § 334 BGB ausdrücklich die Relevanz der Einwendungen aus dem Vertrage zwischen dem Versprechenden und dem Versprechensempfänger festlegt. Auch mit Hilfe von § 363 Abs. 2 HGB lassen sich derartige Einwendungen nicht ohne weiteres überwinden. Es liegt nämlich an sich eine „unmittelbare" Einwendung vor, da der Empfänger hier nicht etwa ein ursprünglich dem Ablader bzw. dem Absender zustehendes Recht im Wege der Rechtsnachfolge erwirbt, sondern **erster Nehmer des Papiers** ist – und zwar sowohl nach der Botentheorie als auch bei Annahme eines Vertrages zugunsten Dritter. Diesem aber kommt nach allgemeinen wertpapierrechtlichen Regeln grundsätzlich kein Verkehrsschutz durch einen Einwendungsausschluss zugute.

Ein solches Ergebnis kann indessen schwerlich hingenommen werden. Denn indem die Parteien den Empfänger zum unmittelbaren und ersten Berechtigten aus dem Papier gemacht haben, wollten sie seine Stellung verstärken und nicht sie im Gegenteil im Vergleich zu einem Indossatar schwächen. Insbesondere entstünde sonst ein untragbarer Wertungswiderspruch gegenüber der Rechtslage bei einem an die eigene Order des Abladers bzw. des Absenders gestellten Papier: wird dieses an den Empfänger indossiert, so ermöglicht § 364 Abs. 2 HGB ohne weiteres einen gut-

---

[103] Vgl. *Schnauder* NJW 1991, 1643f; ihm folgend
MünchKomm.-*Dubischar* § 446 Rdn. 4.

gläubigen einwendungsfreien Erwerb.[104] Anders zu entscheiden, wenn der Empfänger der erste Berechtigte aus dem Papier ist, besteht wertungsmäßig gesehen keine hinreichende Rechtfertigung. Daher werden zu seinen Gunsten das Fehlen und die Nichtigkeit des Begebungsvertrages nach Rechtsscheinregeln in **Analogie zu § 364 Abs. 2 HGB** präkludiert.[105] Dafür spricht im Übrigen auch die Rechtsstellung des ersten Nehmers eines akzeptierten Wechsels. Denn auch dieser erwirbt nicht durch Indossament, kommt aber gleichwohl in den Genuss des Einwendungsausschlusses;[106] dass der Akzeptant auch dem Aussteller haftet und der Nehmer daher einen „Vormann" hat, stellt zwar einen Unterschied gegenüber der Lage bei Konnossement und Ladeschein dar, kann aber interessen- und wertungsmäßig gesehen nicht den Ausschlag geben.

62   Anders ist freilich bei bloßen **Rektapapieren** zu entscheiden. Bei diesen kennt das geltende Recht nämlich grundsätzlich keinen Schutz gegenüber dem Fehlen und der Nichtigkeit des Begebungsvertrages, und das gilt auch für die kaufmännischen Wertpapiere.[107]

Das heißt indessen nicht, dass der Empfänger hier völlig schutzlos ist. Einen gewissen Schutz bietet ihm zunächst schon die Botentheorie, da es nach dieser für die Auslegung des Begebungsvertrages und für bestimmte tatbestandliche Voraussetzungen der Berücksichtigung von Willensmängeln auf die Person des Empfängers ankommt (vgl. oben Rdn. 59). Darüber hinaus gewährt das bürgerliche Recht sogar einen Einwendungsausschluss, sofern der Aussteller wissentlich einen Scheintatbestand in den Verkehr gebracht hat (vgl. auch unten Rdn. 91 f). Demgemäß haftet der Aussteller eines Rektakonnossements oder eines Rektaladescheins z.B. dem gutgläubigen Empfänger, wenn er das ausgefüllte Papier dem Ablader bzw. dem Absender bereits vor Abschluss des Begebungsvertrages in die Hand gegeben hat und dieser es nun dem Empfänger vorlegt; das folgt sowohl aus einer Analogie zu § 172 I BGB als auch aus einer Analogie zu § 405 BGB.[108] Auch ein gutgläubiger Zweiterwerber wird analog § 405 BGB geschützt, wenn ihm der im Papier benannte Gläubiger oder dessen

---

[104] Im Hinblick auf diesen Satz – der sich wortgleich auch schon in der Vorauflage befand – ist der Vorwurf von *Herber* Festschrift für Raisch S. 70f, dass hier die Möglichkeit der Ausstellung des Konnossements an die eigene Order des Abladers nicht hinreichend berücksichtigt werde und „beide Möglichkeiten nicht genügend auseinandergehalten" würden, schlichtweg unnachvollziehbar. Im Gegenteil bleibt den Parteien nach der von *Herber* vertretenen Ansicht – die in der Tat bei orthodoxer Sichtweise dogmatisch allein vertretbar ist, was indessen im Text ebenfalls klar gesehen und ausdrücklich ausgesprochen worden ist – *nur* der Weg über ein Konnossement an die eigene Order des Abladers mit anschließender Übertragung an den Empfänger, um die Möglichkeit eines Einwendungsausschlusses herbeizuführen – und genau das wird hier als paradox kritisiert; denn mit der Wahl *dieses* Weges wollen die Parteien ja, wie *Herber* selbst übrigens richtig sieht, zunächst einmal die Stellung des *Abladers* stärken, während sie zur Stärkung der Stellung des *Empfängers* eher den Weg wählen werden,

diesen zum ersten Nehmer zu machen, genau dadurch aber (nach der dogmatisch orthodoxen Lösung) seine Stellung in Wahrheit schwächen, indem sie ihm die Möglichkeit eines Einwendungsausschlusses vorenthalten. Die Ansicht *Herbers* belastet die Parteien also mit der Notwendigkeit einer juristischen „Umwegkonstruktion", mit der Laien angesichts ihrer Subtilität regelmäßig überfordert sind und deren Notwendigkeit man ihnen auch im Interesse ökonomischer Effizienz tunlichst ersparen sollte.

[105] Zustimmend *Koller* § 444 Rdn. 7; **a.A.** *Schnauder* NJW 1991, 1644, der glaubt, diese Problematik mit Hilfe seiner oben Rdn. 60 abgelehnten Konstruktion einfacher lösen zu können.

[106] Vgl. z.B. *Ulmer* S. 240 vor II; *Hueck/Canaris* § 9 II 1 vor a; *Baumbach/Hefermehl* Art. 17 WG Rdn. 15 a.E., 64 und 94.

[107] Vgl. auch RGZ 87, 388, 389 f für den Rektaladeschein; *Düringer/Hachenburg/Ring* § 446 Anm. 4; *Schaps/Abraham* § 656 Rdn. 24.

[108] Vgl. näher *Canaris* Die Vertrauenshaftung im deutschen Privatrecht, S. 66 ff, 99 f, 107.

Stellvertreter das Papier vorlegt und dessen Aussteller es vor Abschluss des Begebungsvertrages aus der Hand gegeben hatte.[109] War die Urkunde dagegen dem Aussteller abhanden gekommen oder hat er sie unter dem Einfluss eines Willensmangels begeben, so gibt es im bürgerlichen Recht und folglich auch im Recht der Rektapapiere grundsätzlich keinen Einwendungsausschluss.

3. Das Verhältnis des verbrieften Rechts zum Kausalgeschäft

Anders als der Wechsel und der Scheck und anders als i.d.R. auch die kaufmännische Anweisung und der kaufmännische Verpflichtungsschein beziehen sich die in § 363 Abs. 2 HGB geregelten Wertpapiere nicht auf bestimmte Leistungen schlechthin, sondern auf Pflichten aus dem zugrunde liegenden Vertragstypus, also dem Frachtgeschäft, dem Lagergeschäft und dem Transportversicherungsgeschäft (vgl. dazu auch oben Rdn. 57). Denn versprochen wird nicht einfach die Leistung der in der Urkunde genannten Sachen als solche oder die Zahlung einer bestimmten Geldsumme als solche, sondern die Erfüllung der Herausgabepflicht bezüglich eingelagerter oder transportierter Sachen bzw. die Zahlung der Versicherungssumme. In diesem **Zusammenhang mit dem Kausalgeschäft** liegt die wichtigste Besonderheit der in § 363 Abs. 2 HGB genannten Papiere. Dieser wirkt sich unterschiedlich aus, je nachdem, ob die Partei des Kausalgeschäfts und der erste Nehmer des Papiers verschiedene Personen sind wie häufig bei Konnossement und Ladeschein oder ob sie identisch sind wie üblicherweise bei Lagerschein und Transportversicherungspolice. **63**

a) Die Selbständigkeit des Konnossements und des Ladescheins gegenüber dem Frachtvertrag. Nach § 656 Abs. 1 und § 444 Abs. 3 HGB ist für das Rechtsverhältnis zwischen dem Verfrachter bzw. dem Frachtführer und dem Empfänger der Güter nur das Konnossement bzw. der Ladeschein maßgeblich. Auf den Frachtvertrag kommt es also insoweit grundsätzlich nicht an. Das gilt zunächst für den **Inhalt des Frachtvertrages**: In diesem enthaltene Abreden braucht sich der Empfänger nicht entgegenhalten zu lassen, es sei denn, dass in dem Papier auf sie Bezug genommen ist; das gleiche gilt für aus dem Frachtvertrag folgende Leistungsverweigerungsrechte.[110] Unerheblich sind darüber hinaus aber auch der **Abschluss und die Wirksamkeit des Frachtvertrages**: dessen Fehlen oder Nichtigkeit schlagen gegenüber dem Empfänger nicht durch. Auch dies folgt aus Wortlaut und Sinn der §§ 656 Abs. 1, 444 Abs. 3 HGB, auch wenn diese Vorschriften sich primär auf die Frage des Vertragsinhaltes beziehen dürften. Das ist i.E. allgemein anerkannt.[111] Dagegen können Einwendungen, die nicht den Inhalt oder die Wirksamkeit des Vertrages betreffen, sondern sich aus der gesetzlichen Regelung des Frachtvertragsrechts ergeben, also die so genannten **typusbedingten Einwendungen** auch dem Inhaber des Konnossements und des Ladescheins entgegengesetzt werden (vgl. näher § 364 Rdn. 43). **64**

Konstruktiv ist die Selbständigkeit der verbrieften Forderung gegenüber dem Frachtvertrag vom Boden der hier vertretenen **Botentheorie** aus (vgl. oben Rdn. 59) eine Selbstverständlichkeit. Denn es handelt sich nicht nur um zwei verschiedene Verträge, sondern außerdem auch (auf einer Seite) um unterschiedliche Vertrags- **65**

---

[109] **A.A.** i.E. RGZ 87, 389f, wo jedoch die Möglichkeiten der Rechtsscheinhaftung nicht erörtert sind.

[110] Vgl. BGH DB 1968, 1809, 1810 (wenngleich in Vermischung mit § 364 Abs. 2 HGB); *Koller* § 444 HGB Rdn. 9.

[111] Vgl. z.B. BGHZ 25, 300, 303; *Wüstendörfer* S. 309; *Kühlberg* S. 24f; *Schlegelberger/Liesecke* § 656 Rdn. 2; *Rabe* § 656 Rdn. 2; *Koller* § 444 Rdn. 9.

Claus-Wilhelm Canaris

schließende, und bei einer solchen Konstellation bedarf nicht die Selbständigkeit, sondern genau umgekehrt eine etwaige Unselbständigkeit eines der Verträge einer besonderen Begründung (etwa mit Hilfe der Lehre von der Geschäftsgrundlage). Aber auch für die von der h.L. vertretene Gegenansicht, wonach der Begebungsvertrag von dem Ablader bzw. dem Absender abgeschlossen wird und als **Vertrag zugunsten Dritter** gemäß § 328 BGB für den Empfänger wirkt (vgl. oben Rdn. 58), dürften sich in dieser Frage keine unüberwindlichen Konstruktionsschwierigkeiten ergeben. Insbesondere steht die Selbständigkeit des Begebungsvertrages nicht etwa in Widerspruch mit § 334 BGB; denn diese Vorschrift bezieht sich lediglich auf Einwendungen aus dem betreffenden Vertrag selbst, hier also aus dem Begebungsvertrag, nicht aber auch auf Einwendungen aus einem anderen Vertrag zwischen dem Versprechenden und dem Versprechensempfänger, der dem Vertrag zugunsten des Dritten lediglich zugrunde liegt.

66 Dogmatisch ist die Selbständigkeit des verbrieften Rechts gegenüber dem Frachtvertrag als **Abstraktheit** zu bezeichnen. Dabei darf man sich nicht von der Mehrdeutigkeit dieses Begriffs verwirren lassen.[112] Dieser wird hier nicht im Sinne von inhaltlicher „Farblosigkeit" oder „Typuslosigkeit" gebraucht, sondern im Sinne von Selbständigkeit gegenüber einem anderen Vertrag, also im Sinne von Nichtakzessorietät. Beide Arten der Abstraktheit können zusammenfallen, wie z.B. beim abstrakten Schuldversprechen, müssen es aber nicht, wie etwa das Beispiel der Grundschuld zeigt, die nur im letzteren Sinne abstrakt ist. Konnossement und Ladeschein sind somit grundsätzlich abstrakt in dem Sinne, dass das verbriefte Recht in Inhalt und Wirksamkeit unabhängig von dem zugrunde liegenden Frachtvertrag ist, aber zugleich typusbezogen in dem Sinne, dass nicht eine rechtlich „farblose" Leistung wie beim abstrakten Schuldversprechen, sondern eine vom gesetzlichen Typus des Frachtvertrages geprägte Leistung geschuldet wird (vgl. auch oben Rdn. 63 und § 364 Rdn. 43). Diese Typusbezogenheit führt nicht etwa zu einer Abhängigkeit des verbrieften Rechts gegenüber dem konkreten Frachtvertrag. Denn die typusbedingten Einwendungen schlagen gegenüber dem verbrieften Recht nicht deshalb durch, weil sie der Kausalforderung aus dem Frachtvertrag entgegengesetzt werden können, sondern deshalb, weil das verbriefte Recht selbst frachtrechtlicher Natur ist und daher an die gesetzlichen Voraussetzungen und Einschränkungen einer frachtrechtlichen Herausgabeforderung gebunden ist; es geht also insoweit nicht um Einwendungen aus dem Frachtvertrag, die ausnahmsweise dem verbrieften Recht entgegengesetzt werden können, sondern um Einwendungen aus dem Konnossements- bzw. Ladescheinverhältnis, das ebenfalls frachtrechtlichen Charakter hat. Deswegen ist es terminologisch wenig glücklich – wenngleich sachlich nicht falsch – von einem **halbkausalen Wertpapier** zu sprechen.[113]

Die Selbständigkeit und Abstraktheit des verbrieften Rechts wird häufig mit der Begründung bekämpft, die Verpflichtung des Verfrachters bzw. des Frachtführers beruhe trotz der Ausstellung des Konnossements bzw. des Ladescheins auch dem Empfänger gegenüber weiterhin auf dem Frachtvertrag und das Papier begrenze lediglich diese Verpflichtung „selbständig und maßgeblich".[114] Das liegt schon deshalb neben der Sache, weil es nicht um die Begrenzung der Pflichten des Verfrachters und des Frachtführers geht, sondern um deren selbständige Begründung gegenüber dem

---

[112] Vgl. zur Terminologie näher *Hueck/Canaris* § 2 VI 1 und *Larenz/Canaris* Schuldrecht II/2[13] § 61 I 2.

[113] So aber z.B. *Herber* § 30 II 1 c.

[114] So z.B. RGZ 57, 62, 64; *Schlegelberger/Geßler* § 446 Rdn. 2.

Empfänger. Außerdem besteht die Verpflichtung aus dem Konnossement und dem Ladeschein anerkanntermaßen auch beim Fehlen eines Frachtvertrags und kann daher unmöglich auf diesem beruhen.

Scharf zu unterscheiden ist die Selbständigkeit des verbrieften Rechts von dem **67** **wertpapierrechtlichen Einwendungsausschluss** gemäß § 364 Abs. 2 HGB. Es geht hier nämlich nicht etwa um den Zweiterwerb des Rechts und den Ausschluss an sich bestehender Einwendungen, sondern um den Ersterwerb und die von vornherein einwendungsfreie Begründung des Rechts. Die Problematik entspricht daher nicht der von §§ 364 Abs. 2 HGB, 796 BGB, sondern vielmehr der von § 784 Abs. 1 Halbs. 2 BGB.

Das hat erhebliche praktische Konsequenzen. So gilt der Grundsatz der Irrelevanz von Einwendungen aus dem Frachtvertrag nicht nur bei Order- und Inhaberpapieren sondern auch bei **Rektapapieren.** Das wird bestätigt durch den Wortlaut der §§ 656 Abs. 1, 444 Abs. 3 HGB, die sich auf das Konnossement und den Ladeschein schlechthin, also auch auf das Rektakonnossement und den Rektaladeschein beziehen. Auch auf den **guten Glauben** des Empfängers kommt es anders als im Rahmen von § 364 Abs. 2 HGB grundsätzlich nicht an. Nicht einmal positive Kenntnis eines Einwandes aus dem Frachtvertrag schadet dem Empfänger ohne weiteres; denn wenn die Parteien einen Einwand nicht in das Papier aufgenommen haben, darf der Empfänger grundsätzlich davon ausgehen, dass er sich nicht um ihn zu kümmern braucht. Auch Art. 17 WG ist nicht analog anwendbar, da diese Vorschrift nicht die Rechtsstellung des ersten Nehmers betrifft, sondern auf spätere Erwerber zugeschnitten ist und der Ablader bzw. der Absender somit nicht ein „früherer Inhaber" des Papiers i.S. von Art. 17 WG ist; die Rechtsstellung des ersten Nehmers ist eben insofern eine stärkere als die eines späteren Erwerbers, als sein Recht auf einem selbständigen Versprechen ihm gegenüber beruht und nicht aus dem Recht eines Vorgängers abgeleitet ist. Wohl aber ist selbstverständlich § 826 BGB und der Einwand des Rechtsmissbrauchs zu beachten. Dieser kann dem verbrieften Recht z.B. dann entgegenstehen, wenn der Empfänger bei Erwerb des Konnossements oder des Ladescheins Kenntnis von einem Mangel des Frachtvertrages hat und weiß, dass dieser dem Aussteller unbekannt ist.

Die Selbständigkeit von Konnossement und Ladeschein gegenüber dem Fracht- **68** vertrag beruht nicht auf zwingendem Recht, sondern kann durch eine **Bezugnahme auf den Frachtvertrag** eingeschränkt oder sogar ganz beseitigt werden.[115] Es gibt also auch **kausale Konnossemente und Ladescheine,** wobei es eine Frage des terminologischen Geschmacks ist, ob man die Zwischenformen noch als teil-abstrakt oder schon als teil-kausal bezeichnet. Wie weit die Abhängigkeit des verbrieften Rechts vom Frachtvertrag reicht, richtet sich nach der betreffenden Klausel in dem Papier und ist eine Frage der Auslegung. Dass die Abhängigkeit umfassend und das Papier somit voll-kausal ist, dürfte selten sein. Insbesondere wird man aus der Bezugnahme auf einzelne Vereinbarungen des Frachtvertrages in aller Regel nicht schließen können, dass damit auch die Wirksamkeit des Frachtvertrages zur Voraussetzung für die Geltendmachung der Rechte aus dem Konnossement bzw. dem Ladeschein gemacht werden soll. Sogar wenn auf den Frachtvertrag im ganzen Bezug genommen wird – was zulässig ist[116] –, kann damit u.U. doch nur die Maßgeblichkeit von dessen Inhalt und nicht zugleich die Abhängigkeit von dessen Wirksamkeit gemeint sein.

---

[115] Vgl. statt aller BGHZ 29, 120, 122 für das Konnossement.

[116] Vgl. z.B. BGHZ 29, 122.

Claus-Wilhelm Canaris

Die Bezugnahme auf den Frachtvertrag beseitigt nicht nur die Selbständigkeit des verbrieften Rechts für den Empfänger, sondern zerstört – in den Grenzen ihres Anwendungsbereichs – grundsätzlich zugleich auch die Möglichkeit des **Einwendungsausschlusses** zugunsten eines späteren Erwerbers des Papiers. Denn da die Bezugnahme auf den Frachtvertrag in der Urkunde enthalten ist, handelt es sich um eine „inhaltliche" Einwendung, die gemäß § 364 Abs. 2 HGB jedem Erwerber entgegengesetzt werden kann.[117] Dass aus dem Papier nicht immer ohne weiteres ersichtlich ist, ob wirklich eine Einwendung aus dem Frachtvertrag vorliegt und welche das gegebenenfalls ist, steht nicht entgegen, da schon die Bezugnahme als solche eine hinreichende Warnfunktion hat und das Entstehen eines Rechtsscheins verhindert; auch bei den „typusbedingten" Einwendungen geht nicht aus dem Papier selbst hervor, ob sie sich verwirklicht haben, und doch sind sie als „inhaltliche" Einwendungen anzuerkennen (vgl. § 364 Rdn. 43). Die **Orderpapiereigenschaft** wird durch die Beseitigung des Einwendungsausschlusses nicht berührt – und zwar auch dann nicht, wenn die Bezugnahme auf den Frachtvertrag umfassend ist und die Möglichkeit eines gutgläubigen einwendungsfreien Erwerbs vollständig ausschließt. Zwar handelt es sich dann um ein atypisches Orderpapier, doch besteht kein Anlass, dieses aus dem Kreis der Orderpapiere überhaupt auszuschließen. Vielmehr ist nur § 364 Abs. 2 HGB unanwendbar, während im Übrigen die Regelung der §§ 364 f HGB uneingeschränkt zum Zuge kommt. Daher besteht insbesondere die Möglichkeit gutgläubigen Erwerbs gemäß § 365 HGB i.V.m. Art. 16 Abs. 2 WG und die Möglichkeit einer befreienden Leistung an einen Nichtberechtigten gemäß § 365 HGB i.V.m. Art. 40 Abs. 3 WG.

69   **b) Die grundsätzliche Abhängigkeit des Lagerscheins vom Lagervertrag.** Im Recht des Lagerscheins fehlt eine den §§ 656 Abs. 1, 444 Abs. 3 HGB entsprechende Regelung. Das hat seinen Grund darin, dass nach dem vom Gesetzgeber zugrunde gelegten Typus des Lagergeschäfts üblicherweise der Einlagerer selbst und nicht ein Dritter erster Nehmer des Papiers ist; dem entspricht auch weitgehend die Rechtswirklichkeit.[118] Dem Einlagerer gegenüber fehlt nun aber grundsätzlich ein Anlass für eine Verselbständigung des verbrieften Rechts gegenüber dem Lagervertrag. Folglich schafft der Lagerschein i.d.R. keine selbständige Forderung gegen den Lagerhalter, sondern verbrieft lediglich die Forderung aus dem Lagervertrag.[119] Der Lagerschein ist mithin grundsätzlich ein rein **kausales Wertpapier.**

70   Anders als die abstrakten Wertpapiere wie z.B. Wechsel und Scheck hat der Lagerschein daher grundsätzlich **keine Umkehrung der Beweislast und keinen Verlust aller dem Aussteller bekannten Einwendungen gemäß §§ 812 Abs. 2, 814 BGB** zur Folge. Vielmehr gelten insoweit die allgemeinen Regeln. Der Lagerschein hat also im Verhältnis zwischen dem Einlagerer und dem Lagerhalter nur die Beweisfunktion eines Schuldscheins; den Ausschluss bekannter Einwendungen zieht er nicht ohne weiteres, sondern nur dann nach sich, wenn nach den Umständen des Falles ein rechtsgeschäftlicher Verzicht auf sie anzunehmen ist oder die Voraussetzungen des Rechtsmissbrauchseinwandes gemäß § 242 BGB vorliegen. Dritten gegenüber kommt es darauf an, ob der Lagerschein echtes Order- oder Inhaberpapier oder nur Rektapapier ist: in den ersten beiden Fällen greift der wertpapierrechtliche Einwendungsausschluss

---

[117] Vgl. auch BGHZ 29, 122, wonach eine im Frachtvertrag vereinbarte Schiedsgerichtsklausel grundsätzlich auch für das Konnossement gilt, wenn dieses eine allgemeine Bezugnahme auf den Frachtvertrag enthält.

[118] Vgl. *Abraham* Der Lagerschein S. 14.
[119] Vgl. auch *Abraham* S. 14 und 21.

gemäß §§ 364 Abs. 2 HGB, 796 BGB durch, im letzten Fall sind dagegen nur die allgemeinen Möglichkeiten des Einwendungsausschlusses gegeben (vgl. dazu näher unten Rdn. 87 ff).

Die Schaffung eines **abstrakten Lagerscheins** ist zulässig. Ob sie gewollt ist, ist **71** eine Frage der Auslegung. Sie zu bejahen, liegt vor allem dann sehr nahe, wenn erster Nehmer des Papiers nicht der Einlagerer selbst, sondern ein Dritter wie z.B. eine kreditgewährende Bank ist;[120] denn im Zweifel ist dann eine besondere Sicherstellung des Dritten gewollt, und dazu ist die Begründung einer gegenüber dem Lagervertrag selbständigen und in diesem Sinne abstrakten Forderung das geeignete Mittel. Dann gelten die oben Rdn. 64–68 entwickelten Grundsätze entsprechend.

c) Die grundsätzliche Abhängigkeit der Transportversicherungspolice vom **72** **Versicherungsvertrag.** Die Transportversicherungspolice verbrieft die Ansprüche aus einer Transportversicherung gemäß §§ 129 ff VVG oder aus einer Seeversicherung gemäß §§ 778 ff HGB (vgl. oben Rdn. 55 a. E.). Bei ihr besteht i.d.R. noch weniger als beim Lagerschein ein Anlass für die Annahme, die Parteien hätten ein selbständiges Recht neben die Ansprüche aus dem Versicherungsvertrag stellen wollen. Auch die Transportversicherungspolice ist daher grundsätzlich ein **kausales Wertpapier**.

Das gilt im Zweifel selbst dann, wenn **erster Nehmer des Papiers nicht der Ver-** **73** **sicherungsnehmer, sondern ein Dritter** ist. Der Versicherer wird nämlich i.d.R. nicht den Willen haben, diesem eine selbständige, von Einwendungen freie Rechtsstellung zu verschaffen. Die Lage ist insoweit nicht vergleichbar mit der entsprechenden Problematik bei Konnossement, Ladeschein und Lagerschein. Denn dabei muss der Aussteller des Papiers in aller Regel die Güter auch bei Nichtigkeit des Kausalgeschäfts herausgeben und geht daher durch die Begründung eines selbständigen Herausgabeanspruchs für einen Dritten nur ein ziemlich begrenztes Risiko ein, zumal sein gesetzliches Pfandrecht i.d.R. ohnehin auch gegenüber dem Dritten wirkt; der Versicherer braucht dagegen bei Unwirksamkeit des Versicherungsvertrages grundsätzlich überhaupt nicht zu leisten, so dass ein Einwendungsausschluss für ihn ungleich weiterreichende Wirkungen hat. Selbstverständlich ist es aber dem Versicherer nach dem Grundsatz der Privatautonomie unbenommen, die Police als **abstraktes Papier** auszugestalten. Das ist z.B. anzunehmen, wenn der Versicherer auf Einwendungen verzichtet hat.[121] Es gelten dann die oben Rdn. 64 ff dargestellten Grundsätze.

Ebenso wie die Abstraktheit der wertpapierrechtlichen Verpflichtung aus den in **74** der vorigen Rdn. dargelegten Gründen für den Versicherer besonders gefährlich ist, bedeutet für diesen auch der – von der Abstraktheit dogmatisch und praktisch scharf zu unterscheidende – **orderpapierrechtliche Einwendungsausschluss gemäß § 364 Abs. 2 HGB** eine erhebliche Gefahr. An der Geltung dieser Vorschrift für die Ordertransportversicherungspolice besteht jedoch angesichts der klaren gesetzlichen Regelung kein Zweifel. Damit hängt zusammen, dass die Transportversicherungspolice mit Wertpapiercharakter heute offenbar nahezu völlig durch die Versicherung für den, den es angeht, ersetzt worden ist.[122]

Im Übrigen werden die Gefahren des Einwendungsausschlusses sehr stark dadurch gemindert, dass die aus dem gesetzlichen Typus des Versicherungsvertrags folgenden Einwendungen auch dem gutgläubigen Erwerber entgegengesetzt werden können, da

---

[120] Vgl. auch *Abraham* S. 14.
[121] Vgl. etwa das Beispiel aus der Feuerversicherung bei *Sieg* VersR 1977, 214 f.
[122] Vgl. *Tsirintanis* Die Order-Polize, 1930, S. 88 f;

Gruns Orderpapiere im Dokumentenverkehr, 1960, S. 52; *Opitz* Der Funktionswandel des Wechselindossaments, 1968, S. 148.

Claus-Wilhelm Canaris

sie „inhaltliche" Einwendungen darstellen (vgl. § 364 Rdn. 43). Es verbleiben somit im Wesentlichen die Einwendungen gegen die Wirksamkeit des Versicherungsvertrags (soweit diese nicht zugleich die Zurechnung des Rechtsscheins ausschließen und daher auch gegenüber einem gutgläubigen Erwerber wirken, vgl. dazu § 364 Rdn. 45 ff). Auch deren Ausschluss kann der Versicherer jedoch verhindern, indem er seine Pflicht zur Leistung aus der Orderpolice durch einen entsprechenden Vermerk in der Urkunde von der Wirksamkeit des Versicherungsvertrags abhängig macht und so dessen Unwirksamkeit in den Rang einer inhaltlichen Einwendung erhebt.[123] Es gelten dann die Ausführungen oben Rdn. 68 Abs. 2 entsprechend. Danach lässt die Abhängigkeit des verbrieften Rechts von der Gültigkeit des Kausalvertrags die Orderpapiereigenschaft unberührt und beeinträchtigt weder die Möglichkeit gutgläubigen Erwerbs gemäß § 365 HGB i.V.m. Art 16 Abs. 2 WG noch die Möglichkeit einer befreienden Leistung an einen Nichtberechtigten gemäß § 365 HGB i.V.m. Art. 40 Abs. 3 WG. Diese Möglichkeiten sind aber zur Erreichung des Zwecks der Orderklausel, dem Erwerber von Konnossement oder Ladeschein auch in versicherungsrechtlicher Hinsicht eine vergleichbare Sicherheit zu bieten (vgl. oben Rdn. 55 Abs. 2), weit wichtiger als der Ausschluss von Einwendungen gegen die Wirksamkeit des Versicherungsvertrags. Eine Ordertransportversicherungspolice, in der die Leistungspflicht des Versicherers von der Wirksamkeit des Versicherungsvertrags abhängig gemacht ist, dürfte daher den besten Kompromiss zwischen den Interessen der Beteiligten darstellen.

75   Beim **Fehlen der Orderklausel** wird im Zweifel nicht einmal ein Rektapapier vorliegen;[124] denn auf Grund der Regelung von § 4 Abs. 2 VVG ist der Versicherungsschein im Zweifel kein Wertpapier, sondern bloßer Schuldschein. Selbstverständlich steht es den Parteien jedoch frei, eine echte **Rektaversicherungspolice** zu schaffen. Darin liegt dann zugleich eine Abdingung von § 4 Abs. 2 VVG, die gemäß § 15a VVG zulässig ist; statt dessen gilt die Regelung über das Aufgebotsverfahren analog §§ 808 Abs. 2 BGB, 365 Abs. 2 HGB (vgl. oben Rdn. 27).

76   Als echtes **Inhaberpapier** soll die Police über eine Transportversicherung i.S. von § 129 VVG nach h.L. nicht ausgestaltet werden können, sondern es soll vielmehr stets lediglich ein qualifiziertes Legitimationspapier i.S. von § 808 BGB vorliegen.[125] Dem ist nicht zu folgen.[126] Mit dem Hinweis auf § 4 Abs. 1 VVG lässt sich die h.L. nicht stützen; denn gemäß § 15a VVG ist diese Vorschrift nicht zwingend, und daher ist nicht einzusehen, warum sie eine Begrenzung der Privatautonomie und nicht lediglich eine Auslegungsregel darstellen soll. Noch weniger überzeugt das Argument, die Versicherungsforderung sei „in ihrer Entstehung und Fortdauer vielfach von dem Verhalten des Versicherungsnehmers abhängig", es sei „ungewiß, ob sie je fällig wird" und sie sei „auch in ihrer Höhe ungewiß".[127] Das alles ließe sich nämlich auch gegen die Verbriefung in einem Orderpapier einwenden, hat aber den Gesetzgeber nicht von dessen Zulassung abgehalten; dann muss aber die Verbriefung in einem Inhaberpapier erst recht zulässig sein, da § 793 BGB dessen Schaffung in wesentlich großzügigerer Weise ermöglicht als § 363 HGB die Schaffung von Orderpapieren. Im Übrigen führt die h.L. auch zu ausgesprochen verkehrs- und praxisfeindlichen Ergebnissen, weil sie

---

[123] Str., **a.A.** z.B. *Langenberg* Die Versicherungspolice S. 44.

[124] Vgl. auch *Kisch* Der Versicherungsschein, S. 32.

[125] Vgl. *Kisch* S. 33 f; *Langenberg* S. 46; *Sieg* VersR

1977, 214; MünchKomm.-*Hefermehl* § 363 Rdn. 69.

[126] Zustimmend *Zöllner* § 25 I 6.

[127] So *Kisch* S. 33.

bei Versicherungspolicen mit Inhaberklausel die Möglichkeit des gutgläubigen Erwerbs und des wertpapierrechtlichen Einwendungsausschlusses zerstört.[128]

Für die Police über eine Seeversicherung i.S. von §§ 778 ff HGB ist die Möglichkeit einer Ausgestaltung als echtes Inhaberpapier unbestritten, da insoweit § 4 VVG unanwendbar ist.[129] Im Zweifel ist jedoch auch hier nur ein Namenspapier mit Inhaberklausel i.S. von § 808 BGB gewollt, so dass es für die Annahme eines echten Inhaberpapiers einer entsprechend klaren Vereinbarung bedarf.[130]

IV. Von § 363 HGB nicht erfasste Papiere mit Orderklausel

Wegen des **numerus clausus der Orderpapiere** (vgl. oben Rdn. 2) entstehen **77** Schwierigkeiten bei Papieren mit Orderklausel, die sich nicht unter § 363 HGB subsumieren lassen. Hier gibt es im Wesentlichen zwei Lösungsmöglichkeiten: entweder man wendet § 363 HGB analog an oder man versucht die Problematik mit Hilfe der allgemeinen, nicht orderpapierrechtlichen Regeln in den Griff zu bekommen. Wenn § 363 HGB analog anzuwenden ist, zieht das grundsätzlich zugleich die Qualifikation als **Traditionspapier** nach sich (vgl. unten Rdn. 153).

1. Die Zulassung weiterer echter Orderpapiere im Wege der Analogie

a) Voraussetzungen und Grenzen einer analogen Anwendung von § 363 HGB. 78 Das numerus-clausus-Prinzip schließt zwar die Möglichkeit einer analogen Anwendung von § 363 HGB nicht schlechthin aus, verbietet jedoch eine generalklauselartige, tatbestandlich konturlose Durchbrechung der Schranken von § 363 HGB (vgl. oben Rdn. 3). Folglich hängt die Zulässigkeit einer Analogie jeweils von einer **genauen und verhältnismäßig engen Bestimmung der maßgeblichen „Ähnlichkeitsmerkmale"** ab.

Erste und unerlässliche Grundlage ist dabei das Vorliegen der **Kaufmannseigen- 79 schaft**. Denn diese ist nicht nur beiden Absätzen des § 363 HGB gemeinsam, sondern hat vor allem auch zwingenden Schutzcharakter und ist daher unverzichtbar (vgl. oben Rdn. 7). Dagegen sind die beiden anderen Voraussetzungen von § 363 I HGB, also die **Vertretbarkeit** der im Papier versprochenen Leistung und die **Unabhängigkeit von einer Gegenleistung** nicht unerlässlich. Das ergibt sich nicht nur aus der rechtspolitischen Fragwürdigkeit dieser Erfordernisse (vgl. dazu oben Rdn. 13 und 17), sondern vor allem aus dem Umstand, dass sie für § 363 Abs. 2 HGB nicht gelten (vgl. oben Rdn. 53). Das Problem der Analogie zu § 363 HGB verengt sich somit insoweit auf die Frage, unter welchen Voraussetzungen auf die Erfordernisse der Vertretbarkeit und der Unabhängigkeit von einer Gegenleistung verzichtet werden kann. Ergänzend kommt die weitere Frage hinzu, ob auch Ansprüche aus Vertragstypen, die nicht ausdrücklich von der Regelung des § 363 Abs. 2 HGB erfasst werden, in Analogie zu dieser in einem Orderpapier verbrieft werden können.

Hierfür bietet nun § 363 Abs. 2 HGB entscheidende Anhaltspunkte. Sieht man **80** einmal von der Transportversicherungspolice ab, deren Einbeziehung in die echten Orderpapiere nur als „Annex" der Orderpapiereigenschaft von Konnossement und Ladeschein verständlich ist (vgl. oben Rdn. 55 Abs. 2), so liegt die Gemeinsamkeit der unter § 363 Abs. 2 HGB fallenden Papiere in der **Verbriefung eines Anspruchs auf die Herausgabe von Gütern**. Hierin liegt daher ein erstes und zugleich das wichtigste

---

[128] Vgl. auch *Sieg* VersR 1977, 217 unter 3a und 218 zum Versicherungszertifikat bei der laufenden Versicherung.

[129] Vgl. statt aller BGH NJW 1962, 1436, 1437.
[130] Vgl. BGH aaO; *Sieg* VersR 1977, 214 m.w. Nachw. in Fn. 20.

Claus-Wilhelm Canaris

Merkmal für die Zulassung einer Analogie. Dieses genügt allerdings für sich allein noch nicht. Denn sonst würde man im praktischen Ergebnis zu einer weitgehenden Aushöhlung der Schranken von Absatz 1 kommen; das zeigt sich etwa daran, dass sonst der an Order gestellte kaufmännische Verpflichtungsschein auch dann als echtes Orderpapier anerkannt werden müsste, wenn er sich auf nicht vertretbare Sachen bezieht und die Leistungspflicht von einer Gegenleistung abhängig macht – ein mit § 363 Abs. 1 HGB unvereinbares Ergebnis.

81   Es müssen daher weitere Kriterien hinzukommen, für die wiederum § 363 Abs. 2 HGB die Richtung weist. Privilegiert sind danach nämlich zwei ganz bestimmte kaufmännische Tätigkeitsbereiche: das **Lagerwesen** zum einen und das **Transportwesen** zum anderen. Hinsichtlich des ersteren stand einer Analogie zwar früher entgegen, dass dadurch das Erfordernis einer staatlichen Ermächtigung zur Ausgabe von Lagerscheinen hätte unterlaufen werden können, doch hat der Gesetzgeber dieses Erfordernis durch das Transportrechtsreformgesetz vom 25.6.1998 (BGBl. I 1588) aufgehoben, so dass dieses Bedenken entfallen ist. Für den Bereich des Transportwesens lässt das Gesetz selbst deutlich die Tendenz zur Großzügigkeit erkennen, indem es die Transportversicherungspolice in den Kreis der Orderpapiere einbezieht. Auch ist immer wieder ins Bewusstsein zu rufen, dass es letztlich stets um die Überwindung der beiden höchst fragwürdigen Merkmale der Vertretbarkeit und der Unabhängigkeit von einer Gegenleistung geht, weil anderenfalls die Schaffung eines Orderpapiers ohnehin schon nach Absatz 1 zulässig wäre; von diesen beiden Merkmalen aber wird das der Vertretbarkeit nur eine geringfügige praktische Rolle spielen – sofern man es nur nicht fälschlich mit dem Vorliegen einer Gattungsschuld identifiziert (vgl. dazu oben Rdn. 14), während das Erfordernis der Unabhängigkeit von einer Gegenleistung gesetzgeberisch ganz besonders schlecht durchdacht ist (vgl. oben Rdn. 17).

Insgesamt dürfte somit bei der **Verbriefung von Herausgabeansprüchen auf dem Gebiete des Transport- und des Lagerwesens** der Weg für eine Analogie zu § 363 II HGB grundsätzlich frei sein. Der Begriff des Transportwesens ist dabei nicht im engen Sinne der eigentlichen Beförderung zu verstehen, sondern umfasst grundsätzlich z.B. auch die Spedition (vgl. dazu näher unten Rdn. 86).

82   Bei der **Verbriefung eines nicht auf Herausgabe gerichteten Anspruchs** kommt eine Analogie zu § 363 Abs. 2 HGB dann in Betracht, wenn das betreffende Papier mit einem Güterpapier des Transportwesens ähnlich eng zusammenhängt und für dessen Umlauf eine ähnliche Annexfunktion hat wie die Transportversicherungspolice. So wäre § 363 II HGB z.B. auf die Seeversicherungspolice analog anzuwenden, wenn man insoweit nicht ohnehin schon mit einer extensiven Auslegung der Vorschrift auskäme (vgl. oben Rdn. 55 a.E.).

83   b) **Beispiele einer analogen Anwendung von § 363 HGB.** Vor der Vereinheitlichung des Transportrechts durch das Transportrechtsreformgesetz vom 25.6.1998 (BGBl. I 1588) bestanden vor allem bei **kombinierten Transporten** mit unterschiedlichen Transportmitteln Regelungslücken für die Ausstellung von Orderpapieren – insbesondere, soweit das Gesetz für eine Teilstrecke überhaupt kein Orderpapier kannte. Der Ausweg bestand darin, die entsprechenden **Durchkonnossemente** in Analogie zu § 363 Abs. 3 HGB als Orderpapiere anzuerkennen;[131] gleiches galt für das **Dokument des kombinierten Transports,**[132] das in den „Internationalen Regeln für

---

[131] Vgl. eingehend *Canaris* 3. Aufl. § 363 Anm. 65 mit umf. Nachw.   [132] Vgl. eingehend *Canaris* 3. Aufl. § 363 Anm. 66 mit umf. Nachw.

ein Dokument des kombinierten Transports" der Internationalen Handelskammer in Paris aus dem Jahre 1973 (revidierte Fassung vom 15.6.1975) vorgesehen war. Durch die Reform sind diese Probleme entfallen. Denn die weite Fassung des Geltungsbereichs der Vorschriften über den Frachtvertrag gemäß § 407 Abs. 3 Nr. 1 HGB führt zu einem entsprechend weiten Anwendungsfeld für den Ladeschein gemäß § 444 HGB, und die Abgrenzung gegenüber dem Konnossement sowie das Zusammenspiel mit diesem wird durch die §§ 450, 452 Satz 2 HGB gewährleistet.

Ähnlich wie früher im kombinierten Verkehr ein einheitliches Orderpapier über **84** eine Transportleistung mit unterschiedlichen Teilleistungen an Stelle mehrerer einzelner Orderpapiere ausgestellt wurde, kann man sich auch heute noch die Zusammenfassung mehrerer Teilleistungen in einem Orderpapier vorstellen. Man denke etwa an die Kombination der Funktionen von Frachtführer und Lagerhalter. Da bei Abschluss zweier getrennter Verträge die Zulässigkeit der Schaffung eines Orderpapiers nach § 363 Abs. 2 HGB – nämlich eines Lade- und eines Lagerscheins – unbedenklich wäre, sollte man grundsätzlich auch die Möglichkeit anerkennen, analog § 363 Abs. 2 HGB ein Orderpapier über den **Herausgabeanspruch aus einem gemischttypischen Vertrag aus Elementen des Fracht- und des Lagerrechts** zu schaffen. Das Gleiche gilt bei solchen gemischttypischen Verträgen, in denen es zu einer **Verbindung von fracht- oder lagerrechtlichen Elementen mit Leistungen eines andersartigen Vertragstyps** kommt, wobei man sich insoweit insbesondere an das Vorbild der Einbeziehung der Transportversicherungspolice in den Anwendungsbereich von § 363 Abs. 2 HGB anlehnen kann.

Gesetzlich nicht geregelt ist die Ausstellung eines Orderpapiers durch einen Spediteur, in dem dieser den gegen ihn gerichteten Herausgabeanspruch verbrieft. Deren **85** Zulässigkeit hat der BGH für das **Forwarders Receipt,** das die Fédération Internationale des Associations des Transporteurs et Assimilés im Jahre 1955 eingeführt hat, verneint.[133] Dem ist im Ergebnis zuzustimmen, weil nach den Feststellungen des BGH das Forwarders Receipt bei der Auslieferung der Ware nicht unbedingt vorgelegt werden muss;[134] denn da demnach zur Geltendmachung des Herausgabeanspruchs nicht die Vorlegung der Urkunde erforderlich ist, liegt überhaupt kein Wertpapier und mithin auch kein Orderpapier vor.[135]

Der BGH hat sich jedoch auf diesen Gesichtspunkt nicht maßgeblich gestützt, sondern seine Entscheidung vor allem damit begründet, dass der Kreis der Orderpapiere **86** nicht durch Parteivereinbarung erweitert werden könne. Damit wird die Problematik indessen nicht ausgeschöpft. Demgemäß beginnen die eigentlichen Schwierigkeiten erst bei **Spediteursbescheinigungen mit Wertpapiercharakter.** Selbstverständlich ist insoweit zunächst, dass diese jedenfalls dann als Orderpapier ausgestellt werden können, wenn sie sich **in den Grenzen von § 363 Abs. 1 HGB** halten; dazu ist lediglich erforderlich, dass sie sich auf vertretbare Sachen – nicht aber unbedingt auf eine Gattungsschuld (vgl. oben Rdn. 14) – beziehen und dass die Herausgabe der Waren nicht im Papier von einer Gegenleistung i.S. eines Äquivalents – wohl aber u.U. von einer anderen Leistung (vgl. oben Rdn. 18) – abhängig gemacht ist. Bei **Fehlen der Voraussetzungen von § 363 Abs. 1 HGB** stellt sich die Frage einer Analogie zu § 363 Abs. 2 HGB (auf die der BGH nicht eingegangen ist). Gegen diese könnte sprechen, dass der Spediteur die Ware nicht selbst zu befördern hat, Konnossement und Ladeschein aber vom Beförderer ausgestellt werden. Auch ist zu bedenken, dass dem

---

[133] Vgl. BGHZ 68, 18, 22.
[134] Vgl. BGHZ 68, 18, 22.

[135] Ebenso *Koller* § 454 Rdn. 24.

Claus-Wilhelm Canaris

Gesetzgeber der Spediteur bekannt war und er ihn trotzdem nicht in den Kreis der durch § 363 Abs. 2 HGB privilegierten Personen aufgenommen hat. In der Tat geht es daher nicht an, ohne weiteres auf jedes von einem Spediteur ausgestellte Papier § 363 Abs. 2 HGB analog anzuwenden. Andererseits hat aber die Wandlung des Transportwesens, insbesondere die Einführung von Containern, auch die Funktion des Spediteurs teilweise verändert – was offenbar gerade für die Schaffung des Forwarders Receipt eine wesentliche Rolle gespielt hat.[136] Jedenfalls dann, wenn ein solcher „Wandel der Normsituation" vorliegt, weil die Wertung des Gesetzgebers die heutige rechtstatsächliche Lage nicht berücksichtigt hat, sind insoweit die Voraussetzungen für eine Rechtsfortbildung grundsätzlich gegeben, so dass man eine Analogie zu § 363 Abs. 2 HGB zulassen kann.

Daran ändert sich grundsätzlich auch dann nichts, wenn außer der Spediteursbescheinigung noch ein anderes Wertpapier wie z.B. ein Konnossement ausgestellt werden soll und tatsächlich ausgestellt wird. Dass der Herausgabeanspruch auf dieselbe Ware nicht durch zwei verschiedene Traditionspapiere repräsentiert sein könne, wie der BGH meint,[137] trifft in dieser Form nicht zu. So ist es z.B. unbestritten, dass über dieselbe Ware zunächst ein Lagerschein und dann ein Konnossement (und schließlich vielleicht sogar noch ein Ladeschein) ausgestellt werden kann. Dementsprechend bestehen auch keine grundsätzlichen Bedenken dagegen, nicht nur den Herausgabeanspruch gegen den Beförderer, sondern zusätzlich den Herausgabeanspruch gegen den Spediteur in einem Traditionspapier zu verbriefen. Allerdings kann nach der Begebung des Konnossements oder eines Ladescheins nur noch durch dessen Übergabe und nicht mehr durch Übergabe der Spediteursbescheinigung über die Güter verfügt werden. Denn da der Spediteur zu diesem Zeitpunkt nur noch mittelbarer Besitzer ist, richtet sich der Herausgabeanspruch gegen ihn lediglich auf Übertragung des mittelbaren Besitzes, und dazu ist gemäß § 870 BGB die Abtretung des Herausgabeanspruchs gegen den unmittelbaren Besitzer, also den Beförderer erforderlich; dieser Anspruch aber kann wegen seiner Verbriefung nur unter Übergabe des Konnossements oder Ladescheins übertragen werden (vgl. unten Rdn. 142). Die Spediteursbescheinigung kann folglich insoweit keine Traditionswirkung entfalten, als der Anspruch gegen den unmittelbaren Besitzer der Güter in einem anderen Traditionspapier verbrieft ist. Das ist jedoch kein hinreichender Anlass, um der Spediteursbescheinigung die Orderpapiereigenschaft vorzuenthalten. Denn zum einen bleiben ja die übrigen Vorteile eines Orderpapiers unberührt, und zum anderen greift auch die Traditionswirkung immerhin insoweit ein, als ein weiteres Traditionspapier nicht besteht oder den Transport nicht abdeckt – also z.B. bis zur Übernahme des Gutes durch den Beförderer oder bei kombinierten Transporten für Teilstrecken, bezüglich derer kein Traditionspapier ausgestellt ist. Untragbare Unklarheiten über die Verfügungsmöglichkeiten entstehen dadurch nicht. Das gilt schon deshalb, weil bezüglich der nicht durch ein Konnossement oder einen Ladeschein gedeckten Teile der Beförderung ohnehin § 931 BGB uneingeschränkt anwendbar bleibt; wenn aber insoweit schon durch Abtretung des unverbrieften Herausgabeanspruchs über die Güter verfügt werden kann, dann bestehen in dieser Hinsicht erst recht keine Bedenken gegen die Zulassung von Verfügungen mit Hilfe des verbrieften Herausgabeanspruchs.

Spricht man einer Spediteursbescheinigung den Charakter als Orderpapier und/oder Traditionspapier ab, so kann ihre Übergabe doch gleichwohl zu einer **Übereignung der Güter** führen. Denn in ihr kann eine konkludente Abtretung des Heraus-

---

[136] Vgl. BGHZ 68, 18, 20.   [137] Vgl. BGHZ 68, 18, 20.

gabeanspruchs gemäß § 931 BGB liegen. Dabei ist freilich zu beachten, dass diese, wie soeben dargelegt, nach Begebung eines Konnossements oder Ladescheins nur noch unter deren Übergabe erfolgen kann. Ob eine Abtretung nach § 931 BGB und eine Einigung über den Eigentumsübergang wirklich gegeben sind, ist eine Frage der Auslegung; sie wird i.d.R. zu bejahen sein, wenn die Spediteursbescheinigung gegen Zahlung des Kaufpreises oder der Akkreditivsumme übertragen wird (vgl. auch oben Rdn. 50 zum entsprechenden Problem beim Lieferschein). Umgekehrt muss auch dann, wenn man der Spediteursbescheinigung den Charakter als Traditionspapier zuerkennt, in ihrer Übertragung nicht notwendigerweise eine Verfügung über die Güter liegen; denn zu dieser bedarf es einer besonderen Einigung bezüglich der Güter (vgl. unten Rdn. 105), und daher stellt sich hier die Auslegungsproblematik nicht wesentlich anders dar als bei Ablehnung des Traditionspapiercharakters (vgl. auch oben Rdn. 51).

2. Papiere mit Orderklausel ohne Orderpapiercharakter

a) Wertpapierrechtliche Lösungsmöglichkeiten. Trägt ein Papier eine Order- **87** klausel, lässt es sich aber nicht unter § 363 HGB subsumieren und auch nicht im Wege der Analogie gleichstellen, so ist zunächst zu prüfen, ob es wenigstens als **Rektapapier** aufrechterhalten werden kann. Denn aus dem Fehlen des Orderpapiercharakters folgt selbstverständlich nicht ohne weiteres, dass nun überhaupt kein Wertpapier vorliegt. Andererseits kann freilich aus der Orderklausel allein nicht immer ohne weiteres der Wertpapiercharakter hergeleitet werden, da sich derartige Vermerke z.B. auch auf bloßen Schuldscheinen, Bestätigungsschreiben und dgl. finden (vgl. näher oben Rdn. 23 f). Ist aber der Wertpapiercharakter zu bejahen (vgl. oben Rdn. 23), so treten die allgemein-wertpapierrechtlichen Wirkungen ein: der Schuldner ist nur gegen **Vorlage und Aushändigung der Urkunde** zur Leistung verpflichtet (vgl. oben Rdn. 25); der Erwerber des Papiers ist wegen der **Ausschaltung von § 407 BGB** vor Leistungen des Schuldners an den früheren Gläubiger geschützt (vgl. oben Rdn. 26); bei Vernichtung oder Verlust des Papiers ist ein **Aufgebotsverfahren** möglich und grundsätzlich auch erforderlich (vgl. oben Rdn. 27).

Darüber hinaus können teilweise sogar die spezifisch orderpapierrechtlichen **88** Wirkungen eintreten, weil und soweit es einen **Schutz des guten Glaubens an die Orderpapiereigenschaft** gibt. So greift z.B. bei einem nicht-kaufmännischen Orderpapier zwar keinesfalls der Einwendungsausschluss gemäß § 364 Abs. 2 HGB Platz, wohl aber können sonstige Orderpapierwirkungen wie vor allem die Möglichkeit gutgläubigen Erwerbs gemäß § 365 HGB i.V.m. Art. 16 Abs. 2 WG und die Möglichkeit einer befreienden Leistung gemäß § 365 HGB i.V.m. Art. 40 Abs. 3 WG in Betracht kommen, sofern das Papier den äußeren Anschein eines kaufmännischen Orderpapiers erweckt (vgl. näher oben Rdn. 12).

b) Bürgerlich-rechtliche Lösungsmöglichkeiten. Gewisse Annäherungen an die **89** Wirkungen eines echten Orderpapiers lassen sich teilweise auch mit den allgemeinen Instituten des bürgerlichen Rechts erreichen. So hat das **Indossament** auch bei einem Papier ohne Orderpapiercharakter grundsätzlich Übertragungswirkung, weil es sich als gewöhnliche Zession aufrechthalten lässt.[138] Sofern es ein Blankoindossament darstellt, besteht sogar in gewissem Umfang die Möglichkeit **gutgläubigen Erwerbs.**

---

[138] Vgl. z.B. RGZ 101, 297, 299; MünchKomm.-
Hefermehl § 363 Rdn. 67.

Claus-Wilhelm Canaris

Denn eine Blanketterklärung ist grundsätzlich der Aushändigung einer Vollmachts-
urkunde gemäß § 172 BGB gleichzustellen, ohne dass der Blankettzeichner bei einem
Missbrauch die Möglichkeit einer Anfechtung hat.[139] Setzt daher der Blankettnehmer
abredewidrig einen anderen Erwerber ein, als er mit dem Blankettzeichner vereinbart
hatte, so muss dieser das gegen sich gelten lassen, sofern der Erwerber gutgläubig
war.[140]

90   Auch ein **Einwendungsausschluss** lässt sich in gewissen Grenzen mit den Mitteln
der Rechtsgeschäftslehre erreichen. Denn der Aussteller kann grundsätzlich gemäß
oder analog § 328 BGB zugunsten künftiger Erwerber des Papiers auf seine Einwendungen verzichten.[141] Eine solche Konstruktion ist dogmatisch möglich, da die Person
des Begünstigten beim Vertrag zugunsten Dritter nicht schon zur Zeit des Vertragsschlusses festzustehen braucht. Praktisch wird sich ein entsprechender Parteiwille freilich nur sehr selten feststellen lassen, will man nicht Zuflucht zu Fiktionen nehmen.

Außerdem darf man die Reichweite eines rechtsgeschäftlichen Einwendungsverzichts nicht überschätzen. Häufig wird sich nämlich der fragliche Einwand zugleich
auf den Vertrag zugunsten Dritter erstrecken, und dann greift er gemäß § 334 BGB
auch gegenüber dem gutgläubigen Erwerber durch; hat der Aussteller das Papier z. B.
unter dem Einfluss einer arglistigen Täuschung begeben, so wird diese in aller Regel
auch den Einwendungsverzichtsvertrag selbst anfechtbar machen. Auf der anderen
Seite geht die Konstruktion eines Vertrages zugunsten der zukünftigen Erwerber insofern zu weit, als der Einwendungsverzicht folgerichtig nicht auf gutgläubige Erwerber
beschränkt ist. Insgesamt dürfte diese Konstruktion somit einen weitgehend sach-
widrigen Versuch darstellen, Probleme der Vertrauenshaftung mit den Mitteln der
Rechtsgeschäftslehre zu lösen.

91   Dogmatisch und praktisch wesentlich sachgerechter ist daher der Rückgriff auf die
Rechtsscheinhaftung, die bekanntlich keine wertpapierrechtliche Besonderheit darstellt, sondern auch im allgemeinen bürgerlichen Recht ein weites Anwendungsfeld
hat, wie etwa die §§ 170 ff, 405 BGB beweisen.[142] Mit ihrer Hilfe lässt sich vor allem
die Problematik lösen, die bei einer **Aushändigung des Papiers vor Erhalt des Geldes
oder der Güter** entsteht: der Aussteller haftet dem gutgläubigen Erwerber des Papiers
dann nach den Regeln über die Rechtsscheinhaftung kraft wissentlicher Schaffung
eines Scheintatbestandes (vgl. näher oben Rdn. 12 und 62 Abs. 2). Es handelt sich
dabei um ein allgemeines Prinzip des bürgerlichen Rechts.[143] Seine Anwendung ist
daher ohne weiteres auch dann möglich, wenn kein echtes Orderpapier vorliegt, ja
sogar dann, wenn überhaupt kein Wertpapier, sondern nur ein Schuldschein gegeben
ist.[144] Erforderlich ist allerdings, dass die Begebung des Papiers freiwillig und unbeein-
flusst von Willensmängeln erfolgt ist.[145]

---

[139] Vgl. z. B. RGZ 138, 265, 269 zum Blankolager-
schein; BGHZ 40, 65, 67 f und 297, 304 f; *Flume*
Allg. Teil des Bürg. Rechts Bd. II[4] § 49, 2c;
Canaris Die Vertrauenshaftung im deutschen
Privatrecht, 1971, S. 57 f und 60 f m. w. Nachw.

[140] Vgl. auch RGZ 81, 257, 260 zur Blankozession
von Grundschuldbriefen und Obligationen.

[141] Vgl. RGZ 71, 30, 31 f; 78, 149, 154; *Jacobi*
Ehrenbergs Hdb. IV 1 S. 278 f; *Raiser* ZHR 101,
57 f; *Ulmer* S. 28; MünchKomm.-*Hefermehl*
§ 363 Rdn. 68.

[142] Vgl. auch RGZ 138, 265, 269 zur Anwendung
von § 172 BGB auf einen Blankolagerschein
sowie BGH WM 1975, 350, 352 zur Anwendung
von § 405 BGB auf einen Rektalagerschein.

[143] Vgl. näher *Canaris* Die Vertrauenshaftung S. 28 ff,
106 f.

[144] Zu zurückhaltend MünchKomm.-*Hefermehl*
§ 363 Rdn. 68 a. E., der nur § 242 BGB heranziehen will.

[145] Vgl. näher *Canaris* aaO S. 453 ff und S. 548 bei
Fn. 40.

Mit Hilfe desselben allgemeinen Rechtsscheinprinzips sind auch die Fälle einer **92** **Leistung ohne Rückgabe des Papiers** befriedigend zu lösen. War das verbriefte Recht schon vor der Leistung des Schuldners auf einen anderen übertragen worden, so ist dieser ohnehin geschützt, da § 407 BGB nicht nur bei echten Orderpapieren, sondern bei jedem Wertpapier ausgeschaltet ist (vgl. oben Rdn. 26). Erfolgt die Übertragung dagegen erst nach der Leistung des Schuldners, so geht es um ein Problem des Einwendungsausschlusses; denn auch ohne Vorlage des Papiers hat die Leistung an den wahren Berechtigten schuldbefreiende Wirkung, und daher verfügt der Papierinhaber, der nach der Leistung noch eine Übertragung vornimmt, als Nichtberechtigter. In derartigen Fällen sollte man den Schuldner kraft Rechtsscheins haften lassen.[146] Er setzt nämlich wissentlich einen Scheintatbestand, indem er dem Gläubiger das Papier belässt, und dafür muss er nach den allgemeinen bürgerlichrechtlichen Regeln über die Rechtsscheinhaftung einstehen.[147] Behauptet der Gläubiger, zur Rückgabe des Papiers wegen Verlusts oder Untergang außerstande zu sein, so mag ihn der Schuldner auf die Möglichkeit eines Aufgebots verweisen, die nicht auf Orderpapiere beschränkt ist (vgl. oben Rdn. 27), oder gemäß bzw. analog § 654 Abs. 4 Satz 2 HGB Sicherheit verlangen. Allerdings muss die Urkunde wirklich das Vertrauen begründen, dass der Schuldner nur gegen ihre Rückgabe leisten wird. Das ist nicht schon immer dann ohne weiteres zu bejahen, wenn im Papier steht, die Leistung werde nur gegen Rückgabe der Urkunde erfolgen.[148] Kommt jedoch die Orderklausel hinzu – und nur um derartige Fälle geht es im vorliegenden Zusammenhang –, so wird in aller Regel am Vorliegen eines objektiven Scheintatbestandes nicht zu zweifeln sein.

Entsprechendes wie für Leistungen ohne Rückgabe des Papiers gilt folgerichtig für eine nachträgliche **Aufhebung oder Änderung des verbrieften Rechts:** auch diese kann der Schuldner einem gutgläubigen Erwerber nicht entgegensetzen, wenn er sich das Papier nicht hat zurückgeben lassen bzw. wenn er die vereinbarte Änderung nicht im Papier vermerkt hat.[149]

Zweifelhaft und wenig geklärt ist, ob und gegebenenfalls unter welchen Voraus- **93** setzungen die Orderklausel bei einem Nicht-Orderpapier **Legitimationswirkung zugunsten des Schuldners** haben kann. Dass die Befreiungswirkung der Leistung an den formell legitimierten Papierinhaber, wie sie sich für echte Orderpapiere aus § 365 HGB i.V.m. Art. 40 Abs. 3 WG ergibt, nicht notwendigerweise die Orderpapiereigenschaft, ja nicht einmal unbedingt die Wertpapiereigenschaft voraussetzt, beweist § 808 BGB. Auch passen die Gründe, auf denen der numerus clausus der Orderpapiere beruht (vgl. oben Rdn. 1), insoweit nicht; denn bei der Befreiungswirkung geht es nicht um die Erweiterung des Kreises der Gegenstände, die sachenrechtlichen Übertragungsformen und der sachenrechtlichen Möglichkeit gutgläubigen Erwerbs unterliegen, und auch die besonderen Gefahren des wertpapierrechtlichen Einwendungsausschlusses spielen hier keine Rolle.

Andererseits lässt sich mit den allgemeinen Kategorien des bürgerlichen Rechts die Legitimationswirkung schwerlich begründen. In der Indossamentenkette etwa eine Reihe von Vollmachts- und Ermächtigungserklärungen zu sehen, ist gerade in den wichtigsten Fällen der Nichtigkeit, des Abhandenkommens und der Fälschung nicht möglich, weil dann die betreffende Vollmacht oder Ermächtigung ebenfalls nichtig ist bzw. gänzlich fehlt und es an einer zurechenbaren Schaffung eines Rechtsscheins inso-

---

[146] A.A. h.L., vgl. z.B. *Wiedemann* DB 1960, 944; MünchKomm.-*Hefermehl* § 363 Rdn. 68 a.E.
[147] Vgl. *Canaris* aaO S. 28 ff, insbesondere S. 101.
[148] Vgl. *Wiedemann* DB 1960, 943 ff.
[149] A.A. RGZ 101, 297, 300.

weit regelmäßig fehlt.[150] Ebenso wenig ist in derartigen Fällen mit einer Analogie zu § 409 BGB zum Ziel zu kommen, weil die „Anzeige" nicht zurechenbar ist oder überhaupt fehlt. Auch die Konstruktion einer schon bei der ersten Begebung erteilten unwiderruflichen Ermächtigung des Schuldners zur Leistung an den formell Legitimierten ist kein gangbarer Ausweg.[151] Denn das wäre eine unzulässige Ermächtigung zu Lasten aller späteren Inhaber; anzunehmen, dass diese schon durch den Erwerb des mit der Orderklausel versehenen Papiers diese Ermächtigung konkludent genehmigen oder dgl., wäre eine blanke Fiktion.

Am ehesten vertretbar erscheint noch eine **analoge Anwendung von § 808 BGB**. Denn wenn die Parteien ein Rektapapier mit dem Inhalt schaffen können, dass der Schuldner befreiend an jeden Inhaber leisten kann, dann ist nicht einzusehen, warum sie nicht auch ein Papier mit dem Inhalt sollen schaffen können, dass der Schuldner befreiend an jeden leisten kann, der durch eine ununterbrochene Reihe von Abtretungserklärungen formell legitimiert ist. Dass das geltende Recht Inhaberklauseln in weiterem Umfang zulässt als (echte) Orderklauseln, steht nicht entgegen, da die mit dem numerus clausus der Orderpapiere verfolgten Schutzzwecke, wie dargelegt, durch die Zulassung der Befreiungswirkung grundsätzlich nicht berührt sind und da § 808 BGB sich ja im Übrigen ohnehin auf Namenspapiere bezieht. Eine andere Frage ist natürlich, ob die Parteien wenigstens die Befreiungswirkung zugunsten des Schuldners gewollt hätten, wenn ihnen die Unzulässigkeit der Schaffung eines echten Orderpapiers bewusst gewesen wäre. Wenn dies aber zu bejahen ist, sollte man analog § 808 BGB die Möglichkeit einer befreienden Leistung an den nicht-berechtigten Papierinhaber anerkennen.

94   Soweit sich die für ein Orderpapier charakteristischen Rechtsfolgen nicht erzielen lassen, bleibt immer noch die Möglichkeit eines **Schadensersatzanspruchs wegen Schutzpflichtverletzung, insbesondere aus culpa in contrahendo gemäß § 311 Abs. 2 und 3 BGB**. Ein solcher ist etwa dann zu bejahen, wenn der Schuldner dem Inhaber des Papiers auf eine Anfrage eine falsche oder irreführende Antwort gibt.[152] Dabei ist zu beachten, dass Schutzpflichten nicht nur gegenüber dem ersten Nehmer, sondern u. U. auch gegenüber den späteren Inhabern des Papiers bestehen können;[153] denn dafür genügt auch ein mittelbarer rechtsgeschäftlicher Kontakt, sofern nur erkennbar ist, dass eine etwaige Pflichtverletzung sich auf die Rechtsgüter oder Interessen Dritter auswirken wird – und letzteres wird bei einem zum Umlauf bestimmten Papier in aller Regel zu bejahen sein.

V. Die sachenrechtlichen Wirkungen der Traditionspapiere gemäß §§ 448, 475g, 650 HGB

1. Gesetzeszweck und dogmatische Einordnung

95   Nach §§ 448, 475g, 650 HGB hat die Übergabe eines Orderlagerscheins, eines Ladescheins und eines Konnossements an denjenigen, der durch das Papier zur Empfangnahme des darin bezeichneten Gutes legitimiert wird, für den Erwerb von Rechten an den Gütern dieselben Wirkungen wie die Übergabe der Güter. Der **Zweck dieser Vorschriften und ihr Verhältnis zu den korrespondierenden sachenrechtlichen Bestimmungen des BGB** ist seit langem Gegenstand eines heftigen Theorienstreits.

---

[150] Vgl. *Canaris* aaO S. 35 f, 38 f.
[151] **A. A.** *Helm* Festschr. für Hefermehl, 1976, S. 72.
[152] Vgl. z.B. RGZ 101, 297, 301.
[153] Vgl. dazu auch *Koller* § 444 HGB Rdn. 21.

a) Die relative Theorie. Nach der relativen Theorie enthalten die §§ 448, 475g, 650 **96** HGB keinen eigenständigen Verfügungstatbestand, sondern stellen lediglich eine besondere Formulierung der vom BGB vorgesehenen Erwerbsformen dar.[154] Der Eintritt der „Traditionswirkung" hängt daher davon ab, ob die gleichen Rechtsfolgen sich auch nach den einschlägigen Bestimmungen des BGB begründen lassen. Demgemäß bildet die Übertragung mittels eines Traditionspapiers nach dieser Theorie lediglich einen **Unterfall von § 931 BGB**. Die Möglichkeit gutgläubigen Erwerbs vom Nichtberechtigten richtet sich folglich nach § 934 BGB, für die Frage des lastenfreien Erwerbs gilt grundsätzlich § 936 Abs. 1 Satz 2 und Abs. 3 BGB, und die Verpfändung hat nach § 1205 Abs. 2 BGB zu erfolgen.

Die **Kritik** an der relativen Theorie hat nahe liegender Weise immer wieder ein- **97** gewandt, dass diese den §§ 448, 475g, 650 HGB jeden eigenständigen Gehalt nehme und sie zu rein deklaratorischen – und damit letztlich überflüssigen – Bestimmungen degradiere. Der Einwand scheint sich zwar geradezu aufzudrängen, ist aber letztlich doch nicht durchschlagend. Zwar ist es eine vernünftige Maxime der Auslegung, dass einer Norm grundsätzlich ein eigenständiger Anwendungsbereich belassen werden muss, doch ist andererseits nicht zu bezweifeln, dass es auch Vorschriften rein deklaratorischer Natur gibt. Dass es sich hier um solche handeln könnte, legt vor allem die **Entstehungsgeschichte** nahe. Vor Inkrafttreten des BGB gab es nämlich keine dem § 931 entsprechende Möglichkeit der Eigentumsübertragung. Daher war es lange Zeit zweifelhaft und streitig, ob man mittels eines Lagerscheins, Ladescheins oder Konnossements überhaupt über die darin bezeichneten Güter verfügen könne oder ob dazu deren körperliche Übergabe erforderlich sei.[155] Diese Alternative im ersteren Sinne zu entscheiden, war das primäre Anliegen von Art. 649 ADHGB – der der Sache nach im Wesentlichen dem heutigen § 650 HGB entspricht –, und auch bei der Schaffung des HGB stand noch die Frage des „Ob" der dinglichen Wirkung einer Verfügung mittels Traditionspapier ganz im Vordergrund.[156] Seit diese Frage durch § 931 BGB ganz allgemein im bejahenden Sinne entschieden worden ist, haben die §§ 424 a. F. (= § 475g), 450 a. F. (= 448), 650 HGB zumindest den Kern ihres ursprünglichen Gehalts verloren.

Ob diese Vorschriften wenigstens noch **in Randbereichen eine eigenständige, d. h. 98 über das BGB hinausgehende Bedeutung** haben, lässt sich nicht durch generelle Überlegungen, sondern nur nach einer sorgfältigen Analyse der einzelnen Sachprobleme entscheiden. Aus der bloßen Aufrechterhaltung dieser Vorschriften ergibt sich jedenfalls nichts gegen die relative Theorie. Denn angesichts der Schwierigkeit, alle Auswirkungen der Regelung des BGB auf den Gehalt von §§ 424 a. F., 450 a. F., 650 HGB genau zu überschauen, war es gesetzgeberisch zweifellos das beste, diese Normen einfach unverändert beizubehalten und die genaue Bestimmung ihres Verhältnisses zum BGB der wissenschaftlichen Diskussion zu überlassen. Auch die Bemerkung in den Motiven, die handelsrechtlichen Vorschriften über die Traditionswirkung enthielten „eine Ausnahme von den gesetzlichen Erfordernissen der Sachübergabe" und gehörten „also unter die Vorschriften über die Eigenthumserwerbung",[157] spricht entgegen einer verbreiteten Ansicht[158] nicht gegen die relative Theorie. Denn auch § 931 BGB macht eine „Ausnahme von dem gesetzlichen Er-

---

[154] Vgl. *Hellwig* Die Verträge auf Leistung an Dritte, 1899, S. 344 ff; *Makower* Komm. zum HGB, 13. Aufl. 1907, § 424 Anm. II a 1.

[155] Vgl. näher *Stengel* S. 186 ff m. Nachw.

[156] Vgl. *Stengel* S. 188 ff.

[157] Mot. S. 90.

[158] Vgl. z. B. *Heymann* S. 182 f; *Schlenzka* S. 51; *Kühlberg* S. 66.

Claus-Wilhelm Canaris

fordernis der Sachübergabe", und daher ist es mit den Motiven durchaus vereinbar, die §§ 424 a. F. (= § 475g), 450 a. F. (= § 448), 650 HGB als Unterfall von § 931 BGB zu konstruieren.

99   **b) Die absolute Theorie.** Nach der absoluten Theorie enthalten die §§ 448, 475g, 650 HGB eine **eigenständige Erwerbsform,** die zusätzlich zu den im BGB geregelten Tatbeständen hinzukommt.[159] Folglich sind §§ 934, 936 Abs. 3 und 1205 Abs. 2 BGB unanwendbar. Statt dessen gelten die Vorschriften über den **Rechtserwerb durch Einigung und Übergabe,** wobei die Übergabe des Gutes gemäß §§ 448, 475g, 650 HGB durch die Übergabe des Papiers ersetzt wird. Praktisch bedeutet das vor allem, dass es auf die besitzrechtlichen Voraussetzungen des BGB, insbesondere auf das Erfordernis des mittelbaren Besitzes nach §§ 934 1. Alt., 936 Abs. 1 Satz 3, 1205 Abs. 2 BGB grundsätzlich nicht ankommt.

100   Auch die Vertreter der absoluten Theorie stützen sich zur Begründung sehr stark auf die **historische Entwicklung** und berufen sich u. a. darauf, dass die Institution der Traditionspapiere älter sei als das BGB und daher unabhängig von diesem verstanden werden müsse. Diese Argumentation hält jedoch der **Kritik** nicht stand. Denn es ist eben gerade die entscheidende Frage, welchen Einfluss das Inkrafttreten des BGB auf den Gehalt der §§ 424 a. F., 450 a. F., 650 HGB hatte. Die Möglichkeit einer Beeinflussung von vornherein zu leugnen, ist nicht nur mit dem Prinzip der „Einheit der Rechtsordnung" unvereinbar, sondern auch deswegen verfehlt, weil an der Tatsache nicht vorbeizukommen ist, dass das ursprüngliche primäre Anliegen der Lehre von den Traditionspapieren nun einmal durch § 931 BGB gegenstandslos geworden ist (vgl. oben Rdn. 97). Überdies war das Problem, das heute im Mittelpunkt der absoluten Theorie steht, nämlich die Bedeutung des mittelbaren Besitzes für die Anwendbarkeit der §§ 424 a. F., 450 a. F., 650 HGB, bei der Schaffung dieser Vorschriften noch gar nicht erkannt, wie auch Anhänger der absoluten Theorie einräumen.[160] Auch gegenüber der absoluten Theorie gilt daher derselbe Einwand wie gegenüber der relativen Theorie: die Frage des Verhältnisses der Vorschriften des HGB über die Traditionspapiere zum BGB kann nicht pauschal durch dogmatische Konstruktion entschieden werden, sondern hängt von der Lösung der einzelnen Sachprobleme ab; nur wenn und soweit diese sich mit den Kategorien und Wertungen des BGB nicht adäquat bewältigen lassen, hat die absolute Theorie im Ergebnis (ganz oder teilweise) Recht, doch darf diese Frage nicht durch ein theoriebedingtes „Vorverständnis" präjudiziert werden.

101   **c) Die Repräsentationstheorie.** Im neueren Schrifttum wird – mit gewissen Varianten und Modifikationsformen – überwiegend die Repräsentationstheorie vertreten.[161] Danach „repräsentiert" das Papier den mittelbaren Besitz an der Ware.[162] Die Repräsentationstheorie stimmt mit der absoluten Theorie darin überein, dass es nicht um eine Übereignung nach § 931 BGB, sondern um eine **selbständige Form der Übereignung nach § 929 BGB** durch Einigung und Papierübergabe geht; dementsprechend hält sie die §§ 934, 936 Abs. 1 Satz 3 und Abs. 3, 1205 Abs. 2 BGB grundsätzlich für unanwendbar. Im Gegensatz zur absoluten Theorie macht die Repräsentationstheorie das Eingreifen der Traditionswirkung jedoch davon abhängig, dass der Verpflichtete dem berechtigten Inhaber des Papiers den Besitz vermittelt; nur in der dadurch be-

---

[159] Vgl. z.B. *Heymann* S. 160ff; *Schlenzka* S. 88ff; *Kühlberg* S. 54 ff.
[160] Vgl. *Heymann* S. 144 Fn. 1.
[161] Vgl. z.B. MünchKomm.-*Hefermehl* § 363 Rdn.

54; *Schlegelberger/Liesecke* § 650 Anm. 2; *Schaps/ Abraham* § 650 Rdn. 11; *Rabe* § 650 Rdn. 5.
[162] Vgl. etwa BGHZ 49, 160, 163, wenngleich ohne explizite Stellungnahme zu dem Theorienstreit.

gründeten Einwirkungsmöglichkeit auf die Ware soll eine hinreichende tatsächliche Beziehung zu den Gütern bestehen, die deren „Repräsentation" durch das Papier rechtfertigen könne.

Was das **Verhältnis der Repräsentationstheorie zur relativen Theorie** angeht, so **102** steht sie dieser weitaus näher, als ihre Anhänger wahrhaben wollen. Das ist nur deshalb lange Zeit unbemerkt geblieben, weil man die **Auswirkungen der Verbriefung des Herausgabeanspruchs** nicht genügend berücksichtigt hat. Tut man dies, so kommt man nahezu vollständig mit der Anwendung von § 931 BGB aus.[163] So bereitet z. B. die Regelung von § 934 BGB so lange keine Schwierigkeiten, als man mit der Repräsentationstheorie an dem Erfordernis des mittelbaren Besitzes festhält; denn da der gutgläubige Erwerber des Papiers gemäß § 365 HGB i. V. m. Art. 16 Abs. 2 WG den Herausgabeanspruch erwirbt, erlangt er gemäß § 870 BGB den mittelbaren Besitz, und das genügt anerkanntermaßen für die 2. Alternative von § 934 BGB (vgl. näher unten Rdn. 117). Auch bei § 936 BGB kommt man ohne weiteres zu sachgerechten – und zwar differenzierenden – Lösungen, wenn man auf die Verbriefung abhebt und dementsprechend die Lehre vom wertpapierrechtlichen Einwendungsausschluss heranzieht (vgl. näher unten Rdn. 124 ff). Die Ersetzung von § 931 BGB durch § 929 BGB, die den dogmatischen Kern der Repräsentationstheorie und ihren entscheidenden Unterschied gegenüber der relativen Theorie ausmacht, ist daher nicht haltbar.[164]

Darüber hinaus fragt es sich, ob die Repräsentationstheorie heute überhaupt noch eine Existenzberechtigung hat. Das dürfte zu verneinen sein. Denn **praktische Unterschiede gegenüber der – wertpapierrechtlich fortgebildeten – relativen Theorie** verbleiben allenfalls in marginalen Ausnahmefällen, die zu abseitig und atypisch sind, um die Aufrechterhaltung einer eigenständigen Theorie zu rechtfertigen (vgl. unten Rdn. 123). Die Problemstellung spitzt sich daher auf die Alternative zwischen der – wertpapierrechtlich fortgebildeten – relativen Theorie und der absoluten Theorie zu. Die Entscheidung hängt dabei von der Stellungnahme zu dem Erfordernis des mittelbaren Besitzes ab (vgl. dazu unten Rdn. 108 ff, 118 ff). Auf die Lösung dieser Frage dürfte sich die praktische Bedeutung des gesamten Theorienstreits im Wesentlichen beschränken. Diese Minimalisierung wiederum lässt es als zweifelhaft erscheinen, ob hier überhaupt noch ein Bedürfnis nach der Formulierung einer „Theorie", die diesen Namen wirklich verdient, anzuerkennen ist (vgl. dazu unten Rdn. 155 ff).

2. Die tatbestandlichen Voraussetzungen der Traditionswirkung

a) **Die Übertragung des Papiers.** Der Wortlaut der §§ 448, 475g, 650 HGB könnte **103** den Gedanken nahe legen, dass zur Herbeiführung der Traditionswirkung die **Übergabe des Papiers** genügt. Das trifft indessen nicht zu. Die Formulierung des Gesetzes ist vielmehr als **abkürzende Ausdrucksweise für die Übertragung des Papiers und des darin verbrieften Herausgabeanspruchs** zu verstehen (vgl. auch unten Rdn. 162); denn es besteht kein Anhaltspunkt dafür, dass für die Traditionswirkung eine Abweichung von den allgemeinen wertpapierrechtlichen Regeln gelten soll, und außerdem enthalten die §§ 448, 475g, 650 HGB selbst einen deutlichen Hinweis auf die Notwendigkeit einer Übertragung des Papiers, indem sie dessen Übergabe an denjenigen fordern, den dieses „zum Empfang des Gutes legitimiert". Allerdings genügt dazu ein **Indossament** entgegen dem missverständlichen Wortlaut von § 364 Abs. 1 HGB

---

[163] Vgl. grundlegend *Zöllner* § 25 IV 3 und *Stengel* S. 167 ff.

[164] Vgl. *Zöllner* und *Stengel* aaO sowie zusammenfassend unten Rdn. 155 ff.

Claus-Wilhelm Canaris

für sich allein noch nicht (vgl. auch § 364 Rdn. 1). Hinzukommen muss vielmehr wie immer die **Übereignung des Papiers** und eine hierauf gerichtete **Einigung**.[165]

104   Entgegen dem Wortlaut des Gesetzes ist darüber hinaus die körperliche Übergabe des Papiers nicht einmal erforderlich. Vielmehr genügt insoweit entgegen der wohl vorherrschenden Ansicht[166] ein **Übergabesurrogat**.[167] Denn dieses reicht auch sonst für die Übertragung eines Wertpapiers aus.[168] Bezüglich der Traditionswirkung etwas anderes anzunehmen, besteht auch in dieser Frage kein Anlass. Das Argument der Gegenansicht, dass die Traditionspapiere Präsentations- und Einlösungscharakter haben,[169] überzeugt schon deshalb nicht, weil alle echten Wertpapiere grundsätzlich Präsentationspapiere sind; außerdem zwingt der Umstand, dass das verbriefte Recht nicht ohne unmittelbaren Besitz an der Urkunde geltend gemacht werden kann, in keiner Weise dazu, nun auch für die ganz andere Frage des Eigentumserwerbs am Papier dessen unmittelbaren Besitz zu fordern.

Die Frage hat erhebliche praktische Bedeutung, weil Traditionspapiere nicht selten bei einem Dritten wie vor allem einer Bank deponiert werden und Verfügungen über sie dann naturgemäß nicht durch ihre körperliche Übergabe, sondern durch bloße **Umbuchungen** erfolgen, zu deren dogmatischer Erfassung der Rückgriff auf die Übergabesurrogate unerlässlich ist. Der **Funktionsverlust des Wertpapiers**[170] hat somit auch schon die Traditionspapiere erfasst.

105   **b) Die Einigung bezüglich der Rechtsänderung an der Sache.** Zur Übertragung des Papiers muss nach richtiger Ansicht die **Einigung über den Übergang des Eigentums an der Sache bzw. über die Bestellung eines beschränkten dinglichen Rechts** wie vor allem eines Pfandrechts oder eines Nießbrauchs hinzukommen.[171] Das ergibt sich unmittelbar aus dem Wortlaut des Gesetzes. Denn danach hat die Übergabe des Papiers lediglich dieselben Wirkungen wie die Übergabe des Gutes, und da diese nicht für sich allein, sondern nur in Verbindung mit einer Einigung den Eigentumsübergang bzw. die Entstehung eines Pfandrechts oder eines Nießbrauchs herbeiführen würde, bedarf es auch hier einer derartigen Einigung. Auf diese kann im Übrigen auch aus praktischen Gründen gar nicht verzichtet werden. So ergibt sich z.B. erst aus ihrem Inhalt – und nicht etwa schon aus der Einigung über die Übertragung des Papiers –, ob ein Übergang des *Eigentums* an der Ware oder lediglich die Bestellung eines *beschränkten dinglichen Rechts* oder vielleicht sogar nur die *Abtretung des Herausgabeanspruchs* gewollt ist.

106   **c) Die Übernahme des Gutes.** Das Gesetz lässt die Traditionswirkung erst eintreten, wenn der Frachtführer, Lagerhalter oder Verfrachter die Güter übernommen hat. Das ist sachgerecht. Vor einer solchen Übernahme fehlt es nämlich an jeder sachenrechtlichen Beziehung zwischen dem Aussteller des Traditionspapiers und dem Gut,

---

[165] Das ist ganz h.L., vgl. z.B. MünchKomm.-*Hefermehl* § 363 Rdn. 56; *Stengel* S. 162 m.w. Nachw.; *Koller* § 448 Rdn. 3; **a. A.** *Zöllner* § 2 II 3 b und § 14 I 1 b, der zwar einen Begebungsvertrag, aber keine Übereignung des Papiers und keine Übergabe fordert.

[166] Vgl. *Wüstendörfer* S. 324; *Schaps/Abraham* § 650 Rdn. 14; *Schlegelberger/Liesecke* § 650 Rdn. 5; *Rabe* § 650 Rdn. 9; *Schnauder* NJW 1991, 1645 mit Fn. 23.

[167] Vgl. auch *Jacobi* Ehrenbergs Handbuch IV 1 S. 548; *Stengel* S. 162; wohl auch MünchKomm.-

Hefermehl § 363 Rdn. 56, der hinsichtlich der Übergabe auf die §§ 929 ff BGB und damit auch auf die Surrogate verweist.

[168] Vgl. z.B. *Baumbach-Hefermehl* Einl. WG Rdn. 26.

[169] Vgl. z.B. *Schaps/Abraham* aaO.

[170] Vgl. dazu näher *Hueck/Canaris* § 1 III.

[171] Das ist ganz h.L., vgl. z.B. *Zöllner* § 25 IV 1; MünchKomm.-*Hefermehl* § 363 Rdn. 57; *Heymann/Horn* § 363 Rdn. 25; *Reinicke* BB 1960, 1369; *Stengel* S. 163 f; **a. A.** vor allem *Schlenzka* S. 123 ff und *Serick* S. 327 f.

und daher kann eine Verfügung mittels des Traditionspapiers noch nicht in Betracht kommen. Der Frachtführer usw. muss daher den **Besitz an den Gütern** erlangt haben, damit die Traditionswirkung zum Zuge kommen kann. Mittelbarer Besitz genügt;[172] denn dieser wird grundsätzlich dem unmittelbaren Besitz gleich gestellt und schafft die erforderliche sachenrechtliche Beziehung zu dem Gut.

Aus dem Übernahmeerfordernis folgt nicht, dass stets **mittelbarer Besitz des 107 Papierinhabers** entsteht oder dass dieser gar Tatbestandsvoraussetzung für die Traditionswirkung ist.[173] Dem Wortlaut des Gesetzes ist dergleichen nicht zu entnehmen. Es darf auch nicht hineininterpretiert werden. Hat nämlich der Aussteller des Papiers den Besitz erlangt, so besteht jedenfalls ein Herausgabeanspruch gegen ihn, und daher wäre sogar nach § 931 BGB eine Verfügung über das Gut möglich. Es kann aber keinesfalls angenommen werden, dass die §§ 448, 475g, 650 HGB in ihrer Reichweite hinter § 931 BGB zurückbleiben; das widerspräche nicht nur der Funktion, die diese Bestimmungen vor Erlass des BGB hatten (vgl. oben Rdn. 97), sondern wäre auch von der Sachproblematik her durch nichts gerechtfertigt.

Die unmittelbare praktische Bedeutung der Frage ist freilich gering. Denn wenn die Ausstellung des Papiers der Übernahme der Güter zeitlich nachfolgt oder mit ihr zusammenfällt, ist es nicht gut vorstellbar, dass der Aussteller nicht für den Papierinhaber, sondern für einen anderen oder für sich selbst besitzen will. Denkbar ist dies freilich, wenn die Übernahme der Güter ausnahmsweise erst nach der Ausstellung des Papiers erfolgt; dann sind die §§ 448, 475g, 650 HGB anwendbar, ohne dass es auf den Besitzmittlungswillen des Ausstellers ankommt.[174] Dogmatisch ergibt sich daraus u.a., dass die **Repräsentationstheorie** nicht nur überflüssig ist (vgl. dazu oben Rdn. 102 sowie zusammenfassend unten Rdn. 155), sondern auch sachlich nicht zutrifft. Denn die Problematik zeigt, dass die Urkunde nicht notwendig den mittelbaren Besitz „repräsentiert", sondern nur den Herausgabeanspruch verbrieft und die Traditionswirkung lediglich irgendeine Form der Besitzerlangung – Fremd- oder Eigenbesitz – auf Seiten des Ausstellers voraussetzt.

d) Der Fortbestand des Besitzes. Die h.L. macht das Eintreten der Traditions- **108** wirkung nicht nur davon abhängig, dass der Papierinhaber anfänglich den mittelbaren Besitz erlangt hat, sondern fordert darüber hinaus dessen **Fortbestand.**[175] Dementsprechend verneint sie die Anwendbarkeit der §§ 448, 475g, 650 HGB sowohl dann, wenn der Frachtführer usw. den Besitz der Güter überhaupt verloren hat, wie z.B. bei deren **Diebstahl** oder bei ihrer **Auslieferung an einen Dritten,** als auch dann, wenn der Frachtführer usw. seinen bisherigen Fremdbesitz in Eigenbesitz verwandelt, wie z.B. bei einer **Unterschlagung** der Güter. Zur Begründung beruft sich die h.L. zum einen auf die angebliche Repräsentationsfunktion der Urkunde und zum anderen auf das im Gesetz enthaltene Erfordernis der Übernahme der Güter.

Die h.L. hält der **Kritik** nicht stand. Der Hinweis darauf, dass das Papier den **109** mittelbaren Besitz an den Gütern repräsentiere, ist eine glatte petitio principii; denn gerade dieses Merkmal steht nicht im Gesetz und bildet den eigentlichen Gegenstand des Streits. Es kommt hinzu, dass das Erfordernis des mittelbaren Besitzes gerade in

---

172 Ebenso MünchKomm.-*Hefermehl* § 363 Rdn. 55.
173 **A.A.** h.L., vgl. z.B. MünchKomm.-*Hefermehl* § 363 Rdn. 55; *Stengel* S. 174 ff.
174 **A.A.** *Stengel* S. 178.
175 Vgl. MünchKomm.-*Hefermehl* § 363 Rdn. 58;

Wüstendorfer Seehandelsrecht S. 323 f; *Schlegelberger/Liesecke* § 650 Rdn. 4; *Rabe* § 650 Rdn. 8; *Zöllner* § 25 IV 3 d; *Stengel* S. 178 ff; **a.A.** vor allem die Anhänger der absoluten Theorie, vgl. z.B. *Kühlberg* S. 56 ff.

einigen besonders wichtigen Fällen größte Schwierigkeiten bereitet, obwohl in ihnen die Anwendbarkeit der §§ 448, 475g, 650 HGB außer Frage steht. So sind z. B. der Dieb oder der Finder der Urkunde nicht mittelbare Besitzer der Güter, und doch können sie zweifellos das Eigentum an diesen auf einen gutgläubigen Erwerber übertragen (vgl. unten Rdn. 117). Daher ist es geradezu abwegig zu fordern, dass „der Verfügende (Indossant) den mittelbaren Warenbesitz hat".[176] Allenfalls könnte in Betracht kommen, dass der Frachtführer usw. „dem rechtmäßigen Inhaber des Scheins den Besitz vermitteln" muss.[177] Auch dieses Erfordernis ist jedoch einigermaßen merkwürdig, da es in den einschlägigen Fällen in aller Regel eben gerade nicht um Verfügungen des „rechtmäßigen Inhabers", sondern um Verfügungen eines Nichtberechtigten geht und es jedenfalls nicht ohne weiteres einleuchtet, inwiefern deren Wirksamkeit von dem mittelbaren Besitz des (bisherigen) Berechtigten abhängt (vgl. auch unten Rdn. 119). Was schließlich die Bezugnahme der h. L. auf das im Gesetz enthaltene Übernahmeerfordernis angeht, so ist dieses Argument ebenfalls nicht stichhaltig. Denn daraus ergibt sich, wie soeben Rdn. 106 f näher dargelegt, lediglich, dass der Schuldner überhaupt Besitzer der Güter geworden sein muss, nicht aber auch, dass der rechtmäßige Papierinhaber notwendigerweise den mittelbaren Besitz erlangt haben muss.

110   Diese letztere Überlegung spricht nun freilich zugleich gegen einen vollständigen Verzicht auf das Besitzerfordernis, wie er in der Konsequenz der absoluten Theorie liegen könnte, und legt statt dessen eine **differenzierende Lösung** nahe: Zwar ist die Fortdauer des Besitzes auf Seiten des Schuldners erforderlich, doch braucht dem kein mittelbarer Besitz des Papierinhabers zu entsprechen. Demgemäß entfällt die Traditionswirkung zwar bei Besitzverlust des Schuldners, nicht aber bei Umwandlung von Fremd- in Eigenbesitz.[178] Diese Unterscheidung wird z. T. auch von Anhängern der Repräsentationstheorie und der absoluten Theorie vorgeschlagen,[179] ohne dass diese das freilich von ihrem dogmatischen Ausgangspunkt aus konsistent begründen können.

Für diese Lösung spricht nicht nur die Anknüpfung an das – zwar Besitz des Schuldners, aber nicht unbedingt Fremdbesitz voraussetzende – Übernahmeerfordernis, sondern vor allem auch die **unterschiedliche Rechtslage bezüglich des Herausgabeanspruchs**: Dieser entfällt zwangsläufig durch den Verlust des Besitzes, bleibt dagegen bei Umwandlung von Fremd- in Eigenbesitz selbstverständlich bestehen. Die wesentliche Besonderheit der Traditionspapiere gegenüber anderen Erwerbsgestaltungen besteht nun aber lediglich in der Verbriefung des Herausgabeanspruchs, und daher ist es folgerichtig, mit dessen Bestand und Schicksal auch die Traditionswirkung zu verbinden. Allerdings bieten diese Überlegungen lediglich einen vorläufigen Ausgangspunkt für die Interpretation der §§ 448, 475g, 650 HGB; ob sie letztlich wirklich durchschlagend sind, muss sich bei der Lösung der verschiedenen Einzelprobleme, für die diese Frage eine Rolle spielt, erst noch erweisen (vgl. dazu unten Rdn. 119 f, 125, 128 Abs. 3, 134).

111   **e) Das Erfordernis einer Erwerbsmöglichkeit durch Übergabe der Güter und die Problematik des Abhandenkommens.** Die Übergabe des Papiers hat nach dem

---

[176] So aber z. B. *Stengel* S. 179.
[177] So MünchKomm.-*Hefermehl* § 363 Rdn. 58.
[178] Zustimmend *Zöllner* § 25 IV 3 f; *Hager* Verkehrsschutz durch redlichen Erwerb, 1990, S. 254 ff, insbesondere S. 259.

[179] Vgl. für erstere z. B. *Wolff* ZHR 58, 621 f, für letztere z. B. *Eckhardt* S. 67 ff.

unmissverständlichen Wortlaut der §§ 448, 475g, 650 HGB dieselben Wirkungen wie die Übergabe der Güter selbst. Das kann nicht nur ausweitende Funktion haben, sondern enthält auch eine eindeutige Begrenzung: Die Übergabe des Papiers kann grundsätzlich keine Rechtswirkungen haben, welche die Übergabe der Güter nicht hätte. Daraus folgt vor allem, dass auch ein Traditionspapier bei einem **Abhandenkommen der Güter i. S. von § 935 BGB** keinen gutgläubigen Erwerb ermöglicht.[180] Der Erwerb des Herausgabeanspruchs verschafft dem Papierinhaber hier nicht das Eigentum an den Gütern, weil auch deren körperliche Übergabe dies nicht könnte.

Daran zeigt sich, dass es **keinen strikten Parallelismus zwischen Erwerb des** **112** **Papiers und Erwerb der Güter** gibt[181] und dass nach geltendem Recht somit das Eigentum an der Ware nicht notwendigerweise dem Eigentum am Papier folgt. Darüber darf man allerdings nicht vergessen, dass der „Parallelismus" die Regel darstellt und dem Sinn und Zweck der Traditionspapiere entspricht, da deren Übertragung ja schließlich nicht um ihrer selbst willen vorgenommen wird, sondern als Mittel zu Verfügungen über die Güter dient. Die Aufrechterhaltung des Parallelismus kann daher in Zweifelsfällen ein wichtiges Entscheidungskriterium darstellen (vgl. z. B. unten Rdn. 119).

Der wahre Eigentümer der abhanden gekommenen Güter hat nicht nur einen **113** Anspruch gegen den Besitzer auf deren Herausgabe, sondern grundsätzlich auch einen **Anspruch auf Herausgabe des Papiers.** Denn der Anspruch aus § 985 BGB richtet sich auch gegen den mittelbaren Besitzer und hat insoweit gemäß § 870 BGB die Abtretung des Herausgabeanspruchs zum Gegenstand, die zwangsläufig mit der Papierübergabe verbunden ist (vgl. unten Rdn. 142); der analogen Anwendung von § 1004 BGB, die im Schrifttum in diesem Zusammenhang nicht selten vorgeschlagen wird,[182] bedarf es daher nicht.

Hat freilich der Papierinhaber keinen mittelbaren Besitz wie z. B. bei einem **Besitzverlust des Papierschuldners,** so entfällt folgerichtig auch der Anspruch aus § 985 BGB auf Herausgabe des Papiers. Das ist auch sachgerecht. Denn in diesen Fällen kann ein Schadensersatzanspruch gegen den Papierschuldner in Betracht kommen, und dieser steht, soweit es nicht um das spezifische Eigentumsinteresse, sondern um das Besitzinteresse geht, u. U. nicht dem Eigentümer, sondern dem Papierinhaber zu. Der Besitz am Papier „stört" auch nicht i. S. von § 1004 BGB die Rechtsstellung des Wareneigentümers. Das Papier hindert ihn nämlich weder faktisch noch rechtlich an Verfügungen über die Ware; insbesondere muss er dazu nicht etwa das Papier übergeben, da nach einem Besitzverlust des Papierschuldners eine etwaige Verfügung nach § 931 BGB nicht durch Abtretung des im Papier verbrieften schuldrechtlichen Herausgabeanspruchs, sondern durch Abtretung des gegen den nunmehrigen Besitzer gerichteten dinglichen Herausgabeanspruchs – d. h. in Wahrheit durch schlichte Einigung – erfolgt.

Aus dem Erfordernis einer Erwerbsmöglichkeit durch körperliche Übergabe der **114** Güter folgt weiterhin, dass **Mängel der Einigung** durch die Übertragung des Papiers nicht geheilt werden.[183] Das gilt an sich schon deshalb, weil das Indossament entgegen

---

[180] Vgl. BGH NJW 1958, 1485; *Jacobi* Ehrenbergs Handbuch IV 1 S. 553 f; MünchKomm.-*Hefermehl* § 363 Rdn. 64; *Zöllner* § 25 IV 3 e; *Reinicke* BB 1960, 1368 ff; *Kühlberg* S. 70 f; *Stengel* S. 182 ff; *Liesecke* Festschrift für R. Fischer, 1979, S. 398 f; **a. A.** vor allem *Schlenzka* S. 118 ff und *Serick* S. 327 ff.

[181] Das ist ganz h. L., vgl. nur MünchKomm.-*Hefermehl* § 363 Rdn. 56 sowie im Übrigen die Zitate in Fn. 180.
[182] Vgl. z. B. *Kühlberg* S. 71 m. w. Nachw.
[183] Vgl. auch *Schlegelberger/Hefermehl* § 366 Rdn. 56.

Claus-Wilhelm Canaris

der h. L. ohnehin nicht zu einer Überwindung derartiger Mängel führt (vgl. unten § 365 Rdn. 21 ff). Auch wenn man diese Frage grundsätzlich anders entscheidet, lässt sich diese Ansicht doch nicht auf die Einigung bezüglich der Güter übertragen. Denn anderenfalls stünde der Erwerber insoweit bei einer Übereignung mittels eines Traditionspapiers besser als bei einer Übereignung durch körperliche Übergabe der Güter.

115 Entsprechendes gilt für die Folgen **fehlender oder beschränkter Geschäftsfähigkeit** eines früheren Papierinhabers. Bei einer Veräußerung durch körperliche Übergabe wäre hier nämlich kein gutgläubiger Erwerb möglich, weil die Güter als abhanden gekommen i. S. von § 935 BGB anzusehen sind.[184] Folglich scheidet auch bei der Übereignung mit Hilfe eines Traditionspapiers die Möglichkeit gutgläubigen Erwerbs aus. Dabei geht es nicht etwa lediglich um einen Mangel der Einigung, sondern um die **analoge Anwendung von § 935 BGB**;[185] praktisch bedeutet das, dass der Mangel im Gegensatz zu bloßen Mängeln der Einigung nicht nur gegenüber dem unmittelbaren Nachmann, sondern auch gegenüber späteren Erwerbern durchschlägt.

3. Die spezifischen Rechtsfolgen der Übertragung eines Traditionspapiers

116 Der dogmatische Gehalt und die wahre praktische Bedeutung der §§ 448, 475g, 650 HGB lassen sich nur dadurch ermitteln, dass man alle einschlägigen Einzelprobleme daraufhin überprüft, ob und inwieweit die Wirkungen der Übergabe eines Traditionspapiers über die vom BGB angeordneten Rechtsfolgen hinausgehen. Dabei ist als Ausgangspunkt festzuhalten, dass die Traditionspapiere ihre wichtigste ursprüngliche Funktion durch den Erlass des BGB verloren haben, weil § 931 BGB für den **Eigentumserwerb vom Berechtigten** genauso weit reicht wie die Regelung der §§ 448, 475g, 650 HGB (vgl. oben Rdn. 97 f). Es bleiben daher im Wesentlichen nur noch drei Problemkreise, bei denen die Traditionspapiere eigenständige Bedeutung erlangen können: der gutgläubige Erwerb der Güter vom Nichtberechtigten, der gutgläubige lastenfreie Erwerb der Güter und die Verpfändung der Güter. Auch insoweit kann man aber nicht von vornherein ohne weiteres davon ausgehen, dass die §§ 448, 475g, 650 HGB zu einer Abweichung von den Rechtsfolgen des BGB führen. Denn Entstehungsgeschichte und Sinngehalt dieser Vorschriften sind zu undurchsichtig, als dass man in ihnen von vornherein eine Entscheidung für die Durchbrechung der Regeln des BGB sehen könnte. Es ist daher bei den jeweiligen Einzelproblemen stets gesondert zu prüfen, ob hinreichende Sachgründe für eine etwaige Abweichung von den nach dem BGB eintretenden Rechtsfolgen gegeben sind.

117 **a) Der gutgläubige Erwerb des Eigentums an den Gütern und die Bedeutung des mittelbaren Besitzes an diesen.** Nach § 934 BGB hängt der gutgläubige Erwerb bei einer Übereignung der Güter durch Abtretung des Herausgabeanspruchs davon ab, dass entweder der Veräußerer mittelbaren Besitz hat oder der Erwerber Besitz erlangt. Ein Unterschied gegenüber § 934 BGB könnte sich daher ergeben, wenn der veräußernde Inhaber eines Traditionspapiers keinen mittelbaren Besitz an dem verladenen oder eingelagerten Gut hat. Das ist z. B. dann der Fall, wenn der **Finder oder Dieb des Papiers** dieses auf einen Gutgläubigen überträgt, wenn der Veräußerer des Gutes wegen eines **Mangels der Einigung** nicht Inhaber des Herausgabeanspruchs geworden ist (vgl. dazu oben Rdn. 114) oder wenn der Herausgabeanspruch auf Grund einer **früheren Abtretung** (die allerdings ohne Papierübergabe nur vor Ausstellung des Traditionspapiers wirksam ist, vgl. unten Rdn. 142) einem Dritten zusteht.

---

[184] Str., vgl. z. B. *Westermann* Sachenrecht[7] § 49 I 3 m. Nachw.   [185] Zumindest schief daher *Zöllner* § 25 IV 3 c.

Es besteht im Ergebnis Einigkeit darüber, dass der gutgläubige Erwerber des Papiers in derartigen Fällen das **Eigentum an den Gütern bereits mit der Papierübertragung** und nicht erst mit der Auslieferung der Güter erlangt.[186] Das steht indessen ohne weiteres in Einklang mit § 934 BGB, sofern (zwar nicht der Veräußerer, aber immerhin) der wahre Berechtigte mittelbaren Besitz hat. Denn diesen mittelbaren Besitz erlangt nunmehr gemäß § 870 BGB grundsätzlich der gutgläubige Erwerber des Papiers, da der Herausgabeanspruch nach § 365 HGB i.V.m. Art. 16 Abs. 2 WG auf ihn übergeht und der Papierschuldner im Zweifel für den *jeweiligen* – ihm häufig unbekannten – Papierinhaber besitzen will. Der Erwerb mittelbaren Besitzes genügt aber anerkanntermaßen für die 2. Alternative von § 934 BGB.[187]

Überschritten wird der Anwendungsbereich von § 934 BGB somit erst bei einem **118** **Fehlen des mittelbaren Besitzes** in der Person des wahren Eigentümers des Papiers, da dann nicht nur die 1. Alternative mangels mittelbaren Besitzes des Veräußerers entfällt, sondern auch die 2. Alternative mangels Erlangung irgendeiner Besitzform durch den Erwerber ausscheidet. In derartigen Fällen lehnen die Anhänger der Repräsentationstheorie die Anwendung der §§ 448, 475g, 650 HGB folgerichtig ab (die sich damit – jedenfalls in dieser Frage – als verdeckte Form der relativen Theorie erweist, weil sie insoweit gänzlich im Rahmen der §§ 931, 934 BGB bleibt), wohingegen die absolute Theorie sie bejaht.[188] Die Problematik kann indessen nicht allein mit Hilfe einer Theorie gelöst werden, weil man sich dabei zwangsläufig der Gefahr vitioser Zirkelschlüsse aussetzt. Erforderlich ist vielmehr – jedenfalls auf der ersten Argumentationsstufe – eine theorieunabhängige Sachargumentation. Diese aber führt, wie schon oben Rdn. 110 ansatzweise dargelegt, zu einer **Differenzierung nach dem Grund für das Fehlen des mittelbaren Besitzes**: Es kommt darauf an, ob mittelbarer Besitz des wahren Papiereigentümers daran scheitert, dass der Schuldner des verbrieften Herausgabeanspruchs Eigenbesitz hat, oder daran, dass er den Besitz verloren hat: Im ersten Fall ist – entgegen der Repräsentationstheorie – gutgläubiger Erwerb möglich, im zweiten Fall dagegen – entgegen der absoluten Theorie – unmöglich.[189] Ausschlaggebend ist somit letztlich nicht, ob der *Veräußerer* des Gutes mittelbaren Besitz hat, sondern ob der *Schuldner des verbrieften Herausgabeanspruchs* Besitz hat – wobei insoweit *jede* Form von Besitz genügt, sei es Fremd- oder Eigenbesitz, unmittelbarer oder mittelbarer Besitz.

Liegt **Eigenbesitz des Schuldners des verbrieften Herausgabeanspruchs vor** und **119** fehlt es also aus *diesem* Grund am mittelbaren Besitz des Veräußerers, so sprechen in der Tat die besseren Gründe für das Eingreifen der §§ 448, 475g, 650 HGB.[190] Das

---

[186] Vgl. z.B. *Zöllner* § 25 IV 3 c; *Stengel* S. 92 ff, 96 ff; MünchKomm.-*Dubischar* § 450 Rdn. 6.

[187] Vgl. z.B. BGH NJW 1959, 1536, 1538; *Westermann* aaO § 48 II 3; verkannt von *Zöllner* § 25 IV 3 c und wohl auch von *Stengel* S. 97 ff, die demzufolge – unnötigerweise – den „Grundgedanken" der 1. Alternative von § 934 BGB heranziehen wollen.

[188] Vgl. die Nachw. oben Fn. 175; weitere Nachw. bei *Hager* (Fn. 178) S. 257 f Fn. 186 und 187 bzw. S. 254 Fn. 165.

[189] Zustimmend *Zöllner* § 25 IV 3 f; *Richardi* § 33 IV a.E.; *Karsten Schmidt* § 24 III 2 c; *Heymann/Horn* § 363 Rdn. 24; *Koller* unten § 424 Rdn. 14 und Transportrecht § 448 HGB Rdn. 3

a.E.; *Helm* unten § 450 Rdn. 4; *Gursky* S. 131 f; *Hager* (Fn. 178) S. 254 ff, 259; *Schnauder* NJW 1991, 1647; MünchKomm.-*Dubischar* § 450 Rdn. 2 a.E.; *Herber* § 30 II 6 a ee.

[190] Zustimmend *Zöllner* § 25 IV 3 f; *Richardi* § 33 IV a.E.; *Karsten Schmidt* § 24 III 2 c a.E.; *Heymann/Horn* § 363 Rdn. 26; *Koller* unten § 424 Rdn. 14 und Transportrecht § 448 Rdn. 3 a.E.; *Helm* unten § 450 Rdn. 4; *Hager* (Fn. 178) S. 258 f; MünchKomm.-*Dubischar* § 450 Rdn. 2 a.E.; MünchKomm.-*Hefermehl* § 363 Rdn. 62 a.E. und 63; *Herber* § 30 II 6 a ee; **a. A.** noch *Stengel* S. 178 ff mit Fn. 87; *Heymann/Honsell* § 450 Rdn. 5; *Rabe* § 650 Rdn. 5 und 8 (vgl. aber auch die entgegengesetzte Tendenz in Rdn. 4).

Claus-Wilhelm Canaris

folgt nicht nur aus den oben Rdn. 110 entwickelten grundsätzlichen Erwägungen, sondern auch aus der spezifischen Sachproblematik des gutgläubigen Erwerbs. Dem Eigentumserwerb stehen hier nämlich – anders als z.B. im Falle von § 935 BGB – nicht irgendwelche Gründe in der Person des wahren Berechtigten entgegen, sondern allein die mangelnde Berechtigung des Veräußerers – und gerade diese soll nach der Wertung von § 365 HGB i.V.m. Art. 16 Abs. 2 WG überwunden werden. Denn der Fall unterscheidet sich ja von den in Rdn. 117 behandelten Tatbeständen gutgläubigen Erwerbs lediglich dadurch, dass der Herausgabepflichtige *Eigen*besitzer ist; die Umwandlung des Fremdbesitzes in Eigenbesitz erhöht aber die Schutzwürdigkeit des wahren Berechtigten gegenüber den Gefahren gutgläubigen Erwerbs in keiner Weise.

Entscheidend kommt hinzu, dass hier mit dem Erwerb des Papiers ein **gutgläubiger Erwerb des verbrieften Herausgabeanspruchs gemäß § 365 HGB i.V. mit Art. 16 Abs. 2 WG** einhergeht. Auch wenn es keinen strikten „Parallelismus" zwischen dessen Erwerb und dem Eigentumsübergang gibt (vgl. oben Rdn. 112), hat dieses Argument doch größtes Gewicht. Denn schließlich besteht das Ziel der Abtretung des Herausgabeanspruchs grundsätzlich in der Übertragung des Eigentums an den Gütern, und auch die Zulassung gutgläubigen Erwerbs hat nur einen Sinn, wenn sie sich nicht auf den Herausgabeanspruch beschränkt, sondern grundsätzlich das Eigentum an den Gütern einschließt. Man darf daher den „Parallelismus" nicht ohne triftigen Grund durchbrechen. Ein solcher Grund besteht z.B. im Falle von § 935 BGB, ist jedoch für die vorliegende Problematik nicht ersichtlich. Denn eine erhöhte Schutzwürdigkeit des wahren Berechtigten besteht, wie dargelegt, nicht. Auch eine Verminderung der Schutzwürdigkeit des Erwerbers im Vergleich zu den in Rdn. 117 behandelten Fällen lässt sich nicht begründen. Insbesondere ergibt sie sich nicht daraus, dass der Erwerber hier keinen mittelbaren Besitz erlangt. Dass eine Besitzerlangung von § 934 2. Alternative BGB gefordert wird, beruht nämlich auf der – vernünftigen! – Erwägung, dass der nicht-besitzende Veräußerer nicht durch den geringsten Rechtsschein legitimiert ist und seine Vertrauenswürdigkeit daher erst noch beweisen muss, indem er dem Erwerber den Besitz zu verschaffen weiß. Gerade diese Überlegung passt hier aber nicht, weil der Veräußerer ja durch den Rechtsschein des Papiers legitimiert wird. Das gilt nicht nur dann, wenn man den Rechtsschein im Rahmen der §§ 932 ff BGB mit der herkömmlichen Ansicht in erster Linie im – zumindest mittelbaren – Besitz des Veräußerers an den Gütern sieht, sondern auch dann, wenn man insoweit mit einer neueren Ansicht die Besitzverschaffungsmacht des Veräußerers und deren Demonstration für maßgeblich hält; denn dieser steht es zumindest gleich, dass der Veräußerer durch das Papier formell als Gläubiger des Herausgabeanspruchs gegen den Besitzer der Güter legitimiert und dadurch in die Lage versetzt wird, dem Erwerber den Herausgabeanspruch nach § 365 Abs. 1 HGB i.V. mit Art. 16 Abs. 2 WG zu verschaffen. Die Zulassung gutgläubigen Erwerbs steht daher in voller Übereinstimmung mit der Wertung von § 934 BGB, ja man könnte geradezu an eine analoge Anwendung der 1. Alternative dieser Vorschrift denken, wenn es nicht ohnehin die §§ 448, 475g, 650 HGB gäbe; denn die Verbriefung des Herausgabeanspruchs setzt einen mindestens ebenso starken Rechtsschein wie der – unsichtbare! – mittelbare Besitz, den § 934 1. Alternative BGB ohne weiteres als Grundlage des gutgläubigen Erwerbs genügen lässt.

120　　Dass die **Repräsentationstheorie** nicht zu diesem Ergebnis – das hier nicht aus irgendeinem theoriebedingten „Vorverständnis" abgeleitet, sondern allein mit Argumenten aus der Interessenlage gewonnen wurde – kommen kann, sondern hier folgerichtig die Möglichkeit gutgläubigen Erwerbs ablehnen muss,[191] beweist auch vom praktischen Ergebnis her deren Unhaltbarkeit. Besonders evident ist diese im Fall einer **Übereignung der Güter gemäß § 929 S. 2 BGB an den unmittelbaren Besitzer,** also den Frachtführer bzw. Lagerhalter (vgl. dazu im Übrigen auch unten Rdn. 147). Vom Boden der Repräsentationstheorie aus kann man hier einen späteren gutgläubigen Erwerber des Traditionspapiers nicht schützen. Die §§ 448, 475g, 650 HGB kann man danach nämlich nicht anwenden, weil der Papierschuldner nach der Übereignung an ihn naturgemäß nicht mehr Fremd-, sondern Eigenbesitzer ist, und die Voraussetzungen von § 934 BGB liegen ebenfalls nicht vor, weil der Veräußerer wegen des Eigenbesitzes des Schuldners nicht mehr mittelbarer Besitzer ist und der Erwerber den Besitz an den Gütern entweder überhaupt nicht oder erst nach Eintritt seiner Bösgläubigkeit erlangt. Dieses Ergebnis ist jedoch offenkundig unrichtig. Denn zweifellos ist der gutgläubige Erwerber des Traditionspapiers weit schutzwürdiger als der unmittelbare Besitzer der Güter, da dieser das Eigentum ja in Kenntnis der Existenz des Papiers und ohne dessen Rückerlangung erworben hat. Es ist auch kein sachgerechter Ausweg, dem Erwerber lediglich den schuldrechtlichen Herausgabeanspruch zuzuerkennen und diesem den Vorrang vor dem Anspruch des Eigentümers nach § 985 BGB einzuräumen; denn dadurch erlangt der Erwerber eben nicht die volle dingliche Rechtsstellung, und außerdem käme man so zu dem unerfreulichen Zustand, dass Eigentum und Besitz auf Dauer auseinander fallen. Der gutgläubige Erwerb muss daher zugelassen werden.[192] Vom Boden der hier vertretenen Ansicht aus bereitet das keine Schwierigkeiten, weil danach die Anwendbarkeit der §§ 448, 475g, 650 HGB nicht vom Fortbestand oder von der Erlangung des mittelbaren Besitzes, sondern lediglich vom Erwerb des Herausgabeanspruchs abhängt. Letzterer aber ist auch dann zu bejahen, wenn der Anspruch durch Erfüllung, Vergleich, vertragliche Aufhebung oder dgl. erloschen war; denn eine solche Einwendung kann nach § 364 Abs. 2 HGB dem gutgläubigen Erwerber nicht entgegengesetzt werden (vgl. § 364 Rdn. 55).

Ganz anders als im Falle der Umwandlung von Fremd- in Eigenbesitz ist die **121** Rechtslage bei einem **Verlust des Besitzes durch den Schuldner des verbrieften Herausgabeanspruchs.** Hier kommt nämlich ein Erwerb des Herausgabeanspruchs nicht in Betracht. Vom Berechtigten kann er nicht erworben werden, weil er durch den Besitzverlust gemäß § 275 BGB untergegangen ist bzw. sich nach §§ 280, 283 BGB in einen bloßen Schadensersatzanspruch verwandelt hat.[193] Auch vom Nichtberechtigten kann er nicht erworben werden; denn auch der Rechtsscheingedanke kann nicht einen Anspruch auf Herausgabe einer Sache schaffen, die der Schuldner gar nicht mehr hat und also auch nicht herausgeben, sondern höchstens in Geld ersetzen kann. Besteht aber wertpapierrechtlich kein Schutz gegen die Einwendung des Besitzverlusts, so ist es nur konsequent, dass sich das auch in der Frage gutgläubigen Erwerbs des Eigentums an den Gütern auswirkt und ein solcher hier somit entgegen der Grundauffassung der **absoluten Theorie** abzulehnen ist.[194] Denn wer nicht einmal den Herausgabeanspruch erwirbt, der kann erst recht nicht das Eigentum erlangen (*Prinzip des „negativen Parallelismus"*). Die Richtigkeit dieses Ergebnisses wird auch durch spezifisch sachenrechtliche Erwägungen erhärtet. Das Eigentum an den Gütern könnte hier nämlich nicht einmal vom Berechtigten durch Abtretung des Herausgabeanspruchs

[191] Vgl. die Nachw. oben Fn. 175; weitere Nachw. bei *Hager* (Fn. 178) S. 257 Fn. 186 und 187.
[192] Zustimmend *Tiedtke* WM 1979, 1147.
[193] Vgl. z.B. BGH LM Nr. 1 zu § 931 BGB, Rückseite.

[194] Das ist i.E. heute wohl unstreitig; vgl. eingehend z.B. *Hager* (Fn. 178) S. 255 ff.

gegen den Papierschuldner übertragen werden, weil ein solcher Anspruch eben überhaupt nicht gegeben ist; vielmehr wäre eine Abtretung des Anspruchs gegen den nunmehrigen Besitzer erforderlich. Daran ändern die §§ 448, 475g, 650 HGB nichts; denn sie stehen insofern in voller Übereinstimmung mit der Regelung des BGB, als auch sie ein Besitzelement voraussetzen, wie das Erfordernis der Übernahme der Waren beweist (vgl. auch oben Rdn. 106 und 110). Dass der Herausgabeanspruch verbrieft ist, spielt in diesem Zusammenhang keine Rolle, da ja nicht der Anspruch gegen den nunmehrigen Besitzer, sondern der Anspruch gegen den Papierschuldner verbrieft ist.

122　　Es stellt auch kein durchschlagendes Gegenargument dar, dass eine **Wiedererlangung des Besitzes an den Gütern** durch den Papierschuldner denkbar ist und dass dann der Herausgabeanspruch wieder auflebt bzw. als „verhaltener" Anspruch auch vorher noch bestand. Die Übereignung setzt nämlich einen Herausgabeanspruch gegen den Besitzer voraus, wie sich nicht nur aus § 931 BGB, sondern auch aus dem „Übernahmeerfordernis" der §§ 448, 475g, 650 HGB ergibt; Besitzer aber war der Papierschuldner zur Zeit der Übertragung nicht. Allerdings wird man i.d.R. eine Abtretung des zukünftigen Herausgabeanspruchs annehmen können. Daher geht das Eigentum ipso iure auf den Papierinhaber über, wenn und sobald der Papierschuldner den Besitz wieder erlangt.[195] Vorher hat der Papierinhaber ein **Anwartschaftsrecht**. Denn ob der Papierschuldner wieder Besitzer der Güter wird, hängt nicht vom Willen des Veräußerers ab, und da auch die tatbestandlichen Voraussetzungen für den Rechtserwerb bereits vollständig erfüllt sind, liegen alle Merkmale eines Anwartschaftsrechts vor.[196] Daraus ergibt sich u.a., dass es für den guten Glauben auf den Zeitpunkt der Papierübertragung und nicht auf den Zeitpunkt der Rückerlangung des Besitzes durch den Papierschuldner ankommt;[197] denn auch sonst gibt insoweit anerkanntermaßen der Zeitpunkt des Erwerbs des Anwartschaftsrechts und nicht der Zeitpunkt des Erwerbs des Vollrechts den Ausschlag.[198] Weiterhin folgt aus der Annahme eines Anwartschaftsrechts, dass der Erwerber auch vor einer zwischenzeitlichen Insolvenz des Veräußerers geschützt wird (was natürlich nur für den Erwerb vom Berechtigten Bedeutung hat).

123　　Ein weiterer Fall einer Abweichung von der Regelung des BGB tritt auf, wenn die **Übereignung der Güter durch den Schuldner des verbrieften Herausgabeanspruchs selbst** erfolgt, was bei einem an dessen eigene Order lautenden Papier vorkommen kann.[199] War hier der Papierschuldner nicht verfügungsberechtigt, so käme gemäß § 933 BGB ein gutgläubiger Erwerb des ersten Nehmers erst dann in Betracht, wenn ihm die Güter körperlich übergeben werden. Nach dem Wortlaut der §§ 448, 475g, 650 HGB findet der Gutglaubenserwerb dagegen schon mit der Übergabe des Papiers statt. Bei dieser Lösung wird man es in der Tat bewenden lassen können.[200] Zwar sind die §§ 448, 475g, 650 HGB gewiss nicht auf diesen seltenen Ausnahmefall zugeschnitten, doch sprechen gute Sachgründe für die Abweichung von § 933 BGB. Die Regelung dieser Vorschrift hat nämlich ihren Grund darin, dass der bisherige Eigentümer und der Erwerber dem Besitzer „das gleiche Vertrauen schenken",[201] bzw. zutreffender formuliert darin, dass der Erwerber sich noch keine wesentlich stärkere Einwirkungsmöglichkeit auf die Sache verschafft hat, als sie typischerweise auch noch

---

[195] Ebenso z.B. *Schaps/Abraham* § 650 Rdn. 17; *Schlegelberger/Liesecke* § 650 Rdn. 4; *Stengel* S. 181 Fn. 90.

[196] Vgl. statt aller BGH NJW 1955, 544.

[197] **A.A.** z.B. *Jacobi* Ehrenbergs Handbuch IV 1 S. 551; *Stengel* S. 181 Fn. 90.

[198] Vgl. z.B. BGHZ 10, 73.

[199] Vgl. dazu näher *Stengel* S. 149 ff.

[200] Ebenso i.E. *Stengel* S. 171.

[201] *Westermann* aaO § 48 vor I.

der bisherige Eigentümer hat. Diese Überlegung passt nun aber nicht, wenn dem Erwerber ein Traditionspapier ausgehändigt wird; denn dadurch erlangt er wegen der besonderen prozessualen und materiellrechtlichen Vorteile eines Wertpapiers eine gesteigerte Zugriffsmöglichkeit auf die Sache, die über die des wahren Berechtigten hinausgeht. Außerdem ist die Wertung von § 933 BGB bekanntlich rechtspolitisch sehr umstritten. Rechtspolitisch fragwürdige Vorschriften sind aber nach einer vernünftigen Auslegungsmaxime im Zweifel nicht extensiv anzuwenden, und daher erscheint es auch aus diesem Grunde angemessen, den §§ 448, 475g, 650 HGB den Vorrang einzuräumen. Konstruktiv liegt dabei nicht etwa eine Übereignung nach §§ 929, 932 BGB, sondern eine Übereignung nach § 930 BGB vor, wobei die von § 933 BGB geforderte Übergabe der Güter gemäß §§ 448, 475g, 650 HGB durch die Übertragung des Traditionspapiers ersetzt wird.[202]

b) Der gutgläubige lastenfreie Erwerb der Güter. Einem gutgläubigen lasten- **124** freien Erwerb der Güter scheint bei strikter Anwendung des Bürgerlichen Rechts § 936 Abs. 3 BGB entgegenzustehen, soweit die betreffenden Rechte dem unmittelbaren Besitzer zustehen. Diese Schwierigkeit kann man entgegen der Ansicht vieler Anhänger der Repräsentationstheorie und der absoluten Theorie nicht dadurch beheben, dass man die Übereignung mittels eines Traditionspapiers einfach unter § 929 statt unter § 931 BGB subsumiert.[203] Das ist Begriffsjurisprudenz im schlechten Sinne und nicht einmal in sich selbst schlüssig. Denn auf diese Weise kann zwar die unmittelbare Anwendung von § 936 Abs. 3 BGB vermieden werden, doch stellt sich dann sofort die Frage einer Analogie. Diese zu bejahen, liegt aber an sich um so näher, als § 936 Abs. 3 BGB lediglich einen Anwendungsfall eines allgemeineren Rechtsgedankens darstellt, der auch in anderen Vorschriften wie z.B. §§ 566, 986 Abs. 2 BGB, 369 Abs. 2 HGB Ausdruck gefunden hat und der auf der einleuchtenden Wertung beruht, dass der Erwerber mit Rechten des unmittelbaren Besitzers grundsätzlich rechnen muss; demgemäß ist z.B. für den Tatbestand des § 986 Abs. 2 BGB die Möglichkeit einer analogen Anwendung auf andere Übertragungsformen als § 931 BGB anerkannt.[204] Zu einer sachgerechten Lösung kommt man daher nur, wenn man auch hier fragt, ob § 936 Abs. 3 BGB seiner ratio legis nach überhaupt passt, und wenn man bei der Antwort wiederum maßgeblich berücksichtigt, dass der Herausgabeanspruch in einem Wertpapier verbrieft ist. Von diesem Ausgangspunkt aus kommt man zu einer differenzierenden Lösung.

Für **vertragliche Pfandrechte des Schuldners des verbrieften Herausgabean-** **125** spruchs, also des Frachtführers oder Lagerhalters, gilt § 936 Abs. 3 BGB auf Grund einer teleologischen Reduktion nicht.[205] Anders als im Normalfall von § 936 Abs. 3 BGB muss der Erwerber hier nämlich mit einem solchen Recht nicht rechnen; denn der Pfandgläubiger hat hier durch die Verbriefung ausnahmsweise die Möglichkeit, sein Recht durch Aufnahme in die Urkunde zu verlautbaren und dadurch spätere Erwerber zu warnen, und man darf eine solche Verlautbarung angesichts des Umlaufcharakters der Urkunde auch von ihm erwarten. In die gleiche Richtung weist die Überlegung, dass der Erwerber den Herausgabeanspruch gemäß § 364 Abs. 2 HGB gutgläubig einwendungsfrei erwirbt.[206] Bei einem vertraglichen Pfandrecht ist somit der Weg für einen gutgläubigen lastenfreien Erwerb grundsätzlich frei.

---

[202] Vgl. *Stengel* S. 171.
[203] Vgl. aber z.B. MünchKomm.-*Hefermehl* § 363 Rdn. 54; *Schlegelberger/Liesecke* § 650 Rdn. 11.
[204] Vgl. z.B. *Palandt/Bassenge* § 986 Rdn. 8; BGHZ 111, 142, 146.

[205] Ebenso *Zöllner* § 25 IV 3 g dd; *Koller* unten § 424 Rdn. 14 Abs. 2 und Transportrecht § 448 Rdn. 3; *Heymann/Horn* § 363 Rdn. 28.
[206] Vgl. *Zöllner* § 25 IV 3 g dd; *Stengel* S. 121 ff.

Die Regelung der §§ 448, 475g, 650 HGB führt dabei dazu, dass der lastenfreie Erwerb bereits im **Zeitpunkt der Übertragung des Papiers** erfolgt.[207] Das entspricht für den Regelfall der Wertung von § 936 Abs. 1 Satz 3 BGB, weil und sofern der Erwerber durch die Papierübertragung den mittelbaren Besitz an den Gütern erlangt (vgl. oben Rdn. 117). Ist dies nicht der Fall, weil der Papierschuldner nicht Fremd-, sondern Eigenbesitzer ist, so tritt die Wirkung der §§ 448, 475g, 650 HGB auf Grund der oben Rdn. 119 entwickelten Überlegungen ebenfalls im Zeitpunkt der Papierübertragung ein.[208] Fehlt es dagegen am Erwerb des mittelbaren Besitzes deshalb, weil der Papierschuldner den unmittelbaren Besitz verloren hat, so ist insoweit überhaupt kein gutgläubiger Erwerb mittels Traditionspapiers und also auch kein lastenfreier Erwerb möglich (vgl. oben Rdn. 121).

126   Auf **gesetzliche Pfandrechte des Papierschuldners, also die Pfandrechte aus §§ 441, 475b, 623 HGB** lässt sich die im ersten Absatz der vorigen Rdn. entwickelte Argumentation grundsätzlich nicht übertragen. Denn mit der Existenz derartiger Pfandrechte muss der Erwerber rechnen, weil sie sich aus dem Typus des verbrieften Rechtsverhältnisses ergeben und sich überdies gegen ihn selbst als den legitimierten Empfänger der Güter richten; wertpapierrechtlich gesprochen liegt eine „inhaltliche" oder „urkundliche", weil typusbezogene Einwendung vor (vgl. § 364 Rdn. 43). Diese spezifisch wertpapierrechtliche Argumentation führt somit zum selben Ergebnis wie die sachenrechtliche Regelung des § 936 Abs. 3 BGB, so dass sich beide Lösungsansätze wechselseitig bestätigen und bestärken und zu dem Ergebnis zu führen scheinen: Hier gibt es grundsätzlich keinen gutgläubigen lastenfreien Erwerb. Daher erscheint es als folgerichtig, wenn im Schrifttum z. T. die Ansicht vertreten wird, dass hier ein gutgläubiger lastenfreier Erwerb von vornherein nicht in Betracht kommt.[209]

Diese – ziemlich rigide – Lösung ist indessen für den **Orderlagerschein** unvereinbar mit der **Regelung des § 475b Abs. 2 HGB**. Danach besteht, wenn dieser durch Indossament übertragen worden ist, „das Pfandrecht dem legitimierten Besitzer des Lagerscheins gegenüber nur wegen der Vergütungen und Aufwendungen, die aus dem Lagerschein ersichtlich sind oder ihm bei Erwerb des Lagerscheins bekannt oder infolge grober Fahrlässigkeit unbekannt waren". Bezüglich der nicht im Papier vermerkten Vergütungen und Aufwendungen gibt es somit doch die **Möglichkeit eines gutgläubigen lastenfreien Erwerbs**. Bei der Bestimmung des Maßstabs für die grobe Fahrlässigkeit ist allerdings zu berücksichtigen, dass die Höhe der Ansprüche i. d. R. völlig ungewiss ist und dass der Erwerber daher grundsätzlich allen Anlass zu einer Rückfrage bei dem Pfandgläubiger hat; nur wenn eine solche untunlich ist oder unzutreffend beantwortet wird, ist der gute Glaube zu bejahen.[210]

In den §§ 441, 623 HGB finden sich nun freilich keine entsprechenden Regelungen. Indessen ist ein sachlicher Grund dafür, den Ladeschein und das Konnossement insoweit anders zu behandeln als den Lagerschein, nicht ersichtlich; vielmehr liegt in dem Unterschied wohl eine rein historisch bedingte Zufälligkeit, zumal § 475b Abs. 2 HGB lediglich eine nicht näher reflektierte Übernahme von § 22 Abs. 2 OLSchVO darstellt[211] und dabei die Parallelproblematik im Rahmen der §§ 441, 623 HGB offenbar

---

[207] Zustimmend *Koller* unten § 424 Rdn. 14 Abs. 2.
[208] Ebenso i. E. wohl auch *Stengel* S. 130, der dadurch jedoch in einen untragbaren Wertungswiderspruch zu seiner abweichenden Lösung beim gutgläubigen Erwerb vom Nichtberechtigten gerät, vgl. S. 178 ff mit Fn. 90.
[209] Vgl. *Wüstendörfer* S. 323; *Schaps/Abraham* § 650

Rdn. 18; *Schlegelberger/Liesecke* § 650 Rdn. 8; *Rabe* § 650 Rdn. 13; *Stengel* S. 123 ff, 131 ff.
[210] So mit Recht *Zöllner* § 25 IV 3 g cc; weniger streng offenbar *Koller* unten § 424 Anhang I § 21 OLSchVO Rdn. 3.
[211] Vgl. BT-Drucks. 13/8445 S. 123.

gar nicht in den Blick gekommen ist. Daher erscheint eine **analoge Anwendung von § 475b Abs. 2 HGB auf den Ladeschein und das Konnossement** angezeigt. Für letzteres widerspricht diese zwar im Ergebnis der h. L.,[212] für ersteren stimmt sie dagegen mit der h. L. im Ergebnis überein,[213] auch wenn die Problematik als solche – d. h. die Analogie zu § 475 Abs. 2 HGB bzw. zur Vorgängervorschrift des § 22 Abs. 2 OLSchVO und die darin liegende Abweichung von § 936 Abs. 3 BGB – von der h. L. gar nicht thematisiert wird.

Das **Gesamtergebnis** ist somit, dass § 936 Abs. 3 BGB bei allen Traditionspapieren durch die Sonderreglung des § 475b Abs. 2 HGB – die zwar aus den im ersten Absatz dieser Rdn. angestellten Überlegungen als systemwidrig erscheint, aber als positives Recht zu respektieren und auch nicht als einer Analogie unzugänglich anzusehen ist – im Wege der Spezialität verdrängt wird, sei es auf Grund unmittelbarer oder entsprechender Anwendung.

Pfandrechte eines nicht-besitzenden Dritten wie z. B. aus § 562 BGB entfallen **127** gegenüber dem gutgläubigen Erwerber unter den Voraussetzungen von § 936 Abs. 1 BGB ohne weiteres, weil auf sie § 936 Abs. 3 BGB ohnehin nicht anwendbar ist.

Für **Besitzpfandrechte Dritter** bleibt es dagegen grundsätzlich bei der Anwendung von § 936 Abs. 3 BGB.[214] Dritte haben nämlich anders als der Papierschuldner i. d. R. nicht die Möglichkeit, ihr Recht in der Urkunde zu verlautbaren; auch scheidet ein gutgläubiger einwendungsfreier Erwerb nach § 364 Abs. 2 HGB insoweit aus, weil nur der Herausgabeanspruch gegen den Papierschuldner und nicht der gegen einen Dritten verbrieft ist. Hat z. B. E Güter gegen Ausstellung eines Lagerscheins bei L eingelagert und dieser sie auf Weisung des E im eigenen Namen an den Verkaufskommissionär K übergeben und veräußert E die Güter nun mittels des Lagerscheins an den gutgläubigen D, so kann K diesem sein Pfandrecht aus § 397 HGB gemäß § 936 Abs. 3 BGB entgegensetzen. Das ist dogmatisch folgerichtig und entspricht uneingeschränkt der Interessenlage. Allerdings bleibt L als Kommittent mittelbarer (Fremd)Besitzer 1. Grades, und daher hat D von E nach § 870 BGB mittelbaren Besitz 2. Grades erlangt, so dass sein gutgläubiger lastenfreier Erwerb nicht von den Voraussetzungen von § 936 Abs. 1 Satz 3 BGB abhängt, sondern sich auf § 936 Abs. 1 Satz 1 BGB stützen kann. Diesem Besitzgebäude liegt jedoch lediglich der – nicht verbriefte! – (bedingte) Herausgabeanspruch des L gegen K aus dem Kommissionsvertrag zugrunde, und daher erscheint es geradezu als Selbstverständlichkeit, dass K als unmittelbarer Besitzer sich mit seinem Pfandrecht nach § 936 Abs. 3 BGB gegen D trotz dessen guten Glaubens durchsetzt, zumal dieser seinen eigenen (mittelbaren) Besitz lediglich von ihm – K – ableitet. Die Verbriefung des Herausgabeanspruchs von E gegen L spielt im Verhältnis zwischen D und K überhaupt keine Rolle und kann demgemäß auch die Anwendung von § 936 Abs. 3 BGB nicht hindern.

c) Erwerb und Fortbestand von gesetzlichen Pfand- und Zurückbehaltungs- 128 rechten an den Gütern. Erwerb und Fortbestand der **gesetzlichen Pfandrechte des Handelsrechts** hängen nach §§ 397, 441 Abs. 2, 464 Satz 2, 475b Abs. 3 HGB davon

---

[212] Vgl. die Nachw. in Fn. 209.

[213] Vgl. *Helm* unten § 450 Rdn. 6; *Heymann/Honsell* § 450 Rdn. 8; MünchKomm.-*Dubischar* § 450 Rdn. 7; *Fremuth/Thume* Komm. zum Transportrecht, 2000, § 448 Rdn. 4; *Ebenroth/Boujong/Joost/Gass* § 448 Rdn. 6 f. Die in diesem Zusammenhang häufig zitierte Entschei-

dung RGZ 44, 116, 120 lässt sich schwerlich als Präjudiz verwerten, weil sie zur Rechtslage vor Inkrafttreten von § 936 Abs. 3 BGB ergangen ist.

[214] Ebenso *Zöllner* § 25 IV 3 g aa; *Heymann/Horn* § 363 Rdn. 29; **a. A.** *Helm* unten § 450 Rdn. 6.

Claus-Wilhelm Canaris

ab, dass der Gläubiger die Güter „im Besitze hat, insbesondere mittels Konnossements, Ladescheins oder Lagerscheins darüber verfügen kann". Das Gleiche gilt gemäß § 369 Abs. 1 Satz 1 HGB für das **kaufmännische Zurückbehaltungsrecht.** Der Wortlaut dieser Vorschriften gibt durch die Verwendung des Wortes „insbesondere" schwierige Auslegungsprobleme auf.[215] Einerseits könnte man daraus nämlich schließen, dass das Gesetz den Konnossementsinhaber *als solchen* auf Grund einer Fiktion als (mittelbaren) Besitzer ansieht, ohne dass es auf das Vorliegen der Voraussetzungen von § 868 BGB ankommt; dagegen spricht jedoch, dass der Gesetzgeber eine Frage von solch grundsätzlicher dogmatischer Bedeutung gewiss nicht durch eine so beiläufige Formulierung und außerhalb des eigentlichen Regelungszusammenhangs der Traditionspapiere entscheiden wollte, zumal die Besitzproblematik von den Verfassern des HGB ohnehin noch nicht voll durchschaut war (vgl. oben Rdn. 100).

Andererseits erscheint aber auch eine scharf restriktive Auslegung der §§ 369, 397, 441 Abs. 2, 475b Abs. 3 HGB in dem Sinne, dass zur Pfandrechtsbegründung stets mittelbarer Besitz des Gläubigers i. S. von § 868 BGB erforderlich ist, nicht überzeugend. Denn dadurch würde die ausdrückliche Hervorhebung der Traditionspapiere zu einer überflüssigen Floskel degradiert, was zwar nicht völlig ausgeschlossen, aber nach Möglichkeit zu vermeiden ist. Außerdem spricht gegen diese Auslegung die Entstehungsgeschichte.[216] Die heutige Formulierung geht nämlich zurück auf Art. 292 des Preußischen Entwurfs zum Handelsgesetzbuch, wonach der Gläubiger dann ein Pfandrecht hatte, wenn er „das Gut noch in seinem Gewahrsam oder die Konnossemente, Frachtbriefe oder Lagerscheine darüber noch in Händen hat oder sonst noch in der Lage ist, darüber verfügen zu können". Die Verfügungsmöglichkeit mittels Traditionspapiers wurde hier also nicht als Unterfall des Besitzes, sondern als eigenständige Alternative angesehen. Da die Veränderung der Formulierung ersichtlich nicht sachliche, sondern nur sprachliche Gründe hatte,[217] ist das Gesetz im Sinne der ursprünglichen Fassung berichtigend auszulegen: das Wort „insbesondere" bezieht sich nur auf den Regelfall, in dem der berechtigte Inhaber des Papiers ja in der Tat zugleich mittelbarer Besitzer ist, schließt aber nicht aus, dass auch der nicht-besitzende Verfügungsberechtigte das Pfandrecht erwirbt.[218] Die Verfügungsmöglichkeit mittels eines Traditionspapiers steht somit für den Erwerb und den Bestand eines gesetzlichen Pfandrechts und eines kaufmännischen Zurückbehaltungsrechts grundsätzlich dem (mittelbaren) Besitz gleich. Ob die Verfügungsmöglichkeit auf einer Abtretung des Herausgabeanspruchs oder z.B. lediglich auf einem verdeckten Vollmachtsindossament beruht, ist dabei unerheblich;[219] allerdings ist insoweit die – u.U. auf die gesetzlichen Pfandrechte analog anzuwendende – Regelung von § 369 Abs. 3 HGB besonders zu beachten.

129   Für die grundlegende Streitfrage, welche Bedeutung der mittelbare Besitz an den Gütern für den Eintritt der Traditionswirkung hat, folgt aus der Gleichstellung von Verfügungsmöglichkeit und mittelbarem Besitz, dass die oben Rdn. 110 vorgeschlagene und bereits bei der Problematik des gutgläubigen Erwerbs bewährte (vgl. 119 ff) **Unterscheidung zwischen Eigenbesitz und Besitzverlust des Herausgabeschuldners** sich auch hier als zutreffend erweist: Fehlt es am mittelbaren Besitz des Gläubigers wegen Eigenbesitzes des Schuldners, so wird dadurch das Pfand- oder Zurück-

215 Vgl. auch *Stengel* S. 73 ff m. Nachw.
216 Vgl. *Heymann* S. 235 ff; *Schlenzka* S. 46 f.
217 Vgl. *Heymann* aaO; *Schlenzka* aaO; *Kühlberg* S. 69.
218 I. E. h. L., vgl. z.B. *Schlegelberger/Hefermehl* § 369 Rdn. 36; *Düringer/Hachenburg/Hoeniger* § 369 Anm. 9.
219 Vgl. auch *Stengel* S. 75.

behaltungsrecht nicht beeinträchtigt, weil der Gläubiger die Verfügungsmöglichkeit bei Eigenbesitz des Schuldners genauso hat wie bei Fremdbesitz. Bei einem Besitzverlust des unmittelbaren Schuldners kann der Gläubiger dagegen nicht mehr mit Hilfe des Traditionspapiers (sondern allenfalls durch Abtretung des – in dem Papier nicht verbrieften – Herausgabeanspruchs gegen den nunmehrigen Besitzer) über die Güter verfügen (vgl. oben 121), so dass er kein Pfand- oder Zurückbehaltungsrecht erwirbt bzw. seiner verlustig geht.

d) Die Bestellung eines vertraglichen Pfandrechts an den Gütern. Die Bestellung **130** eines vertraglichen Pfandrechts setzt nach § 1205 BGB voraus, dass der Verpfänder die Sache dem Pfandgläubiger übergibt oder den mittelbaren Besitz auf ihn überträgt und die Verpfändung dem Besitzer anzeigt. Was zunächst das **Erfordernis der Besitzübertragung** angeht, so wird dieses bei einem Traditionspapier durch dessen Übertragung und den damit verbundenen Übergang des verbrieften Herausgabeanspruchs ersetzt. Das folgt grundsätzlich schon aus dem Wortlaut der §§ 448, 475g, 650 HGB, wonach die Übergabe des Papiers – was in Wahrheit dessen Übertragung bedeutet (vgl. oben Rdn. 103) – dieselben Wirkungen wie die Übergabe des Gutes hat. Unterstützt wird dieses Ergebnis durch eine **Analogie zu den §§ 397, 441 Abs. 2, 464 Abs. 1 Satz 2, 475b Abs. 3 HGB**. Denn wenn für den Erwerb (und Fortbestand) der gesetzlichen Pfandrechte des HGB die Verfügungsmöglichkeit mit Hilfe eines Traditionspapiers dem Besitz gleichsteht, dann muss das auch für das Vertragspfand gelten, da die handelsrechtlichen Pfandrechte ebenfalls Besitzpfandrechte sind und das Erfordernis der Besitzübertragung nach § 1205 Abs. 2 BGB lediglich die Entstehung eines besitzlosen Pfandrechts verhindern soll.[220] Auch sind die Gefahren eines besitzlosen Pfandrechts stark gemindert, wenn nicht sogar völlig beseitigt, sofern über den verpfändeten Gegenstand ein Traditionspapier ausgestellt worden ist.

Die **Übertragung mittelbaren Besitzes an dem verpfändeten Gut auf den Pfand- 131 gläubiger** ist somit hier nicht erforderlich.[221] Eine Verpfändung durch Einigung und Übertragung des Papiers ist daher auch dann möglich, wenn der Papierschuldner Eigenbesitzer ist. Hat dieser dagegen den Besitz verloren, so kommt eine Verpfändung mit Hilfe des Papiers nicht mehr in Betracht, weil dieses dann seinem Inhaber nicht mehr die Möglichkeit zu Verfügungen über die Ware gibt (vgl. Rdn. 128 a.E. i.V. mit Rdn. 121). Allerdings entsteht das Pfandrecht i.d.R. ipso iure, sofern und sobald der Papierschuldner den Besitz wieder erlangt;[222] vorher hat der Pfandgläubiger ein dingliches Anwartschaftsrecht (vgl. oben Rdn. 122). Dogmatisch und praktisch erweist sich somit auch hier die **Unterscheidung zwischen Eigenbesitz und Besitzverlust des Herausgabeschuldners** als ausschlaggebend.

Auch die von § 1205 Abs. 2 BGB zusätzlich geforderte **Verpfändungsanzeige 132** entfällt bei einer Verpfändung mittels eines Traditionspapiers.[223] Das ergibt sich wiederum schon aus dem Wortlaut der §§ 448, 475g, 650 HGB; denn weil danach die Übertragung des Papiers der Übergabe des Gutes gleichsteht, sind die Voraussetzungen von § 1205 Abs. 1 BGB erfüllt, so dass Abs. 2 der Vorschrift von vornherein gar nicht einschlägig ist. Außerdem folgt es aus einer teleologischen Reduktion von § 1205 Abs. 2 BGB, da der Zweck dieser Regelung – mag er im Schutz des Pfandgläubigers vor Leistungen des Schuldners an den Verpfänder oder im Publizitätsstreben und in

---

[220] Vgl. zu letzterem z.B. *Westermann* Sachenrecht[7] § 128 II 3 a a.E.
[221] **A.A.** außer den Anhängern der Repräsentationstheorie z.B. auch *Stengel* S. 180 Fn. 87.
[222] Vgl. auch *Stengel* S. 109 ff.
[223] Ebenso *Zöllner* § 25 IV 3b; *Heymann/Horn* § 363 Rdn. 30; *Koller* § 448 Rdn. 3; *Ebenroth/Boujong/Joost/Hakenberg* § 363 Rdn. 19.

Claus-Wilhelm Canaris

der Verhinderung von Doppelverpfändungen liegen – durch die Existenz und Übertragung des Papiers (zumindest) genauso gut wie durch eine Anzeige gewahrt ist.[224] Schließlich zeigt auch § 1280 BGB, dass es schon nach dem eigenen System des BGB einer Pfandanzeige hier nicht bedarf.[225] Wenn nämlich für die Verpfändung einer Forderung das Anzeigeerfordernis entfällt, sofern die Übertragung nicht durch schlichte Einigung erfolgt, sondern von einer zusätzlichen Tatbestandsvoraussetzung abhängt, dann muss das gleiche folgerichtig auch im Falle von § 1205 Abs. 2 BGB gelten; die Übertragung des Herausgabeanspruchs setzt aber außer der Einigung die Übertragung des Papiers voraus. Auch hier bestätigt sich somit, dass die Regelung des BGB durchaus auf die Traditionspapiere passt, sofern man nur jeweils auf die ratio legis zurückgreift und die **aus der Verbriefung des Herausgabeanspruchs folgenden Besonderheiten** berücksichtigt.

133   e) **Die Legitimation zur Entgegennahme von Schadensersatzleistungen nach § 851 BGB.** Erbringt der Verfrachter bzw. Lagerhalter eine Schadensersatzleistung wegen Verlusts oder Beschädigung der Güter an den materiell nichtberechtigten, aber formell legitimierten Inhaber des Papiers, so wird er bezüglich der **Ansprüche aus Vertragsverletzung** aus § 280 BGB nach § 365 HGB i.V. mit Art. 40 Abs. 3 WG bzw. nach § 793 Abs. 1 Satz 2 BGB frei; denn derartige Folgeansprüche sind im Papier mitverbrieft (vgl. oben Rdn. 57 und § 364 Rdn. 5). Für **Ansprüche aus unerlaubter Handlung** gelten diese Vorschriften dagegen nicht, da in einem Traditionspapier nicht das Eigentum als solches, sondern lediglich der schuldrechtliche Herausgabeanspruch verbrieft ist (vgl. § 364 Rdn. 6). Insoweit kommt man jedoch über § 851 BGB zum selben Ergebnis. Sofern der Inhaber des Papiers zugleich mittelbarer Besitzer der Güter ist, folgt das schon aus einer direkten Anwendung von § 851 BGB, da Besitzer im Sinne dieser Vorschrift gemäß § 868 BGB sowie auf Grund der Wertung von § 934 1. Alt. BGB auch der mittelbare Besitzer ist. In den meisten Fällen der Leistung an einen Nichtberechtigten wird dieser allerdings nicht mittelbarer Besitzer sein, weil er nicht Inhaber des Herausgabeanspruchs geworden ist; man denke etwa an die Fälle des Diebstahls, des Fundes oder der unwirksamen Übertragung des Papiers. Dann ist § 851 BGB analog anzuwenden – und zwar sowohl dann, wenn Schädiger der Herausgabepflichtige selbst ist, als auch dann, wenn die Schädigung durch einen Dritten erfolgt ist. Die Innehabung des Traditionspapiers setzt nämlich einen ebenso starken Rechtsschein wie der Besitz, und daher muss die Schadensersatzleistung an den legitimierten Papierinhaber grundsätzlich ebenso befreiend wirken wie die Leistung an den Besitzer der zerstörten oder beschädigten Güter; außerdem wäre es ein untragbarer Wertungswiderspruch, wenn der Schädiger zwar von dem Inhaber des Papiers gutgläubig das Eigentum an den Gütern erwerben könnte (vgl. oben Rdn. 117), bei einer Ersatzleistung an ihn aber nicht in seinem guten Glauben geschützt würde.

134   Vom Boden der **Repräsentationstheorie** aus lässt sich dieses Ergebnis, das voll der Interessenlage entspricht, freilich nicht überzeugend begründen. Denn in den einschlägigen Fällen hat, wie dargelegt, weder der Nichtberechtigte mittelbaren Besitz, noch erwirbt der Leistende diesen. Allerdings wird häufig der wahre Berechtigte mittelbarer Besitzer sein, doch ist nicht einzusehen, warum davon die Anwendbarkeit von § 851 BGB abhängen soll. Dementsprechend ist die Innehabung des Traditionspapiers auch im Rahmen von § 851 BGB dem Besitz auch dann gleichzustellen, wenn der Herausgabepflichtige **Eigenbesitzer** ist und daher niemand mittelbaren Besitz hat

---

[224] Vgl. *Stengel* S. 104 ff.   [225] Vgl. *Zöllner* § 25 IV 3 b.

(vgl. allgemein oben Rdn. 110). Das folgt vom hier vertretenen Standpunkt aus ohne weiteres daraus, dass der Gutgläubige in einem solchen Fall vom Inhaber des Papiers Eigentum an den Gütern erwerben könnte (vgl. oben Rdn. 119) und daher folgerichtig auch bei einer Ersatzleistung an diesen geschützt werden muss. Die Befreiungswirkung von § 851 BGB tritt dabei grundsätzlich auch dann ein, wenn nicht ein Dritter, sondern der Papierschuldner selbst der wahre Berechtigte ist. Denn der Verkehr darf i.d.R. davon ausgehen, dass der Papierschuldner kein Traditionspapier ausstellt, wenn er selbst Eigentümer der Güter ist, bzw. sich dieses zurückgeben lässt, wenn er nachträglich Eigentum daran erwirbt (vgl. auch oben Rdn. 120). Allerdings wird der Ersatzpflichtige meist bösgläubig sein, wenn er weiß, dass der Papierschuldner Eigenbesitzer ist – zumal ihm die Hinterlegungsmöglichkeit gemäß § 372 S. 2 (Fall 2) BGB einen sachgerechten Ausweg bietet. Fehlt es dagegen deshalb am mittelbaren Besitz des Papierinhabers, weil der Papierschuldner zur Zeit der zum Ersatz verpflichtenden Handlung den **Besitz an den Gütern verloren** hatte, so hat eine Ersatzleistung keine befreiende Wirkung. In einem solchen Fall wäre nämlich ein gutgläubiger Eigentumserwerb nicht möglich (vgl. oben Rdn. 121), und daher besteht auch keine Rechtfertigung für die Anwendung von § 851 BGB, da es sich hierbei um eine Parallelvorschrift zu §§ 932 ff BGB handelt. Dieses Ergebnis entspricht auch der Interessenlage. Denn für den Schädiger ist es dann offenkundig, dass der in dem Traditionspapier angegebene Schuldner nicht mit demjenigen identisch ist, der zur Zeit der Schädigung die Güter in Besitz hatte, und daher besteht für ihn kein Anlass, an den Inhaber des Papiers zu zahlen. Die **Unterscheidung zwischen Eigenbesitz und Besitzverlust des Herausgabeschuldners** bewährt sich somit auch hier.

Soweit die Ersatzleistung befreiende Wirkung hat, kann der wahre Berechtigte von **135** dem Papierinhaber die **Herausgabe des Geleisteten nach § 816 Abs. 2 BGB** verlangen.

Schwierigkeiten können sich bei einer **Übertragung des Papiers nach Schadens-** **136** **eintritt** ergeben. Der Anspruch aus unerlaubter Handlung entsteht nämlich in der Person desjenigen, der zur Zeit der Schädigung Eigentümer der Güter war, und geht mit der Übertragung des Papiers nicht ohne weiteres auf dessen Erwerber über, da er nicht mitverbrieft ist (vgl. § 364 Rdn. 6). Der Ersatzpflichtige kann daher u. U. in die Gefahr geraten, durch eine Leistung an den Inhaber des Papiers nicht von seiner Deliktsschuld befreit zu werden. Im Einzelnen sind dabei **mehrere Fallkonstellationen** zu unterscheiden.

Nicht in den vorliegenden Zusammenhang gehören zunächst die Fälle, in denen in der Übertragung des Papiers zugleich eine konkludente Abtretung der Ansprüche aus unerlaubter Handlung zu sehen ist (vgl. dazu § 364 Rdn. 6 Abs. 2); denn dann entsteht die Gefahr einer Leistung ohne Befreiungswirkung von vornherein nicht, weil der Inhaber des Papiers und der Gläubiger des Anspruchs aus unerlaubter Handlung identisch sind. Auszuscheiden sind hier weiterhin auch die Fälle, in denen der Anspruch aus unerlaubter Handlung dem Indossanten zusteht und sich gegen den Papierschuldner richtet; zwar führt die Übertragung des Papiers dabei zu einer Aufspaltung der Gläubigerstellung, doch wird der Schuldner gemäß § 428 BGB durch seine Leistung an den Indossatar auch gegenüber dem Indossanten befreit (vgl. § 364 Rdn. 6 a. E.). Es bleiben daher im Wesentlichen zwei Fallgruppen übrig, in denen u. U. ein Bedürfnis für die Anwendung von § 851 BGB entstehen kann: erstens die Fälle, in denen der Deliktsanspruch beim Indossanten verblieben ist, sich aber nicht gegen den Papierschuldner, sondern gegen einen Dritten richtet, so dass die Voraussetzungen von § 428 BGB nicht gegeben sind; und zweitens die Fälle, in denen das Eigentum an den Gütern

Claus-Wilhelm Canaris

und damit auch der Deliktsanspruch weder dem Indossanten noch dem Indossatar zusteht.

Bei der ersten Fallgruppe könnte man gegen eine Anwendung von § 851 BGB einwenden, dass nach dieser Vorschrift nur die Leistung an denjenigen befreit, der zur Zeit der unerlaubten Handlung Besitzer der Sache war. Es liegt daher nahe, die analoge Anwendung von § 851 BGB auf Traditionspapiere davon abhängig zu machen, dass der Leistungsempfänger zur Zeit der unerlaubten Handlung Papierinhaber war – und gerade daran fehlt es bei der vorliegenden Fallkonstellation. Indessen ist bei einem Wertpapier häufig nicht feststellbar, wer zu einem bestimmten Zeitpunkt dessen Inhaber war, da das Indossament nicht datiert zu sein braucht (vgl. § 365 Rdn. 3) und oft sogar ganz fehlt wie z.B. bei einem Inhaberpapier oder der Weitergabe eines blanko indossierten Oderpapiers. Wer Besitz an der beschädigten oder zerstörten Sache hatte, lässt sich dagegen i.d.R. ungleich leichter klären, zumal der Schädiger dem Besitzer oft bei Begehung der unerlaubten Handlung sogar persönlich begegnet. Man wird daher § 851 BGB wohl auch dann analog anwenden können, wenn der Leistende ohne grobe Fahrlässigkeit davon ausgegangen ist, dass der Leistungsempfänger schon zur Zeit der Schädigung Papierinhaber war. An seinen guten Glauben sind freilich scharfe Anforderungen zu stellen, da er angesichts der Funktion der Traditionspapiere mit einem raschen Umlauf rechnen muss und in der Möglichkeit der Hinterlegung gemäß § 372 S. 2 (Fall 2) BGB eine angemessene Alternative hat.

Bei der zweiten oben erwähnten Fallgruppe – also dann, wenn der Deliktsanspruch nicht dem Indossanten oder dem Indossatar, sondern einem Dritten zusteht – bestehen grundsätzlich keine Bedenken gegen die Anwendung von § 851 BGB. Der Deliktsschuldner würde hier nämlich, wie in der vorigen Rdn. dargelegt, grundsätzlich durch eine Leistung an den Indossanten befreit und muss daher auch durch eine Leistung an den Indossatar befreit werden; denn im Verhältnis zwischen dem Deliktsschuldner und dem Dritten macht es keinen Unterschied, ob die Leistung an den Indossanten oder an dessen legitimierten Rechtsnachfolger erfolgt. Anders ist allerdings zu entscheiden, wenn der Deliktsanspruch (bzw. der Anspruch aus §§ 989 f, 992 BGB) deshalb nicht dem Indossanten, sondern einem Dritten zusteht, weil diesem die Güter abhanden gekommen sind (vgl. die folgende Anmerkung).

137   Bei **abhanden gekommenen Gütern** ist die Anwendung von § 851 BGB nicht möglich. § 935 BGB gilt nämlich im Rahmen von § 851 BGB entsprechend;[226] denn wer vom Besitzer der Sache nicht gutgläubig Eigentum erwerben könnte, der kann folgerichtig auch nicht mit Befreiungswirkung an ihn Schadensersatz leisten. Dann aber befreit auch die Leistung an den Inhaber eines Traditionspapiers nicht, da mit dessen Hilfe § 935 BGB nicht überwunden werden kann (vgl. oben Rdn. 111).

138   **f) Die Rechtslage bei Ausstellung mehrerer Ausfertigungen eines Orderkonnossements.** Die §§ 648 f, 651 f HGB enthalten eine Sonderregelung der Fragen, die sich bei Ausstellung mehrerer Konnossementsausfertigungen ergeben. Die Einzelheiten gehören zwar ins Seerecht, doch ist in diesem Zusammenhang kurz auf die **dogmatischen Grundprobleme** einzugehen, weil anderenfalls die Behandlung der Lehre von den Traditionspapieren in einer wesentlichen Frage unvollständig bliebe.

139   Auszugehen ist von § 652 HGB. Dieser ordnet für das **Verhältnis mehrerer kollidierender Verfügungen über die Güter** grundsätzlich die Geltung des **Prioritäts-**

---

226 Vgl. *Weimar* MDR 1981, 374, 375; *Larenz/ Canaris* Schuldrecht II/2[13], § 83 IV a.E. = S. 593;   **a.A.** wohl *Staudinger/Schäfer*[12] § 851 Rdn. 3 a.E.

prinzips an. Das entspricht der Regelung des BGB und steht insbesondere in Übereinstimmung mit §§ 931, 933 f BGB. Durch die erste Verfügung hat der Verfügende nämlich seine Rechtsmacht insoweit „verbraucht" und kann daher nicht mehr als Berechtigter abweichend verfügen.[227] Eine spätere Verfügung könnte folglich nur nach den Regeln über den Erwerb vom Nichtberechtigten wirksam werden. Deren Voraussetzungen liegen aber nicht vor, solange der spätere Erwerber nicht mehr erlangt als eine Ausfertigung des Konnossements. Denn da von diesem – zulässigerweise! – mehrere Exemplare existieren, muss der Erwerber mit früheren Verfügungen unter Benutzung einer anderen Ausfertigung rechnen, und daher schafft die Innehabung des Papiers im Verhältnis zu einem anderen Konnossementsinhaber keinen Rechtsschein. Fehlt es aber an einem solchen, dann setzt ein gutgläubiger Erwerb die Erlangung einer besonderen besitzrechtlichen Position voraus, wie sich aus der 2. Alternative von § 934 BGB ergibt. In die gleiche Richtung weist auch die Vorschrift des § 933 BGB, indem sie ebenfalls eine qualifizierte Besitzerlangung fordert, wenn der wahre Berechtigte und der Gutgläubige dem Verfügenden besitzmäßig ähnlich „nahe" stehen bzw. wenn der Gutgläubige dem Verfügenden nicht jeden Besitz nimmt. Damit ist die vorliegende Problematik insofern gut vergleichbar, als sowohl der wahre Berechtigte als auch der spätere Erwerber in gleicher Weise eine Konnossementsausfertigung innehaben und als letzterer von dem Verfügenden nicht die Aushändigung aller Ausfertigungen, des „full set" erlangt hat. Dass bei einer solchen Lage die „Beharrungsinteressen" den Vorrang vor den „Bewegungsinteressen" behalten, ist vernünftig und entspricht voll dem BGB.

Das BGB geht nun freilich noch einen Schritt weiter, indem es den „Bewegungsinteressen" dann den Vorrang zuerkennt, wenn die Rechtsstellung des späteren Erwerbers sich besitzrechtlich verstärkt.[228] Damit stimmt die Regelung des HGB in der Tat insofern überein, als der spätere Erwerber gemäß § 651 das Eigentum bzw. Pfandrecht erlangt, wenn ihm die Güter auf Grund seiner Konnossementsausfertigung von dem Kapitän ausgeliefert werden. Allerdings setzt die Vorschrift nach ihrem Wortlaut entgegen der Regelung des BGB keinen guten Glauben voraus. Angesichts ihres Alters und ihrer mangelnden Abstimmung mit der – späteren – Eigentumsordnung des BGB sollte man dieses Erfordernis jedoch in das Gesetz hineininterpretieren.[229] § 651 HGB ist dann nicht mehr Ausdruck eines geheimnisvollen „Präventionsprinzips",[230] sondern stellt lediglich eine sachgerechte **Konkretisierung der in §§ 933, 934 2. Alt. BGB enthaltenen Wertungen** dar.

Abweichungen gegenüber der allgemeinen zivilrechtlichen Dogmatik ergeben sich **140** auch bezüglich des **Herausgabeanspruchs**, wenn man mit der h.L. aus § 648 Abs. 2 HGB schließt, dass jedem Inhaber einer Ausfertigung ein eigener Anspruch auf Auslieferung der Güter zusteht.[231] Die Vorstellung, dass die mehrfache Verbriefung eines Anspruchs zu dessen materieller Vervielfältigung führt, ist indessen dogmatisch geradezu abenteuerlich und untragbar. § 648 Abs. 2 HGB ist daher entgegen seinem missglückten oder zumindest sehr missverständlichen Wortlaut in dem Sinne berichtigend auszulegen, dass der Herausgabepflichtige die Auslieferung der Güter zwar nicht mit der Begründung verweigern darf, der Papierinhaber müsse den „full set" vorlegen,

---

[227] Ebenso *Hager* S. 366.
[228] Vgl. zu dieser Interpretation z. B. *Baur/Stürner* Sachenrecht, 17. Aufl. 1999, § 52 Rdn. 17.
[229] Zustimmend *Hager* S. 369; a. A. *Schaps/Abraham* § 651 Rdn. 2; *Rabe* § 651 Rdn. 4.
[230] So aber z.B. *Schaps/Abraham* § 651 Rdn. 2,

Rabe § 651 Rdn. 4; kritisch dazu mit Recht auch *Hager* S. 368 f.
[231] Vgl. statt aller *Stengel* S. 195 ff m.Nachw.; a.A. z.B. *Wüstendorfer* S. 326; *Schaps/Abraham* § 648 Einl. vor Rdn. 1; offengelassen von *Rabe* § 648 Rdn. 8.

wohl aber mit der Begründung, der Papierinhaber sei nicht materiell berechtigt. Nur so lässt sich auch der erforderliche Einklang mit § 651 HGB herstellen. Anderenfalls wäre nämlich der Schuldner u.U. gezwungen, einem Nichtberechtigten wissentlich zum Rechtserwerb gemäß § 651 HGB zu verhelfen und dadurch gegebenenfalls dem – i.d.R. unlauteren, oft sogar strafbaren – Missbrauch einer Konnossementsausfertigung erst zum Erfolg zu verhelfen, zumal es ja nach h.L. für die Anwendung von § 651 HGB nicht einmal auf den guten Glauben des Erwerbers ankommen soll. Außerdem entsteht vom Boden der h.L. aus auch gegenüber § 649 HGB ein untragbarer Wertungswiderspruch. Denn es wäre unbegreiflich, wenn vor der Meldung eines weiteren Konnossementsinhabers ohne weiteres an den ersten formell Legitimierten ausgeliefert werden müsste – und zwar mit der weitreichenden Folge von § 651 HGB! –, während nach der Meldung an keinen mehr ausgeliefert werden darf; weiß der Schuldner von einem weiteren Inhaber, so muss es ihm erlaubt sein, nicht erst dessen Meldung abzuwarten, sondern schon vorher die Auslieferung zu verweigern – freilich mit dem Risiko, dass sich der zuerst aufgetretene Inhaber dann doch als materiell berechtigt erweist bzw. dass die Widerlegung der Vermutung von § 365 Abs. 1 HGB i.V. mit Art. 16 Abs. 1 WG misslingt. Insgesamt ist somit festzustellen, dass auch bezüglich des Herausgabeanspruchs eine mit der allgemeinen bürgerlichrechtlichen Dogmatik übereinstimmende Auslegung der §§ 648 f, 651 HGB möglich, ja geboten ist.

141   In § 652 HGB wird als selbstverständlich vorausgesetzt, dass durch die Übertragung einzelner Konnossementsausfertigungen nicht nur kollidierende, sondern auch **miteinander vereinbare Verfügungen** vorgenommen werden können. Zu denken ist dabei an die Übereignung eines bereits vorher verpfändeten Gutes oder an die Bestellung mehrerer, im Range hintereinander stehender Pfandrechte. Voraussetzung ist dabei, dass das Eigentum als belastetes übertragen wird bzw. das Pfandrecht als nachrangiges begründet wird; denn sonst liegen kollidierende Verfügungen vor (mit der Folge, dass die Problematik gutgläubigen lastenfreien Erwerbs bzw. gutgläubigen Erwerbs des Vorrangs auftaucht, für die die Ausführungen oben Rdn. 138 entsprechend gelten). Im Schrifttum wird nun behauptet, diese Fälle seien mit den Mitteln des BGB nicht zu lösen und bildeten daher ein **Argument gegen die relative Theorie.**[232]

Das trifft indessen nicht zu. Bei der Übereignung einer bereits verpfändeten Sache sind ohne weiteres die Voraussetzungen der §§ 1205 Abs. 2 und 931 BGB erfüllt: Bei der Verpfändung überträgt der Verfügende seinen Herausgabeanspruch (den es nach richtiger Ansicht nur einmal gibt, vgl. die vorhergehende Rdn.) gemäß § 1205 Abs. 2 BGB auf den Pfandgläubiger, und die Übereignung erfolgt dann durch schlichte Einigung, was analog § 931 BGB ohne weiteres zulässig ist.[233] Bei der mehrfachen Verpfändung erfolgt die erste Verfügung wiederum nach § 1205 Abs. 2 BGB durch Abtretung des Herausgabeanspruchs gegen den Papierschuldner. Die zweite Verpfändung erfolgt durch Abtretung des aufschiebend bedingten Anspruchs auf Rückübertragung des mittelbaren Besitzes gegen den ersten Pfandgläubiger. Diese Abtretung genügt den Voraussetzungen von § 1205 Abs. 2 BGB. Denn ein bedingter Herausgabeanspruch reicht anerkanntermaßen für die Annahme eines Besitzmittlungsverhältnisses aus, und auch sonst liegen dessen Voraussetzungen zwischen dem Eigentümer und dem ersten Pfandgläubiger grundsätzlich vor, wie sich ohne weiteres aus § 868 BGB ergibt. Der zweite Pfandgläubiger erlangt auch nicht etwa ein besitzloses Pfandrecht, was mit

---

[232] Vgl. statt aller *Stengel* S. 205 ff m. Nachw. in Fn. 67.   [233] Vgl. dazu z.B. *Westermann* Sachenrecht § 41 II 4 b.

§ 1205 Abs. 2 BGB unvereinbar wäre. Er erhält nämlich mittelbaren Besitz zweiten Grades an den Gütern, da ihm ja der Anspruch auf den mittelbaren Besitz ersten Grades abgetreten wird. Dass die vorgeschlagene Konstruktion einigermaßen künstlich ist, muss zwar ohne weiteres eingeräumt werden, doch stellt das keinen Einwand dar, weil derartige Künstlichkeiten im Bereich des mittelbaren Besitzes nichts Ungewöhnliches sind und vom BGB geradezu erzwungen werden.

4. Verfügungen über die Güter ohne Übertragung des Traditionspapiers

a) Die „Sperrwirkung" der Ausstellung eines Traditionspapiers gegenüber einer 142 **Übereignung der Güter nach §§ 931, 934 BGB und ihre dogmatische Fragwürdigkeit.** Verfügungen über die Güter nach den allgemeinen bürgerlichrechtlichen Vorschriften, also vor allem den §§ 929 ff BGB, werden durch die Ausstellung eines Traditionspapiers nicht ausgeschlossen.[234] Eine gewisse Modifikation gilt allerdings für **Verfügungen unter Abtretung des Herausgabeanspruchs:** Diese setzen die **Übergabe des Orderpapiers** (oder ein Übergabesurrogat bezüglich des Papiers) voraus,[235] so dass dessen Übergabe an einen Dritten insoweit eine **Sperrwirkung** zu Lasten seines früheren Inhabers entfaltet – und zwar unabhängig davon, ob dieser noch Eigentümer der Güter ist oder nicht (vgl. dazu näher unten Rdn. 144). Das folgt zwar nicht aus der „Natur" der Traditionspapiere und einer angeblichen Untrennbarkeit von Herausgabeanspruch und Papier,[236] entspricht jedoch dem allgemeinen wertpapierrechtlichen Prinzip, dass zu einer bürgerlichrechtlichen Übertragung der in einem Umlaufpapier verbrieften Forderung grundsätzlich die Übergabe des Papiers erforderlich ist (vgl. § 364 Rdn. 18 ff). Nicht erforderlich ist dagegen ein Indossament oder auch nur die Übereignung der Urkunde;[237] denn es geht ja nicht darum, die Übereignung der Güter nach § 931 BGB zugunsten ihrer Übereignung mit Hilfe der §§ 448, 475g, 650 HGB zu verdrängen,[238] sondern nur darum, die – für ihre Übereignung nach § 931 BGB erforderliche – bürgerlichrechtliche Übertragung des verbrieften Herausgabeanspruchs dem Übergabeerfordernis zu unterwerfen.[239] Wie bei jedem in einem Orderpapier verbrieften Anspruch gibt es zwei Möglichkeiten zu dessen Übertragung: den spezifisch wertpapierrechtlichen Weg durch Übereignung des Papiers und Indossament (wobei der Anspruch aus dem Papier dem Eigentum am Papier folgt) sowie den bürgerlichrechtlichen Weg durch Zession der verbrieften Forderung (wobei umgekehrt das Eigentum am Papier gemäß § 952 BGB der Forderung folgt). Da auch für die zweite Übertragungsart, wie gesagt, die Übergabe des Papiers grundsätzlich konstitutiv ist, ist ohne eine solche eine Übereignung der Güter nach § 931 BGB nicht möglich.

Wird das Papier übergeben, so sind nicht etwa die §§ 448, 475g, 650 HGB anwendbar, da es bei dieser Übereignungsform nicht um die wertpapierrechtliche Übertragung durch Indossament, sondern um einen rein bürgerlichrechtlichen Vorgang nach § 931 BGB geht. Dementsprechend sind die spezifisch wertpapierrechtlichen Möglichkeiten

---

[234] Vgl. statt aller BGHZ 49, 160, 162; **a.A.** z.T. *Kühlberg* S. 86 ff.

[235] Vgl. RGZ 119, 215, 217 f; BGHZ aaO. S. 163; BGH LM Nr. 1 zu § 931 BGB; BGH WM 1977, 171, 172; *Westermann* aaO Anhang zu § 42; MünchKomm.-*Hefermehl* § 363 Rdn. 65; *Schlegelberger/Liesecke* § 650 Rdn. 11; *Tiedtke* WM 1979, 1146 f; *Koller* § 448 Rdn. 1.

[236] So aber BGHZ 49, 160, 162 f; BGH LM Nr. 1 zu § 931 BGB; kritisch dazu auch *Tiedtke* WM 1979, 1146.

[237] **A.A.** bezüglich des letzteren Erfordernisses z.B. *Stengel* S. 58 f m.w.Nachw.

[238] So aber offenbar BGH WM 1977, 172 unter d bb.

[239] Richtig daher RGZ 119, 215, 217 f.

Claus-Wilhelm Canaris

des Gutglaubensschutzes, wie sie sich aus § 364 Abs. 2 HGB und § 365 Abs. 1 HGB i.V.m. Art. 16 Abs. 2 WG ergeben, nicht einschlägig.

143   Fehlt die **Übergabe des Traditionspapiers**, so ist die Übertragung des Herausgabeanspruchs und damit auch die Übereignung nach § 931 BGB wegen der konstitutiven Wirkung des Übergabeerfordernisses unwirksam. Das gilt auch dann, wenn der Erwerber von der Existenz eines Traditionspapiers nichts wissen konnte. Denn § 934 BGB kann nur den Mangel des Eigentums, nicht aber auch den zusätzlichen Mangel des Fehlens der Papierübergabe und damit der Unwirksamkeit der Abtretung des Herausgabeanspruchs überwinden; den **guten Glauben daran, dass über eine Sache kein Traditionspapier ausgestellt worden ist**, schützt § 934 BGB nicht.[240]

144   Allerdings ist der **Sinn und Zweck der Sperrwirkung** überaus zweifelhaft, ja bei näherer Analyse geradezu dunkel. Zweifelsfreie Effizienz entfaltet diese nämlich nur bei einem **Erwerb der Güter vom Berechtigten**: Hier verhindert das Erfordernis einer Übergabe des Papiers und die daraus folgende Sperrwirkung in der Tat die Übertragung des Herausgabeanspruchs und damit zugleich den Erwerb nach § 931 BGB, doch vermag *dieses* Ergebnis die Sperrwirkung schwerlich teleologisch überzeugend zu legitimieren. Denn wenn man bei Abtretung des verbrieften Herausgabeanspruchs ohne Übergabe des Papiers einen Erwerb des Eigentums an den Gütern nach § 931 BGB bejahte, weil man eine Sperrwirkung verneinte, so erwürbe ein gutgläubiger Vierter, an den der (ursprüngliche) Gläubiger des verbrieften Herausgabeanspruchs diesen unter Übertragung des – in seinen Händen verbliebenen Papiers – überträgt, diesen Anspruch nach § 365 Abs. 1 HGB i.V. mit Art. 16 Abs. 2 WG und damit zugleich das Eigentum an den Gütern nach § 934 Alt. 1 BGB, so dass er hinreichend geschützt wäre. Für das Erfordernis einer Übergabe des Traditionspapiers und damit für dessen Sperrwirkung spricht somit wohl nicht mehr als das Bestreben nach Rechtsklarheit durch Vermeidung einer Spaltung zwischen Besitz am Papier und Innehabung des verbrieften Herausgabeanspruchs[241] – und das ist kein sonderlich starkes Argument,[242] weil sich dafür wohl lediglich anführen lässt, dass es voll in der Linie der derzeit vorherrschenden wertpapierrechtlichen Systematik liegt (vgl. dazu unten § 364 Rdn. 18 Abs. 2). Vor allem aber liegt darin keine irgendwie geartete eigenständige „Sperrwirkung" des Traditionspapiers, sondern lediglich eine selbstverständliche Konsequenz des konstitutiven Charakters, den die Übergabe bei allen Umlaufpapieren für den Übergang des verbrieften Rechts hat.

Noch weitaus brüchiger ist die Funktion der Sperrwirkung beim **Erwerb vom Nichtberechtigten nach § 934 BGB**, obwohl sie gerade hierfür ihre Hauptrolle spielt. Soweit es nämlich um die **Anwendung der 1. Alternative dieser Vorschrift**, also den gutgläubigen Erwerb kraft mittelbaren Besitzes des Veräußerers geht, bedarf es der Sperrwirkung gar nicht, um diesen zu verhindern und also den – derzeitigen – Inhaber des Traditionspapiers vor der Gefahr eines Eigentumsverlusts durch gutgläubigen Erwerb eines Zweitzessionars des Herausgabeanspruchs zu schützen. Denn dadurch, dass der Veräußerer das Papier an den Erstzessionar übertragen hat, hat er zugleich nach § 870 BGB seinen – auf dem Herausgabeanspruch beruhenden! – mittelbaren Besitz an diesen verloren, und daher sind schon aus *diesem* Grund die Voraussetzungen der 1. Alternative von § 934 BGB nicht erfüllt, so dass eine angebliche Sperrwirkung des Traditionspapiers insoweit funktionslos ist; wäre der abgetretene Herausgabe-

---

[240] Vgl. z.B. BGHZ 49, 160, 163; BGH NJW 1979, 2037, 2038; **a.A.**, soweit ersichtlich, nur *Kühlberg* S. 90.

[241] So in der Tat *Tiedtke* WM 1979, 1146.
[242] Vgl. auch die kritischen Überlegungen von *Hager* S. 378 f.

anspruch nicht verbrieft, käme bei einer doppelten Zession eine Anwendung von § 934 Alt. 1 BGB ja auch nicht in Betracht!

Sind dagegen die **Voraussetzungen der 2. Alternative von § 934 BGB** gegeben – überlässt also der Lagerhalter (Frachtführer, Verfrachter) dem Erwerber den Besitz in der dafür erforderlichen Art und Weise –, so liegt in der Existenz des Traditionspapiers in Wahrheit **kein Hindernis für die Möglichkeit eines gutgläubigen Erwerbs.**[243] Denn insoweit kommt es auf den Erwerb des *Herausgabeanspruchs* in keiner Weise an, so dass dessen Verbriefung folgerichtig auch keine Sperrwirkung entfalten kann. Außerdem ergäben sich anderenfalls untragbare Wertungswidersprüche zu den Fällen des § 932 BGB, weil diese hinsichtlich der besitzrechtlichen Modalitäten ebenso gelagert sind wie die Fälle des § 934 2. Alt. BGB und im Rahmen von § 932 BGB eine Sperrwirkung anerkanntermaßen von vornherein nicht in Betracht kommt (vgl. näher unten Rdn. 148 Abs. 2). Im Übrigen kann auch vom Ergebnis her überhaupt nicht zweifelhaft sein, dass die angebliche Sperrwirkung der Ausstellung eines Traditionspapiers den gutgläubigen Erwerb des Zweitzessionars nach § 934 Alt. 2 BGB z.B. dann nicht zu verhindern vermag, wenn diesem von dem Lagerhalter (Frachtführer, Verfrachter) der unmittelbare Besitz an den Gütern übertragen wird. Andererseits scheitert eine bloße „Umstellung" des Besitzmittlungsverhältnisses zwischen letzterem und seinem Vertragspartner (dem Einlagerer usw.) *unabhängig* von der Sperrwirkung daran, dass dazu die Gläubigerstellung aus dem betreffenden Vertrag geändert werden müsste und das nicht möglich ist, weil diese nunmehr dem Erstzessionar zusteht; § 407 BGB kommt dem Lagerhalter (usw.) insoweit nicht zugute, weil der Herausgabeanspruch verbrieft und § 407 BGB dadurch ausgeschaltet worden ist[244] (vgl. oben Rdn. 26). Nicht verhindern lässt sich allerdings, dass der Lagerhalter (usw.) mit dem Zweitzessionar ein *neues* Besitzmittlungsverhältnis abschließt, doch hat der aus diesem folgende Herausgabeanspruch mit dem verbrieften Herausgabeanspruch rechtlich überhaupt nichts zu tun[245]. Will man den Erstzessionar, der das Traditionspapier in Händen hat, vor dieser Gefahr der 2. Alt. des § 934 BGB schützen, so kann man das nicht durch das bloße Postulat tun, dass dessen Ausstellung „Sperrwirkung" habe, weil eine solche sich nur aus der Verbriefung des Herausgabeanspruchs herleiten lässt und es um diese hier ja gar nicht geht, sondern allenfalls dadurch, dass man seinem – fortbestehenden – Herausgabeanspruch gegen den unmittelbaren Besitzer *als solchem* eine entsprechende Sperrwirkung zuerkennt, doch lässt sich eine derartige Lösung folgerichtig nicht auf Traditionspapiere beschränken, sondern ist grundsätzlich von der Verbriefung des Herausgabeanspruchs unabhängig und demensprechend allgemein-sachenrechtlicher Art[246] (vgl. dazu im Übrigen auch unten Rdn. 148 Abs. 2).

Insgesamt dürfte es somit **keinen eigenständigen rechtlichen Gehalt der Sperr-** **145** **wirkung** geben, so dass diese sich als eine **dogmatisch überflüssige Figur** erweist. Denn beim Erwerb vom Berechtigten stellt die Sperrwirkung nichts anderes dar als eine – selbstverständliche – Konsequenz aus dem Übergabeerfordernis, das bei der Übertragung aller Umlaufpapiere gilt (vgl. Rdn. 144 Abs. 1); beim gutgläubigen

---

[243] Ebenso i.E. MünchKomm.-*Quack*[3] § 934 Rdn. 15; **a.A.** BGH NJW 1979, 2037, 2038, doch hält diese Entscheidung der Kritik nicht stand, vgl. z.B. *Tiedtke* WM 1979, 1144 ff; *Hager* WM 1980, 666 ff; *Gursky* JZ 1984, 608; *Koller* unten § 424 Rdn. 28.

[244] Das wird zutreffend gesehen von *Hager* S. 383.

[245] Auch insoweit zutreffend *Hager* S. 372.

[246] So die konsistente und scharfsinnige Konzeption von *Hager* S. 372 ff, 460 f; ob diese letztlich wirklich zutrifft, kann hier nicht erörtert werden, weil es sich dabei um eine sachenrechtliche Fragestellung handelt, deren Behandlung nicht in den Rahmen der vorliegenden Kommentierung gehört, vgl. auch unten Rdn. 148 Abs. 2.

Erwerb nach der ersten Alternative von § 934 BGB bedarf es der Sperrwirkung nicht, weil der Veräußerer den mittelbaren Besitz an den Gütern schon durch die erste Abtretung des Herausgabeanspruchs verloren hat und es daher bereits aus *diesem* Grund an den Voraussetzungen eines gutgläubigen Erwerbs durch einen Zweitzessionar nach § 934 Alt. 1 BGB fehlt (vgl. Rdn. 144 Abs. 2); für die zweite Alternative von § 934 BGB gilt die Sperrwirkung ohnehin nicht, weil für diese der Herausgabeanspruch und seine Verbriefung keine Rolle spielen und auch vom praktischen Ergebnis her unbezweifelbar ist, dass eine angebliche Sperrwirkung den gutgläubigen Erwerb des Zweitzessionars nach § 934 Alt. 2 BGB zumindest dann nicht zu verhindern vermag, wenn diesem der unmittelbare Besitz an den Gütern von dem Lagerhalter (Frachtführer, Verfrachter) überlassen wird (vgl. Rdn. 144 Abs. 3); eine bloße Umstellung des Besitzmittlungsverhältnisses durch diesen auf den Zweitzessionar ist dagegen wiederum schon unabhängig von einer eigenständigen Sperrwirkung unwirksam, weil sie an der Unanwendbarkeit von § 407 BGB scheitert, die ihrerseits kein Spezifikum eines Traditionspapiers, sondern ein Charakteristikum aller Wertpapiere darstellt (vgl. Rdn. 144 Abs. 3); und was schließlich die Neubegründung eines Besitzmittlungsverhältnisses zwischen dem Lagerhalter (Frachtführer, Verfrachter) und dem Zweitzessionar durch Abschluss eines neuen Vertrages angeht, so lässt sich insoweit der – etwaige – Ausschluss der Möglichkeit gutgläubigen Erwerbs nach § 934 Alt. 2 BGB nicht aus irgendwelchen Besonderheiten der Traditionspapiere, sondern allenfalls aus allgemein-sachenrechtlichen Erwägungen begründen (vgl. Rdn. 144 Abs. 3 a.E.). Allerdings ist richtig, dass bestimmte Probleme der Anwendung von § 934 BGB bei Übertragungen von Gütern mit Hilfe eines Traditionspapiers besonders gut deutlich werden und auch eine besonders große praktische Rolle spielen. Das ändert jedoch nichts daran, dass sie sich nicht durch die Annahme einer angeblichen Sperrwirkung der Traditionspapiere als einer eigenständigen dogmatischen Figur lösen lassen. Vielmehr verstellt diese den Blick für die richtigen Ansätze zu einer Lösung der einschlägigen Probleme eher als dass sie diese fördert.

146　　Zweifelhaft ist, ob auch bloße **Rektapapiere** eine Sperrwirkung – wenn man denn eine solche überhaupt anerkennt – gegenüber einer Übereignung der Güter nach § 931 BGB zur Folge haben. Nach der oben Rdn. 142 vorgetragenen Begründung hängt das davon ab, ob auch bei ihnen die Übergabe des Papiers (bzw. ein Übergabesurrogat hinsichtlich des Papiers) eine konstitutive Voraussetzung für die Übertragung der Forderung darstellt. Das ist hinsichtlich des **Rektalagerscheins** mit Sicherheit zu verneinen,[247] da dieser nach dem klaren Wortlaut von § 475g HGB nicht zu den Traditionspapieren gehört (vgl. unten Rdn. 152), und daher entfaltet dieser folgerichtig grundsätzlich auch keine Sperrwirkung.[248] Allerdings können die Parteien in dem Begebungsvertrag vereinbaren, dass die verbriefte Forderung nur unter Übergabe des Papiers, durch eine schriftliche Erklärung auf diesem oder dgl. an einen Dritten übertragen werden kann, und auf diesem Wege privatautonom eine Sperrwirkung begründen; zwar können sie die sachenrechtlichen Wirkungen der §§ 931, 934 BGB als solche wegen des zwingenden Charakters dieser Vorschriften nicht mit Wirkung gegenüber Dritten ändern, doch eröffnet § 399 Alt. 2 BGB ihnen die Möglichkeit zu einer entsprechenden inhaltlichen Beschränkung der Abtretbarkeit des vertraglichen Heraus-

---

[247] Davon geht ersichtlich auch der BGH in der Entscheidung BGH NJW 1979, 2037 aus, vgl. die schlüssige Interpretation von *Tiedtke* WM 1979, 1149 bei Fn. 34; vgl. zu dieser Frage im übrigen unten § 364 Rdn. 21.

[248] Ebenso z.B. MünchKomm.-*Hefermehl* § 363 Rdn. 66; **a. A.** z.B. *Zöllner* § 25 IV 5; vgl. ferner die umf. Nachw. bei *Hager* S. 371 f Fn. 216 und 217.

gabeanspruchs.[249] Indessen kann der Lagerhalter diese Sperrwirkung hinfällig machen, indem er sich mit der Herausgabe an einen Dritten auch ohne Übergabe des Papiers usw. einverstanden erklärt oder das Besitzmittlungsverhältnis ohne Einhaltung dieser Voraussetzung auf den Dritten umstellt;[250] denn da die Sperrwirkung sich hier anders als in den Fällen eines konstitutiven Übergabeerfordernisses nicht aus dem objektiven Recht ergibt, sondern lediglich auf einer rechtsgeschäftlichen Abrede beruht, kann sie grundsätzlich durch einen entsprechenden actus contrarius der Parteien wieder aufgehoben werden. Nennenswerte praktische Bedeutung hat die gesamte Problematik indessen nicht. Denn für die – im Mittelpunkt des Interesses stehende – Frage nach der **Möglichkeit gutgläubigen Erwerbs gemäß § 934 BGB** spielt die durch das Übergabeerfordernis bewirkte Sperrwirkung in Wahrheit keine Rolle, da die Ausführungen oben Rdn. 144 Abs. 2 und 3 mutatis mutandis auch hier gelten: Die 1. Alternative von § 934 BGB ist auch hier ohnehin schon deshalb nicht einschlägig, weil der Verfügende seinen Herausgabeanspruch und damit seinen mittelbaren Besitz bereits durch die erste Verfügung verloren hat und daher die tatbestandlichen Voraussetzungen dieser Alternative völlig unabhängig davon fehlen, ob man eine Sperrwirkung annimmt oder nicht; und die Anwendung der 2. Alternative kann aus den oben Rdn. 144 Abs. 3 genannten Gründen nicht durch eine spezifische Sperrwirkung eines Traditionspapiers, sondern allenfalls durch eine allgemein sachenrechtliche Sperrwirkung des – fortbestehenden – Herausgabeanspruchs des Erstzessionars gegen den unmittelbaren Besitzer verhindert werden.[251]

Rektaladeschein und **Rektakonnossement** stellen zwar Traditionspapiere dar, weil sie nach dem klaren Wortlaut der §§ 448, 650 HGB ebenso wie Orderpapiere unter diese Vorschriften fallen (vgl. unten Rdn. 152), doch hat auch bei ihnen das Übergabeerfordernis gleichwohl keine konstitutive Wirkung (vgl. § 364 Rdn. 21), und daher ist auch bei ihnen eine auf diesem beruhende Sperrwirkung zu verneinen.[252]

b) Die uneingeschränkte Möglichkeit zur Übereignung der Güter nach den 147 **§§ 929 f BGB.** Andere Möglichkeiten zur Übereignung der Güter als diejenige nach § 931 BGB werden durch die Ausstellung und Begebung des Traditionspapiers nicht berührt. Das gilt auch dann, wenn der Papierschuldner selbst durch **bloße Einigung gemäß § 929 S. 2 BGB** Eigentum an den Gütern erwirbt.[253] Spätere Erwerber des Traditionspapiers sind ausreichend durch die Möglichkeit gutgläubigen Erwerbs geschützt. § 936 Abs. 3 BGB steht einem solchen nicht entgegen. Auch wenn man nämlich diese Vorschrift grundsätzlich auf das Eigentum analog anwendet,[254] passt sie aus den oben Rdn. 125 genannten Gründen hier nicht; der Papierschuldner handelt auf eigene Gefahr, wenn er das Eigentum erwirbt, ohne sich das Traditionspapier zurückgeben zu lassen. Auch § 935 BGB ist nicht entsprechend anwendbar;[255] denn der wahre Eigentümer hat hier ja den Rechtsschein durch die Schaffung des Papiers bzw. durch den Eigentumserwerb ohne dessen Rückgabe gerade veranlasst, und daher passt der Rechtsgedanke von § 935 BGB in keiner Weise.

---

[249] Insoweit zutreffend BGH NJW 1979, 2037, 2038.
[250] So mit Recht *Tiedtke* WM 1979, 1151 gegen BGH NJW 1979, 2037, 2038; kritisch zu der Entscheidung ferner die oben Fn. 243 Zitierten; zustimmend dagegen MünchKomm.-*Hefermehl* § 363 Rdn. 66 sowie im Ergebnis, wenngleich nicht in der Begründung auch *Schnauder* NJW 1991, 1648 f.
[251] Konsequent *Hager* S. 383.
[252] Ebenso z.B. *Koller* § 448 Rdn. 1 a.E.; **a.A.** z.B. MünchKomm.-*Hefermehl* § 363 Rdn. 57 Abs. 2; *Ebenroth/Boujong/Joost/Hakenberg* § 363 Rdn. 20; vgl. ferner die umf. Nachw. bei *Hager* S. 371 f Fn. 216 und 217.
[253] Zustimmend *Tiedtke* WM 1979, 1147; **a.A.** *Kühlberg* S. 86 ff.
[254] Vgl. dazu z.B. *Westermann* Sachenrecht⁷ § 50, 3.
[255] **A. A.** *Kühlberg* S. 86.

Übel ist die Lage hier allerdings vom Boden der **Repräsentationstheorie** aus. Da nämlich der Papierschuldner nach der Übereignung an ihn Eigenbesitzer ist, muss die Repräsentationstheorie folgerichtig die Anwendung der §§ 448, 475g, 650 HGB ablehnen und also späteren Erwerbern die Möglichkeit gutgläubigen Erwerbs von vornherein versagen (vgl. näher oben Rdn. 120). Das spricht jedoch nicht etwa dafür, die Übereignung nach § 929 S. 2 BGB für unzulässig zu erklären, sondern beweist lediglich einmal mehr die Unrichtigkeit der Repräsentationstheorie. Das zeigt insbesondere der Vergleich mit der wertpapierrechtlichen Lage. Denn die nachträgliche Änderung oder Aufhebung des verbrieften Rechtsverhältnisses ist keineswegs einfach unwirksam, wenn sie ohne Eintragung in das Papier bzw. ohne dessen Rückgabe erfolgt, sondern kann lediglich einem gutgläubigen Erwerber nicht entgegengesetzt werden. Entsprechendes muss folgerichtig für die korrespondierenden sachenrechtlichen Verfügungen gelten: Die Wirksamkeit einer nachträglichen Verpfändung oder Übereignung der Güter an den Papierschuldner darf ebenfalls nicht an das Erfordernis einer Berichtigung oder Rückgabe des Papiers gebunden werden, sondern steht lediglich unter dem Vorbehalt gutgläubigen Erwerbs eines späteren Papierinhabers.

148   Auch beim **Geheißerwerb** tritt grundsätzlich keine Sperrwirkung ein, weil dieser nicht unter §§ 931, 934 BGB, sondern unter §§ 929, 932 BGB fällt[256] (oder doch zumindest in Analogie zu diesen Vorschriften zu behandeln ist). In der Tat besteht auch hier grundsätzlich kein Anlass zu einer Abweichung von den Regeln des BGB.[257] Dass der Papierschuldner u. U. die Güter auf Verlangen eines früheren Papierinhabers an einen Dritten herausgibt und damit die Rechtsstellung des wahren Berechtigten zerstört, stellt lediglich das allgemeine Risiko eines Eigentümers dar, der Sachen ohne Ergreifung des unmittelbaren Besitzes erwirbt. Dass sein Herausgabeanspruch in einem Traditionspapier verbrieft ist, rechtfertigt in keiner Weise, ihm einen erhöhten Schutz vor derartigen Gefahren zuzuerkennen.

Allerdings können sich **Abgrenzungsschwierigkeiten gegenüber den Fällen des § 931 BGB** ergeben. Hat z.B. der Einlagerer das Gut mittels eines Orderlagerscheins an A übereignet und übereignet er es anschließend nach § 929 BGB noch einmal an B, so erwirbt dieser nach § 932 BGB gutgläubig Eigentum, wenn der Lagerhalter ihm das Gut auf Geheiß des Einlagerers herausgibt. Zum entgegengesetzten Ergebnis könnte man bei der gleichen Fallgestaltung kommen, wenn die Übereignung nach § 931 BGB erfolgt und man wegen der Sperrwirkung des Traditionspapiers einen gutgläubigen Erwerb nach § 934 2. Alt. BGB ablehnen würde. Das wäre ein untragbarer Wertungswiderspruch, doch entfällt dieser, wenn man mit der oben Rdn. 144 Abs. 3 vertretenen Ansicht in den Fällen der 2. Alternative von § 934 BGB die Sperrwirkung von vornherein verneint.[258] Die Richtigkeit dieses Ergebnisses ist für Fälle wie den vorliegenden, in denen der Lagerhalter (Frachtführer, Verfrachter) jede Besitzbeziehung zu dem Gut löst, nicht zu bezweifeln. Es spricht einiges dafür, ebenso zu entscheiden, wenn der Lagerhalter zwar weiterhin den Besitz behält, jedoch auf Veranlassung des Veräußerers ein neues Besitzmittlungsverhältnis mit dem Zweiterwerber begründet, also z. B. mit diesem einen neuen Lagervertrag abschließt;[259] denn es kann schwerlich einen Unterschied machen, ob der Besitzer dem Zweiterwerber die Sache zunächst heraus-

---

[256] Vgl. z.B. MünchKomm.-*Quack*³ § 929 Rdn. 142 ff;
Westermann aaO § 47 I 1.

[257] **A. A.** *Kühlberg* S. 94 ff.

[258] Dieser Ausweg ist noch nicht gesehen bei
Hueck/Canaris § 23 II 4.

[259] Ebenso i.E. MünchKomm.-*Quack*³ § 934 Rdn.
15; *Koller* § 448 Rdn. 1; **a. A.** i. E. BGH NJW
1979, 2037, 2038; *Tiedtke* WM 1979, 1147;
Heymann/Horn § 363 Rdn. 31 a.E.; wohl auch
Karsten Schmidt § 24 III 4 = S. 703 bei Fn. 45.

gibt und dann sogleich wieder an sich nimmt – z.B. einlagert – oder ob er unter Vermeidung dieses Umwegs unmittelbar mit dem Zweiterwerber ein Besitzmittlungsverhältnis abschließt. Freilich wird durch diese Lösung der Schutz des Erwerbers eines Traditionspapiers gegenüber kollidierenden späteren Verfügungen des Einlagerers (Absenders, Empfängers) über die Güter geschwächt, doch liegt darin immer noch das kleinere Übel im Vergleich zu den sonst drohenden Wertungswidersprüchen zwischen der Behandlung von Veräußerungen nach § 931 BGB einerseits und § 929 BGB andererseits. Diese zu vermeiden, indem man umgekehrt die Rechtslage in den Fällen eines Geheißerwerbs nach § 929 BGB an diejenige in den Fällen des § 931 BGB anpasst und also die Sperrwirkung des Traditionspapiers in einen Teil des Anwendungsbereichs von § 929 BGB hinein erstreckt, erscheint dogmatisch allenfalls dann konsistent, wenn man diese Lösung nicht als eine Besonderheit der Traditionspapiere ansieht, sondern die Sperrwirkung ganz allgemein dem – fortbestehenden – Herausgabeanspruch des früheren mittelbaren Besitzers gegen den unmittelbaren Besitzer – d.h. hier den Lagerhalter, Frachtführer oder Verfrachter – zubilligt, mag er nun verbrieft sein oder nicht;[260] diese Frage kann hier nicht vertieft werden, da sie nicht spezifisch gerade für die Traditionspapiere, sondern allgemein-sachenrechtlicher Art ist.

149 Bei einer **Übereignung der Güter nach § 930 BGB** sind keine wesentlichen Schwierigkeiten ersichtlich.[261] Denn wer *vorher* das Eigentum (oder ein Pfandrecht) an diesen mit Hilfe des Traditionspapiers erworben hat, ist einerseits durch das Erfordernis einer Übergabe an den Zweiterwerber nach § 933 BGB hinreichend geschützt und muss andererseits bei Vorliegen einer solchen Übergabe dessen gutgläubigen Erwerb grundsätzlich hinnehmen – nicht anders als bei einer Übereignung nach §§ 929, 932 BGB. Verfügt der Einlagerer oder Absender *nach* der Übereignung der Güter gemäß § 930 BGB mit Hilfe des – in seinem Besitz verbliebenen – Traditionspapiers noch einmal abweichend über diese, so wird der Zweiterwerber in seinem guten Glauben nach § 934 1. Alt. BGB geschützt, da der Einlagerer oder Absender hier mittelbarer Besitzer (1. Grades) geblieben ist; das entspricht dem Vorrang des Erwerbs nach § 934 BGB gegenüber dem Erwerb nach § 930 BGB und gibt daher keinerlei Anlass zu irgendwelchen Korrekturen.

150 Auch in den Fällen, in denen das Traditionspapier keine Sperrwirkung entfaltet, kann es mittelbar doch die Möglichkeiten gutgläubigen Erwerbs einschränken. Denn wenn der Erwerber der Güter **Kenntnis von der Existenz des Papiers** hat und sich dieses gleichwohl nicht vorlegen lässt, kann daraus seine Bösgläubigkeit folgen.[262]

5. Die Traditionswirkung bei Inhaberpapieren, Rektapapieren und nicht unter die §§ 448, 475g, 650 HGB fallenden Orderpapieren

151 Dass ein **Inhaberladeschein** und ein **Inhaberkonnossement** Traditionswirkung haben,[263] ergibt sich ohne weiteres aus der Fassung der §§ 448, 650 HGB, da diese keine Begrenzung auf Orderpapiere enthalten. Dem Lagerschein erkennt § 475g HGB dagegen nur dann Traditionswirkung zu, wenn er als Orderpapier ausgestaltet ist. Das bedeutet jedoch nicht, dass bei einem **Inhaberlagerschein** – der zulässig ist – nicht dieselben Wirkungen wie bei einem Traditionspapier eintreten können. Denn wert-

---

[260] So in der Tat die Lösung von *Hager* S. 370 ff, 460 f.

[261] **A.A.** *Kühlberg* S. 92 ff; vgl. auch *Rabe* § 650 Rdn. 17, der dazu neigt, für eine Sicherungsübereignung nach § 930 BGB die Übergabe des Papiers zu fordern.

[262] Vgl. RGZ 119, 215, 220 sowie näher unten § 366 Rdn. 79.

[263] Vgl. z.B. MünchKomm.-*Hefermehl* § 363 Rdn. 50; *Stengel* S. 151 ff m.w. Nachw.

Claus-Wilhelm Canaris

papierrechtlich ist die Rechtslage bei einem Inhaberpapier in den hier wesentlichen Fragen grundsätzlich die gleiche wie bei einem Orderpapier; das gilt insbesondere für den gutgläubigen Erwerb und den Einwendungsausschluss. Da sich die Traditionswirkung nun aber weitgehend als eine Folge der Verbriefung des Herausgabeanspruchs in einem Umlaufpapier verstehen lässt (vgl. zusammenfassend unten Rdn. 155 ff), sollte man dem Inhaberlagerschein entgegen der h.L.[264] trotz des entgegenstehenden Wortlauts von § 475g HGB Traditionswirkung zuerkennen. Das ist hinsichtlich der meisten Probleme schon deshalb selbstverständlich, weil sich ihre Lösung ohnehin einfach aus der Anwendung des BGB oder des HGB ergibt (vgl. z.B. oben Rdn. 117 und 128). Für die wenigen übrigen Probleme sollte man nicht anders entscheiden, weil es dabei nicht um eine echte Durchbrechung des BGB, sondern lediglich um dessen teleologisch folgerichtige Fortbildung geht (vgl. insbesondere oben Rdn. 119, 123, 125, 130).

152 Ein **Rektalagerschein** entfaltet keine Traditionswirkung; denn nach dem eindeutigen Wortlaut von § 475g HGB fällt er nicht unter diese Vorschrift, und ähnliche Gründe, wie sie in der vorigen Rdn. dafür angeführt worden sind, gleichwohl ein Traditionspapier anzunehmen, sind hier nicht gegeben. Bei einem **Rektaladeschein** und einem **Rektakonnossement**, die vom Wortlaut der §§ 448, 650 HGB umfasst und demgemäß grundsätzlich als Traditionspapiere anzuerkennen sind, kommt die Traditionswirkung nur dem im Papier benannten Empfänger zugute, da nur er „legitimiert" im Sinne des Wertpapierrechts und damit auch im Sinne der §§ 448, 650 HGB ist.[265] Darüber hinaus ergeben sich hier erhebliche Einschränkungen daraus, dass für die Rektapapiere die wertpapierrechtlichen Regeln über den gutgläubigen Erwerb und den Einwendungsausschluss nicht gelten. Ein Rechtserwerb ist bei ihnen daher nur nach den Grundsätzen der – nicht wertpapierrechtlich fortgebildeten – streng relativen Theorie möglich. Folglich erlangt z.B. der Erwerber eines Rektakonnossements kein Eigentum an den Gütern, wenn der frühere Eigentümer diese nach § 931 BGB wirksam an einen Dritten veräußert hatte und der Erwerber des Papiers nicht den Besitz an den Gütern gemäß der 2. Alternative von § 934 BGB erlangt hat.[266] Das spricht nicht etwa gegen die hier vertretene wertpapierrechtliche Sichtweise, sondern bestätigt im Gegenteil deren Richtigkeit.[267] Die Unmöglichkeit gutgläubigen Erwerbs hat nämlich zur Folge, dass der Inhaber des Rektapapiers den verbrieften Herausgabeanspruch nicht erwirbt und daher nach § 952 BGB auch nicht Eigentümer des Papiers wird; wer aber nicht einmal das Eigentum am Papier erlangt, kann keinesfalls durch dessen Übergabe Eigentum an den Gütern erlangen (*Prinzip des „negativen Parallelismus"*). Bezüglich des Einwendungsausschlusses ist allerdings zu beachten, dass der Herausgabepflichtige analog § 405 BGB solche Einwendungen verliert, die ihm bei der Ausstellung des Papiers bekannt waren und deren Unkenntnis er auf Seiten des Empfängers voraussetzen musste;[268] das kann z.B. bezüglich eines dem Aussteller der Urkunde zustehenden Vertragspfandrechts von Bedeutung sein.

153 Die Traditionswirkung ist nicht auf Lagerscheine, Ladescheine und Konnossemente beschränkt. Denn die §§ 448, 475g, 650 HGB stellen keine irregulären Ausnahmevor-

---

[264] Vgl. z.B. *Heymann* S. 160 f; *Abraham* Der Lagerschein S. 134 f; *Düringer/Hachenburg/Lehmann* § 424 Anm. 2 a.E.; *Schlegelberger/Schröder* § 424 Rdn. 11; *Schnauder* NJW 1991, 1646; *Koller* unten § 424 Rdn. 23, dessen Einwände jedoch durch die durch das Transportrechtsreformgesetz erfolgte Liberalisierung im wesentlichen gegenstandslos geworden sein dürften.

[265] Vgl. *Zöllner* § 25 IV 2; *Stengel* S. 154 ff m.w. Nachw.; *Helm* unten § 450 Rdn. 5; Münch-Komm.-*Dubischar* § 450 Rdn. 5.
[266] Zustimmend *Koller* § 448 Rdn. 4.
[267] A. A. *Hager* S. 262.
[268] Vgl. allgemein *Canaris* Die Vertrauenshaftung S. 94 ff sowie oben Rdn. 91.

schriften dar, sondern ziehen, soweit sie überhaupt über die Konkretisierung sachen-
rechtlicher Grundsätze hinausgehen, lediglich folgerichtig die Konsequenzen aus der
Verbriefung des Herausgabeanspruchs in einem Umlaufpapier (vgl. zusammenfassend
unten Rdn. 155 ff). Daher erscheint die **Anerkennung weiterer Urkunden als Traditionspapiere im Wege der Analogie** grundsätzlich als zulässig,[269] sofern diese Wertpapiercharakter haben und in ihnen ein Herausgabeanspruch verbrieft ist.

Ein Beispiel ist der an Order oder auf den Inhaber gestellte **Lieferschein**, sofern er
vom Bezogenen angenommen worden ist (vgl. dazu näher oben Rdn. 37 ff). Die h. L.
lehnt dessen Anerkennung als Traditionspapier allerdings ausdrücklich ab,[270] doch
wird sie dabei offenkundig von dem Missverständnis geleitet, dass die Traditionswirkung etwas Ungewöhnliches darstelle. Hat man demgegenüber erkannt, dass die
meisten der einschlägigen Probleme sich ohne weiteres durch eine am Gesetzeszweck
orientierte Auslegung des BGB lösen lassen (vgl. z. B. oben Rdn. 117, 125, 130) und
dass es auch im Übrigen nicht um eine Durchbrechung, sondern lediglich um eine
wertpapierrechtlich bedingte Fortbildung des Sachenrechts geht (vgl. z. B. oben Rdn.
119 und 123), so entfallen die Bedenken gegen eine analoge Anwendung der §§ 448,
475g, 650 HGB auf den Lieferschein und gegen dessen Anerkennung als Traditionspapier.

Folgerichtig sind auch das **Durchkonnossement** und das von der Internationalen
Handelskammer in Paris entwickelte **Dokument des kombinierten Transports** als
Traditionspapiere anzuerkennen,[271] sofern für sie diese Problematik in Altfällen überhaupt noch relevant wird; denn auch sie verbriefen einen Herausgabeanspruch und
stellen echte Orderpapiere dar (vgl. oben Rdn. 83 f). Schließlich sind auch **Spediteursbescheinigungen** als Traditionspapiere zu qualifizieren, soweit sie als echte Orderpapiere ausgestaltet werden können (vgl. dazu oben Rdn. 86).

Dagegen ist der **Kraftfahrzeugbrief** selbstverständlich kein Traditionspapier.[272] **154**
Das folgt schon daraus, dass er kein *privates* Rechtsverhältnis verbrieft und daher
überhaupt kein Wertpapier ist. Selbst wenn man aber den Wertpapierbegriff so erwei-
tern würde, dass auch der Kraftfahrzeugbrief darunter fiele, wäre er doch noch kein
Traditionspapier, weil er nicht einen Herausgabeanspruch gegen den Besitzer der
Sache – hier also des Kraftwagens – verbrieft und darin ein unverzichtbares Begriffs-
und Wesensmerkmal der Traditionspapiere liegt. Demgegenüber ist es völlig belanglos,
ob die „Bedürfnisse des Kraftfahrzeughandels es nahe legen, rechtsfortbildend den
Kraftfahrzeugbrief zum Traditionspapier zu machen".[273] Selbst wenn solche Bedürfnisse bestünden und geradezu zwingend wären, käme eine Rechtsfortbildung durch
den Richter nicht in Betracht, weil der Kraftfahrzeugbrief eben das entscheidende
Merkmal der Traditionspapiere – die Verbriefung eines Herausgabeanspruchs – nicht
aufweist und es somit an jeder Voraussetzung für eine Analogie fehlt.

[269] Zustimmend *Heymann/Horn* § 363 Rdn. 40
a. E.; **a. A.** z. B. *Jacobi* Ehrenbergs Handbuch IV 1
S. 560 ff.

[270] Vgl. BGH WM 1971, 742, 743 Sp. 1; *Düringer/
Hachenburg/Breit* § 363 Anm. 15 und 29;
MünchKomm.-*Hefermehl* § 363 Rdn. 24; *Hey-
nen* S. 41 m. w. Nachw.; *Hertin* MDR 1970, 883.

[271] Vgl. auch *Scheer* Die Haftung des Beförderers
im gemischten Überseeverkehr, S. 50 ff; **a. A.**
Helm Festschr. für Hefermehl S. 72 f.

[272] Vgl. BGH WM 1960, 492; 1970, 252.

[273] So aber BGH WM 1970, 252 unter 3.

Claus-Wilhelm Canaris

6. Zusammenfassender Rückblick

155　　a) **Der Theorienstreit aus heutiger Sicht.** Überprüft man zusammenfassend die entwickelten Lösungen der Einzelprobleme im Hinblick auf den Theorienstreit über die dogmatische Einordnung der Lehre von den Traditionspapieren, so ergibt sich, dass sowohl die Repräsentationstheorie als auch die absolute Theorie unhaltbar sind. Die **Repräsentationstheorie** sollte schon deshalb aufgegeben werden, weil sich die von ihr vertretenen Ergebnisse ganz überwiegend auch mit den Regeln des allgemeinen Sachenrechts begründen lassen und daher insoweit mit der relativen Theorie auszukommen wäre (vgl. oben Rdn. 117, 125, 130); die wenigen Ausnahmen betreffen entweder entlegene Randfälle, die keine tragfähige Grundlage für die Entwicklung einer eigenständigen Theorie bilden (vgl. Rdn. 123), oder führen sogar zu Ergebnissen, die nicht haltbar sind (vgl. z. B. Rdn. 120 und 147 Abs. 2). Darüber hinaus ist die Repräsentationstheorie aber auch sachlich verfehlt. Denn die Anwendbarkeit der §§ 448, 475g, 650 HGB setzt keineswegs mittelbaren Besitz an den Gütern voraus (vgl. Rdn. 107 und 109). Daher repräsentiert das Papier nicht den mittelbaren Besitz, sondern verkörpert lediglich den Herausgabeanspruch.[274] Das hat praktische Auswirkungen vor allem im Fall des gutgläubigen Erwerbs: Dieser hängt nicht davon ab, dass der Erwerber den mittelbaren Besitz erlangt, sondern tritt auch dann ein, wenn es wegen Eigenbesitzes des unmittelbaren Besitzers am mittelbaren Besitz des Papierinhabers fehlt; das gegenteilige Ergebnis der Repräsentationstheorie ist evident unrichtig (vgl. Rdn. 119). Auch bei der Problematik der Pfandrechtsbegründung versagt die Repräsentationstheorie; denn die gesetzlichen Pfandrechte der §§ 397, 441, 464, 475b HGB entstehen auch dann, wenn der Pfandgläubiger nur die Verfügungsmöglichkeit und nicht zugleich mittelbaren Besitz hat (vgl. Rdn. 128), und auch für die Begründung eines vertraglichen Pfandrechts bedarf es entgegen dem Wortlaut von § 1205 Abs. 2 BGB nicht der Übertragung des mittelbaren Besitzes (vgl. Rdn. 130). Da nahezu alle diese Ergebnisse von der h. L. geteilt werden und diese nunmehr insbesondere im Einklang mit der hier vertretenen Ansicht das Erfordernis des mittelbaren Besitzes als Voraussetzung für die Möglichkeit gutgläubigen Erwerbs der Güter mit Hilfe eines Traditionspapiers ablehnt,[275] ist die Repräsentationstheorie beim heutigen Stand der Dogmatik als überholt anzusehen. Vor allem dadurch, dass das Erfordernis des mittelbaren Besitzes sich nicht aufrecht erhalten lässt, wird die Repräsentationstheorie falsifiziert,[276] denn dieses stellt ihr Kernstück dar, auf das sie keinesfalls verzichten kann, ohne ihre eigenen Grundlagen zu zerstören, und daher lässt sie sich nicht durch Modifikationen „retten", sondern nur definitiv verabschieden.

156　　Entsprechendes gilt für die **absolute Theorie.** Diese ist vor allem deshalb unhaltbar, weil die Traditionswirkung bei Besitzverlust des Schuldners entfällt, wie heute wohl nicht mehr bestritten ist, und diese somit entgegen der Behauptung der absoluten Theorie keineswegs von den besitzrechtlichen Prinzipien des BGB völlig unabhängig ist (vgl. Rdn. 121, 128 a. E., 130). Da letzteres aber die Zentralthese der absoluten Theorie darstellt, ist diese damit ebenfalls definitiv falsifiziert.

157　　Als im Ansatz angemessen erscheint demgegenüber nach wie vor die **relative Theorie.** Die von dieser vertretene Einordnung des Erwerbsvorgangs in die Regelung von § 931 BGB führt weitgehend zu sachgerechten Ergebnissen (vgl. Rdn. 117, 125, 130, 138 ff). Dabei dürfen die einschlägigen Vorschriften der §§ 934, 936 Abs. 1 Satz 3

---

[274] So auch, wenngleich nur in einem obiter dictum, BGH WM 1977, 171, 172 unter d bb.
[275] Vgl. die Nachw. oben Fn. 189.

[276] Vgl. zur Falsifikation juristischer Theorien eingehend *Canaris* JZ 1993, 384 ff.

und Abs. 3, 1205 Abs. 2 BGB freilich nicht immer ohne weiteres nur ihrem Wortlaut nach angewendet werden. Erforderlich ist vielmehr eine am jeweiligen Gesetzeszweck ausgerichtete Interpretation unter Berücksichtigung der Besonderheiten, die sich aus der Verbriefung des Herausgabeanspruchs ergeben.[277] Die relative Theorie ist daher wertpapierrechtlich fortzubilden. Sie ist darüber hinaus sogar wertpapierrechtlich zu korrigieren, weil es entgegen der Regelung von § 934 BGB weder auf mittelbaren Besitz des Veräußerers noch auf mittelbaren Besitz des Erwerbers ankommt (vgl. Rdn. 119). Darin liegt für die relative Theorie kein innerer Bruch, weil es auch hier um eine Konsequenz aus der Verbriefung des Herausgabeanspruchs geht und § 934 BGB dementsprechend zwar seinem Wortlaut nach durchbrochen, seinem teleologischen Gehalt nach aber folgerichtig weiterentwickelt wird (vgl. Rdn. 119 a.E.). Ähnliches gilt für die Verpfändung nach § 1205 Abs. 2 BGB (vgl. Rdn. 130).

Insgesamt wird somit eine **wertpapierrechtlich fortgebildete und korrigierte** **158** **relative Theorie** der Problematik am besten gerecht.[278] Deren wesentlicher Gehalt lässt sich dahin zusammenfassen, dass der Erwerb des verbrieften Herausgabeanspruchs dieselben Wirkungen hat wie die Erlangung des Besitzes an den Gütern. Das geht über die Repräsentationstheorie insofern hinaus, als es nicht darauf ankommt, ob mit dem Herausgabeanspruch zugleich der mittelbare Besitz erlangt wird; und das bleibt hinter der absoluten Theorie sowie auch hinter dem Wortlaut der §§ 448, 475g, 650 HGB insofern zurück, als die bloße Übertragung des Papiers für die Traditionswirkung nicht genügt, sondern zusätzlich irgendeine Form von Besitz auf Seiten des Papierschuldners erforderlich ist, weil anderenfalls der verbriefte Herausgabeanspruch nicht besteht. Zugleich hat diese Konzeption den Vorteil, dass sie unmittelbar dort anknüpft, wo die wesentlichen Besonderheiten und die spezifischen Sachprobleme liegen; denn es ist doch evident, dass die charakteristische Eigentümlichkeit der Traditionspapiere in der Verbriefung des Herausgabeanspruchs gegen den Papierschuldner besteht und dass die Übertragung des Papiers daher eine deutliche Nähe zur Regelung von § 931 BGB aufweist.[279]

Gleichwohl stellt die hier vertretene Ansicht **keine bloße Rückkehr zu einer ver-** **159** **besserten relativen Theorie, sondern eine gegenüber dieser eigenständige Konzeption** dar. Das zeigt sich insbesondere daran, dass durch die Übergabe eines Traditionspapiers entgegen der Regelung des § 934 BGB ein gutgläubiger Erwerb des Eigentums an den Gütern auch dann möglich ist, wenn der Veräußerer keinen mittelbaren Besitz hat und der Erwerber keinen mittelbaren Besitz erlangt (vgl. Rdn. 119), worin eine ganz erhebliche Überschreitung des Lösungsmodells von § 934 BGB liegt. Demgemäß

---

[277] Vgl. dazu vor allem auch *Zöllner* § 25 IV 3 und 4 sowie *Stengel* passim, die sich allerdings nicht zur relativen Theorie bekennen, sondern die Frage der dogmatischen Einordnung in einer gewissen Schwebe lassen und die relative Theorie sogar ausdrücklich ablehnen, vgl. *Zöllner* § 25 IV 4 und *Stengel* S. 169 Fn. 36, S. 207 bei Fn. 67 und öfter.

[278] Zustimmend *Koller* § 448 Rdn. 2; tendenziell auch MünchKomm.-*Hefermehl* § 363 Rdn. 61 und 62 sowie *Rabe* § 650 Rdn. 4; im Ansatz und in wesentlichen Ergebnissen ferner *Hager* (Fn. 178) S. 254 ff, der jedoch jegliche wertpapierrechtliche Besonderheit verneint, vgl. S. 261 ff.

[279] Deshalb kann man bezüglich der hier vertretenen Theorie entgegen *Karsten Schmidt* § 24 III 2 b dd nicht „mit demselben Recht auch von einer modifizierten (‚relativierten‘) absoluten Theorie sprechen"; denn für letztere ist es charakteristisch, dass sie sich von den Übereignungsformen der §§ 929 ff BGB gänzlich löst, wohingegen es für die hier entwickelte Konzeption essentiell ist, dass sie stets im Umfeld von § 931 BGB bleibt und sogar versucht, die Lösungen so weit wie möglich in diese Vorschrift zu integrieren.

Claus-Wilhelm Canaris

bildet die Übertragung des Traditionspapiers – durchaus im Einklang mit dem Wortlaut der §§ 448, 475g, 650 HGB – eine **eigenständige Form eines Übergabesurrogats**,[280] die als dritte Möglichkeit zu der Vereinbarung eines Besitzkonstituts nach § 930 BGB und der (bloßen) Abtretung des Herausgabeanspruchs nach § 931 BGB hinzutritt,[281] auch wenn sie mit der letzteren Figur eng verwandt ist.

160   Ein wesentlicher Unterschied zwischen der hier vertretenen Konzeption und der **Theorie des wertpapierrechtlichen, aber sachenrechtsbezogenen Verkehrsschutzes**[282] ist nicht mehr ersichtlich, seit die – für die dogmatische Einordnung allerdings fundamentale – Divergenz hinsichtlich der Bedeutung des mittelbaren Besitzes überwunden ist[283].

161   Im Übrigen ist der – z.T. hochkomplexe – Theorienstreit in **dogmengeschichtlicher Hinsicht** überaus aufschlussreich. Die relative Theorie i.e.S., die absolute Theorie und die Repräsentationstheorie atmen nämlich insofern noch den Geist des 19. Jahrhunderts, als sie nicht die Lösungen der einzelnen Sachprobleme in den Mittelpunkt stellen und erst auf deren Grundlage ein systematisches Gesamtkonzept entwickeln, sondern sich gegenüber ihnen weitgehend verselbständigen, ja teilweise ein wucherndes Eigenleben führen und die Entscheidung der Sachprobleme deduktiv aus der Theorie abzuleiten suchen. Andererseits kann man aber das Bemühen um eine theoretische Erfassung der Traditionswirkung entgegen manchen Bemerkungen, die für gewisse Tendenzen der heutigen Jurisprudenz charakteristisch sind, auch nicht einfach als peripher oder gar überflüssig abtun. Denn juristische Theorien haben nicht nur eine Einordnungs-, sondern auch eine Erkenntnis- und darüber hinaus häufig sogar eine Rechtsgewinnungsfunktion,[284] die für die Rechtswissenschaft unverzichtbar ist und auch für die Rechtspraxis überaus fruchtbar sein kann, und daher darf man bei einem Phänomen wie der Traditionswirkung, das schon auf den ersten Blick schwer verständlich erscheint und sich bei näherer Analyse in der Tat als sehr komplex erweist, keinesfalls auf die Hilfestellung durch die Entwicklung einer konsistenten Theorie verzichten.

162   **b) Die Ungenauigkeit des Wortlauts der §§ 448, 475g, 650 HGB und die Möglichkeit einer Rechtsfindung durch bloße Subsumtion nach Korrektur dieser Vorschriften im Wege der Rechtsfortbildung.** Von welch eminenter Bedeutung die theoretische Durchdringung und dogmatische Einordnung der Traditionswirkung ist, zeigt sich nicht zuletzt bei der Frage nach dem Umgang mit dem Wortlaut der §§ 448, 475g, 650 HGB. Dieser ist nämlich einerseits leider zu ungenau, als dass man bei der Rechtsanwendung grundsätzlich unreflektiert unter ihn subsumieren könnte – wie das ja an sich bei Normen, die keine wertausfüllungsbedürftigen Merkmale enthalten, der Fall sein sollte –, andererseits aber keineswegs in so hohem Maße missglückt, dass er nicht als Leitlinie für die Rechtsfindung dienen kann. Als solche ist er vielmehr vorzüglich geeignet, wenn man an ihm **zwei Korrekturen im Wege der Rechtsfortbildung** vornimmt.

163   Zumindest schief ist zunächst, dass nach dem Wortlaut der §§ 448, 475g, 650 HGB schon die bloße *Übergabe* des *Papiers* dieselben Wirkungen wie die Übergabe des Gutes haben soll. Richtig ist vielmehr, dass es insoweit auf die *Übertragung* des *Papiers* ankommt (vgl. oben Rdn. 103). Diese Einsicht wird geradezu zu einer Selbst-

---

[280] Dass trotzdem keine Rückkehr zur absoluten Theorie vorliegt, ist soeben in Fn. 279 dargelegt worden.

[281] Anders insoweit *Hager* S. 261 ff, 460.

[282] So *Zöllner* § 25 IV 4 a.E.

[283] Vgl. dazu *Zöllner* § 25 IV 3 f und oben Rdn. 119 mit Fn. 190.

[284] Vgl. dazu eingehend *Canaris* JZ 1993, 378 f.

verständlichkeit, sobald man erkannt hat, dass die Traditionswirkung dogmatisch gesehen nur auf dem Übergang des verbrieften Herausgabeanspruchs beruhen kann. In der Tat ist nicht zweifelhaft und im Ergebnis unumstritten, dass es sich insoweit lediglich um eine Ungenauigkeit der Formulierung und nicht um eine strikt wörtlich zu nehmende Entscheidung des Gesetzgebers handelt; denn dem Wortlaut des Gesetzes liegt in diesem Punkt offenkundig keine durchdachte Wertung zugrunde und er ist auch sprachlich nicht so eindeutig, dass dem Interpreten ein – nach dem verallgemeinerungsfähigen Grundsatz des § 133 BGB ohnehin verpöntes – „Haften am Buchstaben" des Gesetzes bindend vorgegeben wäre. Das hat u.a. die – praktisch wichtige – Konsequenz, dass es für den Eintritt der Traditionswirkung grundsätzlich ausreicht, wenn hinsichtlich des Papiers ein Übergabesurrogat gegeben ist (vgl. oben Rdn. 104).

164 Zum zweiten ist der Wortlaut der §§ 448, 475g, 650 HGB insofern zu weit geraten, als danach die Übergabe des Papiers auch dann dieselben Wirkungen wie die Übergabe des Gutes zu haben scheint, wenn der Schuldner des verbrieften Herausgabeanspuchs **keinen Besitz an dem Gut** hat. Das ist, wie ausführlich dargelegt (vgl. vor allem Rdn. 121, 129, 131), im Wege der Rechtsfortbildung zu korrigieren, wobei es sich methodologisch um eine teleologische Reduktion handelt. Auch darin liegt eine Folgerung aus der Einsicht, dass die Traditionswirkung auf dem Übergang des verbrieften Herausgabeanspruchs beruht; denn wenn dessen Schuldner keinen Besitz an dem Gut hat, besteht gegen ihn ein solcher Anspruch nicht und kann mithin auch nicht auf den Erwerber des Papiers übergehen (vgl. Rdn. 121).

165 Der im Wege der Rechtsfortbildung **präzisierte Inhalt der §§ 448, 475g, 650 HGB** besteht somit darin, dass *die Übertragung des Papiers dieselben Wirkungen wie die Übergabe des Gutes hat, sofern der Schuldner des verbrieften Herausgabeanspuchs Besitz an diesem hat.* In dieser – von dem geschriebenen Text nur ziemlich geringfügig abweichenden – Lesart führt die Anwendung der Vorschriften mit so hoher Verlässlichkeit zu den richtigen Ergebnissen, dass man sich auf ihrer Basis grundsätzlich auf **bloße Subsumtionsschlüsse** beschränken kann und weder jeweils explizit eine teleologische Kontrollüberlegung anzustellen noch gar den Theorienstreit zu diskutieren braucht. Das gilt zunächst mit Sicherheit in *negativer* Hinsicht: Eine Wirkung, welche die Übergabe des Gutes nicht hätte, kann auch die Übertragung des Traditionspapiers nicht haben („negativer Parallelismus"); demgemäß vermag die Übertragung des Traditionspapiers weder das Fehlen einer wirksamen Einigung hinsichtlich des Gutes noch dessen Abhandenkommen i.S. von § 935 BGB zu überwinden (vgl. Rdn. 105, 111, 114f). Umgekehrt hat die Übertragung des Papiers auch *positiv* dieselbe Wirkung wie die Übergabe des Gutes, sofern der Schuldner des verbrieften Anspruchs Besitz an dem Gut hat („eingeschränkter positiver Parallelismus"). Unter dieser Voraussetzung führt die Übertragung des Papiers nämlich grundsätzlich zum gutgläubigen Erwerb des Eigentums an dem Gut (vgl. Rdn. 117ff), zu einem gutgläubigen lastenfreien Erwerb des Gutes (vgl. Rdn. 124 ff) sowie zur Begründung gesetzlicher und rechtsgeschäftlicher Pfandrechte an dem Gut (vgl. Rdn. 128 ff). Das entspricht einer wortgetreuen Anwendung der §§ 448, 475g, 650 HGB; denn die Übergabe der Sache eröffnet die Möglichkeit ihres gutgläubigen Erwerbs – sei es nach § 932 BGB oder sei es nach einer der beiden Alternativen von § 934 BGB –, die Übergabe der Sache überwindet die Sperre von § 936 Abs. 3 BGB gegenüber der Möglichkeit ihres gutgläubigen lastenfreien Erwerbs, und die Übergabe der Sache führt zur Entstehung der gesetzlichen Besitzpfandrechte sowie nach § 1205 Abs. 1 BGB zur Begründung eines Vertragspfandrechts. Man kann sich also in der Tat auf simple Subsumtionsschlüsse beschränken – freilich erst, nachdem man die Tragfähigkeit des zugrunde liegenden dogmatischen Konzepts gesichert hat.

Claus-Wilhelm Canaris

166   Somit zeigt sich bei genauer dogmatischer Analyse, dass sich die Problematik der Traditionswirkung, die zunächst so komplex und schwierig erscheint, mit ganz wenigen einfachen Regeln lösen lässt. Zwei Federstriche des Gesetzgebers, durch welche die beiden soeben Rdn. 163f genannten Präzisierungen des Wortlauts der §§ 448, 475g, 650 HGB vorgenommen würden, wären daher ausreichend, um das gesamte Problemfeld im Wesentlichen zu bereinigen und dem Text des Gesetzes zu uneingeschränkter Subsumtionsfähigkeit zu verhelfen. Aber auch ohne ein solches Eingreifen des Gesetzgebers führt die moderne Dogmatik zu einer weitreichenden **Entmystifizierung der Lehre vom Traditionspapier**, da sich die beiden Modifikationen des Wortlauts der §§ 448, 475g, 650 HGB schon de lege lata methodologisch unschwer legitimieren lassen und man sich dann, wie dargelegt, ohne großen theoretischen Aufwand am Wortlaut der Vorschriften orientieren kann. Die Entmystifizierung wird vervollständigt, wenn man hinzunimmt, dass die angebliche „Sperrwirkung", welche der Ausstellung eines Traditionspapiers gegenüber Verfügungen nach §§ 931, 934 BGB ohne Übertragung des Papiers von der Rechtsprechung und der h.L. zugesprochen wird, in Wahrheit keinen eigenständigen Gehalt hat und somit eine überflüssige dogmatische Figur darstellt (vgl. Rdn. 145).

§ 364

(1) Durch das Indossament gehen alle Rechte aus dem indossierten Papier auf den Indossatar über.

(2) Dem legitimierten Besitzer der Urkunde kann der Schuldner nur solche Einwendungen entgegensetzen, welche die Gültigkeit seiner Erklärung in der Urkunde betreffen oder sich aus dem Inhalte der Urkunde ergeben oder ihm unmittelbar gegen den Besitzer zustehen.

(3) Der Schuldner ist nur gegen Aushändigung der quittierten Urkunde zur Leistung verpflichtet.

Übersicht

Übersicht

Schrifttum: wie zu § 363

I. Die Übertragung der kaufmännischen Orderpapiere

1. Die Übertragung durch Indossierung des Papiers

a) Voraussetzungen und Rechtsnatur der Übertragung durch Indossament. 1 Die Formulierung von § 364 Abs. 1 HGB, wonach durch das Indossament alle Rechte aus dem indossierten Papier auf den Indossatar übergehen, ist ungenau. Denn in Wahrheit wird die Übertragungswirkung nicht durch das Indossament allein herbeigeführt, sondern hängt zusätzlich vom Abschluss des **Begebungsvertrages** ab. Dieser ist ein dinglicher Vertrag, der auf die **Übereignung des Papiers** gerichtet ist.[1] Erforderlich sind also Einigung und Übergabe i.S. von § 929 BGB.[2] Auch ein **Übergabesurrogat** i.S. von §§ 930 f BGB reicht aus;[3] das gilt entgegen der h.L. auch bezüglich der „Traditionswirkung" bei den Traditionspapieren (vgl. oben § 363 Rdn. 104). Form und Inhalt des Indossaments richten sich gemäß § 365 Abs. 1 HGB nach Art. 13 und 14 Abs. 2 WG (vgl. § 365 Rdn. 3 ff).

Die **Rechtsnatur des Übertragungsvorgangs** ist umstritten. Nach einer früher **2** häufig vertretenen Ansicht soll das Indossament zu einem **originären Rechtserwerb** des Indossatars führen.[4] Das wird vor allem mit dem Einwendungsausschluss gemäß § 364 Abs. 2 HGB begründet. Ihre Konstruktionsgrundlage findet diese Lehre in der – hauptsächlich im Wechselrecht entwickelten – **Offertentheorie**, nach der der Schuldner jedem späteren Erwerber des Papiers mit dessen Ausstellung bzw. Begebung ein Haftungsangebot macht. Indessen ist die Annahme eines originären Rechtserwerbs für die Erklärung des Einwendungsausschlusses nicht erforderlich, da dieser sich mit Hilfe der Rechtsscheintheorie auch bei Annahme eines derivativen Erwerbs dogmatisch einwandfrei begründen lässt (vgl. auch unten Rdn. 25 f). Darüber hinaus ist die Offertentheorie nicht einmal dazu geeignet, den Einwendungsausschluss sachgerecht

---

[1] Das ist h.L., vgl. z.B., jeweils zum Wechsel, *Baumbach/Hefermehl* Art. 14 WG Rdn. 2; *Hueck/Canaris* § 8 IV 2 a; **a. A.** *Zöllner* § 2 II 3 b und § 14 I 1 b.

[2] Ebenso z.B. MünchKomm.-*Hefermehl* § 364 Rdn. 2; *Heymann/Horn* § 364 Rdn. 1; *Röhricht/Graf von Westphalen/Wagner* § 364 Rdn. 2.

[3] Das ist h.L., vgl. z.B. MünchKomm.-*Hefermehl* § 364 Rdn. 3; *Heymann/Horn* § 364 Rdn. 1; *Röhricht/Graf von Westphalen/Wagner* § 364 Rdn. 2.

[4] Vgl. z.B. *Düringer/Hachenburg/Breit* Anm. 3 unter d; *von Godin* 2. Aufl. Einl. vor Anm. 1 = S. 432 und Anm. 4; *Schaps/Abraham* § 647 Rdn. 4; *Schlegelberger/Liesecke* § 647 Rdn. 5.

Claus-Wilhelm Canaris

zu erklären; denn einerseits führt sie zu weit, weil es nach ihr folgerichtig nicht auf den guten Glauben des Erwerbers ankommen kann, und andererseits nicht weit genug, weil Mängel bei der Ausstellung bzw. Begebung des Papiers die Offerte selbst fehlerhaft machen und daher nicht präkludiert werden könnten. In Übereinstimmung mit den allgemeinen Grundsätzen des geltenden Rechts, insbesondere mit den §§ 398, 413 und 929 ff BGB, ist daher von einem **derivativen Erwerb** auszugehen.[5] Dafür spricht im Übrigen auch der Wortlaut von § 364 Abs. 1 HGB, wo es heißt, dass die Rechte aus dem Papier „übergehen".

3   Was den **Inhalt des Begebungsvertrags** angeht, so beschränkt sich dieser bei der Indossierung eines kaufmännischen Orderpapiers auf die Übereignung des Papiers und ist also rein dinglicher Natur. Ein Verpflichtungselement enthält er schon deshalb nicht, weil das Indossament hier anders als beim Wechsel mangels einer Verweisung von § 365 Abs. 1 HGB auf Art. 15 WG keine Garantiefunktion hat; außerdem hat der Begebungsvertrag nicht einmal bei der Indossierung eines Wechsels oder Schecks Verpflichtungscharakter, weil die Garantiehaftung des Indossanten nach richtiger Ansicht nicht rechtsgeschäftlicher, sondern gesetzlicher Natur ist[6].

Im Übrigen ist freilich zu beachten, dass der Begriff des Begebungsvertrags mehrdeutig ist, weil dieser einen unterschiedlichen Inhalt haben kann.[7] So kann er sich in der Übereignung des Papiers erschöpfen, also rein dinglicher Natur sein, wie außer bei der Indossierung z.B. bei der Begebung einer kaufmännischen Anweisung; er kann gleichzeitig auf die Übereignung des Papiers und auf die Begründung einer Verpflichtung aus diesem Papier gerichtet sein, also eine Doppelnatur haben, wie bei der Ausstellung eines kaufmännischen Verpflichtungsscheins und i.d.R. bei der Ausstellung eines Transportpapiers i.S. von § 363 Abs. 2 HGB; und er kann sich auf die Begründung einer Verpflichtung beschränken, also rein obligatorischer Natur sein, wie z.B. bei der Annahme einer kaufmännischen Anweisung (sofern das Papier nicht ausnahmsweise im Eigentum des Akzeptanten steht).

4   Voraussetzung für die Übertragung durch Indossament ist schließlich das Vorhandensein einer **Orderklausel**, da die unter § 363 HGB fallenden Papiere im Gegensatz zu Wechsel und Scheck nicht geborene, sondern nur gekorene Orderpapiere sind. Fehlt die Orderklausel und handelt es sich also lediglich um ein Rektapapier, so ist das Indossament gemäß § 140 BGB in eine bürgerlichrechtliche Übertragung nach § 398 BGB umzudeuten; ob zusätzlich die Übergabe des Papiers erforderlich ist, hängt davon ab, wie man diese Frage bei den Rektapapieren behandelt (vgl. dazu unten Rdn. 20 ff).

Setzt ein Indossant ein **Indossierungsverbot** oder eine **Rektaklausel** auf das Papier, so kann er dadurch der Urkunde den Charakter als Orderpapier nicht nachträglich nehmen;[8] denn über diesen entscheidet nach § 363 HGB nicht ein Indossant, sondern der Aussteller. Es verbleibt daher bei der Anwendbarkeit der §§ 364f HGB, so dass das Indossierungsverbot oder die Rektaklausel keine Rechtswirkung entfalten.

5   **b) Die Rechtsfolgen des Indossaments.** Das Indossament überträgt nach § 364 Abs. 1 HGB „alle Rechte aus dem Papier". Die Reichweite der Übertragungswirkung hängt daher vom **Umfang der Verbriefung** ab. Diese umfasst nicht nur die **primären**

---

[5] Vgl. auch MünchKomm.-*Hefermehl* § 364 Rdn. 4; *Heymann/Horn* § 364 Rdn. 2; im Grundsätzlichen näher *Hueck/Canaris* § 8 II 1.

[6] Vgl. *Hueck/Canaris* § 8 IV 3 a.

[7] Vgl. näher *Hueck/Canaris* § 3 I 2 b; i.E. übereinstimmend MünchKomm.-*Hefermehl* § 364 Rdn. 1.

[8] Ebenso MünchKomm.-*Hefermehl* § 364 Rdn. 5; *Heymann/Horn* § 364 Rdn. 1.

Ansprüche aus dem Papier, sondern grundsätzlich auch etwaige Folgeansprüche wie z.B. die **Ansprüche auf Schadensersatz aus $\S\S$ 425 ff, 606 HGB** wegen Verlusts, Zerstörung oder Beschädigung der Sache bei den Güterpapieren[9] sowie den **Anspruch auf das Surrogat gemäß $\S$ 285 BGB** und wohl auch **Ersatzansprüche wegen unrichtiger Ausstellung des Papiers** aus culpa in contrahendo oder aus $\S\S$ 444 Abs. 3, 475d Abs. 2, 656 Abs. 2 HGB[10]. Dagegen geht ein etwaiger **Anspruch aus dem zugehörigen Kausalverhältnis** grundsätzlich nicht mit über, es sei denn, er wird besonders abgetreten,[11] was freilich auch konkludent erfolgen oder im Wege der (ergänzenden) Auslegung angenommen werden kann[12].

Zweifelhaft und streitig ist, wie bei Vornahme eines Indossaments **Ansprüche aus 6 unerlaubter Handlung bei den Güterpapieren** zu behandeln sind. Die Rechtsprechung steht auf dem Standpunkt, dass diese durch das Indossament grundsätzlich nicht mitübertragen werden.[13] Im Schrifttum wird dagegen z.T. die entgegengesetzte Ansicht vertreten;[14] begründet wird diese mit der – von der h. L. freilich nicht geteilten – Theorie, dass zwischen Vertrags- und Deliktsansprüchen keine echte Anspruchskonkurrenz gegeben sei, sondern dass es sich in Wahrheit nur um einen einzigen auf mehreren Grundlagen beruhenden Anspruch handele. Die Rechtsprechung ist im Ausgangspunkt zutreffend. Denn da die Deliktsansprüche keinerlei Grundlage im Papier haben, sind sie nicht mitverbrieft und können folglich durch das Indossament als solches nicht erfasst werden. Daran ändert sich auch dann nichts, wenn man das Verhältnis zwischen Vertrags- und Deliktsansprüchen entgegen der h.L. nach der „Theorie des einheitlichen Anspruchs" bestimmt. Diese ist hier nämlich nicht anwendbar. Das versteht sich von selbst, sofern die Parteien des Deliktsanspruchs nicht mit denen des (verbrieften) Vertragsanspruchs identisch sind – sei es, dass der Schädiger nicht der Papierschuldner, sondern ein Dritter ist, oder sei es gar, dass der Eigentümer der Güter und mithin der Gläubiger des Deliktsanspruchs nicht der Inhaber des Papiers ist. Aber auch dann, wenn der Deliktsanspruch zwischen denselben Parteien wie der (verbriefte) Vertragsanspruch besteht, ist es nicht möglich, nur einen einzigen Anspruch anzunehmen und auf diese Weise den Deliktsanspruch in die Wirkung des Indossaments einzubeziehen. Auch die Gegner der Lehre von der Anspruchskonkurrenz räumen nämlich ein, dass an der Annahme von zwei unterschiedlichen Ansprüchen jedenfalls dann nicht vorbeizukommen ist, wenn wie hier die eine Anspruchsgrundlage in einem Wertpapier verbrieft ist, die andere dagegen nicht.[15]

Eine andere Frage ist, ob in der Übertragung des Papiers grundsätzlich zugleich eine **konkludente Abtretung des Deliktsanspruchs** zu sehen ist oder ob für diese i.d.R. eine zusätzliche Erklärung erforderlich ist. Die Rechtsprechung entscheidet im letzteren Sinne.[16] Richtiger Ansicht nach ist die Problematik unterschiedlich zu

---

9 Vgl. BGHZ 25, 250, 256 ff; MünchKomm.-*Hefermehl* $\S$ 365 Rdn. 4; *Heymann/Horn* $\S$ 365 Rdn. 3; *Ebenroth/Boujong/Joost/Hakenberg* $\S$ 364 Rdn. 3.

10 Vgl. *Thietz-Bartram* WM 1988, 179 f.

11 Vgl. auch MünchKomm.-*Hefermehl* $\S$ 364 Rdn. 4 a.E.; *Heymann/Horn* $\S$ 364 Rdn. 2; *Ebenroth/Boujong/Joost/Hakenberg* $\S$ 364 Rdn. 3; vgl. ferner zum Wechsel näher *Hueck/Canaris* $\S$ 17 I 2.

12 Vgl. dazu *Herber* Festschrift für Raisch S. 73 f.

13 Vgl., jeweils zum Konnossement, RGZ 74, 47, 49;

89, 40, 41; BGH VersR 1971, 617, 619 und 1971, 623, 625; ebenso MünchKomm.-*Hefermehl* $\S$ 364 Rdn. 4 a. E.; *Heymann/Horn* $\S$ 364 Rdn. 3; *Ebenroth/Boujong/Joost/Hakenberg* $\S$ 364 Rdn. 3.

14 Vgl. *Helm* Haftung für Schäden an Frachtgütern, 1966, S. 311 f und S. 318.

15 Vgl. *Georgiades* Die Anspruchskonkurrenz im Zivilrecht und Zivilprozeßrecht, 1968, S. 164 f, 219 ff; *Larenz/Canaris* Schuldrecht II 2[13] $\S$ 83 VI 1 = S. 597 bei Fn. 29.

16 Vgl. RGZ 74, 49; BGH VersR 1971, 619 und 625.

lösen je nachdem, ob die Parteien bei der Übertragung des Papiers Kenntnis von dem Schadensereignis hatten oder nicht. Im ersteren Fall ist grundsätzlich eine konkludente Abtretung des Anspruchs aus unerlaubter Handlung zu bejahen.[17] Dann ist nämlich in aller Regel kein Grund ersichtlich, warum der Indossant den Schadensersatzanspruch zurückhalten sollte, und daher schließt der mutmaßliche Parteiwille hier einen Übergang des Anspruchs aus unerlaubter Handlung ein. Denn das Indossament ist hier ja zwangsläufig unmittelbar auf die Abtretung eines *Schadensersatz*anspruchs gerichtet. Wer aber einen solchen überträgt, meint damit i.d.R. alle in Betracht kommenden Anspruchsgrundlagen und nicht nur die Ansprüche aus Vertragsverletzung; im bürgerlichen Recht fordert man ja auch nicht, dass bei der Zession von Ansprüchen aus Vertragsverletzung die Abtretung etwa konkurrierender Deliktsansprüche noch besonders erklärt werden müsse, und daran kann die Verbriefung der Vertragsansprüche grundsätzlich nichts ändern, weil sie nicht zu einer Verschlechterung, sondern im Gegenteil zu einer Verbesserung der Rechtsstellung des Erwerbers führen soll. An diesem Ergebnis sollte man grundsätzlich auch dann festhalten, wenn der Deliktsanspruch sich nicht gegen den Papierschuldner, sondern gegen einen Dritten richtet. Denn wenn die Parteien in Kenntnis des Schadens das Papier übertragen, werden sie damit in aller Regel den Übergang der gesamten Rechtsstellung bezwecken, die wirtschaftlich gesehen an die Stelle der Güter getreten ist. Das gilt umso mehr, als bei einer unerlaubten Handlung eines Dritten sehr zweifelhaft sein wird, ob gegen den Papierschuldner überhaupt ein Schadensersatzanspruch besteht und ob das Indossament als solches daher noch irgendwelche Rechte überträgt.

Anders ist die Rechtslage, wenn die Parteien bei der Indossierung noch nichts von dem Schadenseintritt wussten. Auch dann den Übergang der Deliktsansprüche mit dem realen oder hypothetischen Parteiwillen zu begründen, wäre gewiss eine unzulässige Fiktion, da die Parteien hier zu einer Regelung der schadensersatzrechtlichen Problematik keinerlei Anlass hatten. Auch stellt sich die Interessenlage wesentlich anders dar. Hier wird es nämlich häufig zu einer Rückgängigmachung des der Indossierung zugrunde liegenden Geschäfts oder zumindest zu Regressansprüchen des Indossatars gegen den Indossanten kommen, da ja die Güter selbst und nicht ein bloßer Schadensersatzanspruch übertragen werden sollten, und daher kann es durchaus seinen guten Sinn haben, wenn der Indossant den Schadensersatzanspruch aus unerlaubter Handlung behält. Das gilt jedenfalls dann, wenn sich dieser gegen einen Dritten richtet. Man wird jedoch auch dann nicht anders entscheiden können, wenn der Deliktsschuldner zugleich Schuldner aus dem Papier ist. Zwar kommt es dann zu einer wenig erfreulichen Aufspaltung der Gläubigerstellung, weil die Ansprüche aus Vertrag auf den Indossatar übergegangen, die Ansprüche aus Delikt aber beim Indossanten verblieben sind, doch ist der Schuldner vor der Gefahr einer doppelten Inanspruchnahme geschützt, weil er gemäß § 428 BGB nach seinem Belieben an einen von beiden leisten kann (vgl. im Übrigen zur Gefahr der doppelten Inanspruchnahme auch oben § 363 Rdn. 136).

7 Für die verbriefte Forderung bestehende **Sicherheiten** gehen in **Analogie zu § 401 BGB** auf den Indossatar über.[18] Denn das Indossament soll die Rechtsstellung des Erwerbers stärker und nicht schwächer als bei der Abtretung machen. Im älteren Schrifttum wurde häufig entgegengesetzt entschieden, weil man im Indossament einen

---

[17] Zustimmend *Heymann/Horn* § 364 Rdn. 3 a.E.
[18] Ebenso i.E. MünchKomm.-*Hefermehl* § 364

Rdn. 4 a.E.; *Heymann/Horn* § 364 Rdn. 2; *Röhricht/Graf von Westphalen/Wagner* § 364 Rdn. 3.

Fall des originären Rechtserwerbs sah.[19] Dabei wurde jedoch verkannt, dass die Annahme eines originären Erwerbs nur einer direkten, nicht aber einer analogen Anwendung von § 401 BGB entgegensteht – ganz abgesehen davon, dass in Wahrheit ohnehin ein derivativer Erwerb vorliegt (vgl. oben Rdn. 2).

Der Übergang des Rechts und die sonstigen im Vorstehenden geschilderten **8** Rechtsfolgen sind nicht die spezifische Folge des Indossaments, sondern können genauso gut durch eine bürgerlichrechtliche Übertragung des verbrieften Rechts herbeigeführt werden (vgl. auch unten Rdn. 18 ff). Die spezifische Folge des Indossaments besteht vielmehr in dem **Einwendungsausschluss** gemäß § 364 Abs. 2 HGB (vgl. dazu unten Rdn. 25 ff) und in der **Möglichkeit gutgläubigen Erwerbs** gemäß § 365 Abs. 1 HGB i.V.m. Art. 16 Abs. 2 WG (vgl. dazu § 365 Rdn. 17 ff). Dagegen gibt es bei den kaufmännischen Orderpapieren **keine Regresshaftung des Indossanten**, weil § 365 Abs. 1 HGB nicht auf Art. 15 WG verweist.

2. Sonderformen des Indossaments

a) Das Vollmachtsindossament. Im Gegensatz zu Art. 18 WG enthalten die **9** §§ 364 f HGB keine besondere Regelung über das **offene Vollmachts- oder Prokuraindossament,** doch stellt dieses lediglich eine besondere wechselrechtliche Ausformung der Vollmacht dar und ist daher auch hier möglich. Es hat keine Übertragung der Rechte aus dem Wechsel zur Folge, sondern berechtigt den Indossatar lediglich, die Rechte aus dem Papier im Namen des Indossanten geltend zu machen. Folgerichtig kann der Schuldner alle ihm gegen den Indossanten zustehenden Einwendungen, aber auch nur diese erheben; Art. 18 Abs. 2 WG bringt insoweit (lediglich) einen allgemeinen Rechtsgedanken zum Ausdruck.

In der Praxis wesentlich häufiger ist das so genannte **verdeckte Vollmachts- oder 10 Prokuraindossament.** Seine Zulässigkeit ist heute unstreitig und auch für die Traditionspapiere anerkannt.[20] Bei dieser Gestaltungsform macht der Indossatar die Rechte aus dem Papier im eigenen Namen geltend, ist aber im Innenverhältnis zum Indossanten ebenso gebunden wie beim offenen Vollmachtsindossament, ohne dass diese Beschränkung jedoch aus dem Papier ersichtlich ist. Dogmatisch stellt das verdeckte Vollmachtsindossament einen Unterfall der Ermächtigungstreuhand dar und unterliegt daher den für diese geltenden Regeln (vgl. dazu unten Rdn. 14 ff).

b) Das Pfandindossament. Das Indossament kann gemäß § 1292 BGB auch zur **11** Verpfändung des Papiers dienen. Geht der Wille zur Verpfändung aus dem Papier hervor, spricht man von einem **offenen Pfandindossament.** Ein solches macht den Indossatar zwar selbstverständlich nicht zum Eigentümer des Papiers und zum Gläubiger des verbrieften Rechts, gibt ihm aber die Befugnis zur selbständigen Geltendmachung des Rechts – und zwar gemäß § 1294 BGB abweichend von § 1228 Abs. 2 BGB sogar schon vor Pfandreife. Außerdem kommt der Indossatar in den Genuss des spezifisch wertpapierrechtlichen Verkehrsschutzes: Er braucht sich gemäß § 364 Abs. 2 HGB grundsätzlich keine Einwendungen aus der Person seines Vormannes entgegenhalten zu lassen, und er hat gemäß § 365 Abs. 1 HGB i.V.m. Art. 16 Abs. 2 WG die Möglichkeit gutgläubigen Erwerbs (vgl. auch Art. 19 Abs. 2 WG). Dieser Unterschied gegenüber dem Vollmachtsindossament erklärt sich mit Selbstverständlichkeit daraus, dass

---

[19] Vgl. z.B. *Düringer/Hachenburg/Breit* § 364 Anm. 3 a.E. und Anm. 8; *von Godin* 2. Aufl. Anm. 4.

[20] Vgl. z.B. zum Konnossement BGHZ 36, 329, 336.

Claus-Wilhelm Canaris

der Pfandindossatar ein eigenes Recht im eigenen Interesse erwirbt. Aus diesem Gedanken folgt allerdings die immanente Beschränkung des Einwendungsausschlusses: dieser greift nur insoweit Platz, als wirklich ein eigenes Interesse des Indossatars besteht, also grundsätzlich nur in Höhe der gesicherten Forderung.[21] Zu einer Übertragung des Papiers ist der Pfandindossatar grundsätzlich nicht befugt. Sein Indossament hat daher analog Art. 19 Abs. 1 Halbs. 2 WG nur die Wirkung eines Vollmachtsindossaments, so dass für seinen Nachmann weder § 364 Abs. 2 HGB noch § 365 Abs. 1 HGB i.V.m. Art. 16 Abs. 2 WG gelten.

12   Die Verpfändung kann auch durch ein Indossament erfolgen, das den Verpfändungszweck nicht erkennen lässt. Man nennt es **verdecktes Pfandindossament**. Von der Sicherungsübereignung des Papiers unterscheidet es sich dadurch, dass die Einigung lediglich auf Begründung eines Pfandrechts und nicht auf Übertragung des Eigentums gerichtet ist. Die Zulässigkeit des verdeckten Pfandindossaments ergibt sich ebenfalls aus § 1292 BGB, der auch diesen Fall erfasst. Die Rechtsstellung des Indossatars ist hier grundsätzlich dieselbe wie beim offenen Pfandindossament. Das gilt insbesondere hinsichtlich der Einwendungen und hinsichtlich des Fehlens der Berechtigung zur Weiterindossierung; dieses kann allerdings anders als beim offenen Pfandindossament durch gutgläubigen Erwerb gemäß § 365 Abs. 1 HGB i.V.m. Art. 16 Abs. 2 WG überwunden werden, weil die Beschränkung der Rechtsstellung des Pfandindossatars hier nicht aus dem Papier hervorgeht.

13   Bei den Güterpapieren setzt sich das Pfandrecht am Papier gemäß § 1287 BGB als **Surrogationspfandrecht an den Waren** fort. Dabei ist die Verpfändung des Papiers und des verbrieften Rechts nach § 1292 BGB scharf von der Verpfändung der Waren selbst mit Hilfe des Papiers zu unterscheiden; auch letztere ist gemäß §§ 448, 475g, 650 HGB möglich und begründet nach § 1205 Abs. 2 BGB unmittelbar – d.h. nicht erst auf dem Umweg über § 1287 BGB – ein Pfandrecht an den Waren (vgl. näher oben § 363 Rdn. 130).

14   c) **Das Treuhandindossament.** Das Treuhandindossament ist gesetzlich nicht geregelt und folgt daher grundsätzlich den allgemeinen Regeln des (ungeschriebenen) Treuhandrechts.[22] Es kann unterschiedliche **Zwecke** haben; insbesondere kann es dazu dienen, dem Indossatar das **Inkasso** oder die Diskontierung des Papiers ohne Aufdeckung des wahren Berechtigten zu ermöglichen oder ihm eine **Sicherheit** zu verschaffen.

15   Nach außen wirkt das Treuhandindossament wie ein gewöhnliches Vollindossament, da die treuhänderische Bindung nicht in das Papier aufgenommen wird. Dahinter können sich jedoch wie bei jeder Treuhand **zwei unterschiedliche Gestaltungen** verbergen: erstens eine bloße Ermächtigung zur Geltendmachung der Rechte aus dem Papier gemäß § 185 BGB und zweitens die volle, jedoch obligatorisch gebundene Übertragung des Eigentums am Papier und der Rechte aus dem Papier. Welche der beiden Formen vorliegt, richtet sich grundsätzlich nach den Vereinbarungen zwischen dem Indossanten und dem Indossatar, da diese insoweit **Wahlfreiheit** haben.[23] Im

---

[21] Das ist ganz h.L., vgl. zum Wechsel z.B. *Hueck/Canaris* § 8 VIII 2 a; *Zöllner* § 14 X 2 a bb; *Baumbach/Hefermehl* Art. 19 WG Rdn. 14 a.E.

[22] Vgl. zu diesen z.B. *Palandt/Bassenge*[62] § 903 Rdn. 33 ff; *Coing* Die Treuhandkraft privater Rechtsgeschäfte, 1973; *Canaris* Festschrift für Flume, 1978, Bd. I S. 410 ff; *Grundmann* Der Treuhandvertrag, 1997.

[23] Vgl. z.B. BGHZ 5, 292 für den Scheck; BGHZ 36, 329, 336 für das Konnossement; BGH WM 1972, 1090 für den Wechsel; MünchKomm.-*Hefermehl* § 364 Rdn. 7 (wenngleich unter starker Überbetonung eines angeblichen Streits zwischen Treuhand- und Ermächtigungstheorie, der heute indessen obsolet ist).

Zweifel ist eine bloße Ermächtigungstreuhand anzunehmen, wenn das Indossament lediglich den Interessen des Indossanten dient wie bei der reinen „Verwaltungstreuhand", dagegen eine Vollrechtstreuhand, wenn das Indossament (auch oder nur) den Interessen des Indossatars dient wie bei der „Sicherungstreuhand"; die Parteien können aber Abweichendes vereinbaren und z.B. eine bloße Verwaltungstreuhand als Vollrechtstreuhand ausgestalten. Welche Art der Treuhand gewählt wird, hat erhebliche Rückwirkungen auf die Rechtsfolgen.

Bei der reinen **Ermächtigungstreuhand** kann der Indossatar zwar die Rechte im **16** eigenen Namen geltend machen, doch bleibt der Indossant Eigentümer des Papiers und Inhaber der Rechte aus diesem. Ein Begebungsvertrag wird daher ebenso wenig geschlossen wie beim Vollmachtsindossament,[24] vielmehr ergibt sich die Rechtsmacht des Indossatars aus § 185 BGB oder einer Analogie zu dieser Vorschrift. Ob der Indossatar die Befugnis zur Übertragung des Papiers hat, ist eine Frage der Auslegung; ist sie zu verneinen, werden gutgläubige Erwerber gemäß § 365 Abs. 1 HGB i.V. mit Art. 16 Abs. 2 WG geschützt, weil die Beschränkung der Stellung des Indossatars nicht aus dem Papier hervorgeht. Die Einwendungen des Schuldners bestimmen sich im Verhältnis zum Indossatar nicht aus dessen Person, sondern aus derjenigen des Indossanten, da der Indossatar ja ein fremdes Recht geltend macht. Ein Einwendungsausschluss kommt also im Verhältnis zum Indossatar nicht in Betracht; andererseits kann der Schuldner aber auch keine Einwendungen vorbringen, die ihm gegen den Indossatar zustehen. Begibt dieser das Papier freilich an einen gutgläubigen Dritten, gelten im Verhältnis zu diesem grundsätzlich die Regeln über den Einwendungsausschluss gemäß § 364 Abs. 2 HGB, weil die Beschränkung der Rechtsstellung des Indossatars auf eine bloße Ermächtigung aus dem Papier nicht ersichtlich ist.

Wesentlich anders ist die Rechtslage bei einer **Vollrechtstreuhand.** Hier ist nicht **17** mehr der Indossant, sondern der Indossatar Eigentümer des Papiers und Inhaber der Rechte aus diesem. Der Indossatar hat daher die Rechtsmacht zur Weiterübertragung des Papiers. Wenn ihm diese auf Grund seiner Abreden mit dem Indossanten untersagt ist, so hat das gemäß § 137 BGB nur obligatorische Wirkung und begründet lediglich einen persönlichen Einwand, so dass späteren Erwerbern des Papiers nach § 365 Abs. 1 HGB i.V. mit Art. 17 WG nur bewusstes Handeln zum Nachteil des Sicherungsindossanten und nicht wie nach § 365 Abs. 1 HGB i.V. mit Art. 16 Abs. 2 WG schon grobe Fahrlässigkeit schadet (vgl. auch unten Rdn. 57). Das entspricht den allgemeinen Regeln des Treuhandrechts insofern, als danach eine Missachtung der obligatorischen Bindung des Treuhänders nicht in Anlehnung an die Regeln über den Vollmachtsmissbrauch zu behandeln ist,[25] sondern nur unter den engen Voraussetzungen von § 134 BGB oder § 138 BGB in besonders gelagerten Ausnahmefällen wie vor allem dann, wenn der Erwerber des Treuguts sich wissentlich an dessen Veruntreuung durch den Treuhänder beteiligt, die Nichtigkeit der Übereignung nach sich zieht.[26]

Gegenüber Einwendungen aus der Person des Indossanten wird der Indossatar hier grundsätzlich nach den Regeln über den Einwendungsausschluss geschützt, weil und soweit er ein eigenes Interesse an der Treuhand hat; das gilt freilich ebenso wie beim Pfandindossament folgerichtig grundsätzlich nur in Höhe der gesicherten For-

---

[24] A.A. unzutreffend RGZ 117, 71 ff, wo freilich richtigerweise eine Vollrechtstreuhand anzunehmen gewesen wäre.

[25] Das ist allerdings sehr str., vgl. dazu näher *Cana-* *ris* Festschrift für Flume, 1978, Bd I S. 420 f; a.A. z.B. *Coing* (Fn. 22) S. 168.

[26] Vgl. z.B. BGH NJW 1968, 1471; *Palandt/Bassenge*[62] § 903 Rdn. 40.

derung.[27] Der Einwendungsausschluss entfällt sogar gänzlich, sofern die Vollrechts-übertragung ausnahmsweise nur dem Interesse des Indossanten und nicht dem des Indossatars dient, da es dann an einem echten Verkehrsgeschäft fehlt (vgl. auch unten Rdn. 38). Umgekehrt kann der Schuldner bei einer im Interesse des Indossatars liegenden Vollrechtstreuhand seine gegenüber diesem bestehenden Einwendungen geltend machen.

3. Die Übertragung durch Zession der verbrieften Forderung

18   **a) Die Problematik des Übergabeerfordernisses.** Dass die kaufmännischen Order-papiere außer durch Indossament auch durch Zession übertragen werden können, ist zwar im Gesetz nicht ausdrücklich ausgesprochen, folgt aber ohne weiteres aus den allgemeinen Grundsätzen des Wertpapierrechts und steht i.E. außer Streit.[28] Zweifel-haft und umstritten ist jedoch, ob dazu gemäß § 398 BGB die schlichte Einigung genügt oder ob es zusätzlich der **Übergabe** des Papiers bzw. eines **Übergabesurrogats** bedarf. Die h.L. entscheidet die Frage im letzteren Sinne.[29]

    Die h.L. verdient Zustimmung. Allerdings überzeugt die häufig bemühte Analogie zu § 792 Abs. 1 Satz 3 BGB nicht. Diese lässt sich nämlich nicht einfach auf das Über-gabeerfordernis beschränken, sondern müsste folgerichtig auch auf das in § 792 Abs. 1 Satz 2 enthaltene Schriftformerfordernis erstreckt werden – was die h.L. indessen gerade nicht tut und was in der Tat sachwidrig wäre, weil diese Übertragungsform dann in ihren Voraussetzungen nahezu völlig dem Indossament entspräche. Außerdem ist § 792 Abs. 1 Satz 3 BGB eine singuläre Sondervorschrift mit einigermaßen dunkler ratio legis und auch aus diesem Grund für eine analoge Anwendung kaum geeignet. Den Ausschlag zugunsten der h.L. gibt jedoch das sachenrechtliche „Traditions-prinzip":[30] Das BGB wird von dem Gedanken beherrscht, dass Rechtsschein und wahre Rechtslage bei der Übertragung möglichst nicht getrennt werden sollen und dass der Veräußerer daher, vom Sonderfall des § 930 BGB abgesehen, jede Besitz-beziehung lösen muss. Diese Wertung ist auch für die vorliegende Problematik zu respektieren, da das Papier auch bei einer Übertragung durch Zession grundsätzlich weiterhin den Normen des Sachenrechts untersteht und insbesondere möglicher Gegenstand gutgläubigen Erwerbs bleibt. Dass im Effektenwesen die Bedeutung des Papiers fast völlig in den Hintergrund getreten ist, spricht nicht gegen die h.L.[31] Dabei handelt es sich nämlich um eine Besonderheit der Effekten, die mit deren Massen-charakter zusammenhängt und aus der keine Konsequenzen für „individuelle" Wert-papiere wie die kaufmännischen Orderpapiere gezogen werden können.[32]

19   Ist eine Übergabe wegen **Vernichtung der Urkunde** nicht möglich, kann das Recht durch schlichte Einigung übertragen werden. Denn dann sind die Gründe für das Traditionsprinzip hinfällig geworden; außerdem kann die Rechtslage nicht anders

---

[27] Vgl. BGHZ 5, 294 für den Scheck; BGH WM 1969, 1321 für den Wechsel; *Canaris* ZHR 151 (1987) 539f; MünchKomm.-*Hefermehl* § 364 Rdn. 7.

[28] Vgl. statt aller RGZ 119, 215, 217 für Konnosse-ment und Ladeschein.

[29] Vgl. die Nachw. zu den Traditionspapieren oben § 363 Rdn. 140 sowie außerdem z. B. RGZ 119, 215, 217; MünchKomm.-*Hefermehl* § 364 Rdn. 6; *Heymann/Horn* § 364 Rdn. 10; *Baumbach/Hopt* § 364 Rdn. 2; *Ebenroth/Boujong/Joost/*

Hakenberg § 364 Rdn. 4; *Röhricht/Graf von Westphalen/Wagner* § 364 Rdn. 5; vgl. ferner zum Wechsel z. B. RGZ 88, 292; 160, 341; BGHZ 104, 145, 149f; BGH NJW 58, 302; *Hueck/Canaris* § 8 I 1 a; *Baumbach/Hefermehl* Art. 11 WG Rdn. 5; a. A. vor allem *Zöllner* Festschr. für Raiser, 1974, S. 277f und Wertpapierrecht § 14 I 2; kritisch auch *Hager* S. 378 ff.

[30] Zustimmend BGHZ 104, 145, 150.

[31] **A. A.** *Zöllner* aaO.

[32] Vgl. auch *Hueck/Canaris* § 1 III 4 b.

beurteilt werden als bei einer besitzlosen Sache, und diese kann anerkanntermaßen ebenfalls durch schlichte Einigung übereignet werden.[33] Wird die vernichtete Urkunde durch ein Ausschlussurteil im Wege des Aufgebotsverfahrens ersetzt, ist nunmehr die Übergabe des Urteils bzw. ein Übergabesurrogat erforderlich.

Sieht man den Grund für das Übergabeerfordernis im sachenrechtlichen Traditionsprinzip und nicht in einer Analogie zu § 792 Abs. 1 Satz 3 BGB, so entfällt es folgerichtig grundsätzlich bei bloßen **Rektapapieren,** also beim **Fehlen der Orderklausel.** Diese werden nämlich in keiner Weise wie Sachen behandelt und können insbesondere nicht gutgläubig erworben werden, so dass keine hinreichende Rechtfertigung für die Anwendung des sachenrechtlichen Traditionsprinzips besteht. Folglich gelten die allgemeinen Regeln über Rektapapiere, und nach diesen erfolgt eine Übertragung grundsätzlich durch schlichte Einigung gemäß § 398 BGB.[34] **20**

Demgemäß bedarf es für die **Übertragung von Rektaladeschein, Rektakonnossement und Rektalagerschein** entgegen einer verbreiteten Ansicht[35] keiner Übergabe des Papiers.[36] Die Analogie zu § 792 Abs. 1 Satz 3 BGB passt hier umso weniger, als diese Papiere keinen Anweisungscharakter haben. Auch § 1154 BGB kann nicht analog angewandt werden, weil der Hypothekenbrief den Normen des Sachenrechts unterliegt und gutgläubig erworben werden kann und gerade hierin der Grund für das von dieser Vorschrift aufgestellte Übergabeerfordernis liegt.[37] Dass Rektaladeschein und Rektakonnossement – anders als der Rektalagerschein – Traditionspapiere darstellen (vgl. oben § 363 Rdn. 151), führt ebenfalls nicht zur Notwendigkeit einer Übergabe, da die Traditionswirkung bei Rektapapieren keine Steigerung des Verkehrsschutzes zur Folge hat (vgl. oben § 363 Rdn. 152). **21**

Bei der **kaufmännischen Anweisung** ist allerdings eine Übergabe auch dann erforderlich, wenn sie als Rektapapier ausgestaltet ist. Denn sie stellt einen bloßen Unterfall der bürgerlichrechtlichen Anweisung dar, und daher gilt § 792 Abs. 1 Satz 3 BGB für sie unmittelbar. Folglich ist außerdem gemäß § 792 Abs. 1 Satz 2 BGB schriftliche Erteilung der Abtretungserklärung nötig. **22**

Von nicht unerheblicher praktischer Bedeutung ist die Problematik des Übergabeerfordernisses für die bürgerlichrechtliche **Verpfändung** des verbrieften Rechts.[38] Diese erfolgt nämlich gemäß § 1274 BGB durch Einigung und Übergabe, sofern man der Übergabe konstitutive Bedeutung zumisst – was nach der hier vertretenen Ansicht bei den Orderpapieren zu bejahen ist. Verneint man dagegen das Übergabeerfordernis, ist für eine bürgerlichrechtliche Verpfändung statt dessen gemäß § 1280 BGB eine Anzeige nötig. Das wirkt sich vor allem bei Pfandklauseln in Allgemeinen Geschäftsbedingungen aus, weil dabei i.d.R. zwar das Erfordernis der Übergabe, nicht aber das Erfordernis der Anzeige erfüllt sein wird. **23**

b) **Die Wirkungen der Zession.** Die Wirkungen der Zession richten sich allein nach bürgerlichem Recht. Diese führt also zum **Übergang des verbrieften Rechts** auf den Erwerber nach § 398 BGB. Zugleich erlangt dieser gemäß § 952 BGB ipso iure das **Eigentum am Papier.** Der wichtigste Unterschied gegenüber der Übertragung durch **24**

---

[33] Vgl. statt aller *Westermann* Sachenrecht[7] § 42 II 3.
[34] Vgl. z.B. *Raiser* ZHR 101, 39 ff; *Zöllner* Festschr. für Raiser S. 273; *Hueck/Canaris* § 1 I 5 b; **a. A.** *Jacobi* Ehrenbergs Handbuch IV 1 S. 440 ff.
[35] Vgl. *Ulmer* S. 101; MünchKomm.-*Hefermehl* § 363 Rdn. 57 Abs. 2; MünchKomm.-*Franzioch* § 424 Rdn. 28; *Schlegelberger/Schröder* § 424 Rdn. 10;

Schlegelberger/Liesecke § 647 Rdn. 2; *Schaps/ Abraham* § 647 Rdn. 11; *Rabe* § 647 Rdn. 2.
[36] Ebenso *Tiedtke* WM 1979, 1148 f (für den Rektalagerschein).
[37] Vgl. auch *Raiser* ZHR 101, 41.
[38] Vgl. *Hueck/Canaris* § 8 I 1 a a.E.

Claus-Wilhelm Canaris

Indossament besteht darin, dass weder der **Einwendungsausschluss** gemäß § 364 Abs. 2 HGB noch die **Möglichkeit gutgläubigen Erwerbs** gemäß § 365 Abs. 1 HGB i.V. mit Art. 16 Abs. 2 WG zum Zuge kommen; § 405 BGB bietet hierfür auch dann nur einen höchst bescheidenen Ersatz, wenn man mit Analogien zu dieser Vorschrift großzügig ist (vgl. dazu auch oben § 363 Rdn. 91 f).

II. Der Einwendungsausschluss nach § 364 Abs. 2 HGB

1. Die Rechtsscheintheorie als dogmatische Grundlage des Einwendungsausschlusses und ihre Bedeutung für die Auslegung von § 364 Abs. 2 HGB

25   § 364 Abs. 2 HGB enthält einen Einwendungsausschluss, der dort allerdings nicht unmittelbar geregelt ist, sondern sich lediglich aus dem Wörtchen „nur" ergibt und daher methodologisch auf einem bloßen Umkehrschluss beruht. Dogmatisch gesehen stellt dieser Einwendungsausschluss einen Unterfall des allgemeinen wertpapierrechtlichen Einwendungsausschlusses dar, der eines der wichtigsten Charakteristika der Umlaufpapiere, d.h. der Order- und der Inhaberpapiere bildet. Zu dessen dogmatischen Erklärung sind verschiedene Theorien aufgestellt worden. Als überholt darf man heute die **Offertentheorie** ansehen, nach der in der Ausstellung bzw. Begebung des Papiers ein Haftungsangebot des Schuldners an alle zukünftigen Erwerber des Papiers liegen soll (vgl. oben Rdn. 2). Einigkeit dürfte inzwischen wohl auch darüber bestehen, dass die **Kreationstheorie** ebenfalls keine zureichende Grundlage für den Einwendungsausschluss darstellt;[39] denn selbst wenn man ihr im Grundsatz folgen würde, ist damit doch die Problematik des Einwendungsausschlusses nicht zu lösen, weil sie bei Mängeln, die den Kreationsakt selbst betreffen, den erforderlichen Schutz nicht zu gewährleisten vermag.[40]

26   Die richtige dogmatische Erklärung des Einwendungsausschlusses liegt vielmehr in der **Rechtsscheintheorie**.[41] Sie führt den Verlust der Einwendungen darauf zurück, dass der Schuldner durch die Ausstellung des Papiers in zurechenbarer Weise den Schein einer fehlerfreien Verpflichtung geschaffen hat. Zugleich ermöglicht sie durch die ihr immanenten Merkmale des Rechtsscheins und der Zurechenbarkeit, die Tatbestandsvoraussetzungen und die Grenzen des Einwendungsausschlusses in einer Weise zu bestimmen, die sowohl den praktischen Bedürfnissen voll Rechnung trägt als auch dogmatisch konsistent ist (vgl. näher unten Rdn. 41 ff). Anders als nach der Offertentheorie und der Kreationstheorie beruht der Einwendungsausschluss nach der Rechtsscheintheorie nicht auf einer entsprechenden Willenserklärung des Schuldners, sondern tritt allein kraft objektiven Rechts ein.

27   Allerdings besteht **keine volle Übereinstimmung zwischen dem Wortlaut von § 364 Abs. 2 HGB und der Rechtsscheintheorie** (vgl. auch unten Rdn. 31 ff). Das zeigt sich vor allem daran, dass die Vorschrift den Einwendungsausschluss – der wie gesagt in dieser ohnehin nicht unmittelbar angeordnet, sondern aus ihr nur mittelbar im Wege eines argumentum e contrario zu entnehmen ist – nicht vom **guten Glauben** des Erwerbers abhängig macht. Indessen war die Problematik bei der Schaffung des Gesetzes noch nicht hinreichend durchdacht. Daher kann aus dem Fehlen des Er-

---

[39] Anders vor allem *Ulmer* S. 42 f.
[40] Vgl. im übrigen zur Kritik der Kreationstheorie z.B. *Jacobi* Ehrenbergs Handbuch IV 1 S. 282 ff; *Hueck/Canaris* § 3 I 1.
[41] Das ist heute ganz h.L., vgl. z.B. *Jacobi* aaO;

Baumbach/Hefermehl WPR Rdn. 43; München-Komm.-*Hefermehl* § 365 Rdn. 26; *Heymann/Horn* § 364 Rdn. 11; *Zöllner* § 6 V, VI; *Hueck/Canaris* § 3 II; *Bülow* Art. 17 WG Rdn. 24.

fordernisses der Gutgläubigkeit nicht geschlossen werden, dass die Rechtsscheintheorie mit § 364 Abs. 2 HGB unvereinbar ist. Im Gegenteil führt diese umgekehrt zu einer **einschränkenden Interpretation von § 364 Abs. 2 HGB** in dem Sinne, dass der Einwendungsausschluss nur zugunsten gutgläubiger Erwerber Platz greift. Denn zum einen bietet allein die Rechtsscheintheorie eine sachgerechte Analyse der Problematik, und zum anderen ist auch vom Ergebnis her nicht einzusehen, warum auch ein Bösgläubiger geschützt werden sollte. Allerdings ergibt sich aus der Rechtsscheintheorie nur, dass es überhaupt auf den guten Glauben des Erwerbers ankommt; welche inhaltlichen Anforderungen an diesen zu stellen sind und ob insbesondere schon grobe Fahrlässigkeit oder nur positive Kenntnis der wahren Rechtslage schadet, ist eine andere Frage (vgl. dazu unten Rdn. 34).

2. Die Einteilung der Einwendungen

a) Die Unterscheidung nach der Rechtsfolge. Von der Rechtsfolgenseite her **28** werden die Einwendungen in **absolute oder dingliche** und **relative oder persönliche** eingeteilt.[42] Erstere können jedem Erwerber entgegengesetzt werden, letztere nur bestimmten Erwerbern. Der Wert dieser Einteilung ist indessen sehr beschränkt, weil sie keine Kriterien dafür enthält, *wann* eine Einwendung denn nun absolut oder relativ wirkt. Immerhin ist daran aber richtig, dass es in der Tat zwei große Hauptgruppen von Einwendungen gibt: solche, deren Ausschluss grundsätzlich von vornherein nicht in Betracht kommt (**nicht-ausschlussfähige Einwendungen**), und solche, deren Ausschluss möglich ist (**ausschlussfähige Einwendungen**).

Diese Zweiteilung ist allerdings insofern zu eng, als es bei einer Unterscheidung **29** nach der Rechtsfolge noch eine dritte Gruppe von Einwendungen gibt: solche Einwendungen, die dem Erwerber des Papiers von vornherein nicht entgegengesetzt werden können und bei denen sich daher die Frage ihres Ausschlusses überhaupt nicht stellt, also die **nicht ausschlussbedürftigen Einwendungen**.[43] Diese Einwendungen sind dadurch gekennzeichnet, dass sie ihrer Funktion nach nur gegenüber einem ganz bestimmten Gläubiger wirken, diesen aber an einer Übertragung des Papiers nicht hindern sollen. Beispiele sind vor allem die **Gefälligkeitsabrede** und der **Prolongationseinwand,** sofern dieser nicht zugleich die Weiterübertragung des Papiers verbietet.[44] Von praktischer Bedeutung ist die Sonderstellung dieser Gruppe von Einwendungen vor allem deshalb, weil sie dem Erwerber des Papiers auch dann nicht entgegengesetzt werden können, wenn die besonderen Voraussetzungen von § 364 Abs. 2 HGB nicht gegeben sind; denn da sie eines Ausschlusses von vornherein nicht bedürfen, kann es folgerichtig nicht auf die Tatbestandsvoraussetzungen von § 364 Abs. 2 HGB ankommen. Das bedeutet vor allem, dass die betreffenden Einwendungen dem Erwerber auch dann nicht entgegengesetzt werden können, wenn er **Kenntnis** von ihnen hatte oder wenn er das Papier lediglich im Wege der **Zession** erworben hat.

b) Die Unterscheidung nach tatbestandlichen Merkmalen, insbesondere die 30 Bedeutung der Einwendungen, die „die Gültigkeit der Erklärung in der Urkunde betreffen". Da die *rechtsfolgen*orientierte Unterscheidung zwischen absoluten und relativen Einwendungen über die praktisch wie dogmatisch zentrale Frage, wann erstere und wann letztere gegeben sind, (zwangsläufig) nichts aussagt, bedarf es einer

---

[42] Vgl. z.B. *Ulmer* S. 120 ff, 240 ff; *Zöllner* § 21 II 1 unter Hinzufügung einer dritten Gruppe der „redlichkeitsunbeständigen" Einwendungen.

[43] Vgl. näher *Hueck/Canaris* § 9 I 4 und II 6.

[44] Vgl. näher *Hueck/Canaris* aaO.

Claus-Wilhelm Canaris

zusätzlichen Unterscheidung, die an Merkmalen der *Tatbestands*seite orientiert ist. Eine solche enthält § 364 Abs. 2 HGB, der mit § 784 Abs. 1 BGB und § 796 BGB nahezu wörtlich übereinstimmt. Die Formulierung des Gesetzes ist allerdings (auch in dieser Hinsicht, vgl. schon oben Rdn. 27) nur teilweise gelungen, teilweise dagegen missglückt und außerdem unvollständig. Zutreffend ist die Regelung von § 364 Abs. 2 HGB insoweit, als sie die Möglichkeit eines Ausschlusses der **unmittelbaren** und der **inhaltlichen Einwendungen** verneint. Erstere sind nicht präklusionsfähig, weil es bei ihnen an einem „Umlauf" des Papiers und damit an dem entsprechenden Verkehrsschutzbedürfnis fehlt,[45] letztere sind nicht präklusionsfähig, weil sie sich aus dem Papier selbst entnehmen lassen, so dass insoweit kein Scheintatbestand gegeben ist.[46] Diese beiden Arten von Einwendungen besitzen somit insofern volle Überzeugungskraft, als sie sich bruchlos in die Lehre von der Rechtsscheinhaftung einordnen bzw. aus dieser entwickeln lassen, die ihrerseits die dogmatische Grundlage des wertpapierrechtlichen Einwendungsausschlusses bildet (vgl. oben Rdn. 26).

31   Einer berichtigenden Auslegung bedarf das Gesetz demgegenüber insoweit, als es **Einwendungen, die „die Gültigkeit der Erklärung in der Urkunde betreffen"**, generell zuzulassen scheint. Dogmatisch gesehen ist das vom Boden der Rechtsscheintheorie aus verfehlt, weil die Haftung des Schuldners entgegen der Offerten- und der Kreationstheorie nicht aus der „Erklärung in der Urkunde", sondern aus dem *Realakt* der Schaffung eines Rechtsscheins folgt (vgl. oben Rdn. 26) und weil es daher nicht auf die rechtsgeschäftliche „Gültigkeit" der Erklärung, sondern nur auf ihre Zurechenbarkeit ankommt. Auch vom praktischen Ergebnis her ist die Fassung des Gesetzes missglückt. Denn es gibt eine Reihe von Fällen, in denen anerkanntermaßen Einwendungen, die „die Gültigkeit der Erklärung des Schuldners in der Urkunde betreffen", einem gutgläubigen Erwerber entgegen dem Wortlaut des Gesetzes *nicht* entgegengesetzt werden können; als Beispiele seien vor allem die Nichtigkeit der Erklärung wegen Anfechtung, Sittenwidrigkeit oder Formmangels genannt (vgl. dazu näher unten Rdn. 51 ff). Entgegen dem Eindruck, den die Formulierung von § 364 Abs. 2 HGB erweckt, kommt somit keineswegs *allen* Einwendungen, die „die Gültigkeit der Erklärung des Schuldners in der Urkunde betreffen", absolute Wirkung zu.

In der Tat lässt sich bei historischer Betrachtung leicht zeigen, dass diese Formulierung auf dogmatischen Fehlvorstellungen beruht. Die Verfasser der gleich lautenden Regelung des § 796 BGB, die in § 364 Abs. 2 HGB unverändert übernommen worden ist,[47] gingen nämlich davon aus, dass eine – nicht präklusionsfähige – Gültigkeitseinwendung zwar auch dann gegeben ist, „wenn ein wesentlicher Willensmangel auf Seite des Ausstellers zur Zeit der Ausstellung vorlag", glaubten diese Ansicht jedoch durch den Hinweis entschärfen zu können, dass „die Ausstellung der Schuldverschreibung an sich ein streng einseitiges Rechtsgeschäft ist, welchem kein Empfänger (§ 74 Abs. 1) gegenübersteht, weshalb die Vorschriften über Willensmängel, soweit sie einen Empfänger zur Voraussetzung haben, keine Anwendung finden (§§ 95–103)".[48] Abgesehen davon, dass hier die Kreationstheorie zugrunde gelegt wird und diese inzwischen als überwunden anzusehen ist,[49] trifft es für die in Kraft getretene Fassung des BGB nicht zu, dass die Vorschriften über Willensmängel auf nicht-empfangsbedürftige Willenserklärungen – als welche die Verfasser von § 796 BGB die Schaffung

[45] Vgl. auch *Hueck/Canaris* § 9 I 2 a.
[46] Vgl. auch *Hueck/Canaris* § 9 I 2 b.
[47] Vgl. Denkschrift zum Entwurf eines Handelsgesetzbuchs, 1896, S. 189 f.

[48] Mot. II S. 699; den dort zitierten §§ 95–103 entsprechen die §§ 116–123 BGB.
[49] Vgl. *Hueck/Canaris* § 3 I 1 mit Nachw.

eines Wertpapiers ersichtlich ansahen – keine Anwendung finden, und daher fehlte der Konzeption, auf der die Formulierung der Gültigkeitseinwendungen aufbaute, von Anfang an das gesetzliche Fundament. Demgemäß ist an der Einsicht nicht vorbeizukommen, dass man es hier – zumindest sprachlich, teilweise aber wohl auch sachlich – mit einem Missgriff des Gesetzgebers zu tun hat, welcher der interpretatorischen Korrektur bedürftig und zugänglich ist.

Entgegen einer immer noch verbreiteten Tendenz im Schrifttum[50] hat es daher **32** keinen Sinn, an der Terminologie der §§ 796 BGB, 364 Abs. 2 HGB für die **wissenschaftliche Einteilung der Einwendungen** festzuhalten und die Konsequenzen dieses Ansatzes dann im praktischen Ergebnis doch wieder teilweise zu durchbrechen. Das ist schon aus terminologischen Gründen unangemessen; denn da es dann sowohl „Gültigkeitseinwendungen" gäbe, die absolut wirken, als auch „Gültigkeitseinwendungen", die nur relativ wirken, würde dem Begriff bei einer solchen Fassung jede tatbestandliche Unterscheidungskraft und damit auch jede praktische Brauchbarkeit fehlen. Darüber hinaus ist eine derartige Begriffsbildung auch in dogmatischer Hinsicht inkonsistent. Sie bleibt nämlich hinter den Einsichten der – schon seit vielen Jahrzehnten nahezu unumstrittenen! – Rechtsscheintheorie zurück, indem sie der Erkenntnis nicht Rechnung trägt, dass es nun einmal Einwendungen gibt, die zwar „die Gültigkeit der Erklärung in der Urkunde betreffen", aber trotzdem präkludiert werden können, also nur relativer Natur sind; es kommt eben für die Ausschlussfähigkeit einer Einwendung entgegen dem – längst überholten – Sprachgebrauch der §§ 364 Abs. 2 HGB, 796 BGB nicht auf die „Gültigkeit" der Erklärung an – was immer man unter diesem Wort genauer verstehen mag –, sondern vielmehr allein auf die Zurechenbarkeit des *Realaktes*, durch den der Scheintatbestand gesetzt wird. Demgemäß sollte man offen zugeben, dass das Gesetz in diesem Punkt nicht hinreichend durchdacht und daher korrekturbedürftig ist – was angesichts des Standes der Dogmatik bei seinem Erlass ja auch nicht weiter verwunderlich ist. Folglich wird die dritte Gruppe der „absoluten", d.h. nicht präklusionsfähigen Einwendungen nicht von irgendwelchen Gültigkeitseinwendungen, sondern von den **Zurechenbarkeitseinwendungen** gebildet,[51] d.h. von den Einwendungen, die die Zurechenbarkeit des Rechtsscheins ausschließen[52] – was im Ergebnis übrigens allgemeine Ansicht ist, so dass die Weigerung der h.L., dies auch terminologisch zum Ausdruck zu bringen, umso unverständlicher erscheint und sich letztlich nur aus der Zählebigkeit althergebrachter Begriffe, keinesfalls aber aus Sachgesichtspunkten erklären lässt. Dagegen sind Einwendungen, die sich *lediglich* gegen die Gültigkeit der Erklärung richten, *ohne* zugleich die Zurechenbarkeit des Rechtsscheins zu verhindern, entgegen dem Wortlaut von § 364 Abs. 2 HGB grundsätzlich präklusionsfähig und sollten demgemäß auch unter einem eigenen Terminus zusammengefasst werden (vgl. im Einzelnen unten Rdn. 50 ff).

Ein weiterer Mangel von § 364 Abs. 2 HGB liegt darin, dass dort die **persönlichen** **33** **Einwendungen i. S. von Art. 17 WG** überhaupt nicht erwähnt sind und § 365 Abs. 1 HGB auch nicht auf Art. 17 WG verweist. Daraus ist z.T. geschlossen worden, dass solche Einwendungen, also insbesondere **Einwendungen aus dem zugrunde liegenden Kausalverhältnis** bei abstrakten kaufmännischen Orderpapieren dem Erwerber

---

[50] Vgl. z.B. MünchKomm.-*Hefermehl* § 364 Rdn. 9 ff, 20 f; *Heymann/Horn* § 364 Rdn. 14; *Ebenroth/Boujong/Joost/Hakenberg* § 364 Rdn. 9.

[51] Zustimmend *Röhricht/Graf von Westphalen/Wagner* § 364 Rdn. 8.

[52] Vgl. im Einzelnen unten Rdn. 45 ff sowie im grundsätzlichen näher *Hueck/Canaris* § 9 I 2 c.

Claus-Wilhelm Canaris

des Papiers keinesfalls entgegengesetzt werden könnten.[53] Nach richtiger Ansicht ist jedoch § 364 Abs. 2 HGB durch eine **Analogie zu Art. 17 WG, 22 ScheckG** zu ergänzen bzw. zu korrigieren.[54] Denn die Frage des guten Glaubens ist in § 364 Abs. 2 HGB nicht geregelt (vgl. auch oben Rdn. 27), und die dadurch entstandene Lücke ist in Analogie zum Wechsel und zum Scheck auszufüllen, weil sonst ein nicht zu rechtfertigender Wertungswiderspruch zwischen diesen Papieren und den – mit ihnen auf das engste verwandten – kaufmännischen Orderpapieren entstünde. Dagegen bestehen um so weniger Bedenken, als die Wechselordnung – auf die § 364 Abs. 2 HGB bezogen ist, wie die Verweisung in § 365 Abs. 1 HGB zeigt – eine dem Art. 17 WG entsprechende Vorschrift nicht enthielt, sondern die Problematik des Einwendungsausschlusses in Art. 82 in ähnlicher Weise regelte wie § 364 Abs. 2 HGB; das Bedürfnis für einen Rückgriff auf Art. 17 WG ist also überhaupt erst mit Inkrafttreten des WG entstanden, und daher stellt eine Analogie zu Art. 17 WG keinesfalls ein unzulässiges contra-legem-Judizieren dar.

34   Allerdings bedarf es noch einer weiteren Differenzierung. Die Vorschriften der Art. 17 WG, 22 ScheckG finden nämlich nicht auf alle präklusionsfähigen Einwendungen, sondern nur auf die „persönlichen" Einwendungen Anwendung. Dagegen sind Einwendungen, die sich gegen die Wirksamkeit des verbrieften Rechts richten (ohne jedoch zugleich die Zurechenbarkeit des Rechtsscheins auszuschließen) in **Analogie zu Art. 10, 16 Abs. 2 WG** zu behandeln, so dass bei ihnen dem Erwerber nicht erst „Bewusstes Handeln zum Nachteil des Schuldners" wie nach Art. 17 WG, 22 ScheckG, sondern schon grobe Fahrlässigkeit schadet.[55] Darin liegt nicht etwa eine erst von der Rechtswissenschaft an das Gesetz herangetragene, rein dogmatisch bedingte Überspitzung, sondern vielmehr eine unausweichliche Konsequenz aus der Ausgestaltung des Gesetzes selbst. Denn indem Art. 10 WG dem Erwerber gegenüber dem – vom Schuldner aus freien Stücken ermöglichten und daher an sich nicht besonders schwer wiegenden – Einwand des Blankettmissbrauchs auch grobe Fahrlässigkeit schaden lässt, nötigt es zur Vermeidung untragbarer Wertungswidersprüche dazu, andere – z.T. wesentlich gewichtigere, weil die Entschließungsfreiheit des Schuldners massiv beeinträchtigende – Einwendungen insoweit gleich zu behandeln; außerdem führt auch Art. 16 Abs. 2 WG zu derselben Notwendigkeit, weil man anderenfalls zu der ebenfalls wertungswidersprüchlichen Folge gelangen würde, dass dem Erwerber zwar grobe Fahrlässigkeit schadet, wenn die Einwendung zugleich den Erwerb des Eigentums am Papier verhindert, nicht aber, wenn sie diesen unberührt lässt und sich ceteris paribus lediglich gegen die Begründung der verbrieften Forderung richtet wie z.B. beim Akzept auf einem schon im Eigentum des Vorlegenden stehenden Papier.[56]

Die sich daraus ergebende **Aufspaltung der an den guten Glauben zu stellenden Anforderungen** zwischen bewusstem Handeln zum Nachteil des Schuldners einerseits und grober Fahrlässigkeit andererseits ist folgerichtig auf die kaufmännischen Orderpapiere zu übertragen. Denn wenn man Art. 17 WG, 22 ScheckG analog anwendet, kann man dies nur für jene Einwendungen tun, für die diese Vorschriften in

---

[53] Vgl. z.B. *Düringer/Hachenburg/Breit* § 364 Anm. 15 unter i, wenngleich mit erheblichen Einschränkungen in Anm. 22 f.

[54] Ebenso i.E. MünchKomm.-*Hefermehl* § 364 Rdn. 34 a.E.; *Heymann/Horn* § 364 Rdn. 13; *Schaps/Abraham* § 656 Rdn. 25; *Schlegelberger/Liesecke* § 648 Rdn. 7 a.E.; wohl auch *Zöllner* § 25 III i.V. mit § 27 I 4.

[55] H.L., vgl. BGH NJW 1973, 283; *Baumbach/Hefermehl* Art. 17 WG Rdn. 8–10; *Zöllner* § 21 IV 1g; *Hueck/Canaris* § 19 I 3; **a.A.** *Ostheim* Festschr. für Kastner, 1972, S. 349 ff und, wenngleich mit Einschränkungen, *E. Ulmer* Festschr. für Raiser, 1974, S. 225 ff.

[56] Vgl. näher *Hueck/Canaris* § 9 I 3 a mit Nachw.

ihrem unmittelbaren Anwendungsbereich gelten; auch droht anderenfalls wiederum ein untragbarer Wertungswiderspruch zwischen der rechtlichen Behandlung der kaufmännischen Orderpapiere und der Rechtslage bei Wechsel und Scheck. Daher ist auch bei den kaufmännischen Orderpapieren ebenso wie bei Wechsel und Scheck innerhalb der Gruppe der präklusionsfähigen Einwendungen **noch eine weitere Unterscheidung** erforderlich: zwischen **persönlichen Einwendungen**, bei denen dem Erwerber nur bewusstes Handeln zum Nachteil des Schuldners schadet, und **Wirksamkeitseinwendungen**, bei denen die Möglichkeit eines Einwendungsausschlusses schon bei grober Fahrlässigkeit des Erwerbers entfällt (vgl. im Einzelnen unten Rdn. 50 ff und 56 ff).

Statt von Wirksamkeitseinwendungen könnte man auch von **Gültigkeitseinwendungen i.e.S.** sprechen,[57] doch erscheint dies nicht als zweckmäßig. Denn erstens rechnet das Gesetz die „Gültigkeitseinwendungen" in den §§ 364 Abs. 2 HGB, 796 BGB nun einmal zu den nicht präklusionsfähigen, also absoluten Einwendungen, während es hier gerade um solche Einwendungen geht, die gegenüber gutgläubigen Erwerbern präkludiert werden und also nur relativ wirken; zweitens richtet sich die Einwendung hier nicht notwendigerweise gegen die Gültigkeit der *Erklärung* in der Urkunde, sondern gegen die Gültigkeit des verbrieften *Rechts*, wie sich etwa daran zeigt, dass auch dessen Erlöschen durch Erfüllung in diese Kategorie gehört (vgl. unten Rdn. 55), und sollte daher auch aus diesem Grund gegenüber der Formulierung der §§ 364 Abs. 2 HGB, 796 BGB möglichst klar abgesetzt werden; und drittens ist die h. L. nun einmal nicht davon abzubringen, unter dem Begriff „Gültigkeitseinwendungen" *sowohl* einen Teil der absoluten *als auch* einen Teil der relativen Einwendungen in dogmatisch völlig diffuser Weise zusammenzufassen (vgl. oben Rdn. 32), so dass nur ein völliger Verzicht auf diesen Begriff ein Ende der terminologischen Verwirrung erhoffen lässt, während eine andere – wenngleich präzise und sachlich angemessene – Verwendung desselben diese wohl eher noch steigert als abbaut.

c) **Zusammenfassung und Ergebnis: das System der verschiedenen Arten von Einwendungen.** Insgesamt ergibt sich somit ein ziemlich einfaches Einteilungsschema, das sowohl in dogmatischer als auch in teleologischer Hinsicht überzeugend fundiert und dementsprechend leicht nachvollziehbar ist. Zunächst sind die absoluten Einwendungen zu ermitteln, die der Schuldner auch einem gutgläubigen Erwerber entgegensetzen kann. Diese ergeben sich ohne Schwierigkeiten aus den **allgemeinen Grundsätzen der Rechtsscheinlehre**, die anerkanntermaßen die Grundlage des wertpapierrechtlichen Einwendungsausschlusses bildet (vgl. oben Rdn. 26). Demgemäß gibt es **drei Arten von absoluten Einwendungen**: die **unmittelbaren Einwendungen**, bei denen der Erwerber nicht schutzwürdig ist, weil es an einem spezifisch wertpapierrechtlichen Übertragungsvorgang oder an einem echten „Verkehrsgeschäft" fehlt; die **inhaltlichen Einwendungen**, bei denen der Mangel aus der Urkunde zu erkennen ist, so dass der erforderliche äußere Scheintatbestand nicht gegeben ist; und die **Zurechenbarkeitseinwendungen**, bei denen der Schuldner für die Entstehung des Rechtsscheins nicht verantwortlich gemacht werden kann – und zwar nicht nur nicht nach dem Verschuldensprinzip, sondern auch nicht unter dem Gesichtspunkt der Einstandspflicht für die Schaffung eines Risikos.

35

---

[57] So Vorauflage Anm. 39 ff und auch noch *Hueck/ Canaris* § 9 I 3 b und II 4.

Claus-Wilhelm Canaris

Hinsichtlich der beiden ersten Gruppen von Einwendungen stimmt diese Einteilung mit der Regelung der §§ 364 Abs. 2 HGB, 796 BGB überein. Dagegen ist der Begriff der Zurechenbarkeitseinwendung dem Gesetz unbekannt, doch ist der in den §§ 364 Abs. 2 HGB, 796 BGB statt dessen gebrauchte Begriff der **Gültigkeitseinwendung** sowohl dogmatisch überholt als auch mangels jeglicher Abgrenzungsfähigkeit praktisch unbrauchbar, so dass er heutzutage in einem wissenschaftlich fundierten Einteilungsschema keinen Platz mehr hat und als dogmatische Figur aufzugeben ist (vgl. oben Rdn. 31 f).

36   Alle Einwendungen, die unter keine dieser drei Kategorien fallen, können zugunsten gutgläubiger Erwerber präkludiert werden und wirken also nur relativ. Dabei könnte man es unter dem Gesichtspunkt der Rechtsscheinhaftung bewenden lassen, so dass insoweit eine weitere Unterscheidung weder aus sachlichen Gründen erforderlich noch in terminologischer Hinsicht zweckmäßig erscheint. Wenn es gleichwohl auch noch einer **Unterscheidung *innerhalb* der relativen Einwendungen** bedarf, so beruht das darauf, dass nach der – im Rahmen von § 364 Abs. 2 HGB analog anzuwendenden – Regelung des Wechsel- und des Scheckgesetzes **unterschiedliche Anforderungen an den guten Glauben des Erwerbers** zu stellen sind (vgl. oben Rdn. 33 f). Diesem schadet nämlich analog Art. 17 WG, 22 ScheckG gegenüber solchen Einwendungen, die sich aus seinen persönlichen Beziehungen zu dem Schuldner ergeben, nur ein bewußtes Handeln zu dessen Nachteil, während er sich bei Einwendungen, welche die Wirksamkeit des verbrieften Rechts betreffen, in Analogie zu Art. 10, 16 Abs. 2 WG schon grobe Fahrlässigkeit entgegenhalten lassen muss. Folglich sind innerhalb der relativen Einwendungen zusätzlich die beiden weiteren Gruppen der **Wirksamkeitseinwendungen** und der **persönlichen Einwendungen** zu bilden. Erstere sind dabei dadurch gekennzeichnet, dass sich die Einwendung gegen die Wirksamkeit (den Bestand) des verbrieften Rechts selbst richtet und also auf der dinglichen Ebene liegt, während sich die persönlichen Einwendungen auf die „darunter" liegende, also die rein schuldrechtliche Ebene beschränken.

Diese Unterscheidung beruht nicht auf den Sachstrukturen der Rechtsscheinhaftung, sondern auf Besonderheiten des geltenden Wechsel- und Scheckrechts. Andererseits liegt darin aber auch keine rein positivrechtliche Zufälligkeit, sondern eine sinnvolle – wenngleich ziemlich subtile – Differenzierung, die sich in ganz ähnlicher Form auch bei anderen Problemen des Verkehrs- und Vertrauensschutzes findet; vor allem besteht insoweit eine deutliche **Parallele zu dem Unterschied zwischen Vertrauensschutz durch gutgläubigen Erwerb** gemäß § 932 BGB, wo dem Dritten ebenfalls (schon) grobe Fahrlässigkeit schadet, **und dem Verkehrsschutz durch das Abstraktionsprinzip**, wo dem Dritten gemäß § 826 BGB grundsätzlich nur vorsätzliches Handeln zum Nachteil des wahren Berechtigten schadet. Dahinter steht – im Wertpapierrecht ebenso wie im Recht des gutgläubigen Erwerbs – die Wertung, dass es zum einen Mängel gibt, die aufgrund ihres Gewichts oder ihrer Natur die Wirksamkeit und den Bestand des zu erwerbenden Rechts betreffen und den Erwerber daher grundsätzlich „etwas angehen", und zum anderen Mängel geringeren Gewichts, die sich auf die schuldrechtliche Beziehung des Veräußerers zu seinem Vormann beschränken bzw. mit Hilfe des Abstraktionsprinzips auf dieses beschränkt werden, das betreffende Recht als solches aber unberührt lassen und dessen Erwerber daher grundsätzlich „nichts angehen". Dementsprechend kann man statt der Unterscheidung zwischen Wirksamkeitseinwendungen und persönlichen Einwendungen grundsätzlich wohl auch die **Unterscheidung zwischen dinglichen und schuldrechtlichen Einwendungen** verwenden.

3. Die nicht-ausschlussfähigen („absoluten") Einwendungen im Einzelnen

a) Die unmittelbaren Einwendungen. Eine unmittelbare Einwendung ist beim **37** Fehlen eines wertpapierrechtlichen Übertragungsvorgangs gegeben. Daher kommt grundsätzlich weder der **erste Nehmer** (vgl. aber auch sogleich am Ende dieser Rdn. sowie unten Rdn. 39) noch der **Zessionar** oder der **Erbe** in den Genuss von § 364 Abs. 2 HGB. Dass die Übertragung durch Indossament erfolgt, ist freilich nicht unbedingt erforderlich; vielmehr genügt auch eine andere spezifisch wertpapierrechtliche Übertragungsweise[58] wie z.B. die Übertragung durch Einigung und Übergabe gemäß § 365 Abs. 1 HGB i.V. mit Art. 14 Abs. 2 Ziff. 3 WG bei einem blanko indossierten Papier oder die Begebung, d.h. Übereignung des bereits akzeptierten Papiers vom Aussteller an den ersten Nehmer.

Auch bei Vorliegen einer wertpapierrechtlichen Übertragungsform kann freilich **38** gleichwohl eine unmittelbare Einwendung gegeben sein. Das ist vor allem beim **Fehlen eines echten Verkehrsgeschäfts** der Fall. Daher greift der Einwendungsausschluss gemäß § 364 Abs. 2 HGB z.B. dann nicht ein, wenn der Erwerber lediglich als **verdeckter Stellvertreter seines Vormannes oder sonst für dessen Rechnung** handelt.[59] Dementsprechend findet beim **uneigennützigen Treuhandindossament** (vgl. dazu oben Rdn. 17 Abs. 2) ein Einwendungsausschluss grundsätzlich nicht statt.[60] An einem Verkehrsgeschäft fehlt es nach den allgemeinen Regeln über dieses auch bei einem im voraus vereinbarten Rückerwerb wie z.B. bei **sofortiger Rückindossierung** des Papiers aufgrund einer entsprechenden vorherigen Abrede.[61]

Nicht in diesen Zusammenhang gehören dagegen entgegen der h.L.[62] die Fälle der **wirtschaftlichen Identität zwischen Veräußerer und Erwerber** des Papiers wie vor allem Geschäfte zwischen einer GmbH und ihrem einzigen Gesellschafter, so dass hier grundsätzlich ein Einwendungsausschluss zuzulassen ist;[63] allein aufgrund der wirtschaftlichen Identität auch rechtlich beide Rechtssubjekte als identisch zu behandeln, verbietet sich nicht nur deshalb, weil es geradezu ein Grundaxiom des geltenden Privatrechts darstellt, dass die rechtliche Betrachtungsweise nicht einfach zugunsten einer wirtschaftlichen durchbrochen werden darf, sondern auch von der Interessenlage her, weil die beiden verschiedenen Rechtssubjekte z.B. unterschiedliche Gläubiger haben können und deren Interessen bei der Zuordnung der Vermögensgegenstände mitzuberücksichtigen sind.

Wie es Fälle gibt, in denen trotz äußeren Vorliegens einer wertpapierrechtlichen **39** Übertragung in Wahrheit kein echter Umlauf stattfindet und daher eine „unmittelbare" Einwendung anzunehmen ist, so gibt es umgekehrt auch Fälle, in denen zwar von einem Umlauf im strikten Sinne noch nicht gesprochen werden kann und also eigentlich eine „unmittelbare" Einwendung anzunehmen wäre, gleichwohl aber ein Einwendungsausschluss zu bejahen ist. Demgemäß ist bei Vorliegen besonderer Konstellationen auch einen **Einwendungsausschluss zugunsten des ersten Nehmers** anzuerkennen. Paradigmatisch ist die **Stellung des Empfängers bei Konnossement**

---

[58] Vgl. *Ulmer* S. 240 vor II; *Hueck/Canaris* § 9 II 1 vor a; *Baumbach/Hefermehl* Art. 17 WG Rdn. 15 a.E., 64, 94.

[59] Vgl. auch *Wüstendörfer* S. 312 f; *Schaps/Abraham* § 656 Rdn. 24 m.w. Nachw.

[60] Vgl. z.B. BGH WM 1989, 1009, 1010 (zum Scheck); *Hueck/Canaris* § 9 II 1 b; Münch-Komm.-*Hefermehl* § 364 Rdn. 33.

[61] Vgl. BGH WM 1998, 1277, 1278 (zum Wechsel).

[62] Vgl. z.B. BGH WM 1989, 1009, 1010 (zum Scheck); *Bülow* Art. 17 WG Rdn. 11; *Ebenroth/Boujong/Joost/Hakenberg* § 364 Rdn. 7; *Marschall von Bieberstein* JZ 1965, 403 ff (zum Wechsel).

[63] Grundlegend *Wilhelm* Rechtsform und Haftung bei der juristischen Person, 1981, S. 274 ff.

und Ladeschein. Dieser ist wertpapierrechtlich erster Nehmer, sofern das Papier an seine Order gestellt ist, und dürfte daher nach § 364 Abs. 2 HGB eigentlich nicht gegenüber Mängeln des Begebungsvertrags geschützt werden, da insoweit formal gesehen eine „unmittelbare" Einwendung vorliegt – und zwar unabhängig davon, ob man den durch den Ablader bzw. Absender geschlossenen Begebungsvertrag als Vertrag zugunsten Dritter ansieht oder ob man ihn mit Hilfe der Botenkonstruktion unmittelbar mit dem Empfänger zustande kommen lässt (vgl. dazu oben § 363 Rdn. 57 ff). Da indessen die Rechtsstellung des Empfängers dadurch, dass das Papier an seine Order gestellt wird, nach dem mutmaßlichen Willen der Parteien nicht geschwächt, sondern im Gegenteil eher gestärkt werden soll, darf dieser hier nicht schlechter stehen als wenn das Papier an die eigene Order des Absenders bzw. Abladers gestellt und von diesem an den Empfänger indossiert worden wäre – eine Konstellation, bei der unzweifelhaft ein Umlauf im strikten Sinne stattfindet und die Voraussetzungen für einen Einwendungsausschluss daher insoweit ohne weiteres erfüllt sind. Folglich ist hier nach der Interessenlage und dem mutmaßlichen Parteiwillen grundsätzlich ein Einwendungsausschluss zugunsten des Empfängers zuzulassen, auch wenn dieser die Stellung des ersten Nehmers hat (vgl. näher oben § 363 Rdn. 61).

40   Beim **unentgeltlichen Erwerb des Papiers von dessen bisherigen Inhaber** liegt keine unmittelbare Einwendung vor. Denn indem das Gesetz in derartigen Fällen die Möglichkeit gutgläubigen Erwerbs grundsätzlich zulässt und nur einen Ausgleich auf der schuldrechtlichen Ebene gemäß § 816 Abs. 1 Satz 2 BGB vorsieht, zeigt es, dass die Unentgeltlichkeit dem Erwerbsvorgang nicht die Schutzwürdigkeit nimmt.[64] Der Schuldner kann dem Erwerber jedoch analog §§ 821, 816 Abs. 1 Satz 2 BGB die Einrede der ungerechtfertigten Bereicherung entgegensetzen. Es ist somit keine unmittelbare, sondern nur eine persönliche Einwendung gegeben. Die praktische Bedeutung dieses Unterschieds zeigt sich, wenn der Beschenkte das Papier weiter überträgt: der Schuldner wird dann nur im engen Rahmen von Art. 17 WG geschützt, weil dem Erwerber nur bewusstes Handeln zu seinem Nachteil schadet, und hat nicht mehr die ursprüngliche Einwendung, der gegenüber u. U. analog Art. 10, 16 Abs. 2 WG schon grobe Fahrlässigkeit geschadet hätte; auch ist der Einwendungsausschluss davon abhängig, dass der (zweite) Erwerber außer der betreffenden Einwendung auch die Unentgeltlichkeit des Erwerbs seines Vormannes kannte.

41   **b) Die inhaltlichen oder urkundlichen Einwendungen, insbesondere die typusbedingten Einwendungen.** Inhaltliche oder urkundliche Einwendungen sind alle Einwendungen, die aus dem Papier ersichtlich sind. Sie können jedem Inhaber entgegengesetzt werden, ohne dass es auf seinen guten Glauben ankommt. Hierher gehören insbesondere alle **auf die Urkunde gesetzten Vermerke** wie z. B. die Eintragung einer Stundung oder einer Teilleistung. Auch Einwendungen, die nur mittelbar aus dem Papier zu entnehmen sind wie z. B. die Einrede der **Verjährung** stellen inhaltliche Einwendungen dar.

42   Auch **Formmängel** begründen i. d. R. inhaltliche Einwendungen. Sind z. B. die Voraussetzungen von § 126 BGB nicht erfüllt wie vor allem, wenn das Papier nur mit einem **Faksimile** unterstempelt ist (vgl. dazu oben § 363 Rdn. 21), so ist dies aus der Urkunde ersichtlich und kann daher gemäß § 364 Abs. 2 HGB jedem Erwerber ent-

---

[64] Vgl. näher *Canaris* Die Vertrauenshaftung im deutschen Privatrecht, 1971, S. 241; zustimmend

Baumbach/Hefermehl Art. 17 Rdn. 26; **a. A.** z. B. *Ulmer* S. 247.

gegengehalten werden. Ob dieser die erforderlichen Rechtskenntnisse haben konnte, um den Formverstoß zu erkennen, ist unerheblich, da der Einwendungsausschluss nicht etwa am Fehlen des guten Glaubens, sondern schon am Fehlen eines objektiven Scheintatbestandes scheitert. Allerdings wird das formnichtige Orderpapier häufig im Wege der **Umdeutung** gemäß § 140 BGB als wirksames mündliches Schuldversprechen gemäß §§ 780 BGB, 350 HGB aufrechtzuerhalten sein.

Geht der Formmangel dagegen nicht aus dem Papier hervor wie z.B. bei einem **Verstoß gegen § 518 Abs. 1 Satz 2 BGB**, so ist keine inhaltliche Einwendung gegeben, sondern nur eine „Wirksamkeitseinwendung", die zugunsten gutgläubiger Erwerber präkludiert wird (vgl. auch unten Rdn. 54). Weiterhin entfällt eine inhaltliche Einwendung dann, wenn der Formmangel nachträglich durch eine unerkennbare **Vervollständigung des Papiers** beseitigt worden ist; zwar liegt darin eine Verfälschung, doch werden gutgläubige Erwerber gleichwohl i.d.R. geschützt (vgl. unten Rdn. 48). Schließlich scheidet eine inhaltliche Einwendung auch dann aus, wenn das formnichtige Papier den **Anschein eines Blanketts** erweckt, d.h. wenn die fehlenden Bestandteile solche sind, die nach der Verkehrsübung häufig bei einem Blankett offen bleiben wie vor allem die Höhe oder der sonstige Inhalt der verbrieften Forderung. Der Erwerber wird dann in seinem guten Glauben geschützt, sofern er das Papier für ein Blankett gehalten und aus diesem Grunde erworben hat.[65]

Inhaltliche Einwendungen besonderer Art gibt es bei den **typusbezogenen Order-** **43** **papieren** wie Konnossement, Ladeschein, Lagerschein und Transportversicherungspolice. Hier ist nämlich nicht eine „farblose" Verpflichtung verbrieft wie z.B. beim Wechsel, sondern eine Verpflichtung aus einem bestimmten Vertragstypus, und daher kann der Schuldner dem Inhaber des Papiers alle Einwendungen entgegensetzen, die sich aus der gesetzlichen Regelung des betreffenden Vertragstypus ergeben.[66] Man kann hier von **typusbedingten Einwendungen** sprechen. Sie stellen inhaltliche Einwendungen dar, weil sich aus dem Inhalt der Urkunde – nämlich aus der frachtrechtlichen, lagerrechtlichen oder versicherungsrechtlichen Natur des darin verbrieften Rechts – ergibt, dass der Erwerber mit ihnen rechnen muss. Dass aus dem Papier i.d.R. nicht ersichtlich ist, ob die Voraussetzungen einer solchen Einwendung in concreto tatsächlich gegeben sind oder nicht, steht nicht entgegen; denn das ändert nichts daran, dass der Erwerber die Möglichkeit derartiger Einwendungen aus der Urkunde entnehmen kann und dass diese insoweit keinerlei Rechtsschein schafft.

Als Beispiel ist etwa der Fall zu nennen, dass die beförderten oder eingelagerten Güter ohne Verschulden des Schuldners und seiner Leute vernichtet oder beschädigt worden sind. Beim Konnossement gehören in diesen Zusammenhang insbesondere die Einwendungen aus §§ 607 Abs. 2, 608, 609, 611 Abs. 3, 614 Abs. 2, 615, 658–660 HGB.[67] Bei der Transportversicherungspolice sind als Beispiele typusbedingter Einwendungen etwa zu nennen die Fälle, dass der Versicherungsnehmer den Schaden schuldhaft herbeigeführt hat, dass der Versicherungsfall nicht oder nicht unter den gesetzlich vorgesehenen Umständen eingetreten ist, dass eine Über- oder Unter-

---

[65] Vgl., jeweils zum Wechsel, z.B. BGH NJW 1973, 283; *Baumbach/Hefermehl* Art. 10 WG Rdn. 16; *Hueck/Canaris* § 9 II 2 b a. E.

[66] H.L., vgl. z.B. *Ulmer* S. 63 f; *Zöllner* § 25 III i.V.m. § 5 I 4; MünchKomm.-*Hefermehl* § 364 Rdn. 24;

Heymann/Horn § 364 Rdn. 18; *Ebenroth/Boujong/Joost/Hakenberg* § 364 Rdn. 10.

[67] Vgl. *Wüstendörfer*, S. 312 und 315; *Rabe* § 648 Rdn. 13; *Schlegelberger/Liesecke* § 648 Rdn. 6; *Herber* Festschrift für Raisch S. 76 f.

Claus-Wilhelm Canaris

versicherung vorliegt, dass Leistungsbefreiung mangels Zahlung der Prämien oder wegen Gefahrerhöhung eingetreten ist usw.[68]

Keine typusbedingten Einwendungen liegen dagegen bei besonderen vertraglichen Abreden sowie bei den für alle Verträge geltenden Unwirksamkeitsgründen und Einreden vor. Bei diesen greift grundsätzlich der Einwendungsausschluss gemäß § 364 Abs. 2 HGB Platz (sofern sie nicht ohnehin sogar schon dem ersten Nehmer gegenüber auf Grund der Abstraktheit des verbrieften Rechts präkludiert sind, vgl. oben § 363 Rdn. 64 ff).

44   **Abreden aus dem Kausalverhältnis** können dadurch zur Grundlage inhaltlicher Einwendungen gemacht werden, dass sie in das Papier übernommen werden und die Verpflichtung aus dem Papier von ihnen abhängig gemacht wird. Das ist im Gegensatz zum Wechsel bei den kaufmännischen Orderpapieren zulässig, weil diese auch dann, wenn sie grundsätzlich abstrakt sind, nicht bedingungsfeindlich sind (vgl. oben § 363 Rdn. 19). Dass aus dem Papier nicht immer ersichtlich ist, ob die besonderen Voraussetzungen einer kausalvertraglichen Einwendung tatsächlich erfüllt sind oder nicht, steht deren Anerkennung als inhaltlicher Einwendung nicht entgegen, wie soeben Rdn. 43 Abs. 1 für die „typusbedingten" Einwendungen näher dargelegt worden ist.

Die **Reichweite der Abhängigkeit des verbrieften Rechts vom Kausalverhältnis** ist im Wege der Auslegung zu ermitteln. Ist eine Abrede aus diesem ausdrücklich in das Papier übernommen worden, so wird insoweit nahezu immer eine inhaltliche Einwendung gegeben sein. Ist dagegen nur allgemein auf das Kausalverhältnis Bezug genommen, so wird dadurch nicht immer ohne weiteres eine völlige oder auch nur teilweise Abhängigkeit des verbrieften Rechts begründet. Andererseits kann aber je nach den Umständen des Falles und der Formulierung der betreffenden Klausel im Papier auch eine pauschale Bezugnahme genügen, um die besonderen Abreden aus dem zugrunde liegenden Vertrag gegenüber dem Erwerber des Papiers anwendbar zu machen;[69] das gilt jedenfalls dann, wenn die kausalvertragliche Abrede nicht unüblich ist und der Erwerber des Papiers daher auf Grund der Bezugnahme mit ihr rechnen musste. Auch wenn die verbriefte Verpflichtung vollständig vom Kausalverhältnis abhängig gemacht worden ist, verliert das Papier dadurch nicht seine Eigenschaft als Orderpapier (vgl. oben § 363 Rdn. 68 a. E. und 74 a. E.).

45   **c) Die Zurechenbarkeitseinwendungen.** Die Zurechenbarkeitseinwendungen, die von den Wirksamkeitseinwendungen zu unterscheiden sind (vgl. oben Rdn. 31 f), können grundsätzlich auch dem gutgläubigen Erwerber des Papiers entgegengesetzt werden und wirken also absolut. Das Schulbeispiel einer Zurechenbarkeitseinwendung liegt darin, dass die Ausstellung des Papiers unter **Zwang** i.S. von vis absoluta erfolgt ist. Das gleiche gilt bei **fehlender Geschäftsfähigkeit** sowie bei **beschränkter Geschäftsfähigkeit**, es sei denn, dass die Zustimmung des gesetzlichen Vertreters nach § 107 BGB und die Genehmigung des Vormundschaftsgerichts nach § 1822 Nr. 9 BGB vorliegen. Zurechnung setzt nämlich Zurechnungsfähigkeit voraus, und diese ist bei der Rechtsscheinhaftung nicht in Analogie zu §§ 827 f, sondern in Analogie zu §§ 104 ff BGB zu bestimmen, weil die Rechtsfolgen dieselben sind wie bei einem Rechts-

---

[68] Vgl. *Kisch* Der Versicherungsschein, 1951, S. 135; *Ritter/Abraham* Das Recht der Seeversicherung, 2. Aufl. 1967, § 49 ADS Anm. 69 m.w.Nachw.; z.T. anders und für den Versicherer ungünstiger *Tsirintanis* Die Order-Police, 1930, S. 64 ff und *Sieg* VersR 1977, 216.

[69] Vgl. z.B. BGHZ 29, 122 bezüglich der Anwendbarkeit einer im Frachtvertrag enthaltenen Schiedsgerichtsklausel auf das Konnossement.

geschäft. Auch bei **Vertretung ohne Vertretungsmacht** ist grundsätzlich eine Zurechenbarkeitseinwendung gegeben; denn nicht der Vertretene, sondern der falsus procurator schafft hier den Scheintatbestand. Selbstverständlich sind aber insoweit die Regeln über die Scheinvollmacht zu berücksichtigen.

Hinsichtlich des **maßgeblichen Zeitpunkts** ist dabei zu beachten, dass der Mangel sich auf die *Ausstellung* des Papiers beziehen muss, da bereits durch diese der Scheintatbestand geschaffen wird. Beschränkt sich der Mangel auf die *Begebung* des Papiers, liegt keine Zurechenbarkeitseinwendung, sondern lediglich eine – ausschlussfähige! – Wirksamkeitseinwendung vor (vgl. unten Rdn. 51). Daher haftet der Aussteller einem gutgläubigen Erwerber z.B., wenn er zwar bei der Begebung des Papiers, aber noch nicht bei dessen Ausstellung geschäftsunfähig war[70] oder wenn er das Papier selbst unterzeichnet hat und dieses dann von einem falsus procurator in den Verkehr gebracht wird[71].

Eine Zurechenbarkeitseinwendung liegt weiterhin grundsätzlich in den Fällen der **46** **Unterschriftsfälschung** vor,[72] da hierbei nicht der betroffene Namensträger, sondern der Fälscher den Scheintatbestand geschaffen hat. Allerdings können Ausnahmen vorkommen. Es ist nämlich denkbar, dass ein potentieller Erwerber des Papiers bei dem Namensträger anfragt, ob seine Unterschrift echt sei, ob das Papier „in Ordnung gehe" usw., und dann lässt sich das Vorliegen der Zurechenbarkeitsvoraussetzungen nicht mehr ohne weiteres von der Hand weisen, da dann ja eine Verbindung zwischen dem Scheintatbestand und dem Verhalten des Betroffenen gegeben ist. Die Rechtsprechung und die h.L. suchen diese Problematik allerdings rein rechtsgeschäftlich zu lösen: Bejaht der Namensträger die Echtheit seiner Unterschrift, so soll darin eine Genehmigung liegen, so dass nunmehr eine vollgültige rechtsgeschäftliche Verpflichtung entsteht;[73] schweigt er dagegen auf die Anfrage, so soll darin grundsätzlich keine Genehmigung zu sehen sein, so dass keine wertpapierrechtliche Bindung, sondern allenfalls eine Schadensersatzhaftung (aus § 826 BGB oder u.U. auch aus Schutzpflichtverletzung) oder der Einwand des Rechtsmissbrauchs in Betracht kommen.[74] Diese Konstruktion vermag indessen nicht zu überzeugen.[75] Die Bestätigung der Echtheit stellt nämlich eine rein *deklaratorische* Erklärung dar und kann daher begrifflich kein Rechtsgeschäft sein, weil sie nicht darauf gerichtet ist, eine Rechtsfolge in Geltung zu *setzen*, sondern im Gegenteil die Aussage zum Inhalt hat, dass die fragliche Rechtsfolge *ohnehin schon gilt*; daher fehlt es schon am objektiven Tatbestand einer Willenserklärung – und nicht etwa nur am Erklärungsbewusstsein –, so dass die h.L. schon im dogmatischen Ausgangspunkt unzutreffend ist. Richtig ist vielmehr, auch insoweit mit der Rechtsscheinlehre zu arbeiten: Die Bestätigung der Echtheit schafft in zurechenbarer Weise einen Scheintatbestand, so dass die Voraussetzungen einer Rechtsscheinhaftung gegeben sind; dasselbe gilt grundsätzlich für das Schweigen auf die Anfrage, weil und sofern auch in diesem ein zurechenbarer Scheintatbestand liegt.

[70] Ebenso *Bülow* Art. 17 WG Rdn. 35; **a.A.** MünchKomm.-*Hefermehl* § 364 Rdn. 11; *Heymann/Horn* § 364 Rdn. 15.
[71] **A.A.** auch insoweit wohl MünchKomm.-*Hefermehl* § 364 Rdn. 13.
[72] Das ist i.E. unstreitig, vgl. z.B. MünchKomm.-*Hefermehl* § 364 Rdn. 17.
[73] Vgl., jeweils zum Wechsel, RGZ 145, 93; BGH

LM Nr. 1–3 zu Art. 7 WG; *Baumbach/Hefermehl* Art. 7 WG Rdn. 6 ff.
[74] Vgl. BGH aaO und BGHZ 47, 113; *Liesecke* WM 1972, 1207; MünchKomm.-*Hefermehl* § 364 Rdn. 17.
[75] Vgl. auch Anh. zu § 362 Rdn. 20 sowie ausführlich *Canaris* Die Vertrauenshaftung S. 243 ff.

47   Auch bei der **inhaltlichen Verfälschung** des Papiers ist regelmäßig eine Zurechenbarkeitseinwendung gegeben.[76] Allerdings hat der Unterzeichner hier durchaus eine – meist sogar adäquat kausale – Ursache für die Entstehung des Rechtsscheins gesetzt, doch liegt das Verfälschungsrisiko grundsätzlich außerhalb seiner Beherrschungsmöglichkeiten und ist ihm daher nicht zuzurechnen.

Daraus ergibt sich allerdings folgerichtig auch hier eine wichtige Ausnahme: Sofern jemand durch unvollständige Ausfüllung des Papiers ein erhöhtes Verfälschungsrisiko geschaffen hat, also ein Risiko, das nicht schon mit der Begebung eines ordnungsgemäß ausgefüllten Papiers ohne weiteres verbunden ist, trifft ihn entgegen der Rechtsprechung des BGH[77] grundsätzlich eine Einstandspflicht kraft zurechenbaren Rechtsscheins.[78] Man denke etwa daran, dass es der Aussteller eines kaufmännischen Verpflichtungsscheins durch Offenlassung entsprechender Räume auf dem Papier erleichtert hat, aus tausend Zentnern eines Gutes elftausend zu machen. In jedem Falle bleibt – entgegen einer überformalistischen, aber durch Art. 69 Satz 2 WG überholten – Rechtsprechung des RG die Haftung nach dem ursprünglichen, also unverfälschten Text unberührt.[79]

48   Eine Verfälschung liegt auch in der nachträglichen **Vervollständigung eines formnichtigen Papiers**. Auch hier ist die Zurechenbarkeit des Rechtsscheins grundsätzlich zu bejahen, weil der Aussteller durch die Schaffung des Mangels ein erhöhtes und vermeidbares Verfälschungsrisiko hervorgerufen hat. Er haftet daher einem gutgläubigen Erwerber.[80]

49   Eine Zurechenbarkeitseinwendung ist auch beim **Fehlen der Kaufmannseigenschaft** gegeben.[81] Denn das Gesetz hat nur Kaufleuten die Fähigkeit zur Eingehung einer Verpflichtung aus den in § 363 HGB genannten Orderpapieren zuerkannt, weil es den nichtkaufmännischen Verkehr vor den mit diesen verbundenen Gefahren schützen will. Die Einordnung als Zurechenbarkeitseinwendung lehnt sich daher folgerichtig an die entsprechende Einordnung der fehlenden Geschäftsfähigkeit an: es liegt so, als fehle allen Nichtkaufleuten die partielle Geschäftsfähigkeit zur Eingehung der Verpflichtung aus einem Orderpapier, das weder Wechsel noch Scheck ist.

Demgemäß kann das Fehlen der Kaufmannseigenschaft auch nicht nach den Regeln über den Scheinkaufmann überwunden werden (vgl. oben § 363 Rdn. 8). Ebenso wenig gibt es insoweit einen Schutz des guten Glaubens an die Orderpapiereigenschaft (vgl. oben § 363 Rdn. 12). Nur mit Hilfe des Rechtsmissbrauchseinwandes, insbesondere des Verbots widersprüchlichen Verhaltens, lässt sich in Extremfällen ein Vertrauensschutz erreichen, da mit Hilfe von § 242 BGB anerkanntermaßen auch zwingende Schutzvorschriften überwunden werden können.[82]

---

[76] Auch das ist i.E. unstreitig, vgl. z.B. Münch-Komm.-*Hefermehl* § 364 Rdn. 18.
[77] Vgl. BGHZ 47, 99 f; BGH NJW 1986, 2834 ff; ebenso schon *Ulmer* S. 181.
[78] Vgl., jeweils zum Wechsel, *Rehfeldt* JuS 1963, 147 ff; *Canaris* aaO. S. 247 f sowie eingehend JZ 1987, 543 ff; *Koller* WM 1981, 218; *Zöllner* § 12 VIII 2.
[79] Ebenso MünchKomm.-*Hefermehl* § 364 Rdn. 18.
[80] Das ist ganz h. L., vgl. (jeweils zum Wechsel) z.B. *Reinicke* DB 1958, 390; *Rittner* DB 1958, 675 ff;

Zöllner § 12 VIII 2; *Baumbach/Hefermehl* Art. 10 WG Rdn. 12 f und Art. 69 WG Rdn. 8.
[81] Das ist i.E. h.L., vgl. z.B. *Düringer/Hachenburg/Breit* § 364 Anm. 14 unter g; Münch-Komm.-*Hefermehl* § 364 Rdn. 15; *Ebenroth/Boujong/Joost/Hakenberg* § 364 Rdn. 9; *Baumbach/Hopt* § 364 Rdn. 4; a. A. *Röhricht/Graf von Westphalen/Wagner* § 364 Rdn. 8.
[82] Vgl. *Canaris* Die Vertrauenshaftung S. 181 i.V.m. S. 266 ff.

4. Die ausschlussfähigen („relativen") Einwendungen im Einzelnen

a) Die Wirksamkeitseinwendungen. Die Wirksamkeitseinwendungen – die weder **50** sachlich noch auch nur terminologisch mit dem unbrauchbaren Begriff der Gültigkeitseinwendungen vermengt werden sollten (vgl. oben Rdn. 34 Abs. 3) – sind nach der hier zugrunde gelegten Terminologie dadurch gekennzeichnet, dass sie der Wirksamkeit des verbrieften Rechts entgegenstehen, ohne jedoch zugleich die Zurechenbarkeit des Rechtsscheins zu verhindern (vgl. oben Rdn. 31f und 34 Abs. 2 a.E.). Demgemäß bedarf es bei ihnen einer **Abgrenzung nach zwei Richtungen**: zunächst gegenüber den Zurechenbarkeitseinwendungen und sodann gegenüber den persönlichen Einwendungen. Erstere wirken „absolut" und können also auch dem gutgläubigen Erwerber des Papiers entgegengesetzt werden, während die Wirksamkeitseinwendungen zugunsten eines solchen präkludiert werden. Mit den persönlichen Einwendungen haben die Wirksamkeitseinwendungen zwar gemeinsam, dass sie nur „relativ", also nur gegenüber bösgläubigen Erwerbern wirken, doch ist ihre Wirkung insofern stärker, als dem Erwerber bei ihnen analog Art. 10, 16 Abs. 2 WG schon grobe Fahrlässigkeit schadet, während die persönlichen Einwendungen analog Art. 17 WG, 22 ScheckG nur gegenüber solchen Gläubigern durchschlagen, die beim Erwerb des Papiers bewusst zum Nachteil des Schuldners gehandelt haben (vgl. oben Rdn. 34). Bei der Abgrenzung gegenüber den Zurechenbarkeitseinwendungen geht es somit um die Frage, ob die betreffende Einwendung überhaupt ausschlussfähig ist, bei der Abgrenzung gegenüber den persönlichen Einwendungen dagegen um die – logisch nachgeordnete und sachlich ganz andersartige – Frage, nach welchem Maßstab sich die Bösgläubigkeit des Erwerbers bestimmt. Für deren Beantwortung ist ausschlaggebend, ob sich die Einwendung gegen die Wirksamkeit (den Bestand) des verbrieften Rechts selbst richtet und also auf der dinglichen Ebene liegt oder ob sie sich auf die „darunter" liegende rein schuldrechtliche Ebene beschränkt (vgl. oben Rdn. 36).

Die wichtigsten Fälle der Wirksamkeitseinwendungen sind das **Fehlen und die** **51** **Unwirksamkeit des Begebungsvertrages.** Nach dem Wortlaut von § 364 Abs. 2 HGB müssten diese Einwendungen an sich absolut wirken, also auch gegenüber einem gutgläubigen Erwerber durchschlagen.[83] Die h. L. entscheidet jedoch mit Recht entgegengesetzt.[84] Der Grund liegt darin, dass der Aussteller schon durch die Schaffung der Urkunde einen Rechtsschein geschaffen hat, dessen Zurechenbarkeit durch das Fehlen oder die Unwirksamkeit des Begebungsvertrags nicht beeinträchtigt wird. Auch die Wertung von § 794 BGB spricht eindeutig dagegen, dem Fehlen oder der Unwirksamkeit des Begebungsvertrags den Rang einer absoluten Einwendung zuzuerkennen. Der nicht voll geglückte Wortlaut von § 364 Abs. 2 HGB kann somit nicht den Ausschlag geben (vgl. auch oben Rdn. 31).

Andererseits liegt nicht etwa lediglich eine persönliche Einwendung i.S. von Art. 17 WG, 22 ScheckG vor. Die Entstehung des verbrieften Rechts beruht nämlich nach der heute herrschenden Vertragstheorie auf dem Begebungsvertrag,[85] und folglich hat dessen Fehlen bzw. Unwirksamkeit nicht lediglich eine Einwendung aus den „unmit-

---

[83] So in der Tat für die Tatbestände der Willensmängel *Düringer/Hachenburg/Breit* § 364 Anm. 15; ähnlich ferner *Quassowski/Albrecht* Art. 17 WG Rdn. 22; *Stranz* Art. 17 WG Anm. 13.

[84] Vgl. z.B. MünchKomm.-*Hefermehl* § 364 Rdn. 21 (jedoch mit den oben Rdn. 32 kritisierten terminologischen Ungereimtheiten); *Heymann/Horn*

§ 364 Rdn. 16 und 20 (mit den gleichen terminologischen Mängeln); *Baumbach/Hopt* § 364 Rdn. 4; *Wüstendörfer* S. 314; *Schaps/Abraham* § 647 Rdn. 5; *Schlegelberger/Liesecke* § 648 Rdn. 5; *Rabe* § 648 Rdn. 12.

[85] Vgl. z.B. *Baumbach/Hefermehl* WPR Rdn. 41f; *Zöllner* § 6 V 4; *Hueck/Canaris* § 3 I 2.

Claus-Wilhelm Canaris

telbaren Beziehungen" zwischen dem Schuldner und einem Vormann des Erwerbers, sondern eine Einwendung gegen die „Gültigkeit der Erklärung in der Urkunde" zur Folge. Mithin schadet dem Erwerber nicht erst bewusstes Handeln zum Nachteil des Schuldners, sondern analog Art. 10, 16 Abs. 2 WG schon grobe Fahrlässigkeit (vgl. oben Rdn. 34). Anders ist freilich vom Boden der Kreationstheorie aus zu entscheiden; denn nach dieser liegt der rechtsgeschäftliche Entstehungstatbestand bereits im Ausstellungsakt, und folglich beeinträchtigen das Fehlen oder die Unwirksamkeit des Begebungsvertrags nicht mehr die Gültigkeit der rechtsgeschäftlichen Erklärung, sondern begründen allenfalls einen Rückforderungsanspruch aus ungerechtfertigter Bereicherung, der lediglich zu einer persönlichen Einwendung i.S. von Art. 17 WG führt.

52   Eine Wirksamkeitseinwendung ist weiterhin im Falle des **Blankettmissbrauchs** gegeben. Art. 10 WG, 13 ScheckG sind auf den Missbrauch eines kaufmännischen Orderpapiers analog anzuwenden.[86] Denn diese Bestimmungen stellen nicht etwa spezifisch wechsel- und scheckrechtliche Ausnahmevorschriften dar, sondern sind im Gegenteil Ausdruck eines allgemeinen Rechtsgedankens, der überall im Wertpapierrecht und darüber hinaus sogar im bürgerlichen Recht gilt.[87]

53   **Gesetzes- und Sittenwidrigkeit** führen zu einer Wirksamkeitseinwendung, sofern sie den Begebungsvertrag selbst ergreifen wie z.B. beim Wucher gemäß § 138 Abs. 2 BGB, dagegen zu einer bloßen persönlichen Einwendung, sofern sie lediglich das zugrunde liegende Kausalgeschäft betreffen.[88]

54   Die Einwände der **formnichtigen Schenkung** und der **Naturalobligation** bei Spiel, Wette und Ehemäklerversprechen stellen Wirksamkeitseinwendungen dar, da sie sich nicht auf das Kausalgeschäft beschränken, sondern gemäß oder analog §§ 518 Abs. 1 Satz 2, 656 Abs. 2, 762 Abs. 2 BGB das verbriefte Recht selbst nichtig machen.[89] Das gilt freilich nur insoweit, als gerade die Eingehung der verbrieften Verbindlichkeit schenkweise bzw. zur Erfüllung einer Naturalobligation erfolgt. Gibt jemand dagegen ein ihm gehörendes Orderpapier hin, das die Verpflichtung eines anderen enthält, so erbringt er ein gegenwärtiges Vermögensopfer mit der Folge, dass eine Heilung des Mangels durch Leistungsbewirkung i.S. der §§ 518 Abs. 2, 656 Abs. 1 Satz 2, 762 Abs. 1 Satz 2 BGB vorliegt.

55   **Erfüllung und Erfüllungssurrogate** begründen grundsätzlich ebenfalls eine Wirksamkeitseinwendung und nicht nur eine persönliche Einwendung i.S. der Analogie zu Art. 17 WG, 22 ScheckG.[90] Denn sie wirken nicht nur auf die Kausalverpflichtung ein, sondern bringen grundsätzlich auch die Verpflichtung aus dem Papier zum Erlöschen und führen außerdem nach § 952 BGB dazu, dass das Eigentum am Papier ipso iure auf den Leistenden übergeht. Anders wäre folgerichtig zu entscheiden, wenn man die Tilgungswirkung von der Rückgabe oder der Vernichtung des Papiers oder einer auf dieses gesetzten Quittung abhängig machen und im Übrigen lediglich die –

---

[86] Ebenso i.E. MünchKomm.-*Hefermehl* § 364 Rdn. 17 a.E.

[87] Vgl. *Canaris* Die Vertrauenshaftung S. 54 ff m. Nachw.

[88] Vgl. näher *Hueck/Canaris* § 9 II 4a mit Nach. (zum Wechsel); **a.A.** *von Godin* 2. Aufl. Anm. 5, der eine absolute Einwendung annahm.

[89] Vgl. näher *Hueck/Canaris* § 9 II 4b mit Nachw. (zum Wechsel).

[90] Vgl. *Hueck/Canaris* § 9 II 4c (zum Wechsel);

MünchKomm.-*Hefermehl* § 364 Rdn. 25; *Heymann/Horn* § 364 Rdn. 20; wohl auch *Röhricht/Graf von Westphalen/Wagner* § 364 Rdn. 13 (wo möglicherweise allerdings sogar eine absolute Einwendung angenommen wird); **a.A.** (zum Wechsel) *Jacobi* Wechsel- und Scheckrecht, 1955, S. 84 f; *E. Ulmer* Festschrift für Raiser, 1975, S. 237 f; *U. Huber* Festschrift für Flume, 1978, Bd II S. 124 f.

---

nur als persönliche Einwendung zu qualifizierende (vgl. unten Rdn. 58) – Arglist-einrede gewähren würde, wie dies das RG getan hat,[91] doch stellt diese Ansicht eine Überspannung des wertpapierrechtlichen Verkörperungsgedankens dar und ist daher abzulehnen.[92]

b) Die persönlichen Einwendungen. Die wichtigsten Beispiele der persönlichen **56** Einwendungen – die wie dargelegt dadurch gekennzeichnet sind, dass dem Erwerber analog Art. 17 WG, 22 ScheckG nur bewusstes Handeln zum Nachteil des Schuldners schadet (vgl. oben Rdn. 33) – bilden **das Fehlen, die Nichtigkeit und der Wegfall des Grundgeschäfts** bei den abstrakten Papieren.[93] Diese können nämlich der verbrieften Forderung nur auf dem Umweg über die Einrede der ungerechtfertigten Bereicherung gemäß §§ 812 Abs. 2, 821 BGB entgegengesetzt werden und beeinträchtigen daher die „Gültigkeit" des Rechts aus dem Papier nicht, sondern stellen lediglich eine außerhalb desselben liegende, auf den unmittelbaren Beziehungen zwischen dem Schuldner und dem betreffenden Gläubiger beruhende Einwendung dar. Im Einzelfall kann jedoch eine Einwendung aus dem Grundgeschäft auch den Begebungsvertrag ergreifen, so dass eine Wirksamkeitseinwendung vorliegt (vgl. oben Rdn. 53).

Die zweite Hauptgruppe der persönlichen Einwendungen wird von den **besonde-** **57** **ren Abreden** zwischen dem Schuldner und seinem Gläubiger gebildet, weil – und sofern! – auch diese das Recht aus dem Papier unberührt lassen. Zu nennen ist etwa die **Einrede aus dem Sicherungsvertrag**, wenn ein nur zur Sicherung begebenes Papier abredewidrig weiterübertragen wird (vgl. auch oben Rdn. 17). Ein weiteres Beispiel stellt eine nicht aus der Urkunde zu entnehmende **Schiedsgerichtsvereinbarung** dar. Auch eine auf dem Papier nicht vermerkte **Stundung** gehört i.d.R. hierher; sofern der Gläubiger allerdings trotz der Stundung noch zur Übertragung des Papiers befugt sein soll, ist nicht einmal eine persönliche Einwendung, sondern eine nicht ausschluss-bedürftige Einwendung gegeben (vgl. oben Rdn. 29). Zu beachten ist im Übrigen, dass die kausalvertraglichen Abreden durch eine entsprechende Klausel in der Urkunde in den Rang von inhaltlichen Einwendungen erhoben werden können (vgl. oben Rdn. 44).

Als persönliche Einwendung ist ferner der Einwand des **Rechtsmissbrauchs** ein- **58** zuordnen. Mit dessen Hilfe können insbesondere dilatorische Einreden aus dem Kausalverhältnis wie z.B. die Einreden aus §§ 273, 320 BGB dem Anspruch aus dem Papier entgegengesetzt werden; des Umwegs über die Lehre vom Rechtsmissbrauch bedarf es bei den abstrakten Papieren, weil bei diesen ein unmittelbarer Durchgriff auf das Kausalverhältnis nicht möglich ist.[94]

Zu den persönlichen Einwendungen gehört schließlich auch noch der **Einwand der** **59** **Aufrechnung** gegenüber einem Vormann gemäß § 406 BGB.[95]

c) Der Einwand mangelnder Übereinstimmung der übernommenen Güter mit **60** **den Angaben im Papier.** Nicht in § 364 Abs. 2 HGB geregelt ist trotz deutlicher Nähe zu dieser Vorschrift der Einwand mangelnder Übereinstimmung der übernommenen Güter mit den Angaben im Papier. Vielmehr findet diese Problematik – die früher meist unter dem Stichwort des Gegensatzes zwischen **Rezeptums- und Skriptur-**

[91] Vgl. RGZ 61, 5, 7 zum Wechsel.
[92] Vgl. *Hueck/Canaris* § 1 I 5 c.
[93] I. E. übereinstimmend MünchKomm.-*Hefermehl* § 364 Rdn. 26; *Heymann/Horn* § 364 Rdn. 19.
[94] Vgl., jeweils zum Wechsel, BGHZ 57, 292, 300;

BGH WM 1976, 382, 383; *Hueck/Canaris* § 17 I 1 b; gegen den Umweg über § 812 Abs. 2 BGB jedoch MünchKomm.-*Hefermehl* § 364 Rdn. 25.
[95] Vgl. auch BGH WM 1972, 238 zum Wechsel.

Claus-Wilhelm Canaris

haftung diskutiert wurde[96] – in den §§ 444 Abs. 3, 475d Abs. 2, 656 Abs. 2 HGB eine eigenständige Lösungsgrundlage. Danach besteht im Verhältnis zum ersten Nehmer des Papiers eine widerlegliche Vermutung für die Richtigkeit der Angaben im Papier. Diese verwandelt sich in eine **unwiderlegliche Vermutung**, wenn das Papier an einen gutgläubigen Dritten übertragen wird. Trotz des Rückgriffs auf die antiquierte – weil nichts erklärende – Kategorie einer unwiderleglichen Vermutung liegt darin der Sache nach dogmatisch gesehen nichts anderes als ein spezifisch **wertpapierrechtlicher Einwendungsausschluss kraft guten Glaubens in Parallele zu § 364 Abs. 2 HGB**. Denn ebenso wie nach dieser Vorschrift wird eine Einwendung, die dem Schuldner des verbrieften Rechts zusteht, durch die Übertragung des Papiers grundsätzlich präkludiert, und da auch § 364 Abs. 2 HGB aufgrund einer restriktiven Auslegung guten Glauben des Erwerbers voraussetzt (vgl. oben Rdn. 27), besteht auch in diesem – dogmatisch zentralen – Punkt Übereinstimmung mit der Regelung der §§ 444 Abs. 3, 475b Abs. 2, 656 Abs. 2 HGB. Da der gute Glaube im Sinne dieser Vorschriften nicht nur durch positive Kenntnis der wahren Lage, sondern auch durch grobe Fahrlässigkeit ausgeschlossen wird,[97] handelt es sich um eine Einwendung, die nach der hier verwendeten Terminologie den Wirksamkeitseinwendungen gleichsteht (vgl. zu diesen oben Rdn. 34 a. E. und Rdn. 50).

61   Was **Gegenstand und Reichweite dieses Einwendungsausschlusses** angeht, so wird nach dem klaren Wortlaut der §§ 444 Abs. 3, 475b Abs. 2, 656 Abs. 2 HGB der Einwand präkludiert, dass der Papierschuldner die Güter anders *übernommen* hat als angegeben. Insoweit kann er sich nicht auf fehlendes Verschulden berufen – also etwa darauf, er sei in unerkennbarer Weise über die Richtigkeit der Angaben hinsichtlich der Güter irregeführt worden; denn es geht um eine Haftung kraft veranlassten Rechtsscheins, die sich nicht nach dem Verschuldens-, sondern nach dem Risikoprinzip richtet[98]. Auch gesetzliche Haftungsbeschränkungen wie die Vorschriften der §§ 426 ff HGB dürften insoweit nicht zum Zuge kommen, da diese auf den *Umgang* mit den *Gütern* bezogen sind, während es hier um das andersartige Problem geht, dass der Papierschuldner für die Richtigkeit der *Angaben* in dem *Papier* einzustehen hat. Für *nachträglich* entstandene Schäden durch Verlust, Beschädigung usw. haftet er dagegen auch gegenüber einem gutgläubigen Erwerber des Papiers nur nach den allgemeinen Regeln, also z.B. nur nach Maßgabe der §§ 426 ff HGB,[99] da insoweit eine typusbezogene und damit absolute Einwendung vorliegt.

62   Nach dem Wortlaut der §§ 444 Abs. 3, 475b Abs. 2, 656 Abs. 2 HGB greift die unwiderlegliche Vermutung auch bei **Rektapapieren** ein. Das ist indessen im Wege einer teleologischen Reduktion zu korrigieren,[100] da es wie dargelegt der Sache nach um einen spezifisch wertpapierrechtlichen Einwendungsausschluss geht und ein solcher nach dem System des geltenden Rechts nur bei Inhaber- und Orderpapieren in Betracht kommt. Demgemäß trifft den Papierschuldner bei einem Rektapapier eine Haftung auf Erfüllung bzw. das Erfüllungsinteresse lediglich in Analogie zu § 405 BGB, d.h. bei positiver Kenntnis von der Unrichtigkeit der Angaben in dem Papier (vgl. auch oben § 363 Rdn. 91).

---

[96] Vgl. dazu eingehend *Canaris* in der 3. Aufl. dieses Kommentars § 363 Anm. 54 ff.

[97] Vgl. *Koller* § 444 Rdn. 18; *Rabe* § 656 Rdn. 18 mit weiteren Nachw.

[98] Vgl. *Canaris* Die Vertrauenshaftung S. 476 ff., 479 ff.

[99] Vgl. auch *Koller* § 444 Rdn. 12 und 20, der allerdings die im Text vorgenommene Differenzierung zwischen anfänglichen und nachträglichen Einwendungen nicht zu teilen scheint.

[100] Ebenso i.E. *Czerwenka* TransportR 1988, 258; *Herber* § 30 II 6 b; *Hoffmann* Die Haftung des Verfrachters nach deutschem Seefrachtrecht, 1996, S. 84; a. A. *Koller* § 444 Rdn. 17; *Rabe* § 656 Rdn. 16.

III. Die Abhängigkeit der Leistungspflicht von der Aushändigung der quittierten Urkunde

Nach § 364 Abs. 3 HGB braucht der Schuldner nur gegen Aushändigung der quit- **63** tierten Urkunde zu leisten. Das ist keine Besonderheit der Orderpapiere, sondern gilt für alle Wertpapiere, ja gemäß § 371 BGB sogar für einen bloßen Schuldschein (vgl. auch § 363 Rdn. 21). Gegenüber diesem besteht ein gewisser Unterschied nur insofern, als der Schuldner eines Orderpapiers eine Quittung auf der Urkunde verlangen kann, während nach § 371 BGB auch eine Quittung auf einem anderen Papier genügt. § 364 Abs. 3 HGB sagt jedoch nur, dass der Schuldner die Quittung auf der Urkunde *verlangen* kann, nicht dagegen, dass sie allein auf diesem *erfolgen* kann; eine Quittung auf einem anderen Papier hat daher denselben Beweiswert. Ist der Gläubiger zur Rückgabe des Papiers außerstande, so kann er das verbriefte Recht gemäß § 365 Abs. 2 HGB grundsätzlich nur im Wege eines Aufgebotsverfahrens oder gegen Sicherheitsleistung durchsetzen, vgl. dazu § 365 Rdn. 37 ff.

§ 365

(1) In betreff der Form des Indossaments, in betreff der Legitimation des Besitzers und der Prüfung der Legitimation sowie in betreff der Verpflichtung des Besitzers zur Herausgabe, finden die Vorschriften der (Artikel 11 bis 13, 36, 74 der Wechselordnung; jetzt:) Artikel 13, 14 Abs. 2, 16, 40 Abs. 3 des Wechselgesetzes entsprechende Anwendung.

(2) ¹Ist die Urkunde vernichtet oder abhanden gekommen, so unterliegt sie der Kraftloserklärung im Wege des Aufgebotsverfahrens. ²Ist das Aufgebotsverfahren eingeleitet, so kann der Berechtigte, wenn er bis zur Kraftloserklärung Sicherheit bestellt, Leistung nach Maßgabe der Urkunde von dem Schuldner verlangen.

Übersicht

    Claus-Wilhelm Canaris

Schrifttum: wie zu § 363

I. Der Regelungsgegenstand von § 365 HGB

1   § 365 HGB regelt in Absatz 1 durch Verweisung auf die entsprechenden Vorschriften der Wechselordnung die **Form** des Indossaments, die **formelle Legitimation** des Besitzers des Papiers, den **gutgläubigen Erwerb vom Nichtberechtigten** und die **Leistung des Schuldners an einen Nichtberechtigten**. Auf die Vorschriften über die Haftung des Indossanten ist nicht verwiesen; die kaufmännischen Orderpapiere haben daher **keine Garantiefunktion**. Absatz 2 enthält eine Regelung über das **Aufgebot**.

2   An die Stelle der in Absatz 1 in Bezug genommenen Vorschriften der Wechselordnung sind gemäß Art. 3 EGWG die entsprechenden **Bestimmungen des Wechselgesetzes** getreten. Es sind dies Art. 13, 14 Abs. 2, 16 und 40 Abs. 3. Sie lauten:

Art. 13:

(1) [1]Das Indossament muss auf den Wechsel oder auf ein mit dem Wechsel verbundenes Blatt (Anhang) gesetzt werden. [2]Es muss von dem Indossanten unterschrieben werden.

(2) Das Indossament braucht den Indossatar nicht zu bezeichnen und kann selbst in der bloßen Unterschrift des Indossanten bestehen (Blankoindossament). In diesem Falle muss das Indossament, um gültig zu sein, auf die Rückseite des Wechsels oder auf den Anhang gesetzt werden.

Art. 14 Abs. 2:

(2) Ist es ein Blankoindossament, so kann der Inhaber
1. das Indossament mit seinem Namen oder mit dem Namen eines anderen ausfüllen;
2. den Wechsel durch ein Blankoindossament oder an eine bestimmte Person weiter indossieren;
3. den Wechsel weiterbegeben, ohne das Blankoindossament auszufüllen und ohne ihn zu indossieren.

Art. 16:

(1) [1]Wer den Wechsel in Händen hat, gilt als rechtmäßiger Inhaber, sofern er sein Recht durch eine ununterbrochene Reihe von Indossamenten nachweist, und zwar auch dann, wenn das letzte ein Blankoindossament ist. [2]Ausgestrichene Indossamente gelten hierbei als nicht geschrieben. [3]Folgt auf ein Blankoindossament ein weiteres Indossament, so wird angenommen, dass der Aussteller dieses Indossaments den Wechsel durch das Blankoindossament erworben hat.

(2) Ist der Wechsel einem früheren Inhaber irgendwie abhanden gekommen, so ist der neue Inhaber, der sein Recht nach den Vorschriften des vorstehenden Absatzes nachweist, zur Herausgabe des Wechsels nur verpflichtet, wenn er ihn in

bösem Glauben erworben hat oder ihm bei Erwerb eine grobe Fahrlässigkeit zur Last fällt.

Art. 40 Abs. 3:

[1]Wer bei Verfall zahlt, wird von seiner Verbindlichkeit befreit, wenn ihm nicht Arglist oder grobe Fahrlässigkeit zur Last fällt. [2]Er ist verpflichtet, die Ordnungsmäßigkeit der Reihe der Indossamente, aber nicht die Unterschriften der Indossanten zu prüfen.

II. Form und Inhalt des Indossaments

1. Das Vollindossament

Das Indossament bedarf gemäß § 365 Abs. 1 HGB i. V. mit Art. 13 Abs. 1 Satz 2 **3** WG der **Schriftform**. Es muss daher gemäß § 126 BGB vom Indossanten eigenhändig unterschrieben sein; ein Faksimile genügt grundsätzlich nicht (vgl. auch § 363 Rdn. 25 a. E.), doch reicht es aus, wenn bei einer zusammengesetzten Firma für die Sachbezeichnung ein Stempel verwendet wird und nur die Personenbezeichnung mit Hand geschrieben ist.[1] Eine Datierung des Indossaments ist nicht vorgeschrieben.

Üblicherweise wird das Indossament auf die **Rückseite des Papiers** gesetzt („in **4** dosso"), doch kann es gemäß Art. 13 Abs. 1 Satz 1 WG auch auf dessen Vorderseite oder auf einem mit ihm verbundenen besonderen Blatt, dem so genannten **Anhang** stehen. Auch ein Indossament auf einer **Kopie** ist in Analogie zu Art. 67 Abs. 3 WG zulässig,[2] zumal dies in dem von § 365 Abs. 1 HGB ursprünglich in Bezug genommenen Art. 12 WO ausdrücklich vorgesehen war. Bei einer Unterschrift auf der Rückseite des Papiers spricht die Vermutung für das Vorliegen eines Indossaments.

Der **Inhalt des Indossaments** besteht in einer Erklärung, aus der die Übertragung **5** des Papiers an einen anderen deutlich wird. Eine bestimmte Ausdrucksweise ist nicht vorgeschrieben. Insbesondere braucht der Ausdruck „Order" nicht vorzukommen. Es genügt daher z. B. auch eine Formulierung wie „An Herrn I". Die **Person des Indossatars** ist gleichgültig.[3] Dieser kann analog Art. 11 Abs. 3 WG auch ein früherer Indossant sein; man spricht dann von einem **Rückindossament**.

2. Das Blankoindossament

§ 365 Abs. 1 HGB verweist auch auf die Vorschriften über das Blankoindossament **6** gemäß Art. 13 Abs. 2, 14 Abs. 2 WG. Für dieses gelten grundsätzlich dieselben **Formvorschriften** wie für das Vollindossament. Der wichtigste Unterschied liegt darin, dass es gemäß Art. 13 Abs. 2 WG auch aus der **bloßen Unterschrift des Indossanten** bestehen kann. Für diesen Fall schreibt Art. 13 Abs. 2 WG vor, dass das Indossament, „um gültig zu sein, auf die Rückseite oder auf den Anhang gesetzt sein muss". Das hat seinen Grund darin, dass es anderenfalls zu leicht mit einem Akzept oder einer Wechselbürgschaft verwechselt werden könnte. Diese Gefahr besteht hier indessen nicht, da die kaufmännischen Orderpapiere weder ein Akzept kennen – von der kaufmännischen Anweisung abgesehen – noch ein der Wechselbürgschaft entsprechendes Institut. Folglich ist Art. 13 Abs. 2 Satz 2 WG grundsätzlich im Wege einer teleologischen Reduktion außer Anwendung zu lassen, so dass auch die bloße Unterschrift auf der

---

[1] Vgl. RGZ 47, 163, 165.
[2] So auch MünchKomm.-*Hefermehl* § 365 Rdn. 3.
[3] Vgl. auch MünchKomm.-*Hefermehl* § 365 Rdn. 9.

Claus-Wilhelm Canaris

Vorderseite des Papiers ein wirksames Blankoindossament sein kann.[4] Dafür spricht auch, dass Art. 13 Abs. 2 Satz 2 WG eine Neuerung gegenüber der WO darstellt und die entsprechende Vorschrift des Art. 12 WO, auf die § 365 Abs. 1 eigentlich verweist, weit weniger rigoros formuliert war. Demgemäß gilt die Verweisung auf Art. 13 Abs. 2 Satz 2 WG nur für die kaufmännische Anweisung; denn wenn bei einer solchen die Unterschrift des Angewiesenen auf der Vorderseite des Papiers steht, besteht in der Tat die Möglichkeit einer Verwechslung mit einem Akzept, und daher kann man bei dieser darin kein Blankoindossament sehen.

7   Gemäß § 365 Abs. 1 i.V. mit Art. 14 Abs. 2 Ziff. 1 WG hat der Wechselinhaber die Befugnis zur **Ausfüllung des Blankoindossaments** mit seinem eigenen Namen oder dem eines anderen. Bei einer Ausfüllung mit seinem eigenen Namen erwirbt der Inhaber nicht etwa erst jetzt das Eigentum am Papier und die Rechte aus diesem; sein Erwerb hat vielmehr bereits durch die Übergabe des blanko indossierten Papiers und den damit verbundenen Begebungsvertrag stattgefunden. Auch zur Legitimation des Inhabers ist die Vervollständigung des Blankoindossaments nicht erforderlich, da dieses gemäß § 365 Abs. 1 HGB i.V. mit Art. 16 Abs. 1 Satz 1 a.E. WG den Inhaber des Papiers als solchen legitimiert. Die Einsetzung des eigenen Namens hat daher keine konstitutive rechtliche Bedeutung, sondern stellt lediglich eine faktische Sicherung für den Fall eines Verlusts des Papiers dar, weil dieses nunmehr vom Inhaber nicht mehr unter Ausnutzung des Blankoindossaments, sondern nur noch durch eine Fälschung missbraucht werden kann. Auch die Einsetzung des Namens eines Dritten hat für sich allein selbstverständlich keine rechtliche Bedeutung, sondern dient lediglich der Vorbereitung einer Übertragung auf jenen.

8   Die **Übertragung eines blankoindossierten Papiers** kann nach § 365 Abs. 1 HGB i.V. mit Art. 14 Abs. 2 WG in mehreren Formen erfolgen: erstens durch Eintragung des eigenen Namens und anschließendes Indossament; zweitens durch unmittelbare Eintragung des Namens des Indossatars; drittens durch ein weiteres Blankoindossament; viertens durch Übergabe des Papiers ohne Ausfüllung. Hinzukommen muss wie immer der Begebungsvertrag. Unterbleibt jede Ausfüllung, so erfolgt die Übertragung genauso wie bei einem Inhaberpapier, weshalb ein blanko indossiertes Orderpapier starke Ähnlichkeit mit einem solchen hat.

3. Das bedingte Indossament und das Teilindossament

9   Bei einem **bedingten Indossament** gilt im Wechselrecht die Bedingung gemäß Art. 12 Abs. 1 WG als nicht geschrieben. § 365 Abs. 1 HGB enthält **keine Verweisung auf Art. 12 Abs. 1 WG**, doch tritt die h.L. gleichwohl für eine **Analogie zu dieser Vorschrift** ein.[5]

Dem ist nicht zu folgen. Die Unzulässigkeit eines bedingten Indossaments ergibt sich nämlich nicht aus der Rechtsnatur oder der Sachstruktur des Indossaments, sondern ist nur aus der allgemeinen Bedingungsfeindlichkeit des Wechsels zu erklären, wie sie vor allem in Art. 1 Ziff. 2 und Art. 26 Abs. 1 WG zum Ausdruck kommt. Die kaufmännischen Orderpapiere sind aber im Gegensatz zum Wechsel gerade nicht bedingungsfeindlich (vgl. oben § 363 Rdn. 19), und daher besteht hier auch bezüglich des Indossaments kein Anlass für eine Bedingungsfeindlichkeit, wie sie der spezifisch wechselrechtlichen Vorschrift des Art. 12 Abs. 1 WG zugrunde liegt. Das gilt um so

---

[4] **A. A.** h. L., vgl. *Düringer/Hachenburg/Breit* § 365 Anm. 2; MünchKomm.-*Hefermehl* § 365 Rdn. 4.
[5] Vgl. MünchKomm.-*Hefermehl* § 365 Rdn. 9 a. E.;

Baumbach/Hopt § 365 Rdn. 1; ähnlich auch schon unter der Geltung der WO *Düringer/Hachenburg/Breit* § 364 Anm. 5 und § 365 Anm. 1.

mehr, als diese rechtspolitisch verfehlt ist; denn dass die Bedingung als nicht geschrieben gilt und dass dem Indossanten daher eine Rechtsfolge auferlegt wird, die über die von ihm abgegebene Erklärung weit hinausgeht, ist ein sachlich nicht gerechtfertigter Eingriff in die – verfassungsrechtlich geschützte! – Privatautonomie.[6] In Betracht kommen könnte daher als Rechtsfolge allenfalls die Nichtigkeit der Bedingung und damit gemäß § 139 BGB i.d.R. auch des Indossaments. Dazu besteht aber kein sachlicher Anlass. Insbesondere zwingt nicht etwa die Umlauffunktion des Papiers zu dieser Konsequenz. Denn erstens wird diese durch die Bedingung des Indossaments nicht stärker beeinträchtigt als durch die – unbestrittenermaßen zulässige – Bedingtheit des verbrieften Rechts selbst; zweitens kann die Beeinträchtigung je nach der Art der Bedingung sehr gering sein; und drittens besteht keinerlei Grund, einem Indossatar, der sich auf die mit der Bedingung verbundene Unsicherheit eingelassen hat, deshalb das Recht abzusprechen bzw. gemäß § 140 BGB nur eine (bedingte) Zession anzunehmen und ihm so die spezifischen Vorteile des Indossaments vorzuenthalten.

Ähnliche Probleme ergeben sich hinsichtlich des **Teilindossaments.** Dieses ist nach **10** Art. 12 Abs. 2 WG nichtig, doch enthält § 365 Abs. 1 HGB **keine Verweisung auf Art. 12 Abs. 2 WG.** Gleichwohl plädiert die h.L. auch hinsichtlich dieser Vorschrift für eine **Analogie.**[7]

Auch in dieser Frage ist der h.L. zu widersprechen. Auch das Verbot von Teilindossamenten passt nämlich für die kaufmännischen Orderpapiere nicht und ist überdies sachlich verfehlt. Unpassend ist die Regelung von Art. 12 Abs. 2 WG deshalb, weil die kaufmännischen Orderpapiere in aller Regel Güterpapiere sind und bei diesen ein besonders starkes praktisches Bedürfnis für ein Teilindossament besteht. Denn mit dessen Hilfe lässt sich eine **Übereignung einer Teilmenge der Güter** vornehmen, und daher liegt in einem Teilindossament eine zweckmäßige Alternative zu der – an die Mitwirkung des Schuldners gebundenen und oft wenig praktikablen – nachträglichen Ausstellung von Teilpapieren wie z.B. Teilkonnossementen.[8] Außerdem ist die Regelung von Art. 12 Abs. 2 WG sachlich verfehlt. Ihre ratio legis wird darin gesehen, dass der Besitz an der Urkunde nicht teilbar ist.[9] Diese Schwierigkeit lässt sich jedoch durch die Verwendung mehrerer Ausfertigungen oder einer Abschrift – die nach Art. 64 ff, 67 ff WG zulässig ist – überwinden, wobei gegenüber etwaigen inhaltlichen Diskrepanzen die Vorschriften über den Erwerb vom Nichtberechtigten bzw. über die Leistung an einen Nichtberechtigten hinreichenden Schutz bieten. Darüber hinaus kommt es selbst dann nicht zu unlösbaren Komplikationen, wenn das Papier nur in einem Exemplar existiert. Denn dann kann eben nur dessen Inhaber seinen Teil der Rechte aus dem Papier geltend machen oder weiterübertragen – und wenn der andere Beteiligte sich auf eine solche Gestaltungsform einlässt, hat die Rechtsordnung keinen Anlass, dies durch ein Verbot des Teilindossaments zu unterbinden. Im Übrigen ist das WG nicht einmal in sich selbst folgerichtig, weil es in Art. 51 für den insoweit gleichliegenden Fall der Teilannahme die Aufspaltung der Rechte aus dem Papier durchaus zulässt und dabei den in der Tat probaten Ausweg über die Herstellung einer Abschrift wählt. Ist somit Art. 12 Abs. 2 WG sachlich verfehlt, so besteht auf Grund der vernünftigen Maxime, dass man rechtspolitisch fragwürdige Vorschriften nicht

---

[6] Vgl. *Hueck/Canaris* § 8 III 3 b.
[7] Vgl. MünchKomm.-*Hefermehl* § 365 Rdn. 9 a.E.; *Baumbach/Hopt* § 365 Rdn. 1; ebenso i.E. schon *Düringer/Hachenburg/Breit* § 365 Anm. 1 unter der Geltung der WO.

[8] Vgl. zu letzteren statt aller *Rabe* § 642 Rdn. 1 und § 648 Rdn. 16 ff.
[9] Vgl. *Baumbach/Hefermehl* Art. 12 WG Rdn. 2.

Claus-Wilhelm Canaris

ohne zwingenden Grund analog anwenden soll, kein Anlass, die kaufmännischen Orderpapiere entgegen dem Wortlaut von § 365 Abs. 1 HGB dem Verbot des Teilindossaments zu unterwerfen und dadurch die Befriedigung legitimer wirtschaftlicher Bedürfnisse zu verhindern.

III. Die Legitimationsfunktion des Indossaments gemäß § 365 Abs. 1 HGB i. V. mit Art. 16 Abs. 1 WG

1. Die Wirkungen der Legitimationsfunktion

11   Nach § 365 Abs. 1 i. V. mit Art. 16 Abs. 1 WG gilt als rechtmäßiger Inhaber des Papiers, wer sein Recht durch eine ununterbrochene Reihe von Indossamenten nachweist. Man nennt dies die Legitimationsfunktion des Indossaments. Ihre sachliche Bedeutung liegt in erster Linie darin, dass sie eine **Rechtsvermutung zugunsten des Papierinhabers** schafft: wer durch die Indossamentenkette formell legitimiert ist, gilt bis zum Beweis des Gegenteils auch materiell als Berechtigter. Die Indossamentenkette erfüllt also dieselbe Funktion wie die Grundbucheintragung im Liegenschaftsrecht und der Besitz im Recht der beweglichen Sachen, da auch diese gemäß § 891 bzw. § 1006 BGB eine Vermutung begründen.

12   Zugleich bildet die Indossamentenkette die **Grundlage des Gutglaubensschutzes.** Denn sowohl die Möglichkeit gutgläubigen Erwerbs gemäß § 365 Abs. 1 HGB i. V. mit Art. 16 Abs. 2 WG als auch die Möglichkeit einer befreienden Leistung an den Nichtberechtigten gemäß § 365 Abs. 1 HGB i. V. mit Art. 40 Abs. 3 WG baut auf der Legitimation durch die Indossamentenkette auf. Auch das entspricht voll den Grundsätzen des bürgerlichen Rechts, da auch dort sowohl der gutgläubige Erwerb gemäß §§ 892 f, 932 ff BGB als auch die befreiende Leistung an einen Nichtberechtigten gemäß §§ 893, 851 BGB an die Vermutungs- und Rechtsscheinwirkung von Grundbucheintragung und Besitz anknüpfen.

2. Die Unterbrechung der Indossamentenkette

13   **a) Die Voraussetzungen einer ununterbrochenen Indossamentenkette.** Voraussetzung der Legitimationsfunktion ist nach § 365 Abs. 1 HGB i. V. mit Art. 16 Abs. 1 WG eine ununterbrochene Indossamentenkette.[10] Der Name des Indossanten muss also grundsätzlich dem Namen des jeweils vorhergehenden Indossatars entsprechen; eine ununterbrochene Indossamentenkette verläuft daher nach dem Schema A an B, B an C, C an D usw. Dabei kommt es nur auf die **äußerliche Übereinstimmung der Indossamente** und nicht auf die sachliche Richtigkeit der Unterschriften an; unerkennbare **Fälschungen** unterbrechen folglich die Kette nicht und beeinträchtigen nicht die formelle Legitimation des Papierinhabers. Auch **Blankoindossamente** unterbrechen die Kette selbstverständlich nicht, wie in Art. 16 Abs. 1 Satz 3 WG ausdrücklich klargestellt ist; wenn das letzte Indossament ein Blankoindossament ist, tritt die Legitimationswirkung gemäß Art. 16 Abs. 1 Satz 1 a. E. WG zugunsten des jeweiligen Besitzers des Papiers ein, ohne dass dieser seine Identität mit dem letzten Erwerber nachweisen muss.

14   Ausgestrichene Indossamente gelten gemäß Art. 16 Abs. 1 Satz 2 WG als nicht geschrieben. Die **Streichung eines Indossaments** in einer zusammenhängenden Kette

---

[10] Vgl. z.B. BGH WM 1979, 892 zur kaufmännischen Anweisung.

unterbricht diese somit und beseitigt daher die formelle Legitimation. Umgekehrt stellt die Streichung eines störenden Indossaments die Legitimation her, wenn nunmehr zwischen den verbleibenden Indossamenten ein ununterbrochener Zusammenhang besteht; ob die Streichung materiell gerechtfertigt war oder eine Verfälschung darstellt, ist für die Anwendbarkeit von Art. 16 Abs. 1 WG unerheblich, da diese allein von dem äußeren Bild der Indossamentenkette abhängt. Lautet die Kette also z. B. von A an B, von B an X, von B an C, so kann C seine formelle Legitimation herstellen, indem er das Indossament des B an X einfach streicht.

b) Die Folgen einer Unterbrechung der Indossamentenkette. Äußerst umstrit- **15** ten sind die Folgen einer Unterbrechung der Indossamentenkette. Nach einer früher verbreiteten Ansicht soll diese zur **Nichtigkeit aller Indossamente** führen, die nach der Unterbrechung stehen.[11] Das wird teilweise sogar dann angenommen, wenn der Indossant trotz Fehlens der formellen Legitimation materiell berechtigt war.[12] Folglich könnte z. B. jemand, der das Papier geerbt oder durch Zession erworben hat, es nicht wirksam weiterindossieren, wobei insoweit z. T. noch zwischen dem Erben und dem Zessionar differenziert wird.[13]

Diese Ansicht überzeugt nicht.[14] Richtig ist vielmehr, dass die Legitimationsfunk- **16** tion und die mit ihr verbundenen Verkehrs- und Vertrauensschutzwirkungen **nur hinsichtlich desjenigen Erwerbsvorgangs, hinsichtlich dessen die Lücke in der Indossamentenkette besteht**, entfallen, im Übrigen aber durchgreifen. Das bedeutet, dass der Inhaber des Papiers bezüglich des durch die Kette nicht gedeckten Erwerbsvorgangs die volle Beweislast für das Vorliegen der materiellen Berechtigung trägt und dass insoweit kein gutgläubiger Erwerb nach Art. 16 Abs. 2 WG, kein Einwendungsausschluss und keine Befreiungswirkung nach Art. 40 Abs. 3 WG in Betracht kommen, dass aber hinsichtlich aller anderen, von der Indossamentenkette gedeckten Übertragungen die Unterbrechung unschädlich ist. Insbesondere kann keine Rede davon sein, dass das Indossament eines materiell Berechtigten, aber formell nicht legitimierten Inhabers nichtig ist. Die Gegenansicht verkehrt den Sinn des Legitimationsgedankens geradezu in sein Gegenteil. Denn das Ziel von Art. 16 Abs. 2 WG ist lediglich, bei Vorliegen eines Legitimationszusammenhangs den Schutz des Erwerbers zu gewährleisten, nicht aber auch umgekehrt bei einer Unterbrechung der Kette jeden Schutz zu vereiteln. Auch das Bedürfnis des Verkehrs nach einem schnellen und leicht zu überschauenden Verlauf steht nicht entgegen.[15] Dieses Bestreben ist nämlich durch die Unterbrechung der Indossamentenkette ohnehin schwer beeinträchtigt, und diese Beeinträchtigung wird nicht nur nicht beseitigt, sondern im Gegenteil noch außerordentlich verstärkt, wenn man wegen der Unterbrechung der Indossamentenkette nunmehr auch noch für die nachfolgenden, an sich durch einen ordnungsgemäßen Indossamentenzusammenhang gedeckten Übertragungen die Legitimations- und die Transportfunktion verneint. Ebenso wenig lässt sich argumentieren, ein derartiges Papier sei nicht mehr zum Umlauf geeignet und verdiene daher nicht mehr den gesteigerten wertpapierrechtlichen Verkehrsschutz. Denn die Unterbrechung der Indossamentenkette macht das Papier keineswegs ohne weiteres ungeeignet für den Umlauf, da der Veräußerer die Unschädlichkeit der Unterbrechung – also z. B. das Vorliegen

---

[11] Vgl. z. B., jeweils zum Wechsel, RGZ 114, 365, 367 f; *Jacobi* Wechsel- und Scheckrecht, 1955, S. 585, 605; *Reinicke* BB 1956, 389.
[12] Vgl. RGZ aaO.
[13] Vgl. RGZ 43, 44.

[14] Ebenso MünchKomm.-*Hefermehl* § 365 Rdn. 13 sowie zum Wechsel z. B. *Ulmer* S. 216 und *Baumbach/Hefermehl* Art. 15 Rdn. 5.
[15] So aber RGZ aaO und *Reinicke* BB 1956, 389.

eines Erbfalls oder einer wirksamen Zession – häufig einem potentiellen Erwerber wird stringent beweisen können und man es diesem überlassen sollte, ob er sich auf das damit verbundene Risiko einlässt oder nicht. Es besteht daher kein hinreichender Grund dazu, das Papier von Gesetzes wegen gewissermaßen zwangsweise vollends verkehrsunfähig zu machen.

IV. Der gutgläubige Erwerb gemäß § 365 Abs. 1 HGB i.V. mit Art. 16 Abs. 2 WG

1. Der Erwerb der vollen Rechtsstellung durch den Gutgläubigen

17   Art. 16 Abs. 2 WG schließt seinem Wortlaut nach nur die **Herausgabepflicht** des gutgläubigen Erwerbers aus. Diese Formulierung – die noch ganz aktionenrechtlich orientiert ist und damit zusammenhängen dürfte, dass das Wechselgesetz auf dem Genfer Abkommen von 1930 beruht und demgemäß internationales Einheitsrecht darstellt – wird indessen der in Deutschland geltenden Rechtslage nicht gerecht. Die Rechtsfolge besteht vielmehr unbestrittenermaßen darin, dass der Erwerber das **Eigentum am Papier** und mit diesem die **Rechte aus dem Papier** erlangt. Anderenfalls wäre nämlich die Rechtsstellung des Erwerbers zu schwach; insbesondere hätte dieser nicht die Möglichkeit, das Papier seinerseits als Berechtigter weiterzuübertragen und es bei einem etwaigen Verlust nach § 985 BGB zu vindizieren. Auch käme man sonst zu einem dauernden Auseinanderfallen von Besitz und formeller Legitimation einerseits und materieller Zuständigkeit andererseits, was unerfreulich wäre und vom geltenden Recht grundsätzlich vermieden wird. Art. 16 Abs. 2 WG ist daher so zu interpretieren, wie es den auch sonst für den gutgläubigen Erwerb geltenden Regeln entspricht.

2. Die Voraussetzungen des gutgläubigen Erwerbs

18   Art. 16 Abs. 2 WG macht den gutgläubigen Erwerb vom Vorliegen einer **ununterbrochenen Indossamentenkette** abhängig. Das bedeutet nach richtiger Ansicht jedoch nur, dass der fehlende oder unwirksame Übertragungsvorgang durch die Indossamentenkette gedeckt sein muss. Ist diese bezüglich einer anderen Übertragung, die nicht fehlerhaft ist und hinsichtlich derer es daher eines gutgläubigen Erwerbs gar nicht bedarf, unterbrochen, so steht das der Anwendung von Art. 16 Abs. 2 WG auf die übrigen, von der Indossamentenkette gedeckten Übertragungen nicht entgegen (vgl. oben Rdn. 15 f).

19   Die Indossamentenkette genügt für sich allein nicht zur Gewährleistung des gutgläubigen Erwerbs. Ebenso wie beim Erwerb vom Berechtigten und in Übereinstimmung mit der Regelung der §§ 932 ff BGB muss vielmehr ein auf die Übereignung des Papiers gerichteter Akt hinzukommen. Erforderlich sind **Einigung und Übergabe** des Papiers. Bei einem Erwerb durch schlichte Einigung nach § 929 S. 2 BGB oder durch Übergabesurrogat gelten grundsätzlich die besonderen zusätzlichen Voraussetzungen, die das BGB hierfür in den §§ 932 ff aufstellt.[16] Bei einer Übereignung durch **Besitzkonstitut** tritt der gutgläubige Erwerb allerdings entgegen § 933 BGB nicht erst mit der Aufgabe des Besitzes durch den Veräußerer, sondern schon mit der Indossierung des Papiers ein. Denn § 933 BGB beruht auf dem Gedanken, dass der bisherige Eigentümer und der Erwerber dem Besitzer „das gleiche Vertrauen

---

[16] **A.A.** *Zöllner* Festschr. für Raiser, 1974, S. 283.

schenken",[17] und das passt nicht, wenn die Rechtsstellung des Erwerbes nicht nur auf dem Besitzkonstitut beruht, sondern zusätzlich durch ein Indossament verstärkt ist. Wird freilich ein blanko indossiertes Papier nach Art. 14 Abs. 2 Ziff. 3 WG i.V.m. § 930 BGB übetragen, hat es folgerichtig bei der Regelung von § 933 BGB sein Bewenden.[18]

Die Möglichkeit gutgläubigen Erwerbs besteht nach Art. 16 Abs. 2 WG auch bei **abhanden gekommenen Papieren.** Das erklärt sich aus dem gesteigerten Verkehrsschutzbedürfnis im Recht der Umlaufpapiere und entspricht § 935 Abs. 2 BGB. **20**

3. Die Reichweite des Gutglaubensschutzes

Nach den allgemeinen Grundsätzen des deutschen Privatrechts wird nur der **gute 21 Glaube an das Eigentum des Vormannes** geschützt. Im Rahmen von Art. 16 Abs. 2 WG soll der Gutglaubensschutz indessen nach einer verbreiteten, zu manchen Problemen sogar vorherrschenden Ansicht wesentlich weiter reichen und auch andere Mängel als das Fehlen des Eigentums erfassen. Klarheit kann man hier nur gewinnen, wenn man die verschiedenen in Betracht kommenden Konstellationen einzeln untersucht. Dabei ergeben sich **zwei Hauptgruppen,** die unterschiedlich zu behandeln sind. Bei der ersten Gruppe beruht der Mangel auf einem unbefugten Handeln eines in den Veräußerungsvorgang eingeschalteten Dritten, so dass zumindest im Ansatz eine gewisse Nähe zu den „klassischen" Anwendungfällen von Art. 16 Abs. 2 WG besteht, in denen die Veräußerung von einem Dritten, der sich als Eigentümer geriert, vorgenommen wird; bei der zweiten Gruppe beschränkt sich der Mangel auf den Begebungsvertrag zwischen Veräußerer und Erwerber, und daher scheidet hier jede Verwandtschaft mit einer „Dreieckskonstellation" von vornherein aus.

a) Die Problematik des Gutglaubensschutzes bei Handeln eines materiell nicht 22 legitimierten Dritten. Am ehesten lässt sich, wie § 366 HGB zeigt, dem Schutz des guten Glaubens an das Eigentum der Schutz des **guten Glaubens an die Verfügungsmacht** gleichstellen. Diese Vorschrift gilt natürlich auch für Verfügungen über Orderpapiere. Darüber hinaus kommt auch außerhalb ihres Anwendungsbereichs, d.h. vor allem bei Verfügungen durch einen Nichtkaufmann, beim Erwerb von Orderpapieren grundsätzlich ein Schutz des guten Glaubens an die Verfügungsmacht in Betracht.[19] Das gilt jedoch nur dann, wenn der Verfügende durch die Indossamentenkette legitimiert ist.[20] Denn der Besitz als solcher schafft hier für sich allein noch keinen Rechtsschein und stellt daher keine ausreichende Grundlage für einen gutgläubigen Erwerb dar; es wäre doch geradezu widersinnig, zwar die formelle Legitimation zu verlangen, wenn der Veräußerer sein Eigentum am Wechsel behauptet, dagegen auf dieses Erfordernis zu verzichten, wenn er nur seine Verfügungsmacht behauptet. Andererseits ist es aber grundsätzlich auch ausreichend für den Schutz des guten Glaubens an die Verfügungsmacht, wenn der Verfügende formell legitimiert ist. Die Verwendung eines Vollindossaments zum Zwecke der Einräumung von Verfügungsmacht, insbesondere eines „Treuhandindossaments" (vgl. § 364 Rdn. 14 ff), ist nämlich so weit verbreitet,

---

[17] Vgl. *Westermann* Sachenrecht[7] § 48 vor I.
[18] **A.A.** *Zöllner* aaO S. 283 f Anm. 108.
[19] Vgl. außer den in der folgenden Fn. Zitierten z.B. *Heymann/Horn* § 365 Rdn. 14 (jedoch in Vermengung mit § 366 HGB); *Baumbach/Hefermehl* Art. 16 WG Rdn. 10 unter b; *Richardi* § 4 III 3 c und § 18 II 2 d; *Henrichs* Der Schutz des gutgläubigen Wechselerwerbers nach dem Einheitlichen Wechselgesetz der Genfer Verträge

unter besonderer Berücksichtigung der Rechtsentwicklung in den Vertragsstaaten, 1962, S. 153 ff; *Liesecke* WM 1971, 366; *Tiedtke* Gutgläubiger Erwerb im bürgerlichen Recht, im Handels- und Wertpapierrecht sowie in der Zwangsvollstreckung, 1985, S. 244.
[20] Ebenso *Zöllner* § 14 VI 1 c bb (1); *Hager* S. 418; **a.A.** vor allem *Henrichs* aaO (Fn. 19).

Claus-Wilhelm Canaris

dass das Indossament nicht nur einen Rechtsschein für das Eigentum am Papier, sondern auch für die Verfügungsmacht setzt. Das gilt jedenfalls für ein Namensindossament zugunsten des Verfügenden, aber wohl auch für ein Blankoindossament. Unterstützend kann man dabei auf die Wertung von § 366 Abs. 1 HGB verweisen: Wenn sogar die Kaufmannseigenschaft einen hinreichenden Scheintatbestand für das Vorliegen der Verfügungsmacht zu begründen vermag, dann muss das auch und erst recht für ein auf den Verfügenden lautendes Indossament und für den Besitz an einem blanko indossierten Papier gelten.

23   Darüber hinaus soll Art. 16 Abs. 2 WG nach h. L. auch den Schutz des **guten Glaubens an die Vertretungsmacht** umfassen.[21] Dem ist für diejenigen Fälle zuzustimmen, in denen der falsus procurator durch den Wechsel formell legitimiert ist, d. h. wenn das letzte Indossament vor der Begebung an den gutgläubigen Erwerber auf den falsus procurator lautet oder ein Blankoindossament ist. Denn angesichts der Häufigkeit eines verdeckten Vollmachtsindossaments und der diesem entsprechenden Aushändigung eines blanko indossierten Papiers zu Vertretungszwecken setzt die Innehabung des Papiers in Verbindung mit einer ordnungsgemäßen Indossamentenkette einen Rechtsschein für die Vertretungsmacht. Das gilt unbedenklich im Rahmen von Art. 40 Abs. 3 WG, also für die Einziehung der verbrieften Forderung, dürfte aber auch im Rahmen von Art. 16 Abs. 2 WG zutreffen. Aus der Tatsache, dass der legitimierte Inhaber des Papiers nicht dessen Eigentümer ist, sondern nur als Stellvertreter auftritt, braucht der gutgläubige Verkehr nämlich grundsätzlich nicht zu schließen, dass die Vertretungsmacht auf die Einziehung des Rechts beschränkt ist und dessen Übertragung – z. B. im Wege der Diskontierung oder im Zusammenhang mit einem Dokumentenakkreditiv – nicht einschließt; sachgerechte Ergebnisse sind insoweit nicht durch eine generelle Verneinung der Möglichkeit gutgläubigen Erwerbs, sondern nur durch eine einzelfallbezogene Differenzierung der an den guten Glauben zu stellenden Anforderungen zu erzielen. Auch mit dem Wortlaut von Art. 16 Abs. 2 WG – der freilich angesichts seiner wenig klaren Fassung und der Besonderheiten seiner Entstehungsgeschichte[22] keine sonderlich starke Argumentationsgrundlage darstellt – harmoniert die Möglichkeit eines Schutzes des guten Glaubens an die Vertretungsmacht, da man bei Rechtsgeschäften eines Vertreters ohne Vertretungsmacht – ebenso wie übrigens bei Verfügungen ohne Verfügungsmacht – durchaus noch sagen kann, dass das Papier seinem Eigentümer „irgendwie abhanden gekommen" sei; denn immerhin ist dieses hier – anders als in den sogleich Rdn. 25 zu behandelnden Fällen – durch einen *Dritten* unbefugt weiterübertragen worden,[23] auch wenn der Vertreter es nicht unbefugt an sich gebracht hat. Ist der Schutz des guten Glaubens an die Vertretungsmacht zu bejahen, so ist es ein Gebot praktischer Konsequenz und Effizienz, diesen in analoger Anwendung von Art. 16 Abs. 2 WG auf das der Übertragung des Papiers zugrunde liegende Kausalgeschäft zu erstrecken, so dass dieses entgegen § 177 BGB wirksam ist und dem Vertretenen also **keine Leistungskondiktion auf Rück-**

---

[21] Vgl. RGZ 74, 184, 185 f (zum Wechsel); BGHZ 26, 268, 272 (zum Scheck); BGH WM 1968, 4; *Ulmer* S. 237; *Zöllner* § 14 VI 1 c bb (2); *Heymann/Horn* § 365 Rdn. 14; *Stranz* Art. 16 WG Anm. 19; *Quassowski/Albrecht* Art. 16 WG Rdn. 17; *Baumbach/Hefermehl* Art. 16 WG Rdn. 10 unter b; *Bülow* Art. 16 WG Rdn. 23; *Henrichs* (Fn. 19) S. 163 ff; *Liesecke* WM 1971,

367; *Tiedtke* (Fn. 19) S. 244; **a. A.** *Jacobi* Wechsel- und Scheckrecht S. 62; *Hager* S. 414 f.

[22] Vgl. dazu *Henrichs* (Fn. 19) S. 114 f.

[23] Legt man die Unterscheidung von *Hager* S. 409 ff zwischen Drei- und Zweipersonenverhältnissen zugrunde, so steht die Problematik also ersteren zumindest ebenso nahe wie letzteren.

übertragung des Papiers zusteht.[24] Die Rechts- und Interessenlage ist anders als bei der Parallelproblematik im Rahmen von § 366 Abs. 1 HGB, weil das Indossament – das ja nach der hier vertretenen Ansicht den falsus procurator legitimieren muss! – einen wesentlich stärkeren Rechtsschein für das Vorliegen der Vertretungsmacht setzt als die Kaufmannseigenschaft und weil dort auch das praktische Bedürfnis für die Gleichstellung der Vertretungs- mit der Verfügungsmacht ungleich geringer ist als hier (vgl. unten § 366 Rdn. 37 f).

Bei **Fehlen der formellen Legitimation des falsus procurator** greift Art. 16 Abs. 2 WG nicht ein. Der bloße Besitz am Papier begründet nämlich keinen Rechtsschein für die Vertretungsmacht, weil angesichts der Institution des (offenen oder verdeckten) Vollmachtsindossaments grundsätzlich deren Verlautbarung im Papier oder das Vorliegen eines Blankoindossaments erwartet werden darf. Die Anhänger der h. L. nehmen zu dieser Frage meist nicht ausdrücklich Stellung, doch gehen einige von ihnen von der Gegenansicht aus;[25] in der Entscheidung RGZ 74, 184 lag ein Blankoindossament vor, doch hat das RG hierauf nicht abgestellt, so dass das Urteil zwar im Ergebnis zutreffend, in seiner sachlichen Tragweite aber nicht genau abzuschätzen ist; im Fall BGHZ 26, 268 war der falsus procurator offenbar nicht formell legitimiert, doch ist der BGH auf diese Problematik nicht eingegangen, sondern hat den Erwerb am Fehlen des guten Glaubens scheitern lassen.

Unberührt bleiben grundsätzlich die *allgemeinen* Regeln über den Schutz des guten Glaubens an die Vertretungsmacht, also insbesondere die Regeln über die Anscheinsvollmacht. Allerdings wird dabei der gute Glaube des Erwerbers verhältnismäßig häufig zu verneinen sein. Denn wenn das Papier einen anderen als den Veräußerer formell legitimiert, wird der Erwerber nicht selten Anlass haben, sich bei jenem nach dem Bestehen der Vertretungsmacht zu erkundigen.

Nach h. L. soll Art. 16 Abs. 2 WG ferner den Schutz des **guten Glaubens an die** **24** **Identität** des durch die Indossamentenkette Legitimierten mit dem Veräußerer gewährleisten.[26] Das ist indessen alles andere als selbstverständlich, da die Indossamentenkette über die Identität des Veräußerers überhaupt nichts aussagt und daher insoweit keinen Rechtsschein setzt. Auch ist zu bedenken, dass das Indossament den Berechtigten vor einem Missbrauch des Papiers schützen soll, worin für ihn ja gerade der besondere Vorteil eines Orderpapiers gegenüber einem Inhaberpapier besteht. Aus diesen Gründen trägt auch das – auf den ersten Blick scheinbar nahe liegende – Argument nicht, bei einer Täuschung über die Identität des Veräußerers gehe es um ein Handeln unter fremdem Namen und auf dieses seien anerkanntermaßen grundsätzlich die Regeln über das Handeln in fremdem Namen entsprechend anzuwenden, so dass die Zulassung eines Gutgläubigenschutzes nur die folgerichtige Konsequenz aus der in der vorigen Rdn. im Prinzip bejahten Anerkennung des Gutgläubigenschutzes gegenüber dem Fehlen der Vertretungsmacht darstelle; denn im entscheidenden Punkt liegt es eben anders als dort, weil das Indossament hier gerade nicht auf den Veräußernden

[24] Ebenso i. E. *Düringer/Hachenburg/Breit* § 365 Anm. 11; *U. Huber* Festschrift für Flume, 1978, Bd. II S. 117 Fn. 127; **a. A.** *Henrichs* (Fn. 19) S. 169 f; *Tiedtke* (Fn. 19) S. 245 f; *Hager* S. 415 f.

[25] Vgl. vor allem *Henrichs* S. 164 ff; *Liesecke* WM 1971, 367; wohl auch *Ulmer* und *Quassowski/Albrecht* aaO (wie Fn. 21); wie hier aber zutreffend *Bülow* Art. 16 WG Rdn. 23.

[26] Vgl. MünchKomm.-*Hefermehl* § 365 Rdn. 23;

Ulmer S. 238 mit Fn. 40; *Zöllner* § 14 VI 1 c bb (4); *Quassowski/Albrecht* Art. 16 WG Rdn. 9 und 22; *Stranz* Art. 16 WG Anm. 19; *Baumbach/Hefermehl* Art. 16 WG Rdn. 10 unter b; *Bülow* Art. 16 WG Rdn. 25; *Henrichs* S. 159 ff; *Liesecke* WM 1971, 367; *Tiedtke* (Fn. 19) S. 245; **a. A.** *Jacobi* Wechsel- und Scheckrecht S. 63; *Hager* S. 416 f.

Claus-Wilhelm Canaris

lautet (und ein Blankoindossament ex praemissione nicht vorliegt, weil sich bei einem solchen die Identitätsproblematik gar nicht stellt).

Gleichwohl wird man der h. L. im Ergebnis weitgehend zu folgen und die Möglichkeit des Schutzes des guten Glaubens an die Identität des Veräußerers grundsätzlich zu bejahen haben. Dafür spricht zunächst wiederum,[27] dass es um eine unbefugte Veräußerung des Papiers durch einen *Dritten* und nicht lediglich um die Fehlerhaftigkeit des Begebungsvertrags geht; die Problematik steht also den den Kernbereich von Art. 16 Abs. 2 WG bildenden Fällen, in denen ein Nichteigentümer sich als Eigentümer geriert, nicht so fern, dass ihre Einbeziehung in den Anwendungsbereich dieser Vorschrift unter teleologischen Gesichtspunkten von vornherein ausscheidet, und außerdem hat es aus diesem Grund auch hier durchaus einen guten Sinn zu sagen, dass das Papier dem wahren Berechtigten „irgendwie abhanden gekommen" ist. Entscheidend kommt hinzu, dass hier ein starkes Verkehrsbedürfnis für die Zulassung gutgläubigen Erwerbs spricht.[28] Anderenfalls würde nämlich der Erwerb eines Orderpapiers mit einem so starken Unsicherheitsmonemt belastet, dass seine Umlauffunktion ernstlich beeinträchtigt wäre. Die praktische Folge wäre vermutlich, dass das Namensindossament noch stärker als ohnehin schon vom Blankoindossament verdrängt würde, da bei diesem die Identitätsproblematik nicht auftauchen kann. Eine solche Entwicklung kann aber nicht im Sinne des Gesetzes liegen, da dadurch die Sicherungsfunktion des Namensindossaments vollends obsolet würde. Eine solche Sicherungsfunktion bleibt auch bei Anerkennung eines Schutzes des guten Glaubens an die Identität des veräußernden Papierinhabers mit dem letzten Indossatar durchaus noch erhalten, da der Veräußerer ja jedenfalls dessen Indossament fälschen und also die darin liegende psychologische und strafrechtliche Barriere überwinden muss und da überdies den Erwerber insoweit grundsätzlich eine Prüfungspflicht trifft.

Diese **Prüfungspflicht** ist i. d. R. sogar verhältnismäßig streng.[29] Der Erwerber muss also grundsätzlich die Identität des Veräußerers sehr sorgfältig prüfen und sich gegebenenfalls den Ausweis vorlegen lassen, Unterschriftsproben beiziehen usw. Wenn sich jemand schon auf den Erwerb eines Wertpapiers von einem Unbekannten einlässt, ist es ohne weiteres zumutbar und mit den Erfordernissen eines geordneten Verkehrs durchaus vereinbar, von ihm eine eingehende Identitätsprüfung zu erwarten. Nur so kann die mit dem Namensindossament bezweckte Sicherungsfunktion einigermaßen aufrechterhalten bleiben, und nur so können die Bedenken hinsichtlich des Vorliegens eines Scheintatbestandes überwunden werden. Denn nur wenn zu der Innehabung der Urkunde noch andere Momente wie z. B. die perfekte Fälschung der dem Erwerber bekannten Unterschrift oder die Vorlage eines äußerst geschickt gefälschten Ausweises hinzukommen, liegt eine hinreichende objektive Vertrauensgrundlage für die Zulassung gutgläubigen Erwerbs vor; dass diese nicht wertpapierrechtlicher Art ist, bleibt ohnehin bedenklich genug und ist dogmatisch sehr störend. Eine Ausnahme von der strengen Prüfungspflicht wird man nur dann machen können, wenn der Veräußerer denselben Namen trägt wie der formell Legitimierte und dem Erwerber bekannt ist. Insgesamt ist somit der Schutz des guten Glaubens an die Identität zwar im Grundsatz zuzulassen, durch die an den guten Glauben zu stellenden Anforderungen jedoch stark einzuschränken.

---

[27] Vgl. die vorige Rdn. bei und mit Fn. 23.
[28] Vgl. zur Zulässigkeit einer Rechtsfortbildung mit Rücksicht auf die Bedürfnisse des Rechtsverkehrs *Larenz/Canaris* Methodenlehre der Rechtswissenschaft, 3. Aufl. 1995, S. 233 ff.
[29] Zustimmend *Zöllner* § 14 VI 1 c bb (4).

b) Die Problematik des Gutglaubensschutzes bei Mängeln des Begebungsver- 25
trags. Eine verbreitete Ansicht will über die im Vorstehenden entwickelten Möglichkeiten des Gutglaubensschutzes erheblich hinausgehen. So soll bei Orderpapieren
auch der **gute Glaube an die Geschäftsfähigkeit** geschützt sein.[30] Auch ein Gutglaubensschutz gegenüber **Willensmängeln des Begebungsvertrags** wird mitunter
befürwortet.[31] Schließlich wird vereinzelt sogar die Ansicht vertreten, die **mangelnde
Verfügungsbefugnis des Insovenzschuldners** könne bei einem Orderpapier durch
gutgläubigen Erwerb überwunden werden.[32]

Diese Ansichten halten der **Kritik** nicht stand und sind uneingeschränkt abzuleh- 26
nen. Durchschlagend ist dabei schon allein das Argument, dass die Indossamentenkette über die Geschäftsfähigkeit des Veräußerers, über das Fehlen von Willensmängeln und über die Eröffnung des Insolvenzverfahrens überhaupt nichts aussagt
und daher insoweit **keinen Rechtsschein** setzt. Anders als hinsichtlich der Identitätsproblematik lässt sich dem auch nicht das Bedürfnis nach einem reibungslosen Umlauf
des Papiers entgegenhalten. Denn dieses ist bei Orderpapieren zweifellos nicht stärker
als bei Geld und Inhaberpapieren, und doch können bei diesen das Fehlen der
Geschäftsfähigkeit des Veräußerers, das Vorliegen von Willensmängeln bei der Einigung und die Beschränkung der Verfügungsmacht durch die Eröffnung des Insolvenzverfahrens anerkanntermaßen nicht mit Hilfe der Regeln über den gutgläubigen
Erwerb überwunden werden. Die Bejahung des Gutglaubensschutzes bei den Orderpapieren würde daher zu einem untragbaren **Wertungswiderspruch gegenüber dem
Recht der Inhaberpapiere** führen. Schließlich ist die Gegenansicht auch deswegen
unbefriedigend, weil das Fehlen der Geschäftsfähigkeit und Mängel des Begebungsvertrags in aller Regel auch das zugrunde liegende Kausalgeschäft erfassen und es
insoweit einen Gutglaubensschutz jedenfalls nicht gibt, so dass der gutgläubige
Erwerber auch vom Standpunkt der h. L. aus einem **Rückforderungsanspruch aus
§ 812 BGB** ausgesetzt sein müsste; dieses Ergebnis für die hier zur Diskussion stehenden Mängel zu korrigieren – und nicht nur punktuell für das Fehlen der Vertretungsmacht (vgl. dazu oben Rdn. 23 bei Fn. 24), wo im Hinblick auf die formelle Legitimation des falsus procurator durch das Indossament eine völlig andere Basis für den
Verkehrs- und Rechtsscheinschutz besteht –, würde eine krass systemwidrige Rechtsfortbildung darstellen, für die weder in dogmatischer noch in methodologischer Hinsicht irgendeine Grundlage ersichtlich ist. Folglich würde die Zulassung gutgläubigen
Erwerbs des Eigentums am Papier im praktischen Ergebnis nur den Gläubigern des
Erwerbers, die dadurch ein zusätzliches Vollstreckungsobjekt bekämen, und einem
etwaigen bösgläubigen (!) Nachmann, der vom Berechtigten erwürbe und daher nicht
mehr auf seinen eigenen guten Glauben angewiesen wäre, einen Vorteil bringen. Insoweit aber besteht zweifellos kein gesteigertes Verkehrsschutzbedürfnis und erst recht
kein Anlass, auf das Vorliegen eines Rechtsscheins zu verzichten und darüber hinaus

---

[30] Vgl. BGH NJW 1951, 402 für den Scheck und
BGH WM 1968, 4 für den Wechsel, beide jedoch
nur in einem obiter dictum; MünchKomm.-
Hefermehl § 365 Rdn. 23; *Ulmer* S. 237; *Baum-
bach/Hefermehl* Art. 16 WG Rdn. 10; *Bülow*
Art. 16 WG Rdn. 26; *Tiedtke* (Fn. 19) S. 244 f;
a. A. *Düringer/Hachenburg/Breit* § 365 Anm. 10;
Heymann/Horn § 365 Rdn. 15; *Jacobi* Wechsel-
und Scheckrecht S. 60 f; *Zöllner* § 14 VI 1 c bb (5);
Richardi § 18 II 2 d; *Nitschke* JuS 1968, 543 f;
Hager S. 410 ff.

[31] Vgl. z. B. *Düringer/Hachenburg/Breit* § 365
Anm. 10 a. E.; **a. A.** *Ulmer* S. 237; *Zöllner* § 14 VI
1 c bb (6); MünchKomm.-*Hefermehl* § 365 Rdn.
23; *Heymann/Horn* § 365 Rdn. 15.

[32] Vgl. *Stranz* Art. 16 Anm. 20; **a. A.** *Ulmer* S. 237;
Zöllner § 14 VI 1 c bb (3); MünchKomm.-*Hefermehl* § 365 Rdn. 23; *Heymann/Horn* § 365 Rdn.
15; *Jaeger/Henckel* Konkursordnung, 9. Aufl.
1997, § 7 Rdn. 67; MünchKomm.-InsO/*Ott*,
2001, § 81 Rdn. 87 m. w. Nachw.

Claus-Wilhelm Canaris

auch noch einen schweren Wertungswiderspruch gegenüber Geld und Inhaberpapieren in Kauf zu nehmen.

V. Die befreiende Leistung an einen Nichtberechtigten gemäß § 365 I i.V. m. Art. 40 III WG

1. Die formelle Legitimation des Papierinhabers als Voraussetzung der Befreiungswirkung

27   Nach § 365 Abs. 1 HGB i.V. mit Art. 40 Abs. 3 WG hat die Leistung an einen Nichtberechtigten grundsätzlich befreiende Wirkung. Die Grundlage hierfür ist (wiederum) im **Rechtsscheinprinzip** zu sehen. Dementsprechend baut die Befreiungswirkung ebenso wie die Möglichkeit gutgläubigen Erwerbs auf der formellen Legitimation des Papierinhabers gemäß Art. 16 Abs. 1 WG auf.[33] Der Scheingläubiger muss also durch eine **Indossamentenkette** ausgewiesen sein. Nach Art. 40 Abs. 3 Satz 2 WG braucht der Leistende nur deren **äußere Ordnungsmäßigkeit** zu prüfen. Ob die Indossamente wirksam und die Unterschriften echt sind, ist grundsätzlich unerheblich; denn insoweit soll der Leistende ja gerade in seinem Glauben an die Berechtigung des formell legitimierten Inhabers geschützt werden.

28   Bei **Unterbrechungen der Indossamentenkette** entfällt der Gutglaubensschutz hinsichtlich des betreffenden Rechtsübergangs. Der Leistende muss also z.B. die Wirksamkeit einer Zession oder das Vorliegen eines Erbfalles auf eigenes Risiko nachprüfen; kann der Inhaber insoweit seine Berechtigung nicht nachweisen, so kann der Schuldner die Leistung verweigern oder sich gegebenenfalls gemäß §§ 372 S. 2, 378 BGB durch Hinterlegung befreien. Die Unterbrechung der Indossamentenkette beseitigt den Gutglaubensschutz jedoch nur hinsichtlich desjenigen Rechtsübergangs, bei dem die Lücke besteht, nicht aber auch hinsichtlich der nach der Lücke stehenden Indossamente (vgl. oben Rdn. 16).[34]

2. Der Kreis der geschützten Personen

29   Der Kreis der geschützten Personen ist weit zu ziehen. Geschützt wird daher nicht nur der aus dem Papier Verpflichtete, sondern auch der **Bürge**,[35] weil und sofern auch er zu seiner Leistung durch den in der Indossamentenkette liegenden Rechtsschein veranlasst worden ist.

30   Bei der kaufmännischen Anweisung wird der **Angewiesene** auch dann geschützt, wenn er die Anweisung nicht angenommen hatte.[36] Das entspricht der Rechtslage beim Wechsel, wo nach h.L. die Befreiungswirkung von Art. 40 Abs. 3 WG dem Bezogenen auch bei Fehlen eines Akzepts zugute kommt,[37] obwohl Art. 40 Abs. 3 Satz 1 WG seinem Wortlaut nach an sich eine „Verbindlichkeit" voraussetzt. Auch für die kaufmännischen Orderpapiere kann es dementsprechend nicht auf das Bestehen einer wertpapierrechtlichen Verbindlichkeit ankommen, da nicht die Pflicht zur Zahlung, sondern der in der Indossamentenkette liegende Rechtsschein den tragenden Grund der Vorschrift bildet; das gilt um so mehr, als Art. 36 S. 4 WO, auf den § 365

---

[33] A.A. *Jacobi* Wechsel- und Scheckrecht S. 130.

[34] Ebenso z.B. MünchKomm.-*Hefermehl* § 365 Rdn. 13; *Heymann/Horn* § 365 Rdn. 21.

[35] Ebenso *Heymann/Horn* § 365 Rdn. 20; *Ebenroth/Boujong/Joost/Hakenberg* § 365 Rdn. 6.

[36] Ebenso *Heymann/Horn* § 365 Rdn. 20.

[37] Vgl. z. B. *Baumbach/Hefermehl* Art. 40 WG Rdn. 3; *Hueck/Canaris* § 11 V 2 b.

Abs. 1 HGB eigentlich verweist, die Befreiungswirkung zugunsten des „Zahlenden" und nicht etwa des „Schuldners" oder des „Verpflichteten" vorsah. Der wahre Berechtigte muss daher die Leistung des Angewiesenen gegen sich gelten lassen mit der Folge, dass letzterer von seiner Zahlungspflicht im Deckungsverhältnis frei wird bzw. einen Aufwendungsersatzanspruch gegen den Anweisenden erwirbt.

Folgerichtig wird man noch einen Schritt weitergehen und den Schutz sogar auf **31** einen **Drittzahler gemäß § 267 BGB** ausdehnen müssen,[38] weil und sofern auch dieser im Vertrauen auf den Rechtsschein handelt. Der Schuldner wird dann von seiner Verpflichtung aus dem Papier befreit und der Drittzahler erwirbt folglich gegen ihn einen Regressanspruch aus Geschäftsführung ohne Auftrag oder ungerechtfertigter Bereicherung. Für die Richtigkeit dieses Ergebnisses spricht auch, dass der Dritte das Papier ja auch hätte erwerben können und dann nach Art. 16 Abs. 2 WG geschützt würde; ihn schlechter zu stellen, wenn er es statt dessen bezahlt, besteht grundsätzlich kein Anlass. Eine Ausnahme ist allerdings dann zu machen, wenn nur der Drittzahler gutgläubig, der betreffende Schuldner aber bösgläubig war. Denn der wahre Berechtigte braucht mit der Leistung eines beliebigen Dritten grundsätzlich nicht zu rechnen, und daher muss es genügen, wenn er z.B. bei einem Verlust des Papiers den Schuldner warnt und bösgläubig macht. Das trifft den Drittzahler nicht unbillig, da er freiwillig zahlt und sich überdies grundsätzlich bei dem Schuldner erkundigen kann, ob er überhaupt leisten soll.

3. Die Anforderungen an den guten Glauben

Hinsichtlich der Anforderungen an den guten Glauben bestimmt Art. 40 Abs. 3 **32** WG, dass nur „Arglist" und „grobe Fahrlässigkeit" schaden. Die h.L. interpretiert das mit Recht dahin, dass – anders als z.B. nach Art. 16 Abs. 2 WG oder nach § 932 Abs. 2 BGB – der Gutglaubensschutz nicht schon dann entfällt, wenn der Schuldner den Mangel kannte, sondern erst dann, wenn ihm insoweit außerdem **liquide Beweismittel** zur Verfügung stehen;[39] dementsprechend liegt auch grobe Fahrlässigkeit erst dann vor, wenn der Schuldner infolge einer schweren Sorgfaltsverletzung nicht nur den Mangel, sondern auch dessen liquide Beweisbarkeit übersehen hat. Dadurch wird der besonderen Zwangslage des Schuldners Rechnung getragen. Diesem nützt nämlich die bloße Kenntnis von der mangelnden Berechtigung des Papierinhabers nichts, wenn ihm die erforderlichen Beweismittel fehlen. Denn wegen der Vermutungswirkung von Art. 16 Abs. 1 WG trägt er die Beweislast und läuft daher Gefahr, einen Prozess gegen den Papierinhaber zu verlieren. Dieses Risiko einzugehen, ist ihm aber um so weniger zuzumuten, als seine Zahlungsverweigerung eine erhebliche Kredit- und Rufschädigung zur Folge haben kann, wenn er nicht im Prozess deren Berechtigung alsbald unter Beweis stellen kann. Für die kaufmännischen Orderpapiere ist insoweit nicht anders zu entscheiden als für den Wechsel;[40] zwar gibt es bei ihnen anders als bei letzterem nicht das – besonders kreditgefährende – Instrument des Protests, doch liegt in diesem nicht der ausschlaggebende Grund für das Erfordernis der liquiden Beweisbarkeit, wie sich aus der vorstehenden Argumentation ergibt.

Bei einer **freiwilligen Leistung** greift zwar Art. 40 Abs. 1 WG grundsätzlich eben- **33** falls ein (vgl. oben Rdn. 30 f), doch kommt es dann folgerichtig auf die Beweisbarkeit

---

[38] Ebenso *Heymann/Horn* § 365 Rdn. 20; *Ebenroth/Boujong/Joost/Hakenberg* § 365 Rdn. 6.

[39] Vgl. z.B. *Baumbach/Hefermehl* Art. 40 WG Rdn. 5; *Hueck/Canaris* § 11 V 2 c.

[40] Ebenso MünchKomm.-*Hefermehl* § 365 Rdn. 17; *Heymann/Horn* § 365 Rdn. 22.

Claus-Wilhelm Canaris

des Mangels nicht an, weil sich der Leistende hier nicht in der geschilderten Zwangslage befindet.

4. Die Reichweite des Gutglaubensschutzes

34   Hinsichtlich der Reichweite des Gutglaubensschutzes finden sich **dieselben Positionen wie im Rahmen von Art. 16 Abs. 2 WG** (vgl. dazu oben Rdn. 21 ff). Es soll also nicht nur der gute Glaube an das Eigentum geschützt werden, sondern auch der gute Glaube an die Verfügungsmacht, die Vertretungsmacht, die Identität des Papierinhabers mit dem darin Benannten, die Geschäftsfähigkeit und das Fehlen insolvenzrechtlicher Verfügungsbeschränkungen.[41] Dieser Ansicht folgen hier auch Autoren, die bei Art. 16 Abs. 2 WG entgegengesetzt entscheiden.[42]

35   Richtig ist demgegenüber auch hier dieselbe differenzierende Lösung wie bei Art. 16 Abs. 2 WG. Demgemäß wird der gute Glaube an die **Verfügungs- oder Vertretungsmacht** nur geschützt, wenn der Inhaber des Papiers formell legitimiert ist, d.h. wenn ein auf seinen Namen lautendes Indossament oder ein Blankoindossament vorliegt (vgl. oben Rdn. 22 f). Der gute Glaube an die **Identität des Papierinhabers mit dem letzten Indossatar** wird zwar grundsätzlich geschützt,[43] doch besteht eine strenge Prüfungspflicht[44] (vgl. oben Rdn. 24). Der gute Glaube an die **Geschäftsfähigkeit** und das **Fehlen insolvenzrechtlicher Verfügungsbeschränkungen** wird überhaupt nicht geschützt (vgl. oben Rdn. 25 f).[45] Entscheidend ist auch hier, dass die Innehabung des Papiers und die Indossamentenkette bezüglich der fraglichen Mängel keinen Rechtsschein setzen und daher keine Grundlage für einen Gutglaubensschutz bieten. Auch der Hinweis auf die Zwangslage des Schuldners, auf die sich die Anhänger der Gegenmeinung berufen,[46] überzeugt nicht. Dieses Argument verfängt schon deshalb nicht, weil sich mit seiner Hilfe nur die besondere Milde der Anforderungen an den guten Glauben, insbesondere die Rücksichtnahme auf die Beweisbarkeit erklären lässt (vgl. soeben Rdn. 32), wohingegen es hier um die – logisch vorrangige – Frage geht, ob und warum überhaupt ein Gutglaubensschutz zu gewähren ist; insoweit aber baut Art. 40 Abs. 3 WG nun einmal unmissverständlich auf der legitimierenden Kraft der Indossamentenkette und dem darin liegenden Rechtsschein auf – und eben daran fehlt es hier. Darüber hinaus ist die Argumentation der Gegenmeinung nicht einmal in sich selbst schlüssig. Die Zwangslage des Schuldners rührt nämlich daher, dass ihm wegen der Vermutungswirkung von Art. 16 Abs. 1 WG der Verlust des Prozesses droht und davon kann hier keine Rede sein, weil die Beweislast bezüglich der fraglichen Mängel durch die Indossamentenkette in keiner Weise berührt wird, sondern genauso zu beurteilen ist wie sonst auch. Im Übrigen berücksichtigt die Gegenmeinung die Möglichkeit der Hinterlegung viel zu wenig. Durch diese lässt sich den berechtigten Belangen des Schuldners ohne weiteres Rechnung tragen, sofern man an die Voraussetzungen von § 372 S. 2 BGB keine zu scharfen Anforderungen stellt; dabei dürfte

---

[41] Vgl. MünchKomm.-*Hefermehl* § 365 Rdn. 16 a. E.; *Ulmer* S. 229 f; *Stranz* Art. 40 WG Anm. 17; *Baumbach/Hefermehl* Art. 40 WG Rdn. 7; *Zöllner* § 20 II 2 b; *Richardi* § 20 IV 2; *Jaeger/Henckel* (Fn. 32) § 8 Rdn. 66, einschränkend jedoch Rdn. 41.

[42] Vgl. z. B. *Jacobi* Wechsel- und Scheckrecht S. 130 ff; *Zöllner* § 20 II 2 b; *Richardi* § 20 IV 2.

[43] Ebenso MünchKomm.-*Hefermehl* § 365 Rdn. 16 a. E.

[44] Zustimmend *Zöllner* § 20 III 1; *Heymann/Horn* § 365 Rdn. 22.

[45] **A. A.** MünchKomm.-*Hefermehl* § 365 Rdn. 16 a. E.; hinsichtlich der Geschäftsfähigkeit auch *Ebenroth/Boujong/Joost/Hakenberg* § 365 Rdn. 6; *Koller/Roth/Morck* § 365 Rdn. 9; *Zöllner* § 20 II 2 b; *Richardi* § 20 IV 2.

[46] Vgl. *Baumbach/Hefermehl* Art. 40 WG Rdn. 7; *Zöllner* § 20 II 2 b; *Richardi* § 20 IV 2.

hier entgegen dem Wortlaut von § 372 S. 2 BGB die Hinterlegungsbefugnis nicht schon bei einfacher Fahrlässigkeit, sondern analog Art. 40 Abs. 3 WG erst bei grober Fahrlässigkeit entfallen, weil dem gesteigerten Verkehrsschutzbedürfnis des Wechselrechts eine generelle Milderung des Sorgfaltsmaßstabs entspricht.

Gewisse Schwierigkeiten können sich ergeben, wenn mit den Ansprüchen aus dem **36** Papier **Ansprüche aus unerlaubter Handlung** konkurrieren. Das kann bei den Güterpapieren der Fall sein, wenn der Schuldner die Güter schuldhaft beschädigt oder zerstört hat. Art. 40 Abs. 3 WG ist dann nur auf die Ansprüche aus Vertragsverletzung und nicht auf die Deliktsansprüche anwendbar; denn nur erstere sind im Papier verbrieft (vgl. § 364 Rdn. 5 f). Der Schuldner wird jedoch auch bezüglich des Deliktsanspruchs in seinem guten Glauben an die Empfangszuständigkeit des legitimierten Papierinhabers geschützt, weil insoweit § 851 BGB analog anzuwenden ist (vgl. § 363 Rdn. 133 ff).

VI. Die Kraftloserklärung im Wege des Aufgebotsverfahrens

1. Die Voraussetzungen des Aufgebotsverfahrens

§ 365 Abs. 2 HGB schafft die Möglichkeit einer Kraftloserklärung im Wege des **37** Aufgebotsverfahrens. Tatbestandsvoraussetzung ist die **Vernichtung** oder das **Abhandenkommen** des Papiers. Der Begriff des Abhandenkommens ist weder mit dem des Art. 16 Abs. 2 WG noch mit dem des § 935 BGB identisch; vielmehr ist entsprechend dem Zweck des Aufgebotsverfahrens ein Abhandenkommen dann anzunehmen, wenn das Papier nicht auffindbar oder dessen gegenwärtiger Besitzer unbekannt ist und der Verlierer daher nicht die Möglichkeit einer Herausgabeklage hat.[47]

Im Übrigen sind die Einzelheiten des Aufgebotsverfahrens in §§ 1003 ff ZPO **38** geregelt. Gemäß § 1004 ZPO hängt die **Antragsberechtigung** davon ab, dass dem Antragsteller das Recht aus dem Orderpapier materiell zusteht[48] oder dass er bei einem blanko indossierten Papier bisher dessen Inhaber war. Diese Tatsachen hat der Antragsteller gemäß § 1007 Ziff. 2 ZPO glaubhaft zu machen.

§ 365 Abs. 2 HGB bezieht sich seiner systematischen Stellung nach nur auf Order- **39** papiere. Für schuldrechtliche **Inhaberpapiere** ergibt sich die Möglichkeit des Aufgebots aus § 799 BGB, für **Legitimationspapiere** mit Inhaberklausel aus § 808 II BGB. Nach richtiger Ansicht besteht auch bei allen **Rektapapieren** die Möglichkeit des Aufgebots (vgl. § 363 Rdn. 27).

2. Die Wirkungen des Ausschlussurteils

Die Wirkung des Ausschlussurteils besteht nach §§ 1017 Abs. 1, 1018 Abs. 1 ZPO **40** darin, dass die alte Urkunde für kraftlos erklärt wird und dass derjenige, der das Ausschlussurteil erwirkt hat, dem Schuldner gegenüber zur Geltendmachung der Rechte aus der Urkunde berechtigt ist. Das bedeutet, dass die **formelle Legitimation** i.S. von § 365 Abs. 1 HGB i.V. mit Art. 16 Abs. 1 WG nun nicht mehr dem alten Papier, sondern statt dessen dem Ausschlussurteil zukommt.[49] Der Schuldner kann daher mit befreiender Wirkung an den Aufbieter leisten. Der Inhaber des Papiers kann das ver-

---

[47] Vgl. auch *Staub/Stranz* Art. 90 WG Anm. 3; *Baumbach/Hefermehl* Art. 90 WG Rdn. 1.
[48] Ebenso MünchKomm.-*Hefermehl* § 365 Rdn. 29.

[49] Vgl. *Stein/Jonas/Schlosser*, 21. Aufl. 1994, § 1018 Rdn. 1.

Claus-Wilhelm Canaris

briefte Recht nicht mehr durchsetzen und nicht mehr übertragen, da dazu nunmehr die Vorlage bzw. die Übergabe des Ausschlussurteils erforderlich ist.

41   Die **materielle Zuständigkeit des verbrieften Rechts** wird dagegen entgegen der früher h.L.[50] durch das Ausschlussurteil nicht beeinflusst.[51] Für diese Ansicht lässt sich zunächst schon der Wortlaut von § 1017 Abs. 1 ZPO anführen, weil danach lediglich die Urkunde für kraftlos erklärt, nicht aber das darin verbriefte Recht aufgehoben oder auf den Antragsteller übertragen wird; der Wortlaut von § 1018 Abs. 1 ZPO scheint zwar eher in die entgegengesetzte Richtung zu weisen, steht aber der hier vertretenen Ansicht nicht zwingend entgegen, weil unter der „Berechtigung zur Geltendmachung der Rechte aus der Urkunde" angesichts des Alters der ZPO und des Standes der Dogmatik bei ihrem Erlass auch die formelle Legitimation verstanden werden kann. Weiterhin spricht die Funktion des Ausschlussurteils gegen eine Veränderung der materiellen Rechtslage. Das Aufgebotsverfahren soll nämlich lediglich die Schwierigkeiten beseitigen, die sich aus der Vernichtung bzw. dem Verlust des Papiers für die Geltendmachung des durch dieses verkörperten Rechts ergeben, und dazu ist nicht ein Eingriff in die materielle Rechtslage erforderlich, sondern die Schaffung einer neuen Grundlage für die formelle Legitimation ausreichend. Es kommt hinzu, dass gemäß § 1004 Abs. 1 ZPO die Berechtigung zur Antragstellung bei Inhaberpapieren und bei blanko indossierten Papieren allein vom (bisherigen) Besitz am Papier und nicht von der materiellen Berechtigung abhängt; braucht diese aber nicht einmal glaubhaft gemacht zu werden, so kann das Urteil sie unmöglich beeinflussen. Gleiches gilt bei Orderpapieren mit Namensindossament, wo nach h.M. – trotz des insoweit unklaren Gesetzeswortlauts – die formelle Legitimation i.S. v. Art. 16 WG, § 365 HGB für die Antragsbefugnis ausreicht[52]. Schließlich leuchtet auch vom Ergebnis her nicht ein, warum das Urteil zu einer Änderung der materiellen Rechtslage führen soll. Denn nichts spricht dafür, dass z.B. der Dieb, der Finder oder der gutgläubige Erwerber der Urkunde nur deshalb eine bessere Rechtsstellung erlangen soll, weil er das Papier im Aufgebotsverfahren hat für kraftlos erklären lassen. Der Aufbieter erlangt daher durch das Urteil lediglich **dieselbe Rechtsstellung wie vor der Vernichtung oder dem Verlust der Urkunde.**

42   Dieser Ansicht ist im Ausgangspunkt auch die früher h.L., soweit es um das **Verhältnis zwischen dem Aufbieter und dem wahren Inhaber des verbrieften Rechts** geht. Denn sie nimmt an, dass das Urteil keine Wirkung gegen Dritte hat.[53] Folgerichtig hat der wahre Berechtigte gegen den Aufbieter nicht lediglich einen Anspruch auf „Abtretung der Rechte aus dem Urteil" gemäß § 812 Abs. 1 Satz 1 Alt. 2 BGB bzw. gemäß § 816 BGB, wie früher überwiegend angenommen wurde, sondern kann das Urteil gemäß § 985 BGB von dessen Besitzer vindizieren,[54] weil ihm nach wie vor das Recht aus dem Papier zusteht und ihm somit gemäß § 952 BGB ipso iure das Eigentum an dem Urteil zufällt. Das ist auch insofern konsequent, als das Urteil an die Stelle

[50] Vgl. die Nachw. unten Fn. 55, 56 und 62.
[51] Zustimmend *Heymann/Horn* § 365 Rdn. 24; *Zöllner* § 7 II 1 d; *Stein/Jonas/Schlosser* aaO § 1018 Rdn. 2; MünchKomm.-ZPO/*Eickmann*, 2. Aufl. 2001, §§ 1003–1024 Rdn. 43.
[52] Vgl. nur *Stein/Jonas/Schlosser* aaO § 1004 Rdn. 1; MünchKomm.-ZPO/*Eickmann* §§ 1003–1024 Rdn. 17 a.E.
[53] Vgl. RGZ 168, 1, 9 zum Konnossement; MünchKomm.-*Hefermehl* § 365 Rdn. 32; *Baumbach/*

Hefermehl Art. 90 WG Rdn. 3; *Zöllner* § 7 II 1 d; *Ziganke* WM 1967, 841; z.T. **a.A.** *Ulmer* S. 92; *Jacobi* Wechsel- und Scheckrecht S. 167 ff.
[54] Zustimmend MünchKomm.-*Hefermehl* § 365 Rdn. 32 a.E.; *Heymann/Horn* § 365 Rdn. 24; *Zöllner* § 7 II 1 d; *Bülow*, Wechsel- und Scheckgesetz, 3. Aufl. 2000, Art. 90 WG Rdn. 8; *Stein/Jonas/Schlosser* aaO § 1004 Rdn. 2; MünchKomm.-ZPO/*Eickmann* §§ 1003–1024 Rdn. 42.

des aufgebotenen Papiers getreten ist und der wahre Berechtigte auch dieses hätte vindizieren können. Allerdings muss der wahre Berechtigte den vollen Beweis seiner Gläubigerschaft führen, da die Vermutung von § 365 Abs. 1 i.V. mit Art. 16 Abs. 1 WG für den Aufbieter streitet. Leistet der Schuldner gemäß § 1018 Abs. 1 ZPO an diesen, so kann der wahre Berechtigte das Geleistete gemäß § 816 Abs. 2 BGB kondizieren.

Im **Verhältnis zum Schuldner** nahm die früher h.L. dagegen an, dass sich das **43** Urteil „nicht in der Legitimationswirkung erschöpft", sondern „vielmehr dem, der es erwirkt hat, ein sachliches Recht verschafft".[55] Demgemäß soll der Schuldner gegenüber dem Aufbieter nicht mehr den Einwand erheben können, dieser sei nicht materiell berechtigt und demzufolge nicht Inhaber des verbrieften Rechts.[56] Diese Ansicht ist abzulehnen.[57] Sie ist schon aus dogmatischen Gründen unzutreffend, da sie zu einer dem geltenden Recht fremden und überdies auch rechtstheoretisch äußerst fragwürdigen Aufspaltung des verbrieften Rechts führt: dieses kann unmöglich im Verhältnis zwischen dem Aufbieter und dem wahren Berechtigten letzterem und im Verhältnis zwischen dem Aufbieter und dem Schuldner ersterem zustehen. Man kann auch nicht etwa sagen, die Berechtigung des Aufbieters sei im Verhältnis zum Schuldner jedenfalls prozessual gesehen bindend festgestellt. Für eine derartige Rechtskraftwirkung ist nämlich kein Raum, weil der Schuldner gar nicht am Aufgebotsverfahren beteiligt und das Urteil nicht gegen ihn, sondern gegen den (etwaigen) Inhaber der Urkunde gerichtet ist. Außerdem setzt das Urteil noch nicht einmal die Behauptung des Antragstellers von seiner materiellen Berechtigung voraus und kann daher auch aus diesem Grunde insoweit keine Rechtskraft entfalten (vgl. oben Rdn. 41). Im Übrigen ist auch vom Ergebnis her schlechterdings nicht einzusehen, warum dem Schuldner der Einwand genommen sein soll, der Aufbieter habe das Papier gestohlen, gefunden oder bösgläubig erworben; denn letzterer ist durch die Vermutungswirkung von § 365 Abs. 1 HGB i.V. mit Art. 16 Abs. 1 WG völlig ausreichend geschützt. § 1018 Abs. 1 ZPO ist daher in dem Sinne einschränkend zu interpretieren, dass der Schuldner zwar mit befreiender Wirkung an den Aufbieter leisten kann und dass dieser zur Geltendmachung des Anspruchs formell legitimiert ist, dass der Schuldner aber nicht unter allen Umständen leisten muss, sondern die Vermutung von § 365 Abs. 1 HGB i.V. mit Art. 16 Abs. 1 WG widerlegen darf – nicht anders, als wäre ihm das aufgebotene Papier selbst präsentiert worden. Darüber hinaus wird man folgerichtig dem Schuldner sogar die Möglichkeit einer befreienden Leistung zu versagen haben, wenn er positiv weiß, dass der Aufbieter materiell nicht berechtigt ist, und dies liquide beweisen kann; grobe Fahrlässigkeit schadet dagegen anders als nach Art. 40 Abs. 3 WG nicht, wie sich aus der insoweit analog anzuwendenden Wertung von § 1018 Abs. 2 ZPO ergibt.

Dass durch das Urteil **keine Verschlechterung der Rechtsstellung des Schuldners** **44** eintritt, ist selbstverständlich und unstreitig. Der Schuldner behält also alle Einwendungen und Einreden, der Aufbieter muss gegebenenfalls den vollen Inhalt der aufgebotenen Urkunde beweisen.[58]

---

[55] BGH JZ 1958, 746; ähnlich z. B. *Staub/Stranz* Art. 90 Anm. 11; *Baumbach/Hefermehl* Art. 90 WG Rdn. 3.

[56] Vgl. BGH JZ 1958, 746; *Staub/Stranz* Art. 90 Anm. 11; *Baumbach/Hefermehl* Art. 90 WG Rdn. 3; *Richardi* § 20 VI a. E.

[57] Zustimmend *Heymann/Horn* § 365 Rdn. 24; *Röhricht/Graf von Westphalen/Wagner* § 365 Rdn. 11 sowie die in Fn. 54 Zitierten.

[58] Vgl. auch MünchKomm.-*Hefermehl* § 365 Rdn. 32 Abs. 1 a. E.; *Stein/Jonas/Schlosser* aaO § 1018 Rdn. 2.

Claus-Wilhelm Canaris

3. Die Rechtslage bis zum Erlass des Ausschlussurteils

45   Vor Erlass des Ausschlussurteils ist die **Geltendmachung des verbrieften Rechts** durch den Antragsteller gemäß § 365 Abs. 2 Satz 2 gegen **Sicherheitsleistung** möglich, sobald das Aufgebotsverfahren eingeleitet ist. Die Art der zu stellenden Sicherheit richtet sich nach den §§ 232 ff BGB.

46   Bei einem nicht an Order gestellten **Konnossement** sieht § 654 Abs. 4 HGB die Möglichkeit zur **Geltendmachung des Anspruchs auf Auslieferung der Güter ohne Einleitung eines Aufgebotsverfahrens** vor, sofern der Ablader und der im Papier bezeichnete Empfänger einverstanden sind. Auch hier ist dem Schuldner gemäß § 654 Abs. 2 Satz 2 HGB Sicherheit zu leisten. Diese hat nicht nur vor den Kosten eines Prozesses mit einem anderen Prätendenten zu schützen, sondern auch vor der Gefahr, dass der Schuldner an einen Zessionar, auf den das Konnossement übertragen worden war, noch einmal zahlen muss;[59] denn § 407 BGB ist nicht nur bei Umlaufpapieren, sondern auch bei Rektapapieren unanwendbar (vgl. § 363 Rdn. 26), und daher ist der Schuldner in der Tat der Gefahr einer doppelten Inanspruchnahme ausgesetzt. Auf das Inhaberkonnossement ist § 654 Abs. 4 HGB entgegen dem Wortlaut des Gesetzes nicht anwendbar, da dieses genauso umlauffähig wie das Orderkonnossement ist und die Leistung ohne Aushändigung des Papiers daher für den Schuldner ebenso gefährlich und ebenso unzumutbar ist. Andererseits wird man § 654 Abs. 4 HGB auf alle Rektapapiere, die einen Anspruch auf die Auslieferung von Gütern verbriefen, also insbesondere auf den **Rektaladeschein**, den **Rektalagerschein** und den (angenommenen) **Rektalieferschein** analog anwenden können.

47   Eine **Übertragung oder Verpfändung des verbrieften Rechts durch den Berechtigten** ist bis zum Erlass des Ausschlussurteils zwar nicht nach den Regeln des Wertpapierrechts möglich, da diese ein Indossament oder die Übergabe des blankoindossierten Papiers voraussetzen, wohl aber nach den Regeln des bürgerlichen Rechts (vgl. § 364 Rdn. 18 ff). Das versteht sich von selbst, sofern das Papier lediglich verloren ist, da dann § 931 BGB ohne weiteres eingreift. Es gilt aber auch bei einer Vernichtung des Papiers. Denn da besitzlose Sachen durch schlichte Einigung übereignet werden können,[60] muss auch ein nicht mehr in einer Sache verkörpertes Recht durch schlichte Einigung übertragen werden können (vgl. auch oben § 364 Rdn. 19). Ist unklar, ob das Papier nur verloren oder vernichtet ist, sollten die Parteien vorsorglich den Weg über die Abtretung des Herausgabeanspruchs wählen, da bei einem bloßen Verlust nicht auf den Doppeltatbestand des § 931 BGB verzichtet werden kann.

48   Überträgt der nichtberechtigte Inhaber des Papiers dieses vor Erlass des Ausschlussurteils auf einen Dritten, so gelten uneingeschränkt die Regeln über den **gutgläubigen Erwerb**.[61] Das wird allerdings für die Zeit nach dem Verlust des Papiers teilweise verneint mit der Begründung, dass das Ausschlussurteil Rückwirkung auf den Zeitpunkt des Verlusts entfalte bzw. dass der Erwerber sein Recht durch Verschweigung verloren habe, weil er es nicht im Rahmen des Aufgebotsverfahrens angemeldet habe.[62] Diese Ansicht ist jedoch unzutreffend. Denn auch für die Zeit zwischen Verlust des Papiers und Erlass des Ausschlussurteils besteht kein Anlass, von dem Grundsatz abzuweichen, dass das Urteil die materielle Rechtslage nicht berührt und

---

[59] A.A. *Rabe* § 654 Rdn. 5; *Schlegelberger/Liesecke* § 654 Rdn. 5.

[60] Vgl. statt aller *Westermann* Sachenrecht[7] § 42 II 3.

[61] Vgl. auch *Baumbach/Hefermehl* Art. 90 WG Rdn. 3; *Zöllner* § 7 II 1 c.

[62] Vgl. *Ulmer* S. 92; *Jacobi* Wechsel- und Scheckrecht S. 168.

nur die formelle Legitimation betrifft (vgl. oben Rdn. 41). Letztere aber darf sinn-vollerweise nicht rückwirkend beseitigt werden, weil der gutgläubige Erwerber schon im Vertrauen auf sie gehandelt hat. Auch interessemäßig sprechen die besseren Gründe für die hier vertretene Ansicht. Zum einen ist es nämlich eine sachlich nicht gerecht-fertigte Bevorzugung der Interessen des wahren Berechtigten, wenn man ihm die Möglichkeit gibt, die Folgen des – von ihm u. U. grob fahrlässig verschuldeten! – Ab-handenkommens einfach durch die Durchführung eines Aufgebotsverfahrens rück-gängig zu machen. Und zum anderen ist es eine ebenso ungerechtfertigte Hint-ansetzung der Interessen des gutgläubigen Verkehrs, ihn uneingeschränkt mit diesem Risiko zu belasten und jeden gutgläubigen Erwerb unter den Vorbehalt eines Aus-schlussurteils zu stellen. Denn man kann von den Teilnehmern am Wertpapierverkehr realistischer Weise nicht erwarten, dass sie ständig schon die bloße Einleitung von Aufgebotsverfahren überwachen, und daher würde es die Umlauffähigkeit auf das schwerste beeinträchtigen, wenn der Erwerber eines Wertpapiers damit rechnen müsste, sein Recht durch ein von ihm übersehenes eingeleitetes Aufgebotsverfahren wieder zu verlieren; der Verlust der formellen Legitimation und der damit verbunde-nen Vermutungswirkung wiegt schon schwer genug – ganz abgesehen davon, dass der Verkehr nach Erlass des Urteils ohnehin nicht mehr geschützt wird. Auch das argu-mentum e contrario aus § 367 HGB spricht für die hier vertretene Ansicht. Schließlich sei auch noch auf die Rechtslage bei sonstigen Sachen hingewiesen, wo die Möglich-keit des gutgläubigen Erwerbs ja auch nicht unter dem Vorbehalt eines Ausschluss-urteils steht; dass ausgerechnet im besonders verkehrsfreundlichen Wertpapierrecht etwas anderes gelten soll, kann man nicht annehmen. Ein vor dem Ausschlussurteil liegender gutgläubiger Erwerb wird daher durch dieses auch dann nicht beeinträchtigt, wenn er nach dem Verlust des Papiers erfolgt ist. Folglich kann der Erwerber das Urteil herausverlangen bzw. die auf dieses erbrachte Leistung kondizieren (vgl. oben Rdn. 42).